追思董辅礽

董辅礽经济学发展基金会 编

社会科学文献出版社
SOCIAL SCIENCES ACADEMIC PRESS (CHINA)

1953年至1957年留学苏联时期的留影

1997年7月29日与女儿全家在三峡游轮上合影

1997年7月27日董老七十华诞与夫人刘蔼年在一起

1997年1月10日在加拿大渥太华参加
亚太会议论坛第五届年会

1997年5月访问美国参议院

2004年8月12日董老烛光追思会

2004年8月9日董老全家在纪念堂合影

目　　录

董辅礽：中国经济改革的理论先驱 ···················· ／1
他永远在我们中间
　　——怀念董辅礽 ····························· 于光远／1

第一篇　生平遗作

董辅礽生平 ··································· ／3
赴美就医记 ··································· ／5
守身为大 ···································· ／14

第二篇　媒体述评

"一代经济学大师"董辅礽教授在美国去逝 ············· 人民网／19
董辅礽的"守身为大" ····················· 经济日报／21
敢为天下先
　　——董辅礽先生二三事 ··················· 光明日报／26
媒体为何集中悼念董辅礽 ··················· 中国青年报／29
董老回家　风骨犹存 ····················· 香港文汇报／31
一代经济学大师董辅礽 ··················· 中国经济时报／33
山高水长董辅礽 ······················· 中国证券报／35
一代大师董辅礽 ······················· 亚太经济时报／43
董辅礽远去 ·························· 财经时报／49
董辅礽与一个时代的背影 ··············· 21世纪经济报道／53
董辅礽与中国经济改革 ··················· 经济观察报／59
8月7日，魂兮归来 ····················· 国际金融报／64
为师尊者 ···························· 国际金融报／66

董辅礽和他的思想 …………………………………… 国际金融报 / 68

逝者如斯　股市何堪 ………………………………… 国际金融报 / 71

董辅礽：远去的拓荒者 ……………………………… 瞭望东方周刊 / 75

董辅礽为什么令人感慨？中国股市十万个为什么 ……… 中华工商时报 / 78

董辅礽：智囊型知识分子 …………………………… 北京青年报 / 81

会做学问，更懂得做人

　　——至爱亲朋追忆著名经济学家董辅礽先生 ……… 环球时报·生命周刊 / 89

一代经济学大家驾鹤西去　他待人如水般清澈 …………… 北京晨报 / 94

第三篇　亲人呼唤

董辅礽是我可爱的丈夫、老师和挚友 ………………… （夫人）刘蔼年 / 99

爸爸，您好好休息吧 ………………………………… （女儿）董欣年 / 101

爸爸，您永远活在我们心中 ………………………… （女婿）王小凡 / 103

爸爸，您永远在我们心中 …………………………… （儿子）董欣中 / 106

爸爸与他的小其乐 …………………………………… （儿媳）齐晓静 / 107

深切悼念敬爱的董老师 …………………………… 董辅礽姻亲 朱珂 / 109

董辅礽的姐姐弟弟妹妹们致电在美国的董辅礽夫人刘蔼年 …… 亲属 / 111

大哥永远活在我们心中 ……………………………… （二弟）董辅祯 / 112

痛惜、思念、缅怀亲爱的大哥 ……………………… （三弟）董辅祥 / 115

怀念我的大哥 ………………………………………… （四弟）董辅祺 / 121

无限痛惜　永远怀念 ………………………………… （妹妹）董文娟 / 122

辅礽大哥与温州的点滴追忆 ………………………… （妹夫）陈钦峦 / 126

深切怀念辅礽 ………………………………………… （表弟）刘同尧 / 129

痛悼大伯董辅礽 ……………………………………… （侄女）董欣红 / 131

非经济学家的董辅礽：我生活中的大伯 …………… （侄女）董欣红 / 133

大伯，您并没有离我们远去 ………………………… （侄女）小梅 / 136

怀念大伯 ……………………………………………… （侄子）董欣泉 / 138

永远的思念 …………………………………………… （侄媳）李学彦 / 141

追忆大舅 ……………………………………………… （外甥）陈延 / 143

怀念大舅 …………………………… （外甥）惠春　惠慈　吴希再 / 145

寄往天堂的信 ………………………………………… （外孙女）丹霓 / 147

第四篇　弟子缅怀

怀念恩师董辅礽 ……………………………………………… 陈东升 / 153

智者不惑　勇者无惧　诚者有信　仁者无敌 …………… 陈　军 / 155

事业未尽身先去　精神永存育后人

　　——缅怀恩师董辅礽 ………………………………… 陈　勇 / 157

四日春风　一世师恩

　　——悼董辅礽老师 …………………………………… 程宝惠 / 161

董老师永远活在我们心中 ……………………………… 关敬如 / 164

别意谁之与短长

　　——追念恩师董辅礽先生 …………………………… 胡　娟 / 167

殷殷师恩　深情永载

　　——缅怀恩师董辅礽先生 …………………………… 冷国邦 / 169

怀念董老师 ……………………………………………… 李　刚 / 174

我还要到贵州去看看

　　——悼念董辅礽教授 ………………………………… 李　军 / 176

在追思中送别

　　——纪念恩师董辅礽教授 …………………………… 李立松 / 183

一直想看看您，敬爱的董老师 ………………………… 李为民 / 186

挥泪当歌　送别恩师 ………………………… 刘　宁　张永衡 / 189

往事并不如烟

　　——缅怀恩师董辅礽先生 …………………………… 陆　昂 / 191

忆董辅礽老师的南山之行 ……………………………… 卢　建 / 193

读董辅礽先生这本书 …………………………………… 罗仲伟 / 195

怀念一代大师董辅礽 …………………………………… 马险峰 / 200

恩师远行　仁志长在

　　——缅怀导师董辅礽先生 …………………………… 马欣原 / 205

祇今惟有千行泪　目尽青天送我师

　　——深切怀念恩师董辅礽先生 …………… 马维杰　马维刚 / 213

我爱我师 ………………………………………………… 聂庆平 / 216

沉痛悼念董辅礽老师 …………………………………… 毛立本 / 218

我的导师走时问心无愧 ………………………………… 毛振华 / 221

独立独到的精神和开放兼容的胸怀

　　——董辅礽老师逝世一周月纪念 …………………… 沈　彤 / 226

完整的人格　人生的范本 ……………………………… 沈晓冰 / 231

悼恩师 …………………………………………………… 宋　栋 / 236

爱，永远不会逝去 ……………………………………… 孙秋鹏 / 238

董老师——您的品格永存我心 …………………………… 田　源 / 244

预感

　　——为悼念董辅礽老师而作 …………………………… 王忠明 / 247

师乘白鹤去　爱化为永恒 ……………………………… 邢莹莹 / 250

博大精深的经济学思想，光芒永存的人格魅力

　　——怀念敬爱的董辅礽老师 …………………………… 徐忠平 / 259

音容宛在　师恩永存

　　——怀念我的导师董辅礽教授 ………………………… 杨　继 / 262

学问比天大 ……………………………………………… 杨云龙 / 265

感受师爱

　　——回忆师从董辅礽教授的日子 ……………………… 杨再平 / 268

痛悼恩师董辅礽教授 …………………………………… 叶辅靖 / 275

小事难以忘怀 …………………………………………… 于力杰 / 283

别恩师 …………………………………………………… 袁增霆 / 285

师恩永在　师教长存

　　——怀念恩师董辅礽 …………………………………… 张敬国 / 287

追忆仪形悲逝水　亲承音旨念师恩

　　——怀念我的导师董辅礽先生 ………………………… 张立洲 / 291

泪眼忆恩师　怀念到永远 ……………………………… 朱全涛 / 294

致恩师董老的信 …………………… 武汉大学 EMBA 一班全体同学 / 298

第五篇　学界追思

董辅礽先生：闪耀在我们上空的云层之上 ……………… 巴曙松 / 303

悼念董辅礽同志 ………………………………………… 杜润生 / 308

念董辅礽老师 …………………………………………… 樊　纲 / 309

怀念辅礽 ………………………………………………… 冯兰瑞 / 311

不是同窗　胜似同窗

　　——悼念董辅礽教授 …………………………………… 谷书堂 / 315

董辅礽——一个真正的经济学家 ……………………… 何炼成 / 318

董老死去何所道　托体山阿亦雄峨 …………………… 侯　宁 / 321

深切悼念董辅礽教授 …………………………………… 胡乃武 / 324

我的良师益友 …………………………………………… 江　平 / 325

不尽的思念 ……………………………………………… 金　梅 / 327

董老去世是经济学界乃至国家的巨大损失 ……………… 郎咸平／330

怀念董老师 ………………………………………………… 刘　黄／332

在仰止与近观之间

　　——惊鸿一瞥忆董辅礽先生 ………………………… 刘建锋／334

深切悼念我们的老所长——董辅礽同志 ………………… 刘树成／338

大师辞世　思想永存 ……………………………………… 罗知颂／339

辅礽的高尚人品 …………………………………………… 万典武／341

怀念董辅礽老师 …………………………………………… 王伟东／344

深切怀念董老师 …………………………………………… 魏　杰／347

忆老董 ……………………………………………………… 乌家培／350

怀念董辅礽 ………………………………………………… 薛永应／352

缅怀直言无惧的董辅礽先生 ……………………………… 于　今／358

追忆董辅礽老师 …………………………………………… 袁钢明／360

证券立法功不可没 ………………………………………… 王连洲／362

我与辅礽四十年 …………………………………………… 赵人伟／364

经济学家已为社会福利最大化做出大贡献 ……………… 赵　晓／366

悼念董辅礽老师 …………………………………………… 钟朋荣／367

衷心感谢他 ………………………………………………… 周叔莲／369

一位不断学习、保持理论常新的经济学家 ……………… 朱善利／371

激情讲述与董辅礽有关的故事 …………………………… 邹恒甫／376

第六篇　思想评论

求实　求真　求新

　　——"首都经济学界董辅礽学术思想研讨会"综述 …… 人民日报／387

守身为大当自励

　　——首都经济学家举办研讨会纪念董辅礽先生 ……… 中国改革报／389

董辅礽——中国经济体制改革的开路先锋 ……………… 曹凤岐／391

追忆董辅礽老师对中国农村改革的贡献 ………………… 曹　阳／393

与辅礽探讨"重建个人所有制" ………………………… 杜润生／398

论董辅礽的民营经济思想 ………………………………… 高尚全／399

董辅礽的民营经济思想 …………………………………… 辜胜阻／401

董辅礽：中国经济改革的理论先驱 ………… 何　伟　韩志国／407

董辅礽先生对中国特色经济发展理论的杰出贡献 ……… 胡乃武／412

证券市场真诚的呵护人

　　——董辅礽先生与股市 ……………………………… 华　生／418

董辅礽对经济发展战略研究的贡献 ……………………… 李成勋／425

富有创见的经济思想家——董辅礽教授 ……… 厉以宁　刘鸿儒／430

董辅礽经济改革理论的内在逻辑 ………………………… 林义相／434

股市尚未转轨　大师离我而去 …………………………… 刘纪鹏／439

国有经济战略调整的思想先驱 …………………………… 钱　津／442

董辅礽先生的不懈探索 …………………………………… 宋静存／445

针对现实问题，发展中国的经济学 ……………………… 王大用／448

董辅礽最后的担忧 ………………………………………… 吴晓求／450

董辅礽同志的学术品格和学术贡献 ……………………… 晓　亮／452

有是非之辨，无名利之争 ………………………………… 萧灼基／455

评董辅礽教授的治学态度 ………………………………… 杨再平／457

一代经济学大师董辅礽教授的理论贡献 ………………… 叶辅靖／464

董辅礽逝世：私营经济的护航人就此而去 ……………… 张　华／468

率先倡导和推进市场化改革的超前理论

　　——董辅礽教授对经济体制改革的卓越贡献 ……… 张素芳／470

陪同董辅礽教授做最后一次讲演 ………………………… 邹东涛／484

第七篇　永恒挽歌

七律——悼董辅礽先生 …………………………………… 曹凤岐／491

思念——写给敬爱的董辅礽老师 ………………………… 韩志国／492

七律——悼董老 …………………………………………… 侯　宁／494

悼念董辅礽先生 …………………………………………… 胡乃武／495

老师，我想你

　　——献给敬爱的导师董辅礽 ………………………… 李　军／496

忆仙姿——悼董辅礽教授 ………………………………… 杨再平／497

七律（二首）——悼董老师 ……………………………… 张素芳／498

怀念恩师董辅礽先生 ……………………………………… 程志强／499

七律——悼念董辅礽教授 ………………………………… 邹东涛／500

跋 …………………………………………………………………… ／501

董辅礽：中国经济改革的理论先驱

　　今天，我们怀着无比沉痛的心情，在这里悼念中国共产党的优秀党员、久经考验的忠诚的共产主义战士、当代中国著名的理论家、社会活动家和教育家董辅礽同志。在 2003 年 10 月患癌症后，经过长达十个月的精心治疗，终因病情恶化，医治无效，在北京时间 7 月 30 日下午 3：03 时许，董辅礽同志走完了 77 年的人生路程，永远地离开了我们。

　　董辅礽同志的一生是光辉的和战斗的一生，是鞠躬尽瘁地为国家的繁荣、民族的复兴和人民的福祉勤奋工作、辛勤探索的一生。1927 年 7 月 26 日，董辅礽同志出生在浙江镇海。1950 年，他毕业于武汉大学经济系。1953 年，他留学苏联莫斯科国立经济学院，获经济学副博士学位。1957 年回国后，他在武汉大学经济系任讲师。1959 年以后，他调至中国科学院经济研究所，历任中国科学院经济研究所国民经济平衡组副组长、中国社会科学院经济研究所副所长、所长。鉴于他在经济学研究上的卓越贡献，他成为中国社会科学院经济研究所的终身名誉所长。他还兼任过中国社会科学院研究生院副院长，北京大学、武汉大学、中国人民大学等校的兼职教授；曾任第七、八届全国人大代表，全国人大常委会委员，全国人大财经委员会副主任委员；第九届全国政协委员，全国政协经济委员会副主任；国务院环境保护委员会顾问，国家环境保护总局顾问等职。

　　董辅礽同志是邓小平改革开放战略的坚定拥护者和奋斗不息的实践家，是当代中国最有影响的经济学家之一。早在 20 世纪 50 年代和 60 年代，他就提出了关于再生产数量关系的数字模型，成为早期中国经济成长论的代表作品。改革开放以来，他以敏锐的洞察力和超常的理论勇气，敢为天下先，在经济学的多个领域内，在理论和实践上为推动中国经济改革与发展做出了重大的开拓性的贡献，取得了多方面的丰硕成果。他的最重要的理论贡献是在 20 世纪 70 年代末挑战所有制理论禁区，提出了所有制改革问题，这在当时可以说是破冰之举，在中国学术界产生了重大的和持续的影响，并对经济理论界的思想解放运动起了重大推动作用。随着时间的推移，他在所有制改革问题上逐步形成了一个严密的理论体系。他深入研究了经济运行机制与所有制的关系，提出"不改革所有制，经济运行机制的改革不会成功"的观点，确立了所有制改革的地位的理论；他透彻地分析了经济体制改革的目标即通向市场经济，提出了改革所有制的依据的理论。在这个创新的所有制改革理论体系中，还包含了其他相关观点，比如：单一的公有制只能成为计划经济的微观基础，因此必须变单一的公有制为多种公有制，让多种公有制和市场机制能够兼容；社会主义经济是多种公有制主导的多种所有制的混合经济；非公有制经济不只是社会主义经济的"有益补充"，而是社会主义经济的不可分割的有机组成部分；要按照社会主义市场经济要求，从功能分类改革国有企业，"有退有进"。他对包括证券、期货在内的资本市场建设方面的观点等，都是围绕他的所有制改革理论贯通展开的。这些理论，当今几乎都成为政府的文件语言，但在70年代末、80年代初，要提出它，却需要有超常的理论勇气。另外，董辅礽同志联系市场化改革，还提出了一整套国民经济可持续发展的新思想，比如：要转变经济发展战略，要发展农村非公有制的非农产业来改变二元经济，要超梯度发展、加快西部开发等一系发展理论。这些理论影响并启迪了一大批经济学工作者。可以说，董辅礽同志是中国经济体制改革的理论先驱，是中国市场经济理论的奠基者，是中国新发展理论的倡导者，也是中国经济体制改革实践的积极推动者。

董辅礽同志也是当代中国最活跃的社会活动家。它不仅自己进行着辛勤的理论探索，而且还身体力行地进行改革理论的宣传和推广工作。他的足迹遍及中国和世界，对推动中国经济体制改革的伟大实践以及中国与世界的交流、交往做出了重大贡献。在担任全国人大常委和全国人大经济委员会副主任委员期间，他积极促进社会主义市场经济法律体系的建设，对《拍卖法》、《证券法》等法律的制订做出了显著贡献。他是一位有世界影响中国经济学家。他的足迹遍布全球80多个国家和地区，在美、英、法、德、日等国家多所著名大学、研究机构和国际组织做过访问和讲学活动，推动了中外经济学学术交流。1987年法国政府授予他军官级学术勋章。由于董辅礽同志在经济问题上的超人预见和公正道德，诺贝尔经济学奖评奖委员会每年都邀请他来推荐诺贝尔经济学奖的候选人。董辅礽同志还具有高超的学术组织能力，多年来，他做了大量的经济学研究和交流的学术组织工作，这不仅推动了中国经济改革的实践进程，而且还壮大了经济学研究的组织和队伍。

董辅礽同志还是一个出色的教育家。他伯乐识马，扶植新人，诲人不倦地培养了众多经济学新秀，并以自己的探索和实践改变和影响了整整一代人。

董辅礽同志能够取得如此巨大的成就，导源于他对祖国的深深的爱和对民族的浓浓的情，导源于他对党的事业和人民的事业的无限忠诚。2004年4月25日，董辅礽同志写下了他一生中的最后一篇作品——《守身为大》，在这篇遗作中，他纵古论今，分析了在当代中国特别是在理论研究上坚守自身节操的重要性，这是他在生命的最后时刻留给我们的最宝贵的精神遗产。在半个世纪的经济学研究和社会实践活动中，董辅礽同志就是这样地以强烈的社会责任感和历史使命感，心系民富国强和社会进步，把共产党员的党性和经济学家的科学精神有机地结合在一起，一步一个脚印地走完了他辉煌的人生历程。董辅礽同志无愧为一位优秀的共产党员，无愧为一位社会变革时代的著名经济学家。

董辅礽同志的去世不仅是中国经济学界的一个重大损失，也是中国改革与开放事业的一个重大损失。我们在这里悼念董辅礽同志，就是要继承董辅礽同志的遗志，学习董辅礽同志的精神，与时俱进，在以胡锦涛同志为总书记的党中央领导下，进一步推进经济体制改革和社会主义市场经济体制的建设，为实现中华民族的伟大复兴而奋斗不息。

我们要学习董辅礽同志敢于追求真理的探索精神，在中国经济体制全面转轨的重要时刻，为国家的繁荣和民族的富强而呕心沥血，为中国社会主义市场经济体制的全面建立和中国社会经济的全面发展而不懈努力。

我们要学习董辅礽同志理论联系实际、一切从实际出发的良好学风，为创建更加完善的社会主义市场经济理论而辛勤探索。

我们要学习董辅礽同志的高尚的道德情操，诚诚恳恳做人，踏踏实实做事，认认真真作文，在现代市场经济的环境下，洁身自好，守身为大，做一个有品位的人，一个有品格的人，一个有品质的人。

董辅礽同志的逝世，使中国经济学界失去了一位最杰出的人物，也使我们失去了一位好同事、好朋友和好同志。长歌当哭悲中华古国痛失人杰，仰天喟叹经济学界仙逝泰斗。董辅礽同志虽然逝世了，但他生前所高举的民族之魂的火炬将在中国经济学界继续传递，他所未竟的改革事业也将会在全国人民自强不息的奋斗中最终完成！

董辅礽同志安息吧！

历史会永远地记住你！

人民会永远地怀念你！

他永远在我们中间

——怀念董辅礽

于光远

2004 - 8 - 1

　　老董走了，并不完全出乎意外，但是 2004 年 7 月 30 日噩耗传来，还是觉得突然。之所以不意外，是因为在了解了他的病情后，根据自己对癌症的常识，大致就有了一个判断。在老董去美国治病的时候，我就对我身边的人说"凶多吉少"。后来我看到 2 月 17 日《环球时报·生命周刊》的报道。有一天我去北京医院时把我得到的《环球时报·生命周刊》拿给王丽萍大夫和老院长吴蔚然看，吴院长判断是"难以治好"。

　　这家周刊用老董第一人称发表《我去美国治肠癌》，其中对他的病有颇为详细的介绍。许多事情在 2003 年 9 月他从美国探亲回国后到协和医院住院检查，我去医院看他时，他就告诉过我了。也有一些事是我看了这张报纸后才清楚的。尤其听到老董讲自己后悔在 2002 年体检时，对已经发现潜血自己没有当回事。他严于责备自己，而没有去责备医院，这是老董厚道之处。不过我还是想说一下当时医院也有处置不当的责任：医生认为血来自痔疮。这使我感到奇怪：痔疮怎会产生潜血。我对肠癌不陌生，因为就在这次同他见面不到半年之前，我就因为在做肠镜检查时发现横结肠有可能癌变的大肿瘤。当时医生要我去做肠镜，就是因为发现有潜血。因此，我想协和医院宁肯对他多做几次潜血检查，也不应轻易放过。今天我还想就另一件事讲一讲自己对医院的一些意见。我听说他们曾要一位正住在病房、而且已经切开气管的 107 岁的中国著名的社会科学家冒险为一位部长而换病房，第二次又要求他为一位省委书记而挪房。而且据说部长和省委书记本人并不知道。如果是这样，医院的管理就太成问题了。

　　我之所以感到突然，是因为就在 2004 年 7 月 1 日，胡冀燕给老董去了个"伊妹儿"，其中写道："好久没有与您联系了。您的近况我通过小周和金梅，有一些了解。于老和我们大家都很关心和想念您。"然后接着还告诉了老董，7月4日我满89岁生日的前一天，准备在华润大厦搞一个小型聚会。胡冀燕还告诉他，我最近做过体检，各项指标比预想的好一点，不过潜血问题依然没有解决，每个月都查一次。她还写道："于老把自己的病也作为研究对象，从不烦恼，是个彻底的唯物主义者。这种心态对他的身体无疑是非常有利的。这恐怕也是他长寿的秘诀之一。但愿我们也能像他那样达观。"第二天，即7月2日，老董就给胡冀燕发回一个"伊妹儿"，说了这么几句："谢谢于老、你和其他同志的关心。我的情况不大好，最近气短、缺氧。今天在医院13个小时，做了五种检查，看明天CT结果。于老89岁，我遥祝他健康，超过100岁。我曾写一篇《守身为大》的文章，内谈到于老的学术节操，已在《金融时报》和《经济界》发表，《经济界》将送给于老。其实我发给你过，你可能未收到。"

老董的身体一直非常的好，他在《环球时报》发表的文章中说："年轻时身体状况一向很好，平时连感冒也很少得。有点不舒服，自己吃点药就过去了。特别是到了冬天，上身只在衬衣外加一件单夹克或西服，下身仍只一条单裤，我把这称为'对自己实施冷空气浴'。生活中我也没有任何不良嗜好，不吸烟也不酗酒。在我享受副部级医疗待遇后，从1998年开始，每年都要到定点医疗机构进行一次体检，因为体检结果要上报，这才建立了医疗档案。人过了70岁，自然要想到保持健康，我也不例外。2002年体检时，几乎所有检查指标都正常，以致连医生都问我，您怎么保养得这么好？"老董的身体好是在经济学家中人人都知道和羡慕的。我没有想到，怎么一下子竟是他得了重病。更没有想到7月2日他还写信给我，而就在这个月的月底他就突然地走了。看来，病魔不管你是唯物主义者还是唯心主义者，它一定要把你带走，你也没有办法，只有跟它走。

他回来之后，我觉得经济学家应该开一个追思会。对去世的人要做三件事："殡"、"葬"、"传"。"殡"就是一系列的告别式；"葬"就是处理遗体；"传"就是把这个人一生中有价值的东西向后代传联下去。老董作为中国一位卓有成就的经济学家，无论是做人、做学问都堪称楷模，值得传下去的东西很多。我们有责任在他走后，做好传的工作。

在1997年他满70岁时，我写了一篇文章，题目是《他是一位年轻的老经济学家》。我之所以能用这样一个题目，是因为那一年我已经82岁了。文章里说，"我相信老董在未来的十多年中，再经过一番努力，对我国改革中的这个重大问题——所有制结构问题，将能做出新的巨大的贡献。我自己如果健康条件允许，也愿意和老董这样的'年轻的老经济学家'，以及年轻而不老的经济学家们一起并肩战斗。当然我恐怕只能敲敲边鼓、讲点抽象的原则，参加不了主力军的队伍"。又是一个没有想到，老董本来是主力军中的一员，而他却不能参加了。

我和老董的交往，特别值得讲一讲的有一件事。有一年，已经成为党中央书记的邓力群组织了一个针对我本人的生活会，有的经济学家积极、或者不那么积极地参加了。人民大学的宋涛教授和北京大学的张有仁教授拒绝参加，我一直记在心里，并且是很感谢他们的。老董也接到通知，而他是陪绑性质的，要求必须到会。于是便没去检查腰痛，勉强到了会场，一言不发。我和他见了面，虽无法打招呼，但彼此会意。在他的《守身为大》一文中，他提到了这件事。我们之间既是同行，更是同一个战壕里的战友和无话不谈的好朋友。

记得文化大革命后期，邓小平第一次复出时，我在邓小平直接领导下的国务院政治研究室工作，邓小平让政治研究室联系指导中国科学院哲学社会学学部。在这件事情上我和胡绳的分工是：他联系学部机关和东城的几个研究所，我联系在西城的中国科学院经济研究所，负责筹备《思想战线》。同时邓小平和李先念等商量建立了一个国家计委经济研究所。由我担任第一任所长，薛暮桥、许涤新、齐燕铭三人是该所顾问。

在"四人帮"还在台上、邓小平同"四人帮"进行艰巨斗争的时期，老董很积极地参加了反对"四人帮"的工作。我派他去上海，了解"四人帮"在上海是如何在政治经济学领域中歪曲马克思主义的，他积极完成了这项任务。他还接受我决定要他主持编写一部《国民经济统计学辞典》的任务，同时我布置经济研究所另外一个同志主持编写一部《政治经济学辞典》。

可是没有多久又掀起"批邓反击右倾翻案风"，两部词典都还没有来得及开始写作，邓小平再次被打倒。这时候我们国务院政治研究室又成为被批判的重点单位，"四人帮"的势力要经济研究所来批评国务院政治研究室。由于我分工联系中国科学院经济研究所，我当然是批判对象，老董拒绝对我进行批判，而那位编《政治经济学辞典》的同志参加了。这件事情我也至今没有忘记。

后来，在"四人帮"粉碎之后，哲学社会学学部的吴亮平同志在经济研究所内试用由研究人员选举所长的做法，董辅礽当选为所长。

在这个时候，我发起在《人民日报》上举行社会主义生产目的的讨论，同老董商量，由他出面召开一次座谈会，发起这项讨论。他积极组织了这次讨论。举行这个座谈会的事情在《人民日报》上发表，这是全国报纸上开展"社会主义生产目的问题"的开始，也是我同老董的又一次合作。

我觉得在他70岁的时候我写的那篇文章中，许多事情都没有讲到。所以他到了美国之后，我想和他共同回忆一些事情，因为有些事他记得比我清楚。我们通过"伊妹儿"联系。他告诉我，在批邓之前那段时间，他和刘国光两人被我借调到国家计委经济学研究所，这件事情我就忘记了。后来，我给刘国光说起，果然有这样的事情。

　　还有经济科学出版社的建立，他出的力量很大。至今经济科学出版社的人和他还有着比较密切的联系。

　　在经济学家当中，我和老董的关系是特别密切的。他对我的关心和帮助不仅仅是口头上的。2003年，他主动提出要为我筹集一些研究经费，这件事他很上心，四处向他的学生们求援。在他的努力下很快就筹集到了。这使我很感动。虽然我没有当面向他表示过，但内心是非常感谢他的。

　　总之我不仅重视他的学识和成就，也重视他的正直和关心人的品德。我知道他在武汉大学的老师和学生对他也特别好。他的老师中有一个熊彼得的学生、萨缪尔森的同学张培刚，还有一位杨端六。他的学生同他也一直保持密切的联系，他很关心他们的学业长进和事业进展，双方感情深厚。在这次他去美国看病的时候，遇到一个费用问题。出发前在协和医院他告诉我，他的学生们当知道老师要去美国治病时，纷纷解囊，主动为他赴美就医凑了不少钱，并成立了供他治病的基金。这也使我看到了老董在学生中的威望和他们之间的师生情谊。他去世的消息，上海《文汇报》发表得最早，就是武汉大学提供的。

　　关于老董的见解和人品，以及他在经济学领域中的贡献，在座的经济学家一定会有自己的体会。我们这次追思会就是一次交流。而且我想这种交流应该不止是这一次。老董虽然走了，但他永远在我们中间。

第一篇

生平遗作

董辅礽生平

1927 年 7 月 26 日   生于浙江宁波。

1946 年   考入武汉大学经济系。

1949 年   加入中国共产党。

1950 年   毕业于武汉大学并留校任助教。

1953 ~ 1957 年   为苏联莫斯科国立经济学院研究生，获副博士学位。

1957 ~ 1958 年   任武汉大学经济系讲师。

1959 ~ 1976 年   任中国科学院经济研究所助理研究员、国民经济平衡组副组长。

1977 ~ 1978 年   先后任中国科学院经济研究所业务行政领导小组组长、研究员、副所长。

1978 年 ~ 1988 年   先后任中国科学院经济研究所副所长、所长，《经济研究》主编，中国社会科学院研究生院副院长。

1981 ~ 1987 年   任中国经济学团体联合会秘书长。

1982 年   当选为中共十二大代表。

1987 年   获法国政府军官级学术勋章。

1988 ~ 1998 年   先后当选第七届、第八届全国人民代表大会代表、全国人大常委会委员、全国人大常务委员会财经委员会副主任。

1998 ~ 2002 年   任第九届全国政协委员、全国政协经济委员会副主任。

1988 ~ 生前   中国社会科学院经济研究所名誉所长。

2004 年 7 月 30 日   逝世。

生前任中国社会科学院、北京大学、中国人民大学、武汉大学等研究机构和高等院校教授、博士研究生导师、国务院环境保护委员会顾问、国家环境保护总局顾问等职。

主要著作：

《苏联国民收入动态分析》（1959 年）

《"四人帮"对马克思主义主义政治经济学的篡改》（主编，1978 年）

《社会主义再生产和国民收入问题》（1980 年）

《社会主义经济制度及其优越性》（主编，1981 年）

《大转变中的中国经济理论问题》（1981 年）

《论孙冶方社会主义经济理论》（1983 年）

《董辅礽选集》（1985 年）

《经济发展战略研究》（1988 年）

《中国农村改革、非农产业发展与农村现代化》（英文，1988 年）

《中国国有企业改革：制度与效率》（1992 年，与人合编）

《中国国有企业制度变革研究》（1995 年，与人合编）

《改革与发展——论大转变中的中国经济》（1995 年）

《中国经济纵横谈》（1996 年）

《中国经济体制改革研究》（1997 年）

《经济发展研究》（1997 年）

《论社会主义市场经济》（1998 年）

《市场经济漫笔》（1999 年）

《中国经济跨世纪的主题和难题》（1999 年）

《走向市场化的中国经济》（2001 年）

《用辩证的眼光看市场经济》（2002 年）

《在争论中发展的中国证券市场和期货市场》（2002 年）

赴美就医记

董辅礽

一　病魔降临

我一向身体状况良好，文革前没有办公费医疗证，文革后有了医疗证，却未到医院看过病。平时连感冒也很少，有点不舒服，自己吃点药就过去了。文革后共有过两次发烧，都是因为吃坏了肚子。冬天上身只在衬衣外加一件单夹克或西服，下身仍只一条单裤。我不冬泳，但我对自己实施"冷空气浴"。我也没有任何不良嗜好，不吸烟、不酗酒。在我享受副部级医疗待遇后，从1998年起，每年都要到定点医疗单位去做体检，其结果还要上报，这才建立了医疗档案。人过了70岁，自然想到要保持健康。我也不例外。我想过，我平时不得病，要得病，就会是大病，对我来说，最可能致命的病是心脑血管疾病和癌症，因为我的父母都因患脑血栓后并发其他病而去世。因此，我把关注的重点放在心脑血管病上，而且确实也出现些症状，除主动脉硬化外，心电图也有变化，1998年为正常，1999年为可疑，2000年和2001年出现T波倒置，表明心脏供血不足。2002年初，还出现高血压。这些都使我关注心脑血管的问题，服用一些能改善心脑血管状况的药物。说来也奇怪，从2002年起，我的心电图又正常了。而在服用降压药后，血压反而更高，我自己决定逐步减少药量，最后停服，结果血压也正常了（昼夜平均值：收缩压120，舒张压80）。2003年体检时，几乎所有检查的指标都正常，以致门诊医生问我；你怎么保养得这样好？殊不知更可怕的病魔正向我袭来（其实，在2002年体检时，大便就有潜血，检验部门提出做两次复查，医生和我都未注意到这项检验结果，没有复查。那时显然已经有了肠道肿瘤，但尚未转变为癌）。

2003年，SARS肆虐，原定于5月8日的体检被推迟，6月17日我偕妻去美国探亲，并解SARS期间的郁闷，9月23日下午回到北京，实际上SARS耽误了我近五个月的时间，使癌症得以发展和扩散。如果5月份体检发现了癌症，情况就会大不一样。回北京后我即去医院，挂号处的护士说，别人已经体检过了，你快去体检。做 B 超时，发现肝脏右叶有多个实质性占位，初步诊断为：多发性囊变，除外转移癌。这就是说，可能是肝囊肿，而囊肿一般为良性。由于血检结果并未都出来，作为肝癌特异性指标的甲胎蛋白指标又不高，门诊医生也难确诊，让我做 CT 检查，但 CT 的结果要到国庆后才能拿到，整个国庆期间，我都在忐忑不安中度过，暗中希望不是癌，而是良性囊肿。国庆后，10 月 8 日取到 CT 结果，我一下懵了，诊断为：原发性肝癌，多发性肝内转移。那时血检全部结果已出来，与肝功能有关的一些指标，除与乙型肝炎有关的指标正常外，大多不正常。门诊医生让我赶紧住院。当天下午，我就住入病房。医院请了一些国内最顶尖的医生给我会诊。由于与肠癌有关的指标——CEA 很高，他们让我做进一步直肠镜检查。在检查中，医生问我，大便中是否出血，我说有时出血；又问出血多久了，我说，大约有两年了；又问为何不早来看，我说，以为是痔疮出血（其实，我没有内痔）。检查结果是直肠癌，它长在距肛门 11 公分处，难怪在体检时，外科医生用手指探摸不到。医生会诊，初步诊断是直肠癌转移到肝和肺，是否已转移到肋骨需排除。我很后悔，在发现大便出血时，没有去看医生，如果早看医生，在肠肿瘤尚未癌变时切除它，就没事了，即使它已转变为癌，在未转移前，也容易治愈。但后悔已没有用了。不过，我也庆幸，患的是直肠癌及其远端转移，那比患原发性肝癌要好得多，因为后者的毒性更强。美国给我治病的医生曾说，如果一个人一生必须得一次癌症，那么最好是得直肠癌。但是直肠镜检查发现的肿瘤是否就是癌，还得根据活检的结果而定，而三份活检样本中都未发现癌细胞，这反而引起我的不安。因为如果那个直肠肿瘤不是癌，那么，肝脏的肿瘤就是原发性肝癌了，那岂不更糟糕？所幸医生仍维持原来的结论，他们认为，从取样中未发现癌细胞，是因为为了避免出血，未从肿瘤的顶部取样，而是从边上取样。

从我发病的经历，可以提出几点教训：

（1）平时身体状况愈好的人，愈容易忽视健康，不注意保养，不注意锻炼，不注意饮食，不注意检查身体状况的变化，不注意工作与休息的协调。人们往往要到得病时才注意健康，注意锻炼，注意改变不良的生活习惯和工作习惯。悲夫！那些身体差的人，则不一样，往往可以顶过种种疾病的灾难，活得较长。

（2）不要忽视小病并及时治疗，否则就可能导致大病。身患疾病迟早会有信息传递出来，如能及时捕捉，就可以及早治疗。不谈其他，如果我在发现大便出血时就去看医生，这场大病是完全可以避免的。其实，我有很好的条件做到这一点，一是我有很好的医疗条件，二是我的妻子是资深眼科教授，有丰富的医疗知识。但我却没有利用这些条件，甚至连大便出血的情况都未告诉医生和我的妻子。实在太不应该。

（3）需要加强医学知识的普及，让人们知道如何预防疾病的发生，以及在发病初期即能及时治疗。我在后面提到的美国国家癌症研究所编印的《你对结肠和直肠癌需要了解什么》的小册子就很有用。小册子是免费的，容易得到，而且人们还可以从网上了解许多医疗知识。

（4）医院的体检制度需要改进，以防止漏检和延误。在我住院时，有位医院的人士就说，我们在考虑，可能每年一次体检的间隔时间太长。我觉得，不一定要增加体检频率，但需要因人而异确定重点观察项目，必要时可以增加观察次数。例如，吸烟者应重点注意观察肺部的变化。在美国，鉴于 50 岁以上的人直肠癌的发病率高，不久前决定 50 岁以上的人体检时必须做直肠镜检查。这是值得我们参考的。

二　机遇难逢

在得知已患癌症的当天，我就将它告诉了在美国的女儿和女婿，那只是为了让他们有心理准备，并未打算到美国治病。他们俩都在美国杜克大学做教授，各自领导着一个实验室。女婿在医学院对癌症从事分子生物学水平的基础研究。杜克大学医学院很有名，在全美大学中排第三位，在国内给我会诊的一位国内顶尖的医生就在那里工作过。事有凑巧，曾在我的女婿的实验室工作过的一位医生正是杜克大学医疗中心的一个临床试验小组的成员。这个试验小组正在临床试验 GENENTECH 公司研发的一种治直肠癌的新药——AVASTIN（又名 BEVACIZUMAB），在全美国，领导这项试验的医生 H. I. HURWITZ 博士正是杜克大学的这个试验小组的负责人。这个新药是根据一项研究成果开发出来并进入临床试验的第一种药。这项研究成果发现，癌细胞的生存和发展需依靠新生血管来供给养料，如果能破坏癌肿瘤的新生血管，就可阻止其发展并使其坏死。美国《时代》周刊（2003 年 9 月 8 日）说这个药是新一类癌症药，它通过阻碍肿瘤产生血管的能力来对付肿瘤。在临床试验中，此药曾用于治疗乳腺癌，未获成功，后用于治疗已转移的直肠癌则获得巨大成功。在 2003 年美国临床癌学学会的年会上，HURWITZ 报告了临床试验取得的成功。试验的成功使得 GENENTECH 公司的股票大涨，市值增加了 150 亿美元。目前，第三期临床试验仍在进行，估计该药将于 2004 年经 FDA 批准上市销售。AVASTIN 成功开辟了治癌的一条新途径，会有一批类似的药开发出来。

鉴于这种情况，我的女儿和女婿极力要我到美国治疗，而该小组在初步了解了我的病情后，也愿意接受我参加第三期临床试验。同时，医院离他们家不远，治疗也方便。不像一些病人住在外地，每次都要远远地赶来，有一个加拿大的病人到这里来治病，住在女儿家，每次来医院需开车 5 个小时，或者头一天到这里，住一夜旅馆。这个消息，使我受到鼓舞，至少可作为一种选择。当我将此情况告诉中国的医生后，他们从网上也了解到了这种药的效果。但有的医生根据他在美国的经历，好意地劝我留在国内治疗，因为国内医生的经验丰富，而且护理比美国好。我虽然不了解美国医院的情况，但也认为他讲的有道理。到美国治疗，费用是个大问题，那里的医疗费用很高，虽然我的子女和我自己可以承担一部分，但由于没有医疗保险，仍是无法承受的。当时，并不具体知道费用有多高，来美国后，从寄来的账单才知道，费用高得惊人。举例来说，见医生的费用，第一次为 221 美元，以后每两星期见一次医生，每次费用为 168 美元；一种口服药——XELODA，每星期服五天，每天七粒，每天的费用为 110 美元；每两周做一次化疗，费用为 5965.65 美元，其中仅一种化疗药——OXALIPLATIN（又名 ELOXATIN），药费为 4868.4 美元；每两月做一次 CT，三个部位，仅照射费，需 3261 美元。当知道我想去美国治疗时，我的一些学生不仅支持，而且在几天内就纷纷解囊成立了供我治病的基金，解决了赴美治疗的费用问题。此外，由于我参加了第三期临床试验，AVASTIN 是免费的。治疗两星期后，医院又主动替我向有关的医药公司申请另两种药的免费，这样又替我每月省去了大约近 1.4 万多美元，即大约省去 3/4 的费用。

还有一个不可缺少的机遇，那就是，正好 6 月份我去美国时给我的是多次往返的签证，而且到 11 月 20 日才到期，这使我可以立即赴美，否则我必须在国内等待几个月后才能再申请，那就晚了，我也就只能在国内治疗了。当我将此决定告诉国内的医院时，医生不仅理解，而且很支持，给我准备了一套检查结果的资料，而且借给我直肠镜的切片，以供美国医生参考，使我到美国后能尽快开始治疗。医生还告诉我，如果在美国治疗效果不好，就赶紧回来，我们给你治。

正是这些机遇结合在一起，使我得以赴美就医。

三　几点感受

到美国后，第二天我就与 HURWITZ 医生见了面，他将我列入按他们调整后的新的疗法进行试验的一组病人，这组病人预定 12 人，我是第 11 个。这个疗法是根据以前的临床试验的经验，将三种最有效的药组合在一起运用。其中 AVASTIN 从破坏肿瘤的新生血管方面阻止肿瘤的发展，使其缩小和坏死，而 OXALIPLATIN 和 XELODA（又名 CAPECITABINE）则分别从破坏癌细胞的染色体和 DNA 的组合上阻止肿瘤的发展，使其缩小和坏死。其中 AVASTIN 和 OXALIPLATIN 用于静脉点滴，也即化疗，XELODA 则内服。这就是说，主要用化疗的办法来治疗转移直肠癌，而不是首先动手术。这和国内医生的治疗思路不同。在国内，一旦确诊后，医生就决定立即给我动手术，切掉直肠肿瘤，用干预疗法从动脉注入药剂至肝脏，封住通往肿瘤的血管，促使肿瘤坏死，然后做化疗（或加放疗），以杀死其他癌细胞。这是两种不同的治疗思路。我不是医学专家，只想从一个患者的角度谈一点外行的想法。

应该说，这两种思路都有道理。中国医生的考虑大概是，先用手术将可切除的肿瘤切除，可去除的肿瘤去除，以免其继续生长、转移、散发毒素、危害机体，然后用化疗和放疗杀死残留的癌细胞，防止复发。在肿瘤尚未转移或因转移而形成的肿瘤很有限的情况下，应该说这是一个有效的办法。但对我的病情可能不很合适，因为直肠肿瘤已转移，且肝脏中有大大小小多个肿瘤，用这种办法对付肝部的转移肿瘤是很困难的。而且，在手术中会损害健康组织，还可能激发癌细胞的生长。同时，手术后需要一段伤口愈合和恢复期，在此时间内，手术未及处的肿瘤还会生长、转移、散发毒素，继续危害机体。这种思路应该说与国内缺乏更有效的药物来遏制和杀灭癌肿瘤有关。给我治病的美国医生的思路是建立在已经研发出能有效遏制和杀灭癌肿瘤的药物的基础之上的，即通过化疗和口服的办法将药物用于全身，不管肿瘤在何处统统都要遭遏止和杀灭，而且这些药物的副作用小，不会对健康组织产生大的损害。当然这种思路也有风险，因为 AVASTIN 仍在临床试验中，这种治疗是否对每个人都很有效，仍待证明。我去美国参加临床试验，作为试验的对象，自然也是有风险的。但是我考虑这已经是第三期临床试验了，风险并不大。第一次见医生时，我问治疗效果将如何，医生的回答很慎重，他说，取决于三点：第一，你本人的身体状况，我想，这包括病情和身体的整体情况；第二，药的效力；第三，看运气。这第三点指的是每个人的具体情况，因为每个人的具体情况相差很大，即使对绝大多数人有效的药物，对有的人可能效果小或者无效。例如，用同样的药，有的人出现各种副作用，而有的人则没有或者很少出现副作用，在我身上副作用就很少和很轻（主要是化疗后出现便秘，手掌和脚掌冷热敏感、脱皮和有时触痛），副作用大小不仅会影响治疗效果，而且会影响治疗能否进行下去。

当然，现在给这两种治疗思路做结论还为时过早。但是，治疗的思路显然会受到治疗的经验、治疗的手段（包括药物）等的影响。

在美国接受治疗中，我感到中美两国在医疗文化方面的差异不小。由于我没有研究过美国的医疗制度（这个问题很复杂，美国的每个州、每个单位都不一样），不能联系其医疗制度来谈。

在美国，在治病中，很注意发挥病人的自主作用。在进入治疗前，医院就发给我许多有关此疾病和治疗的资料，其中有国家癌症研究所编印的各种资料，如《你对结肠和直肠癌需要了解什么》、《化疗和你——癌症治疗期间自我帮助指南》、《癌症患者在治疗前、治疗中和治疗后的饮食提要》等，有杜克大学综合癌症中心和杜克大学医院编印的各种资料，如《照顾你自己》、《化疗指南》、《预防和治疗口腔问题》（化疗可能引起口腔和嗓子溃疡、干燥或疼痛等）、《静脉保护》（因为化疗可能使静脉产生疤痕组织，使针头难以扎入等）、《低血液计数》、《性生活与癌症》等，还有医药公司就所用药品的详细介绍等。这些资料告诉病人如何应对疾病，如何配合治疗，特别是详细地告诉病人治疗中可能产生的各种副作用以及如何防止、减轻和应对，在什么情况下需要及时找医生，如何安排生活和工作，鼓励病人做他认为最重要的工作以及做运动等。也就是尽量让病人既把自己作为病人又把自己作为正常人，尽量让病人自主地生活和工作，自己处理治病中的种种问题。显然，这对提高治疗效果是有帮助的。这种注意发挥病人的自主作用的精神处处体现。当然，在你需要医生和护士帮助时，他们也会提供各种帮助。例如，在与医生见面时，医生会不受时间限制地回答病人提出的各种问题，让你了解，使你知道应该怎样做。这和中国的情况不同。在中国，病人往往更多地依赖医生，依赖医院提供的服务。同时，由于病人多，医生往往只能在很有限的时间里回答病人的问题，满足不了病人的要求，从而使病人遇到问题不知如何办。

在美国的医疗中更体现着人性化的精神。在治疗期间，病人都住在家里，除非必要，是不住院的。除了由于住院的费用太高，医疗保险不能支付外，更重要的是让病人生活在家庭的氛围中，与家人团聚在一起。这样，不仅能得到家人的关怀，而且使自己尽可能地过正常人的生活，可以休息和运动，也可以力所能及地干点工作，不像住在医院，接触的不是医生、护士，就是其他病人，使自己时刻想到自己是个病人，精神上很郁闷和压抑。那本《癌症患者在治疗前、治疗中和治疗后的饮食提要》和《性生活与癌症》的资料最能体现这种人性化精神，它们分别详细地告诉病人怎样调节饮食，如何通过饮食防止和应对各种副作用，还介绍相应的菜谱，在什么情况下可以或者不可以过性生活以及如何过，男人应如何，女人应如何。在美国，即使在医院里，这种人性化的精神也有体现。例如在候诊室，备有大量报章杂志、各种免费的饮料和食品，还有一些义务人员提供服务，不时煮来咖啡，还带来自己在家里刚烤好的点心和其他食品。医护人员对病人热情地打招呼，有时还聊上几句，使人感到亲切。在中国，治疗中的癌症患者一般都住在医院，虽然医院照顾起来方便，病人随时可以找医生和护士帮助，但与住在家里的感受仍不一样。住在医院还往往需家属陪住，把家人拖得很疲累，如果没有家人陪住，病人又会感到孤独。

发挥病人的自主作用和在医疗中体现人性精神，对癌症病人尤其有意义。因为癌症患者在获知患上癌症后，首先想到的就是死，从而在精神上崩溃了。这对于病人的治疗是很不利的。发挥病人的自主作用和从人性上关怀病人，使其保持乐观精神，感觉到自己虽然患了病，但病是可以治的，只要自己重视疾病，积极配合治疗，尽可能过接近正常人的生活，从事力所能及的工作、劳动和运动，就能提高治疗的效果。在患病后，我的精神状态是较好的，虽然我已注意休息，不像以往那样紧张地工作，但我每天总要做点事，或看报，或上网，或与他人通信，或看学生的论文、与学生讨论（通过电话或电子邮件），或写文章，或做些轻劳动，除晚上睡觉和午睡外，没有停着的时候，在做事时不仅忘掉了疾病，而且感觉自己就是一个正常人。

在美国治病，我还有另一点感受。美国在医疗、研究和药品的开发上结合得较好，以及竞争推动着医疗的进步。这在给我们治病的医院看得很清楚。临床试验小组是由各个级别的医生和研究护士组成的。在我们与医生见面那天，先做尿和血的检查，再由研究护士了解病人近来的情况，问一些问题，再由低年资的医生谈话，做一些听诊检查，这些都是为负责临床试验的医生做准备的，最后才由 HURWITZ 博士与病人见面，那时他已经掌握了病人的情况，必要时再做些听诊之类的检查，以提出下一段的治疗方案。这些医生和护士，是专门做临床试验的，不看其他病人。据说，这些医生每周只到医院工作两天，其他时间做研究，临床经验的积累和研究取得的成果，使得他们可以提出新的医疗理念，提高医疗水平，开发新的医疗方法。医药公司除自己投入大量资金用于医药的研究和开发外，还与大学和其他研究机构合作研究开发和试验新的药物。同时，各大学、各研究机构、各医药公司之间以及大学、研究机构和医药公司之间又彼此竞争。这种结合和竞争使得新的研究成果、新的药物不断推出。例如，在我女婿的实验室里就有一位博士后的研究人员专门研究直肠癌，最近他发现直肠癌转移到肝，本来是不能存活的，它之所以能存活并长出新生血管，是由于一个分子的作用，如果能对付这个分子，直肠癌就无法转移了。他的论文即将发表。发表后必定会有一些医药公司争着开发药物来对付这个分子。又如，我们服用的 XELODA 已证明对直肠癌有好的疗效，而在约翰·霍普金斯大学医学院的研究人员又在研究如何改进此药，使其效果更好。再如，在我从上述《时代》周刊上看到关于 AVASTIN 的消息时，还看到了另一种治疗直肠癌（还将试验治疗其他癌）的药物——ERBITUX 正申请上市，此药的治病机理与 AVASTIN 不同，它通过封闭癌细胞吸收其在发展中所需生长要素的能力，结合化疗，可使肠癌的生长减低达 55%。正是将医疗、研究、药物和其他治疗手段的研究开发结合起来，并开展竞争，使得美国的医学走在世界的前列。纵观中国，我们确实有许多经验丰富的医生（甚至比美国医生的经验更丰富），但他们或者医疗的任务太重，或者缺乏经费和其他条件，无力在治疗的同时从事研究，研究机构和医药公司也缺乏资金和水平高的研究开发人员，使得新的药物和治疗手段的开发能力很弱，而这又使得医生只能凭已有的经验进行治疗，很难创新。我想，这里肯定还有医疗体制上的问题，但我非这方面的专家，无法深入探讨。

四 还未结束的结束语

我在美国治病已有三个多月，虽然还不知道最后的结果如何，但从进程上看，情况是相当不错的。第一次化疗（每隔两星期做一次）后，各项指标好转；第二次化疗后，肝功能已正常；当第四次化疗后（每四次为一个疗程），CT 检查显示肿瘤已缩小 45%～50%，而且更重要的是，肿瘤正在坏死。HURWITZ 医生很满意，他说，这批临床试验者的情况都很好，他从事肠癌治疗已十年，从没有取得这样好的效果，而我又是其中最好的。在第二次化疗后他就说，他从未见到像我恢复得这样快的。因此，他说，"看来，你花这样多的钱，跑这样远的路到这里来治疗，是很值得的"。这里的医生的谈话都很有分寸，不讲过头话，不给病人许愿，他的评价应该是可信的，更何况他们在从事新药的试验，试验的结果是要向有关部门、包括医药公司报告的，而医药公司是要报告给 FDA 的，来不得虚假，否则将承担责任。当我决定赴美治病时，中国的医生称我为勇敢的人，因为参加临床试验是有风险的。在参加治疗前，我就在一份文件上签了字。我对中国的医生说，我到美国去治病，是想抓住难得的机会，不仅把病治好，而且想把美国的新的治疗方法介绍到国内，供国内参考。

在患病后，许多亲友和学生给我以关心及帮助，温总理还亲自批示"请宋宁同志代我向董老问候，祝他早日康复"，从精神和物质上给我以战胜疾病的力量，在此向他们深致谢意！

2004 年元月 30 日于美国

守身为大

董辅礽

1946 我报考武汉大学经济系。其他课程考了什么，我已不记得了，惟独记得国文的作文试题为"守身为大说"，我用文言文写了这篇作文。我究竟写了些什么也不记得了。以后，虽然我没有把这个试题作为座右铭，但是我一直铭记至今，而且常常想起，以鞭策自己。我的旧学底子不厚，不知道"守身为大'是否出自某古典籍，但在古籍中类似的警句、格言是不少的。"守身为大"用现代的语言来说就是：坚守自身的节操是最重要的。

"守身"在不同的人和不同的情况会有不同的内涵。例如说，在白色恐怖下，"守身"就是勇于斗争，不能在白色恐怖的压力下退缩，更不能卖身自保，卖身求荣。记得，临近解放前，斗争异常残酷，地下党对党员进行气节教育，要求我们保持革命气节，坚持斗争，作为地下党员这就是"守身为大"的具体内涵。解放后，情况发生了根本变化，"守身为大"的内涵也发生了很大变化，能否顶住"糖衣炮弹"的袭击成为能否"守身"的一个重要要求。但那时实行计划经济、低工资制，收入差距受到严格控制，以及许多商品的实物定量分配，因此，货币的功能有限，主要是计算的筹码，"糖衣炮弹"的袭击较易抵挡，"守身"的问题虽然仍很重要，但较容易。在转向市场经济后情况发生了根本变化。货币的功能大为扩大，虽然"钱不是万能的"，但"没有钱是万万不能的"，因为货币几乎可以买到一切。而且任何权力（政府官员、公司老板、高级职员、事业单位的领导，等等）都可转换成金钱。连学术职称也与金钱联系在一起。于是，权力、地位、名誉等都与金钱挂上了钩，可以转换为金钱，而金钱也可以转换成权力（如买官）、地位、名誉等。当前我们经常看到一些官员经不住金钱、权力、地位、美色的诱惑，堕落成为罪人，既令人愤恨，也令人痛心。其实，类似情况不仅发生在政府部门，而且发生在各行各业。连一向被认为清高的学术界也不是净土，为了追逐金钱、名誉、地位，有些人弄虚作假，抄袭剽窃，相互吹捧拉拢，四处拉关系甚至花钱"拉选票"争项目、争职称、争头衔、争名次。据说，有人为了获得资助丰厚的国家级科研项目，先用各种办法获得一笔银行贷款，然后用银行贷款去做争取项目的"活动"，在拿到项目后，再用项目提成（规定项目执行方有提成）的一部分用于归还银行贷款，不仅如此，个人的各种消费也都可以以学术活动所需而在项目经费中报销。又如，有人为了评上教授职称，在提交的学术成果中，竟然列上谎称将在某出版社出版的子虚乌有的"学术著作"。

这当然不是说金钱、权力、地位、名誉等本身就是罪恶的和肮脏的。它们之所以成为一些人不择手段地追逐的对象，是因为它们存在和运行的制度及环境有严重缺陷，这些制度和环境有：法律制度和法治环境，市场经济的制度和环境，社会监督的制度和环境，教育的制度和环境，各方面的管理制度和环境，等等。正是在这些存在着严重缺陷的制度和环境下，提倡"守身为大"就更具有重要的意义。因为一个人是否为了追逐金钱、权力、地位、名誉等而干出违法乱纪、违背道德的行为，固然与有关的制度和环境存在严重缺陷有关系，但与其自己是否能"守身"也有很大的关系，因为在同样的制度和环境下，毕竟有更多的人坚持"守身为大"，没有陷入污泥浊水。而且即使在完善的制度和环境下，也会有人因为不注意"守身"而干出犯罪或不道德的事情。

上面谈的只是有关防腐败方面的"守身为大"问题，实际上，"守身为大"的内容远不限于此。例如，为官者能否为了国家和人民的利益敢于向上级反映真实情况就是一个内容。前几年粮食政策有误，使国家和农民受到损失，地方政府难以实行。由于有些官员反映了政策实施中的真实情况而丢了官，有些官员就不敢讲真话了，致使决策部门未能及时纠正错误政策。这些官员就没有做到"守身为大"，坚守为官者应有的节操。又如，中国的改革开放经历了曲折的道路，改革与保守或反对改革的斗争异常激烈，每前进一步都有斗争，有时甚至转变成政治斗争。面对这种斗争，理论工作者是否敢于坚持真理，坚持改革的方向，就是是否能坚持学术节操的考验。在这方面，于光远同志是一个典范，为学术界所敬重。他曾多次因为倡导改革的理论而受到批判，并差点丢了党籍，但他始终坚持真理，毫不动摇。我曾参加过一个高层机构对他的批判会。我是惟一一个以陪他受批者的身份参加的。会议充满了火药味，激烈时，有位批判者竟拍着桌子，破口大骂，于光远也拍着桌子回击，理直气壮地为自己辩护，进行反批判。他的这种坚持真理的学术节操，深深地教育了我，使我也顶住了要我批判他的压力。相反的，我们也看到另外一类情况，即原来为推进改革而曾站在理论前列的一些人，屈服于压力，做了检讨和自我批判，从而获得高升的报赏。由此可见，即使在理论研究上，遵行"守身为大"也是很必要的。

"守身为大"固然是要求每个人必须时刻注意自己的思想品德的修养，注意遵守制度和法律以及社会的道德，但又不是提倡"明哲保身"。因为"保身"与"守身"是不同的两个概念。如前所述，造成一些人不择手段，甚至违法违纪地去追逐金钱、权力、地位、名誉，有着有关制度和环境存在严重缺陷的原因，要去除这方面的原因，单靠个人"保身"，不同流合污是远远不够的。固然，改变及完善制度和环境不是仅靠个人的努力所能做到的，但是只管自己"明哲保身"，不努力从自身力所能及的方面去推进改革、完善这些制度（例如，监督官员的行为），也未必能改变这种状况。相反，制度和环境改善了，个人的"守身"也有了良好的外部条件。不仅如此，既然只是提倡"保身"，有些人就可以丢弃原则，背弃真理，抛弃节操，以求自保。这与"守身"根本不同。这样的"保身"结果不是"守了身"，而是"失了身"。所以把"守身为大"消极地理解为"明哲保身"是不对的。

让我们大家都记住并实行"守身为大"这个警句和格言。

2004 年 4 月 25 日

第 二 篇

媒体述评

第二章

"一代经济学大师"董辅礽
教授在美国去逝

人民网　　2004 - 7 - 31

人民网 2004 年 7 月 30 日电（记者 钟心报道）记者今天下午从美国方面获悉，北京时间 7 月 30 日下午 3:03 时许，中国当代最著名的经济学家之一、"一代经济学大师"董辅礽先生因患癌症、医治无效，在美国杜克大学医疗中心去世，享年 77 岁。

董辅礽先生于 2003 年 9 月在国内查出患有直肠癌，10 月转道美国杜克大学医疗中心接受治疗。据悉，董辅礽先生在杜克大学医疗中心得到了最好的、最先进的护理和治疗。此间，董辅礽先生的夫人和女儿、女婿、儿子几乎一直陪伴在他的身边。据董辅礽先生的女儿介绍，2004 年 7 月 26 日是董辅礽先生的 77 岁生日，那天，他的病情还很正常，并吃了长寿面。第二天，董辅礽先生的病情开始恶化，身体开始出现大面积积水，后来积水堵塞了呼吸道。北京时间 2004 年 7 月 30 日下午 3:03 时许，董辅礽先生在家人的陪伴下，没有痛苦，安详辞世。

据悉，遵照董辅礽先生生前愿望，其骨灰将在近日内运回国内，其追悼会将在北京举行。

董辅礽 1927 年出生于浙江宁波，1946 年考入武汉大学经济系，1950 年毕业，1953 年赴苏联学习，1957 年获苏联莫斯科国立经济学院硕士、副博士学位。同年回国，历任武汉大学讲师，中科院经济研究所研究员，中国社会科学院经济研究所副所长、所长，中国社会科学院研究生院副院长，中国社会科学院经济研究所名誉所长，同时为北京大学、武汉大学和中国社会科学院教授、博士生导师。董辅礽曾是第七届全国人大常委、财经委员会副主委，第八届全国人大常委、财经委员会副主委，第九届全国政协委员、经济委员会副主任。

董辅礽是中国当代最有影响的经济学家之一，他在理论和实践上为推动中国经济改革与经济发展做出过重大开拓性的贡献，在学术上取得了多方面的丰硕成果。常年从事教学的董辅礽还培养了一大批优秀的经济学人才，这些人才如今正活跃在中国的政治、经济和企业界。董辅礽在 20 世纪 50 年代和 60 年代提出的关于再生产数量关系的数字模型，被誉为"中国经济成长论的代表"。在改革开放初期，他勇敢地提出了企业改革的方向应该是"政企分离"、"政社分开"的政策性建议。他最早提出并一直坚持所有制改革是中国经济改革的关键，他在这方面的研究和理论勇气使他享誉海内外。1984 年他获得了首届孙冶方经济学奖。这些瞩目的成就使他得到了"一代经济学大师"的美称。

董辅礽的"守身为大"

经济日报　2004 - 8 - 4　万建民

2004 年 7 月 30 日下午 3 时许，中国当代最著名的经济学家之一、一代经济学学者董辅礽先生因患癌症医治无效在美国杜克大学医疗中心去世，享年 77 岁。

　　孟子曰：事孰为大？事亲为大。守孰为大？守身为大。不失其身而能事其亲者，吾闻之矣。失其身而能事其亲者，吾未之闻也。

1946 年，董辅礽先生报考武汉大学经济系。

其他的课程考的什么，晚年的董先生已然不记得了，但国文课的作文试题，他一直记着——《守身为大说》。

董先生自谦"旧学底子不厚，不知道'守身为大'是否出自某古典籍"，但他这一生，"虽然没有把这个试题作为座右铭，但是一直铭记至今，而且常常想起，以鞭策自己"。我们现在所能找到的董老在国内公开发表的最后一篇文章，题目就是"守身为大"。董先生在这篇文章里解释说，守身为大"用现代的语言来说就是：坚守自身的节操是最重要的"。

守身为大！我想用这四个字来形容这位刚刚过世的经济学家是最恰当不过的了。

一

法国作家雨果在巴尔扎克葬礼上说："今天，他安息了。他在同一天步入了光荣，也步入坟墓。从今而后，他和祖国的星星在一起，闪耀于我们上空的云层之上。"雨果在纪念伏尔泰的聚会上说："他不仅仅是一个人，他是整整一个时代。他曾尽己任，完成了一项使命。"雨果真的是伟大的作家，他把我们对于自己尊敬的人的追思表达得如此典雅、灿烂、平静。

董老师，从今而后，从他自美国归来之后，他和祖国的星星在一起，闪耀于我们上空的云层之上，他代表了中国经济学发展的一个激动人心的时代，他完成的是一项伟大的使命。

巴曙松博士在悼念董先生的文章中这样写道：这不是过誉之词，是发自内心的肺腑之言。

董先生是国内少有的坚持人格的独立性和公正性的经济学家。他生前对自己有如下评价："要我谈谈自己，实在没有什么可说的，如果有什么可说的，那只不过是努力工作罢了，再就是注重独立思考，努力做到不随风倒，不说违心的话。由于各方面变革太快，要追上形势，不至于落伍，我只能努力地跟上去。"

他讲的都是事实，但过谦了。事实上，董先生的理论勇气和他的经济学造诣同样使他蜚声海内外。20世纪50年代和60年代，董辅礽提出关于再生产数量关系的数字模型，被誉为"中国经济成长论的代表"，其关于中国经济的核算理论震动学界。

1978年9月，中国的政治气候还是乍暖还寒的时候，中国科学院在北京召开了哲学社会科学规划会。就在这次会议上，董辅礽提出了经济体制改革的方向：改革国家所有制，实现政企分离；改革人民公社所有制，实现政社分离。这就是著名的"两个分离"。这在当时简直是投向旧体制的重磅炸弹，由此引起的"董辅礽冲击波"可想而知。董先生受到了批判，但中国改革二十多年的实践验证了他的洞察力。

董辅礽的目光始终没有离开过苏浙这片中国经济的沃土，他被称为"中国民营经济的辩护人"。1985年，他就指出"非公有制经济是社会主义经济不可分割的有机组成部分"。1986年，正在"温州模式"备受责难之时，他与赵人伟等人赴温州考察后发表《温州农村商品经济考察与中国农村现代化道路探索》一文，这是经济学界最早站出来为"温州模式"辩护的论著之一。此时距温州一些企业家因"投机倒把"被判刑仅四年！

董先生最近一次令普通人瞩目的，是他在2001年股市大辩论中与其他几位经济学家一道与吴敬琏先生"开堂论道"的一幕。第一次，董老也介入了漩涡。

其实，在当时参会辩驳的几位经济学家当中，董先生话语最少。"我把中国股市当做一个初生的婴儿，会有很多毛病……""即使有病了也不能用猛药"，"股市像一个婴儿"，这些几乎是媒体对他发言的全部报道。而后，他便几乎缄口。

但不说，并不代表没话可说。

直到 2002 年 12 月末，董先生依然认为，股市有问题的判断肯定不错，但有些纠偏措施根本没有考虑到股市承受能力，结合国情不够，下药太狠！他说："对我的话我曾经反复自省过，没有错。何谓泡沫？跌到多少才能算挤干？跌了这么长，股民进场后还活不活？出台政策都要考虑这些问题。"

最后的事实证明了吴敬琏先生的"先知先觉"，董先生的呐喊也没有阻挡住股市的暴跌。但我们从中看到的却是一个经济学家悲天悯人的良心。

二

成为他的学生后，课堂上我们师生相互交流，老师或解惑答疑，或静静听学生发言。他关心我们每个学生的成长、工作及学习情况。课堂下，我们像一家人一样谈天说地。许多事情堆积在一起，"淡化"了他在我们心中的著名经济学家的形象。感动我们的却是我们与他相处交流的那些生活和学习中的"小事"。他如父亲般的关心是他的离去刺痛我们心扉的理由。无法忘记他是他对我们如自己孩子般的喜欢和爱护。

先生是一个"谜"，他学术深邃厚重，对人却清澈如水。

面部有些冷削的董辅礽，在他晚年招收的弟子邢莹莹眼中却是一位慈祥的老父。这位在学术理论上坦诚执著的大师，生活中却没有丝毫所谓权威的傲慢。

1984 年 9 月，董先生在苏州主持召开"社会主义政治经济学理论体系研讨会"。当时身为武汉大学曾启贤先生硕士研究生的杨再平至今仍然清楚地记得他第一次面见董先生的情景——

有一天，我随曾老师和董老师等几位经济学前辈去游览苏州园林，每次总是他们几位前辈争着买门票，到了一个地方我要去买票，他却把我叫住，说："这是我们之间的事，你一个晚辈跟我们争什么！"听他这样一说，我当然也不好意思去"争"了。董老师这句不经意的话，顿时使我感到离他很近了：我是他们的晚辈！这话对于一个刚入学的经济学专业的研究生来说，是多么亲切！还有一次我随曾老师和他上街游览，为了让我的朋友分享我在苏州的所见所闻，我写了很多明信片顺便到一个邮局去发，要他们在外面等一会儿，没想到他们俩并没有在外面等，而是跟着我进去，并帮我贴邮票。

这似乎是一件小事，但此情此景却永远留在弟子心中：一位国内外知名的大经济学家那样亲切和平易见人地对待一个入学不久的研究生，怎不令人受宠若惊！

让杨再平没有想到的是，几年之后曾先生在他完成博士学业前驾鹤西去。作为曾先生的至交好友，董辅礽"像收养遗孤一样收养了他"。自此之后，董先生成为他生命中一个特殊的亲人。

董辅礽谦逊平和的人生态度，即使对待一个丝毫无足轻重的陌生人，同样都能淋漓尽致地展现出来。中国经济时报记者刘建锋的一次采访，让他颠覆了原先对这位"表情颇有些令人不能轻易接触的淡漠之意"的学者的看法——

1999 年 8 月 31 日下午，炎炎酷日，我提前一个小时来到三里河，找寻到他居住的那栋楼房，发现名满天下的他，居然住在几十年前的老单元房里。这里的居民房，都是红砖外墙，因为老旧而褪色，苏式的结构，楼道狭小，屋里过道狭窄。除了小区还算是安静，住在这种房子里，绝对算不上舒适。进入他的家，没有厅，过道窄得只容一人，要是两个人碰面而行，就得侧身，而且屋子里相当的暗。家里很安静，似乎只有他一人。他将我径直带到书房，这里有扇靠西的窗，光线稍好，但房间很小，只是放了一排书柜、两张沙发椅和一个小茶几，便满了。他安置我在靠西墙的沙发上坐下，便去厨房取开水。这时我注意到他靠东墙的书柜上摆放着几幅照片，上面是西装革履的翩翩青年，南墙上挂着一幅他自己的半身油画，画得相当逼真，油画上的他，以阅尽沧桑的脸，展示着一副认真而又略带一点淡漠的表情，我以为照片上是青年时期的他。

身子略弯，他已经显出老态来了，看着他提水壶进来，我过意不去，站起来，他却坚持要亲自给我泡茶。我于他，不过是一个陌生的无名的年轻记者，而他于我而言，却是了不起的大人物，是名声震耳的著名经济学家。受惠于他亲手泡的这杯茶，我的紧张渐消，平添出亲近的感觉来。他自己不喝茶，看着我，眼睛平静得如池水，回答我说，"这几张照片，哦，那是我的孩子，现在在美国"。

在美国的子女是董先生的欣慰，这也是董先生在 2003 年体检时发现直肠癌之后选择到美国治疗的主要原因——他的女儿和女婿都在全美排名第三的杜克大学做教授，各自领导着一个实验室。女婿在医学院对癌症从事分子生物学水平的基础研究。事有凑巧，曾在他女婿的实验室工作过的一位医生正是杜克大学综合癌症中心的一个临床试验小组的成员。这个试验小组正在临床试验一种治直肠癌的新药。

　　"我到美国去治病，是想抓住难得的机会，不仅把病治好，而且想把美国的新的治疗方法介绍到国内，供国内参考。"董先生在他的《赴美就医记》里这样写道。

敢为天下先

——董辅礽先生二三事

光明日报　2004 - 8 - 16

　　著名经济学家董辅礽先生，2004 年 7 月 30 日在美国杜克大学医疗中心去世。

　　他是一位不寻常的经济学者。在改革的重要关头，他常常站在风口浪尖上表达自己的观点；对于改革中的问题，他毁誉不畏，直言不惧；他以事实为依据，提出超前理论，因此遭遇各种非议，但他从不气馁。他的锐气、勇气和骨气，使他敢为天下先。

1961：责任

　　1961 年，东北，一家商店。困难时期，食品柜里几乎"弹尽粮绝"，只有几块饼干。一位顾客在买饼干的时候，竟遭人抢！

　　这真实的一幕被董辅礽亲眼目睹，心在流血！当时，国民经济比例失调问题已相当严重，由于特殊原因，这些问题是舆论和学术的禁区。当时，董辅礽正带队在东北实地考察。在沈阳，在鞍山，在抚顺，他深入调研后发现：工业和农业、重工业和轻工业、积累和消费的比例均严重失调！问题严重，再也遮掩不得，否则会误国害民！回京后，他写了一个很有分量的调查报告。当时，"国民经济比例严重失调"的问题是不允许提的，更不允许进行学术探讨，但董辅礽坚持"实际情况是怎么样就应该怎么写"。

　　很多学者评价，从那个时候开始，董辅礽的文章便充满了经济学者"经世济民"的责任感。他在 20 世纪 60 年代初期写的关于国民收入平衡的系列论文，影响极大。樊纲当时在读大二，读完董老的文章，大呼过瘾："在那时充斥着许多政治八股的理论刊物中，董老师的文章却可以说是真正的经济理论论文，内容丰富，言之有物，逻辑严谨，也堂堂正正，毫无政治媚俗的那一套，后来读起来也丝毫没有过时的感觉，使我们真正感觉到经济学的'理论之美'。"

熟悉董老的人回忆说，这些理论在当时讲出来是很不容易的，换作别人是要权衡利益的。董辅礽没有顾虑，别人评价他是走直线的人，找准了路，是不回头的。

为此，他付出了代价。袁钢明说："董老师在每一个历史时期提出的观点几乎都具有超前性，一般比形成共识早十年左右，而每一次超前理论的提出，在当时都受到了不同程度的压力、攻击或误解。"可董老从没受此困扰。他的学生说，他是一个没有权力和官场意识的人，所以经常说得过多、过直、过于尖锐，一些人不高兴，他的仕途也受到一些影响。但他说："一个经济学家如果迎合权势，就背弃了自己的社会责任。"

1978：勇气

1978 年 9 月，董辅礽在全国哲学社会科学规划会议上提出"经济体制改革的实质是改革全民所有制的国家所有制形式"的论点，并发出"政企分开"和"政社分开"的历史性呼吁。此语一出，石破天惊。

有学者认为："两个分开"的理论，吹响了中国生产资料所有制改革的第一声号角。

一位老先生对他说："老董啊，你的胆子可真大，'人民公社'是毛主席提出来的，你提出'政社分开'是要冒风险的！"

弊端已露端倪，无人敢越雷池。董辅礽大喝一声，我来了！1979 年 1 月，他发表了《关于我国社会主义所有制实现形式问题》一文，尖锐地批评了传统社会主义经济理论，直指传统国家所有制形式的弊病。

接着，一系列堪称"经济体制改革理论基础"原理的提出和探讨，成为他最出色的手笔。尤其是他的"社会主义经济应当是以公有制为主导的多种所有制的混合经济"理论，更是充满锐意和超前意识，被人称为"董氏八宝饭"理论。

一把利剑捅了"马蜂窝"！董辅礽当时顶着巨大的压力前行。现在，他的理论观点，几乎都成为党和政府的文件语言。但在 20 世纪 70 年代末、80 年代初，提出这些理论，却需要有超常的理论勇气。

1986：创新

董辅礽生前是研究中国民营经济的资深经济学家，力主发展民营经济，被称为"中国民营经济的辩护人"。

20世纪80年代，以民营经济起家的"温州模式"受到排斥和怀疑。1986年，董辅礽等亲赴温州调查，之后发表考察报告《温州农村商品经济考察与中国农村现代化道路探索》，称赞"温州模式"为"发展农村商品经济、治穷致富"的"一条可供选择的路子"。这是经济学界最早站出来为"温州模式"辩护的论著之一。此后，他又连续撰写了《温州模式与中国民营经济的发展》、《温州模式的继承和提高》等系列文章，精辟地解析温州经济，对全国各地学习温州提出了独到的意见和建议。

又一次发人之先！从传统经济体制批判到所有制改革，从市场经济体制建设到国有企业改革，从民营经济发展到期货、证券等资本市场的建设，他的理论一步步地向中国经济体制改革的深层开拓，其中充满着创新的精神。

创新让理论之树常青！这对一个有点"老"的经济学家来说，难能可贵！他的诀窍就是调查、实践。朱玲说："董老一贯深信'实践出真知'，停不下来，我曾经多次劝他放慢生活节拍，却从未奏效。"

刘小玄曾经参与董辅礽领导的课题组的工作，她回忆说："董老非常重视经验数据搜集和实证调查的研究方法，也不断吸纳西方的先进方法为己所用。他经常为青年学者创造出国学习和进修的机会，让他们把学到的国外先进方法和理论带回国内生根发芽，为了推进研究方法的更新，他力争到了福特基金会的研究经费，为所里购置电脑，建立计算机房，进行调查数据的处理和分析。在我的印象里，他是一个充满活力、思想不老的学者。"

媒体为何集中悼念董辅礽

中国青年报　2004 - 8 - 6　何磊

　　"人若无死，时间便不稀缺。时间若不稀缺，则一切丰盛有余，经济学也就不会出现。所欣慰者，在稀缺的时间与生命中，经济学家已经恪尽全力为社会福利的最大化做出了应有的贡献。"这是青年经济学者赵晓为悼念经济学家董辅礽写的。

　　董辅礽走了。2004 年 7 月 30 日他因病在美国辞世，享年 77 岁。按照他的遗愿，他的骨灰将运回中国。

　　"如今教会了徒弟，他也该安心地走了。"董辅礽的老同事、《经济研究》前主编唐宗焜表示，包括自己在内的一代经济学家，已经完成了主要的历史使命。

　　赵晓把改革开放以来的经济学家划分为"四代"：薛暮桥、顾准、孙冶方、于光远等属第一代；吴敬琏、董辅礽、厉以宁等属第二代；林毅夫、杨小凯、张维迎、周其仁、樊纲等为第三代；包括他本人在内的青年经济学家则是第四代。

　　他说，第一代称得上凤毛麟角，已经退出历史舞台；第二代现在寥若晨星；第三代群星灿烂，如日中天；第四代则是批量生产，正在崛起。

　　赵晓认为，第一代对社会主义经济进行反思，并提出商品经济。第二代建构了中国市场经济的大框架。第三代人数众多，他们通过各种途径影响着国家决策和社会进步。具体设计和运作的第三代中，许多学者在理论上取得突破。其中，一些人在国际学界也很有影响，用研究成果不断校正着中国经济的航向；一些人走上了决策者岗位，实践着中国的经济改革。

　　"如果说前三代是站在市场之外或边缘在指点的话，第四代则彻底融入市场中。"赵晓说，由于市场的需求，各学府、研究机构在批量生产着第四代经济学人。他们成为金融、证券市场以及政府部门等的具体操作者。某种意义上说，中国难以再出现像吴敬琏、董辅礽这样的"大师"了。

国内权威经济学刊物《经济研究》前主编唐宗锟和董辅礽共事多年，他同意赵晓关于"四代经济学家"的说法。他说，"帮助年轻一代尽快成长起来"曾是董辅礽担任中国社科院经济所所长几年时间里的重要使命。唐宗锟说，"第一、第二代经济学家把中国从计划经济推向市场经济，再往后走，恐怕是后辈们的事了"。

"董辅礽的最大贡献不是提出了什么新的经济学理论，而是第一个提出了所有制改革。"唐宗焜说，现在的年轻人很难理解，有人会问，提出所有制改革算什么贡献？

他清楚地记得，董辅礽首次挑战所有制理论禁区是在1978年。那时"文化大革命"刚结束，在大部分人眼里，改革所有制就意味着否定公有制，否定社会主义。现在外商可以来购并国企，而当时经济理论往前推一点点都非常难。

他回忆，在计划经济年代，只要行政命令，用不着经济学。当时搞经济理论的人，就是给党和国家的政策做注解、辩护的。谁想做点新课题，没等结果出来，就会被政治运动打下去。然而，就在这种环境下，一些经济学家用他们的嘴和笔与决策者争论。有人甚至为此进了监狱。也有学者的意见被采纳了的，董辅礽就是其中一个。

唐宗焜说，经济体制改革的实质就是改革所有制。他认为，当年由董辅礽率先提出的这一改革，今天仍在继续。

他说，尽管这不是哪一个经济学家的功劳，但希望人们能记住，第二代经济学家曾用全力将中国这艘大船从计划推向市场。

对外经贸大学教授张汉林说，董辅礽是中国对外改革开放政策的坚定支持者，在中国入世谈判低潮之时，他仍积极宣传加入WTO对中国经济体制改革的推动作用。

有学者认为，媒体集中对董辅礽的悼念，是因为他及整个经济学家群体对中国经济改革的推动。

董老回家　风骨犹存

香港文汇报　2004－8－11　杨帆　彭凯雷

中国经济学泰斗董辅礽的骨灰迎回他魂牵梦萦的祖国，送别仪式将于2004年8月12日在八宝山革命公墓举行。他的逝世，在内地学界引起震动。董辅礽在数十年学术生涯中所展现的不畏权贵的傲然风骨、知识分子的良心与责任，赢得各界的评赞。

自20世纪80年代始，心系国事的董辅礽即与秉持"爱国爱港"宗旨的香港《文汇报》结下不解之缘，多次透过本报就包括宏观经济调控、民营经济发展、股市政策重大经济问题评点谏言，在中国经济发展转型的重要时刻投下一代经济宗师经纶治世的身影。

这其中，本报记者仅就其中有关"董老三年前批国有股现价减持"一叶剪影留此存照。这并不是因为董老挺身而出呼吁政府纠错后的一星期即叫停国有股减持，而是因为这其中体现的智性的勇毅与思性的前瞻，在他被传媒、舆论颂扬的贡献中被注视得不够。

董老博大智海中的这一叶剪影，是对那些"好心人"之言——"董辅礽的观点过于超前，就当时而言是错的，难以接受"——的有力的回击；这一叶剪影恰恰证明，董辅礽那些超前的观点越早被接受，中国政府就越早找到治邦解困的经纶之策，普通民众就越早从中得惠受益。

当那些提出超前观点的"先知先觉者"愈加受到重视，这才是对董老最好的纪念。随着时间的推移，董老独立、智性、勇毅风骨的彰显，经济学界的后学有福了！

犹记2001年10月下旬，遭受国有股减持政策的重创，中国股市到了一个关键时刻，股市几有崩盘之险。一时间，证券界与股民间怨声载道，但是整个学界都是一片静默，间或有几位经济学家谈些要"保护投资者"不偏不倚的观点。

那时节，北京已有落霜。整个股市气候真是"履霜，坚冰至"的感觉。本报记者联络好几位著名经济学家，希望他们都在此不明朗之际站出来就当前的股市僵局发言，这其中应允的就只有董老。

不料，临访前数日，国家财政部一位副部长在电视上以答记者问的方式声称"国有股减持10%，其实数量不大"。这位高官并斥责那些反对国有股现价减持的人是"思维有些混乱"。

一时间，风云突变。官方部委声色俱厉的表态，令传媒与学界一片沉默。几位约定的经济学家推托了事。

还好，董老没有变化，本报记者和另一家报纸的行家硬着头皮来到董老位于亚运村的寓所。没料到的是，董老在访谈中直言这位副部长讲的不对，在具体分析国有股减持不能搞现价的原因后，他气愤的连说两次："他怎么能这样说呢，他怎么能这样说呢，他的思维才是混乱呢"。他并呼吁政府要"勇于纠正政策的偏差，而不是一味地指责市场与投资者理解有误"。

对《文汇报》，董老是放心的，他没有审稿，也没有嘱咐这不能写那不能登。《文汇报》也没有辜负董老的信任。《董辅礽：导致股市暴跌的政策失误应勇于纠正》一文见报后，在海内外引起强烈反响，董辅礽被业界誉为"叫停国有股第一人"。萧灼基等经济学家还当面称赞董老的洞见卓识与不畏勇气。

就在采访一星期后，中国国务院正式宣布国有股减持叫停。

令本报记者难忘的是，当记者打电话过去一诉欣喜之情时，迎来各界称赞的董老那边恬静淡然。突然董老问我，那位同去的大报女记者为什么不发稿。我当时的解释是，媒体也有苦衷和难处。董老不再言语。但董老"为什么不发稿"的温和询问，这其中对传媒承担责任的督促与期待，令人至今铭记于心，不敢忘怀。

一代经济学大师董辅礽

中国经济时报　2004 - 8 - 13　柏晶伟

2004 年 8 月 12 日，董辅礽先生的追悼大会在北京举行。7 月 30 日下午 3 时许，中国当代最著名的经济学家之一、"一代经济学大师"董辅礽先生因患癌症医治无效在美国杜克大学医疗中心去世，享年 77 岁。

董辅礽 1927 年出生于浙江宁波，1946 年入武汉大学经济系，1953 年赴苏联学习，1957 年获苏联莫斯科国立经济学院硕士、副博士学位。同年回国，历任武汉大学讲师，中科院经济研究所研究员，中国社科院经济研究所副所长、所长，中国社科院研究生院副院长，中国社科院经济研究所名誉所长，同时为北京大学、武汉大学和中国社会科学院教授、博士生导师。董辅礽曾是第七届全国人大常委、财经委员会副主委，第八届全国人大常委、财经委员会副主委，第九届全国政协委员、经济委员会副主任。

董辅礽先生是中国当代最有影响的经济学家之一，他最早提出并一直坚持所有制改革，成为中国经济改革的关键，他在这方面的研究和理论勇气使他享誉海内外。在 20 世纪 50 年代和 60 年代，他提出的关于再生产数量关系的数字模型，被誉为"中国经济成长论的代表"。在改革开放初期，他勇敢地提出了企业改革的方向应该是"政企分离"、"政社分开"的政策性建议。1984 年他获得了首届孙冶方经济学奖。这些令人瞩目的成就使他得到了"一代经济学大师"的美称。

此外，董辅礽先生还是研究中国民营经济的资深经济学家，力主发展民营经济，被称为"中国民营经济的辩护人"。20 世纪 80 年代，当"温州模式"备受排斥、压制和打击之时，董辅礽于 1986 年与赵人伟等人赴温州考察后发表《温州农村商品经济考察与中国农村现代化道路探索》一文，称赞温州模式为"发展农村商品经济、治穷致富"的"一条可供选择的路子"。这是经济学界最早站出来为"温州模式"辩护的论著之一。

常年从事教学的董辅礽先生还培养了一大批优秀的经济学人才，这些人才如今正活跃在中国的政治、经济和企业界。

8月11日，中国民（私）营经济研究会召集国内经济界、金融界、新闻界的部分学者举行了"董辅礽同志追思会"，孙孚凌、李锐、胡德平、谢伯阳、辜胜阻、吴明瑜、陆学艺、何伟、晓亮、杨继绳、徐滇庆、华生、刘伟、魏杰等董辅礽先生的生前好友和学生满怀深情地回忆了与其交往的片段。

董辅礽先生生前十分关心和支持"中国经济时报"。他多次接受本报记者的独家采访，并为本报撰写了大量经济理论文章，即便是在出访回国的飞机上，也不忘将思考成熟的观点下笔成章，在第一时间传真至本报。

我们深切怀念董辅礽先生！

山高水长董辅礽

中国证券报　卢怀谦

2004 年 7 月，对中国经济学界是一段不堪回首的日子，两位学界巨擘相继客死他乡：月初，"离诺贝尔经济学奖最近的华人经济学家"杨小凯在墨尔本英年早逝；月末，董辅礽又在美国杜克大学医疗中心溘然长逝。

8 月 7 日，董辅礽的骨灰将由其家人护送回京，一代宗师魂归故国。8 月末，于光远、刘国光、厉以宁、张卓元、樊纲、魏杰、张维迎、华生等国内外 100 多名经济学家将举行"董辅礽追思会"，怀念这位正道直行的著名学者。

一　渐行渐远　故国招魂

熟悉董老的人都知道，他的身体一向很好，极少去医院看病。笔者曾向他请教保健的秘诀，他笑曰："冷空气浴"。他冬天上身只在衬衣外加一件灰布夹克，下身仍只一条单裤。在冬天上课时，他常常自豪地提起一截裤腿，与男生比看谁耐冻，结果获胜的自然总是他。这时，他脸上会现出一种孩童般清澈的快意，然后开始上课。

董老没有任何不良嗜好，不吸烟、不喝酒。笔者与他一起吃过几次饭，他很少吃肉。在北京三里河居住的三十多年里，他去月坛北小街的经济所上班，很少坐车或骑车，而是健步当车。偷得浮生半日闲，他还会与老伴一起去听场音乐会。正因如此，他平时连感冒也很少，所以很多人说他虽然年过七旬，生理年龄却只有 50 岁。

三年前笔者曾听他说过："我平时不得病，要得病，就会是大病。对我来说，最可能致命的是心脑血管病和癌症。"不想却一语成谶。

董老被确诊为直肠癌是在 2003 年 10 月。听到消息，年已九旬的于光远老人坐着轮骑赶来了，颤颤巍巍地拉着这位昔日爱将的手久久不放，欲哭无泪；老朋友厉以宁赶来了，他一出病房即潸然泪下；华生、韩志国等一干弟子赶来了，快意恩仇的韩志国热泪滂沱。董老笑着安慰他们："我还没死，你们哭什么。"

董老的女儿、女婿都是生物学家，各自在美国杜克大学领导着一个实验室，其中女婿在医学院对癌症从事分子生物学基础研究。在他们的力劝下，董老决定赴美治病，以求早日返回工作岗位。

抱病期间，董老一直非常坚强和乐观，谈笑风生。虽然他已注意休息，不像以往那样紧张地工作，但每天总要做点事，看报、上网、与他人通信、与学生进行在线讨论、写文章或做些轻劳动，除晚上睡觉和午睡外，没有停着的时候。用他自己的话说："在做事时不仅忘掉了疾病，而且感觉自己就是一个正常人。"

在外孙王博的眼中，董老是这样的形象："他总是很积极乐观，从来不哭、不悲观。他是一个令每个人都快乐的人，他是我最喜欢的人！"

董老患病期间，他的弟子、国务院研究室宏观经济司司长宋宁去美探望，还带去了温家宝总理的问候："请宋宁同志代我向董老问候，祝老人家早日康复。"

7月的最后一个周末，在老伴、儿女们的陪伴下，董老安详辞世。临终前，他留下遗言：骨灰一定要送回祖国。

董老逝世当天，新华网、人民网都发了快讯，国内各大门户网站均在最快时间、最重要的位置转发了消息，新浪和搜狐还开辟了纪念董老的专题。

作为经济学一代宗师，董老在中国社科院、北京大学、武汉大学同时带博士生，可谓桃李满天下。就在2002年夏天，董老还在北大招了3个博士生。在发病前，他一直坚持不辍地给学生们上课。当已经被确诊为直肠癌转肝癌，决定赴美治疗时，老人在病房里不断重复的一句话就是"这可怎么办呀？还有这么多的学生，这可怎么办呀？"临终前几天，卧在病榻上，他还坚持通过电话和互联网指导学生做论文。

让董老欣慰的是，昔日的一干弟子们，今天已经成为市场经济建设中的中坚力量。其中包括湖北省副省长辜胜阻、燕京华侨大学校长华生、中国期货业协会会长田源、中国证券业协会秘书长聂庆平、国务院研究室宏观经济司司长宋宁、国务院国资委研究中心主任王忠明、全国政协理论局副局长杨再平、北京邦和财富研究所所长韩志国、泰康人寿CEO陈东升、中国国际期货经纪公司总裁卢建、中诚信CEO毛振华、嘉德拍卖行总裁陆昂等。

听到恩师去世的噩耗后，弟子们自发地组成悼念小组，很多人当天就写了追思文章。他们文如泉涌，情深意切，令人动容。

二 颠沛人生 大器早成

1927 年，董辅礽出生于浙江宁波一个工商业家庭。这使他在童年时代就受到了良好的教育，并对商业文明产生了一种天然的认同和理解。他曾回忆说，这些对他后来从事经济学理论研究，特别是市场经济理论研究大有好处。1938 年，上海、南京先后沦陷，11 岁的董辅礽和家人一起开始了逃难的生活。先是逃到四川宜宾，后在重庆安顿下来。1946 年，刚刚走出中学校门的董辅礽便报考了武汉大学。当时竞争十分激烈，报考法学院经济系的共有 3000 多名学生，而录取名额只有 60 个。董辅礽凭着扎实的基础，过关斩将，成为幸运者之一。

与董辅礽同时进入武汉大学的，还有他的启蒙恩师、哈佛博士毕业的张培刚。那时，张培刚已是享誉海内外的著名经济学家、发展经济学的创始人。他的博士论文《农业与工业化》，是世界上最早从历史和理论上比较系统地探讨农业国工业化问题的专著，曾获得哈佛大学 1946～1947 年度最佳论文奖和威尔士奖。在张培刚的栽培下，董辅礽打下了坚实的西方经济学基础。

1949 年毕业时，22 岁的董辅礽考试成绩名列法学院三个系第一名。全校六个学院，每年只有一个名额获得院级奖学金——四明银行奖学金。他是当时法学院惟一的获奖学生。武汉和平解放时，武汉各界在武昌阅马场召开了迎接解放的万人群众大会，董辅礽代表武汉学生在会上致欢迎词。那种万众欢腾的庆祝场面，令他终生难忘。

1953 年，董辅礽被国家保送到莫斯科国立经济学院学习。在这座苏联著名经济学府里，他的导师是苏联著名经济学家布列耶夫和图列茨基。

在莫斯科留学期间，董辅礽把所有精力都用在学习上。他说，那 1000 多个日子"没参加过一次舞会，没喝过一口伏特加"。功夫不负有心人，他的毕业论文《苏联和中国的国民收入》长达 20 万字，兼顾了在苏联的学习和回国以后的应用，被导师誉为"分析精深、新颖独到"，具有较高的理论价值和现实意义。1957 年获得副博士学位后，董辅礽义无反顾地回到祖国。留苏期间，他真切地感受到了苏联计划经济并非白璧无瑕：经济结构不合理、生产效率低下、商品严重短缺等。他时常反思背后的体制原因，这为他 20 年后提出一系列离经叛道、石破天惊的改革观点埋下了引信。

回国后不久，刚刚 30 出头的董辅礽就被慧眼识珠的经济学家孙冶方从武汉大学调到中国科学院经济研究所，成为孙冶方的得力助手，并被任命为国民经济平衡研究组的副组长，组长为当时的著名经济学家杨坚白。在孙冶方的悉心培养下，董辅礽、刘国光、何建章、项启源、孙尚清、王绍飞很快成长起来，再加上已经是所里行政负责人的冯秉珊，被并称为经济所"八大员"。1984年，董辅礽摘取了首届孙冶方经济学奖。

改革开放以前，董辅礽最有国际影响的理论贡献当属他的经济增长论，包括三个方面："董氏再生产模型"、国民经济平衡理论和国民收入理论，其中尤以"董氏再生产模型"最为著名。该模型参照部门联系平衡表表式，并吸收美国经济学家列昂惕夫的投入产出分析法的一些优点，设计了别具一格的平衡表，在海内外很有影响。他由此被国外同行誉为"中国经济成长论的代表"。

三　正道直行　经邦济世

在改革开放的每一个重要历史时期，董辅礽对国家重大的现实经济问题都提出了自己的独到见解，发表了具有创新意义的研究成果。他的一些重要学说被国家决策部门和立法机构采纳。他以博大精深的经济学理论为中国的改革和发展做出了非同寻常的贡献，从而成为中国市场经济体制不可或缺的重要设计者。

"文化大革命"结束后，在拨乱反正和否定"两个凡是"的斗争中，董辅礽辅助于光远在中国科学院经济所创立了经济学"双周座谈会"，对"四人帮"泡制的经济理论进行系统、彻底的清算，其影响远远超出了经济领域，在全国造成了很大的震动。

1978年9月，北京上空的政治空气乍暖还寒，董辅礽在中科院哲学社会科学规划会上大胆提出了经济体制改革的方向：改革国家所有制，实现政企分离；改革人民公社所有制，实现政社分离。这就是著名的"两个分离"。这种离经叛道、石破天惊的观点，在当时可是"冒天下之大不韪"的，许多人都为董辅礽捏着一把汗。会后，原外贸部副部长徐雪寒拉一拉他的衣襟，提醒说："老董啊，你的胆子可真大，'人民公社'是毛主席提出来的，你这样提是要冒风险的！"

面对种种责难，董辅礽咬定青山不放松，顶着各种压力，继续为改革开放提供前瞻性的建议。1980年，还是指令性计划占绝对统治地位的时候，董辅礽明确提出取消指令性计划，反对计划调节与市场调节相结合的提法："只能是一个调节，而不是两个调节，就是有计划地利用市场来调节。"1981年，在《关于建国以来党的若干历史问题的决议》向学界征求意见时，他建议把"发挥市场调节的辅助作用"改为"发挥市场调节的积极作用"。后来这一看法被定为"南斯拉夫观点"而受到批判。不过，中共十二大文件中，还是采纳了他的很多创见。

刚刚进入20世纪90年代，他又进一步提出"改革必须以市场经济为导向，即摒弃指令性计划经济体制，建立市场经济体制"；"加快双重体制向单一的有指导的或有调节的市场经济体制转变"。他的主张，被写入中共十四大决议文件。

经过几十年的观察与研究，董辅礽认为，在经济改革中，所有制改革是一道绕不过去的坎儿。1985年他提出"董氏八宝饭理论"，大胆提出"社会主义国家只有对所有制进行改革，才能取得经济改革成功"，"社会主义经济应当是以公有制为主导的多种所有制的混合经济，非公有制经济是社会主义经济的不可分割的有机组成部分"等观点。1997年他更进一步提出"两多论"和"两点论"，即"以多种公有制为主导、多种所有制共同发展的所有制结构，是建立社会主义市场经济体制的前提条件。任何所有制都有自己的强点和弱点，上述混合经济可以在保障社会主义方向的前提下，强化它们各自的强点，弱化它们各自的弱点，可以较好地解决公平与效率的结合，不仅在社会主义初级阶段如此，在初级阶段以后也是如此。非公有制经济的存在和发展是发展市场经济的必要条件，是使公有制与市场兼容的必要条件。"这些真知灼见，在中共十六大《决议》中得到体现。

作为"中国民营经济的辩护人"，1985年，董辅礽就指出"非公有制经济是社会主义经济不可分割的有机组成部分"；1986年，在一些人对温州现象褒贬不一时，他与赵人伟等人赴温州考察后发表《温州农村商品经济考察与中国农村现代化道路探索》一文，这是经济学界最早站出来为"温州模式"辩护的论著之一。

2001年以来，他一直在各种场合大声疾呼把保护私有财产写入《宪法》，"在市场经济中，保护私有财产是非常重要的。因为没有私有财产就没有私营经济，没有私营经济的发展，就没有市场经济的发展，而公有制经济是不可能建立市场经济的。保护私有财产就要承认其合法的劳动收入。同时，对合法的非劳动收入也要保护，包括资本、技术、管理，按照其贡献参与程度分配所得。"

2004年两会期间，他与同道们的努力终于水到渠成，但这位在两会上活跃了15年的老人已经无法见证《宪法》修改并获通过的重大时刻了。

董辅礽还是开放民间金融、开设民营银行的积极支持者，参与组织了长城金融研究所。此外，董辅礽还是中国最早提出建立石油、棉花期货的经济学家。多年的奔走疾呼，终于开花结果，但是当年"栽树"的老人已经驾鹤西去了。

"他的最大贡献，在于为过去 20 多年的中国经济和社会发展找到了理论基础。后文化大革命时代，他与其他老一辈经济学家一起，提出了崭新的经济发展理念，破除了长期禁锢人们思想的陈旧观点，重新诠释了社会主义与市场经济的关系以及公有制经济的实现形式。年轻的一代可能很难想像在当时的政治社会背景下，要突破这个藩篱需要何等勇气！""董先生等老一代经济学家的贡献深刻地影响着我们当今的日常生活。毫不夸张地说，如果没有他们的努力，我们的生活也许不是今天这个样子。"香港中文大学教授郎咸平这样评价董辅礽的学术贡献。

为何能屡屡突破禁区，"大海潮音，做狮子吼"？2004 年 4 月，董辅礽在病榻上写的《守身为大》可以作为注解："1946 年我报考武汉大学经济系。其他课程考了什么，我已不记得了，惟独记得国文的作文试题为《守身为大说》。'守身为大'这四个字我一直铭记至今，而且常常想起，以鞭策自己。中国的改革开放经历了曲折的道路，改革与保守或反对改革的斗争异常激烈，每前进一步都有斗争。面对这种斗争，理论工作者是否敢于坚持真理，坚持改革的方向，就是是否能坚持学术节操的考验。让我们大家都记住并实行'守身为大'！"

四　助推立法　心系股市

董老生前对自己有过如下评价："要我谈谈自己，实在没有什么可说的。如果有什么可说的，那只不过是努力工作罢了，再就是注重独立思考，努力做到不随风倒，不说违心的话。由于各方面变革太快，要追上形势，不至于落伍，我只能努力地跟上去。"

隔行如隔山。在经济学家当中，积极参与立法活动的并不多见。作为泰斗级的经济学家，董老参与经济立法活动达 15 年之久。作为一个经济学家，对立法固然不是行家，但是被选为全国人大常委后，他很快转换角色，边学边干，"努力地跟上去"。

1988～1998 年，在这长达 10 年的时间里，董老担任第七届、第八届全国人大常委和全国人大财经委副主任委员。他不仅参与了这 10 年里的所有立法工作，而且，1993～1998 年在财经委分工负责经济立法工作，而建立市场经济体制正是在第八届全国人大期间成为国家意志的，中国市场经济法律体系也是在这五年里开始形成的。在10年的参政生涯中，董老主持或参与过《期货交易法》、《证券法》、《信托法》、《证券投资基金法》、《拍卖法》等重要经济法律的起草或审议工作。

1994年，在厉以宁主持起草的《证券法》草案将要在全国人大常委会通过的前夕，某部门却几乎把其推倒重来，另提出一个新草案，要其只管股票交易，成为《公司法》的子法。但厉以宁当时已经离开财经委，有劲使不上了。关键时刻，董老挺身而出，领导财经委顶住压力，使这次"翻牌"胎死腹中。否则，《证券法》不会成为既规范证券发行又规范证券交易的母法。

《证券法》颁行后，在实践中暴露出一些不足。作为其主创成员，董老又连续撰文分析该法的问题和缺陷，提出很多修改建议。自己打自己板子的勇气，在这个年代并不多见。

对作为经济晴雨表的证券市场，董老可谓关注良多、呵护有加。在中国证券市场发展的几个关键阶段，董老都有精辟言论。他总是能够在人们习焉不察的地方，寻找问题，提出问题，指出症结，并提出恰当的政策建议。在证券市场长期低迷时期，他能够看到其光明的前景；在高涨时期，则能够冷静客观地分析其不足。

1994年，正当摇篮中的中国证券市场风雨飘摇之际，董老一篇题为《证券市场是学习市场经济的大学校》的文章横空出世，大胆地提出"证券市场是现代市场经济最重要的组成部分"，"证券市场是学习市场经济的大学校"。在当时对证券市场一片怀疑和否定声中，这种声音显然格外振聋发聩。在1996年，针对有人企图以简单的一关了之的办法处理证券市场出现的问题时，他提出，规范要为发展留有余地，大禹治水，重在于疏，并借黑格尔的名言说："不能把婴儿同洗澡水一块倒掉。"

1998年有关部门明确提出"证券市场要为国有企业改革服务"的口号后，他却认为，不能强调过分，不能把股市变成为国企圈老百姓钱的工具。他还更进一步提出，不但要允许而且要支持优质的非公有制企业改组上市。

2001年那场股市大争论，董老也是焦点人物之一。他不否认证券市场有种种问题和缺陷，但坚决反对"推倒重来说"，因为"年轻的证券市场还是个婴儿，要从爱护的角度来规范，促进其健康成长"。

由于心系证券市场的缘故，董老对中国证券报非常关注和支持。他见证了本报的萌芽、发展和壮大。从本报创刊那天起，他几乎每天都要认真阅读，并且每年为本报新年特刊撰写专稿，为投资者分析过去一年的经济运行，展望新一年的发展前景。在2003年元旦本报创刊10周年之际，他在万寿路4号家中欣然泼墨挥毫，写下16个遒劲有力的行草大字："回顾过去，功显业著；展望未来，任重道远。"

斯人已去，浩气长存；先生之风，山高水长。

一代大师董辅礽

亚太经济时报

2004 年 7 月 30 日下午，著名经济学家董辅礽，因患癌症医治无效，在美国杜克大学医疗中心去世，享年 77 岁。消息传来，中国经济学界震惊。

董老堪称一代经济学大师。他是最早倡导"企业改革"、"政企分开"等市场经济准则的人。他在理论实践方面为推动中国经济改革与发展做出了开拓性贡献。而作为第七届和第八届全国人大常委、财经委员会副主委，第九届全国政协委员、经济委员会副主任，董辅礽被认为属于少数能够影响中国政府重大决策的学者之一。他在 50 年的学术生涯，不管是研究计划经济，还是研究计划经济向市场经济过渡的转轨经济，都取得了令人羡慕的成就。正如经济学家朗咸平说："毫不夸张地说，如果没有他们的努力，我们的生活也许不是今天这个样子。"

一 "中国经济成长论的代表"

董辅礽 1927 年 7 月 26 日出生在浙江省宁波一个职员家庭。1946 年董辅礽报考了当时中国的第一流大学——武汉大学。1953 年，董辅礽被保送去苏联学习，进入莫斯科国立经济学院。这是苏联著名的经济学府，拥有当时苏联国内一流的学者和专家。在莫斯科的学习为他日后在经济学道路上继续攀登打下了良好的基础。1957 年，董辅礽在苏联获得了副博士学位后回到武汉大学任教，此后又进入中科院从事专业经济学研究，并成为中国知名的经济学家。

董辅礽最有国际影响的理论贡献当属他的经济增长论。包括三个方面：社会主义再生产模型（又称董氏再生产模型）、国民经济平衡理论和国民收入理论。尤以他的名字命名的"董氏再生产模型"最为著名。该模型参照部门联系平衡表表式，并吸收美国经济学家列昂惕夫投入产出分析法的一些优点，设计了别具一格的平衡表，是当今世界和中国流行的许多再生产模型中最符合马克思主义再生产原理的一种。

实际上早在 1959 年，董辅礽的论文《确定积累和消费比例的若干方法论问题的探索》发表后，他就被日本学者山名正孝称为是中国经济成长论的代表，称赞其文章是"向理论上解决'国民收入分配率'和'生产构成的比例'相互关系这个问题迈出了具有决定意义的一步"。山名正孝是第一位称董辅礽为"中国经济成长论的代表"的人，从此以后，这个称呼就一点点传播开来，成为国内外公认的一种说法。而连续多年来，瑞典皇家科学院都致函董辅礽，请他提名诺贝尔经济学奖的候选人，此项工作，也表明了国际一流学术机构对董辅礽的认同和信任。

二　因"两个分离论"受批判

虽然在学术界上董辅礽取得了极高的地位，然而董辅礽却不是一个书斋式的学者，从年轻时代开始，董辅礽就一直有很强的入世精神，即使从事经济理论研究，他也不满足于做书斋里的学问。他始终很关注现实，善于从实践的角度提出问题，而他所提的一些对策建议，也都具有实践性。

"开一代理论先河，做经世致用文章"是他毕生追求的信念。

而这一点，从他极有远见卓识、甚至是冒着政治风险地提出"两个分离"观点中，可见一斑。

1978 年 9 月，中国的政治气候还是乍暖还寒的时候，董辅礽就提出了经济体制改革的方向：改革国家所有制，实现政企分离；改革人民公社所有制，实现政社分离，这就是著名的"两个分离"。会议结束后，一个老同志对董辅礽的大胆表示担忧。

1985 年，董辅礽明确提出社会主义经济是以公有制为主导的多种所有制的混合经济，非公有制经济是社会主义经济的不可分割的有机组成部分。这就是著名的"董氏八宝饭理论"。

1997 年，国家主席、中共中央总书记江泽民在党的十五大的政治报告中正式提出，社会主义的公有制经济是社会主义经济的重要组成部分。1999 年，全国人大二次会议上，非公有制经济作为社会主经济的重要组成部分，又被写进了《宪法》。人们不禁想到了董辅礽 20 年前就提出了公有制实现形式问题，想到了 10 多年前董辅礽提出的那个著名的"八宝饭理论"。

而在 20 世纪 80 年代初，他敏锐地洞察到东欧社会主义国家改革失败的原因是仅仅进行了经济运行机制的改革，而没有进行所有制改革，便大胆地提出了社会主义国家只有对所有制进行改革，才能取得经济体制改革的成功。当时，他因为这个理论提得太早而受到了批判，但中国改革的实践却验证了他理论的深邃和独到的洞察力。

三　驳斥"大赌场论"力主护市

而近年来，董辅礽除了进行经济学理论的积极探索、为武汉大学和北京大学任兼职教授指导一代新人外，作为知名经济学家、人大常委、全国政协委员、政协经济委员会副主任的他，这些年一直热切关注着中国的资本市场。

虽然他曾经很谦逊地说过"我并不懂股市，我是作为经济学家来关心中国的股市的"。然而这并不妨碍他在 2001 年年底关于"中国资本市场是否是'大赌场'，是否需要'推倒重来'"的大辩论中，挺身"护市"。此后他又在多次公开演讲中力主开设创业板、主张国有股减持要"让利于民"、保护中小投资者。他也因为对资本市场的贡献，被 CCTV 评为"2003 年中国资本市场年度人物"。

2001 年年底，中国股市曾一度连续暴跌。对此，当时有两种观点，一是认为中国股市泡沫太多，市盈率高达 50~60 倍，远高于国际行情，就沪市而讲，应当下跌到 1300 点才能把泡沫"挤干净"；另一种观点是，中国股市存在太多的弄虚作假欺瞒投资者行为，已经像一个巨大的老鼠会和"大赌场"，要"不惜崩盘、推倒重来"，要重新建立中国证券市场。

在一片"倒市"呼声中，董辅礽与另一名经济学家萧灼基都力主"护市"。他认为，持有"市盈率过高论"和"大赌场论"这两种观点的人，都是简单地把中国股市市盈率与国际市场类比。谈到市盈率问题，国际证券市场全部是流通股，而中国只有 1/3 流通，不可简单类比。

在谈到上市公司弄虚作假时，董辅礽认为，"有历史原因，是政策和制度所造成的"。他解释说，"长期以来，中国证券市场的定位是为国有企业服务，为国有企业解困。许多地方政府规定，申请上市的企业必须捆绑两家亏损企业，否则不能上市。于是，出现了企业上市前的包装行为，于是逼迫包装为伪装造假"。

为此董辅礽一再坚持，中国证券市场是一座大学校，它培养越来越多人具有市场经济意识，它使越来越多的人参与到中国市场经济改革中来，它对中国市场经济的建立、发展和完善起到不可或缺的作用。那些无视历史、否决资本市场作用的说法是欠妥当的。股市这十年的成绩是非常大的，问题虽有，但是是第二位的。我们的目的是如何去完善它、改进它，使它更规范，而非推倒重来。

在国有股减持的大辩论中，董辅礽教授也指出，国有股减持最好让利给中国广大的中小投资者，切实维护中小投资者的利益。董辅礽教授还大力呼吁建立创业板市场，他指出，尽管中小企业为社会主义市场经济创造了新的活力，为国民经济的健康发展做出了重大贡献，而且"十六大"也制订了鼓励民营经济发展的政策，然而，这些中小企业进一步发展所需的资金却难以获得，为此，我们必须建立创业板市场，完善资本市场结构和资本市场功能，推动技术创新和经济发展。至于创业板的风险问题，他指出，我们完全有能力通过合理的措施有效控制这些风险，维护金融秩序的稳定。此外，董辅礽还大力呼吁加快推出股指期货，并指出，目前推出股指期货的时机已经成熟，加快发展期货市场应成为当务之急。

四 实践型的经济大师

除了对资本市场的发展大力鼓励与呼吁外，董辅礽还是一名实践型的经济学家。除了坐而论道，他还很乐意走出书斋，亲自到第一线去与经济学新生事物"亲密接触"。

在20世纪80年代，当"温州模式"备受排斥、压制和打击之时，董辅礽就亲赴温州考察，后发表《温州农村商品经济考察与中国农村现代化道路探索》一文，称赞温州模式为"发展农村商品经济、治穷致富"的"一条可供选择的路子"。这是经济学界最早站出来为"温州模式"辩护的论著之一。

董辅礽还是开放民间金融、开设民营银行的积极支持者。他和老一辈经济学家刘国光、黄达、吴敬琏、茅于轼等人组织成立了长城金融研究所，该机构成立的目的就是要拿出建立民营银行的方案，选择银行改革的样板模式，为民间金融鸣锣开道。

他还很高兴地接受了担任第一家中外合资保险公司——泰康人寿独立董事的邀请，并表示"他们选择了我，这个工作对我也很有挑战性"，"一是因为泰康刚刚建立不久，又是第一家和国外合资的人寿保险公司，将来也要上市，我们国家的保险业是80年代才起步，将来的市场和前景都很好。我在《保险法》出台时曾经在征求意见小组工作过，他们选择了我，我就接受了"。

五 封笔作："守身为大"

业内人士认为，董辅礽之所以能做到走出书斋，经世致用，与他自己的经历和实践有关。

一是他对计划经济的弊端认识得较早。早在留苏期间，董辅礽就真切地感受到了苏联经济并不是白璧无瑕，也存在不少问题，如经济结构不合理、生产效率低下，商品严重短缺等，因此，他对计划经济体制不迷信。二是他是改革开放初期就能够亲眼目睹中国与发达国家悬殊差距的为数不多的人物之一。1978年以后，董辅礽多次出国考察，足迹遍及五大洲，他对外国的经济发展以及经济体制了解较多、研究较深，因而对传统体制的缺点也看得比较清楚。三是他的青少年经历和家庭背景，使他对商品、市场机制、价值规律等有许多鲜活的认识。此外加上董辅礽在解放前受过西方经济学的系统训练，有敏锐的头脑，有精深的经济理论分析工具，又具有从宏观上把握现实问题的能力，还有从青年时代就形成的实践意识和报国热情。这些综合因素，使董辅礽能不断地取得成功。

而董辅礽自己曾表示："中国的经济学界需要真正有恒心的、敢于坐十年甚至几十年冷板凳的学者"。在目前的中国经济学家中，"急功近利"的心理太重。这表现为浮躁、缺少对经济现象的长期的思考与研究。存在早日成名、早日出成果心理者众多，而埋头做学问、具有扎扎实实功夫者则显得欠缺。

董辅礽觉得，缺乏对经济学众多学科深入持久的研究，对于经济学的发展不利，会导致经济学发展缺乏坚实基础，

董辅礽先生生前还劝告，在国外培养的经济学人才需要扎根于中国社会深处，去了解活生生的现实。他曾感叹："现在，有相当一部分人在国外，他们也在研究中国经济，但有些人脱离中国实际，谈起中国经济就不免有'隔靴搔痒'的感觉。"

就在董辅礽生命的最后阶段，2004年4月25日，在美治病的董辅礽还写了一篇后来发表在国内《金融时报》和《经济界》的《守身为大》的文章，对自己的道德操守做了深刻阐述。他写道："守身"在不同的人和不同的情况会有不同的内涵。例如，在白色恐怖下，"守身"就是不在白色恐怖的压力下退缩，更不能卖身自保，卖身求荣。中国的改革开放经历了曲折的道路，改革与保守或反对改革的斗争异常激烈，每前进一步都有斗争。面对这种斗争，理论工作者是否敢于坚持真理，坚持改革的方

向，就是是否能坚持学术节操的考验。由此可见，即使在理论研究上，"守身为大"也是很必要的。"守身为大"固然是要求每个人必须时刻注意自己的思想品德的修养，注意遵守制度和法律以及社会的道德，但又不是提倡"明哲保身"。因为"保身"与"守身"是不同的两个概念。

董老师自己怎么也没想到，这篇文章竟然是他的封笔之作。"守身为大"是他的最高境界，也是他留给我们的最宝贵的精神遗产。

董辅礽远去

财经时报　2004－8－13　于冬

2004 年 8 月 7 日，按照董老的遗愿，其骨灰将运回北京。其学生透露，董老作为人大财经委《拍卖法》起草的具体负责人，表现了强烈的学者独立性以及人大执法的公正性。而这一方面的贡献过去不太为人所知。

"温总理 2003 年 10 月请董老开经济专家咨询会，但当时董老已经在协和医院查出患直肠癌，而且已到晚期，无法参加。当时温总理批示：请宋宁同志转告董老，保重身体，祝早日康复。这对董老鼓励很大。"杨再平对《财经时报》说。

杨再平是刚刚在美国去世的著名经济学家董辅礽的学生，现任中国银监会研究局副局长。而他提到的向董老转达温家宝同志问候的宋宁，也是董老的学生，时任国务院研究室宏观司司长。

一　从患病到辞世

2004 年 7 月 30 日晚 10 时左右，新华社发布消息：当天下午 3 时许，中国当代著名经济学家董辅礽教授，因病医治无效在美国去世，享年 77 岁。

"2003 年 10 月，在协和医院查出直肠癌晚期，10 月 20 日去的美国。"董辅礽的司机周启元告诉《财经时报》。

"董老去美国前，最后一次回到位于北京海军干休所的家，他四处看着，出门前留恋地说：多么温馨的家啊。"杨再平眼含泪水回忆道。

董辅礽最后的学生之一、北大经济学博士邢莹莹，则这样回忆董老生病前后时的情景："'十一'前老师回国，下午三点钟左右到的首都机场，但接着晚上就飞到杭州，连时差都没有倒。'十一'放长假的前一天我去看他，他精神很好，问了我们论文和实习的情况。""长假后与老师通电话时，发现他鼻音很重，我以为他感冒，他说没有。其实后来从他的文章中才知道，老师那时已经在等待检查的结果，但他有那么多学生，他却没有告诉我们其中的任何一人。""老师一向身体很好。我们在一起聊天时，经常说他活到 100 岁没问题，甚至我们还说如何给老师庆祝百年寿辰。老师突然出现这种变故，我们很意外。""看到先生那么平静，我们却不能平静。他在国外的儿女们要求他去美国治疗，得知这一消息，我们每个人都想去机场送他，当时说不清心里是何感受，难舍其去，难劝其留，期望老师能接受最先进的治疗，又害怕他在异国他乡会孤独。因为知道老师的性情，我们要大师兄打电话向他表明我们要去机场送行的想法。但一向和蔼的老师却发了火，他坚决不让我们送。""2003 年 12 月 22 日是先生第一个治疗程序结束的日子。大家都想知道结果，却都不敢与老师通电话。我们谁也没有勇气听到万一不好的情况，那种压力是无形的，那种期待也是无限的。我们给周师傅打电话让他有好消息通知我们。当接到周师傅的电话后，我们所有的人都松了一口气：50% 左右的癌细胞都在消失或正在消失。"

但病魔还是无情地夺去了董老的生命。

"董老最后很安详，慢慢咽的气，全家人都在身边。"周启元告诉《财经时报》。

据介绍，董老的女儿董欣年、儿子董欣中目前都在美国的大学中任教，都学的生物专业，两人都是博士后，都是自己考的，都拿奖学金。

其中，董欣年在美国杜克大学任教授，董欣中为了照顾父亲，也转到杜克大学附近的一所大学任教。董老在治疗期间，其夫人、女儿、女婿、儿子几乎一直陪伴在他的身边。他的女婿也是治疗此类病症的顶尖专家。

2004 年 7 月 26 日是董老的 77 岁生日，那天，他的病情还很正常，并吃了长寿面。但第二天，董老的病情开始恶化，身体开始出现大面积积水，后来积水堵塞了呼吸道。"没有什么遗憾，儿女也尽了力，医生也尽了力。"

2004 年 8 月 7 日，按照董老的遗愿，其骨灰将运回北京，全家人也都将回来为董老送行。董老生前工作过的中国社科院、北大、武大等，都将举行悼念活动，其中，社科院的悼念活动定于 8 月 12 日上午 10 点。

二　硕果颇丰　桃李满园

董辅礽 1927 年出生于浙江宁波，1946 年入武汉大学经济系，1950 年毕业。三年后赴苏联学习，1957 年获苏联莫斯科国立经济学院硕士、副博士学位。同年回国，历任武汉大学讲师，中科院经济研究所研究员，中国社科院经济研究所副所长、所长，中国社科院研究生院副院长，全国人大财经委员会副主任，中国社科院经济研究所名誉所长，北京大学教授。

董辅礽是第七届全国人大常委、财经委员会副主委，第八届全国人大常委、财经委员会副主委，第九届全国政协委员、经济委员会副主任。

董辅礽长期从事经济理论研究工作，撰写了大量学术理论文章，著有《"四人帮"对马克思主义政治经济学的篡改》、《社会主义制度及其优越性》、《社会主义再生产和国民收入问题》、《大转变中的中国经济理论问题》、《经济发展战略研究》和《董辅礽选集》等十多部学术专著。

董辅礽提出的关于再生产数量关系的数字模型，被誉为"中国经济成长论的代表"。在改革开放初期，就提出了企业改革的方向应该是"政企分离"、"政社分开"的政策性建议。1984年获首届孙冶方经济学奖。

杨再平在一篇名为"感受师爱"的纪念文章中写道，1978年9月，中国的政治气候还是乍暖还寒的时候，中国科学院在北京召开了哲学社会科学规划会。就在这次会议上，董辅礽提出了经济体制改革的方向：改革国家所有制，实现政企分离；改革人民公社所有制，实现政社分离。

"政企分离、政社分离在当时是石破天惊的事，当时他提出的许多政策建议，目前已逐步成为党和国家的文件语言。"杨再平对《财经时报》说。

董辅礽在20世纪80年代初因提出"社会主义国家只有对所有制进行改革，才能取得经济体制改革的成功"的理论而受到批判。"提得太早，但中国改革的实践却验证了他理论的深邃和洞察。"董老的另一位学生陈东升这样评价道，"董老师作为人大财经委员会的副主任，对推动中国各项经济立法的进程以及推动中国经济市场化的进程做出了重要贡献"。"印象最为深刻的是《拍卖法》的出台经过。董老师作为人大财经委《拍卖法》起草的具体负责人，表现了强烈的学者独立性，以及人大执法的公正性，他不受任何官方的干扰，坚定地主张打破文物垄断，不遗余力地推动中国拍卖业与国际化接轨和市场化、法制化的进程。这一方面的贡献过去不太为人所知。"

杨再平说："老师的最后一篇文章是2004年5月14日发表在《金融时报》上的《守身为大》，这也是他一生高风亮节的总结。"在这篇文章中，董老简单地将这四个字概括为："坚守自己的节操是最重要的"，并告诫"大家都记住这四个字"。

据杨再平介绍，董老带的博士生有50多个，目前担任司局级领导的大约有 20 多个，省部级的也有几个，还有许多在经商。

在一个名为"怀念董辅礽"的网页上，董辅礽的弟子们"自发地从全国各地走到了一起，来到泰康人寿大厦，共同缅怀董辅礽老师，并成立先生悼念小组"。

这个不全面的名单中包括：田源、卢建、陈东升、李军、毛振华、聂庆平、徐卫国、杨再平、华生、宋宁、关敬如等 17 人。

记者一一将这些名字进行搜索，发现这 17 人目前都是中国政经界的活跃人士和知名人物，其中田源现任中国国际期货行业协会会长，陈东升任泰康人寿保险股份有限公司董事长兼 CEO，李军任贵州省省长助理，华生曾任中国社会科学院经济研究所微观经济研究室主任、全国青联委员，关敬如曾任国家经济体制改革委员会副处长、处长、中国企业改革与发展研究会副秘书长，毛振华任中国诚信证券评估有限公司董事长，卢建则被称为"中南海里最年轻的副局级干部"。

董辅礽与一个时代的背影

21世纪经济报道　2004－8－5　吴铭

北京时间2004年7月30日下午3时03分，董辅礽教授因患癌症医治无效在美国杜克大学医疗中心去世，享年77岁。

二三十年的时光，对于一个国家一个民族的长程发展而言，几如白驹过隙，池水微澜，然而对于那些以各种方式各种姿态参与了这个民族和国家在"文化大革命"后的一段转折时期的人们而言，却意味着毕生心血的倾注。这个被命名为"改革开放时代"的转轨期看起来还有很长的路要走，而这个转折期最初的见证者、论证者和推动者却开始花果凋零了。

在以经济建设为中心的年代，经济学家们主动或被动地站到了这个时代的知识场域的中心地带，成为社会、媒体乃至政府关注的一个中心。从一定意义上说，中国经济改革的进程就是在经济学家们的辩论、参谋和解释中展开的。董辅礽是其中一位声名卓著、成就斐然的参与者。他的辞世，让人们逐渐看到一个时代的背影。

一　一个时代的合法性论证

从一个时代转折到另一个时代，不会没有任何积累就随机变化，一蹴而就。董辅礽以及一大批从三十年中国国家建设的曲折中走过来的知识分子，就是时代的转折从酝酿到拓展的重要社会积累。他们敏锐地感知和把握了时代变化的契机，在混沌中闯荡出一条此后彰显于世的理论道路。

1978年9月，中共十一届三中全会之前不久，大局未定、乍暖还寒，董辅礽便率先提出了社会主义所有制改革的问题。那是在中科院的哲学社会科学规划会上，董辅礽提出了有关经济体制改革的"两个分离"，即改革国家所有制，实现政企分离；改革人民公社所有制，实现政社分离。这番"离经叛道"的陈词震惊了当时几乎所有在场的人。无论他的学生们还是学界人士在接受记者采访时，追怀董辅礽的思想贡献，都首先提起他在所有制改革上的大胆开拓。

在以预见能力为一大成就指标的经济学界，这种大胆和对此后中国经济发展的判断，无疑也奠定了董辅礽此后在以改革为业的中国经济学界的重要地位。

1980 年，董辅礽提出取消指令性计划，反对计划调节与市场调节相结合的提法。1981 年，他在《关于建国以来党的若干历史问题的决议》征求意见时，建议把"发挥市场调节的辅助作用"改为"发挥市场调节的积极作用"。后来这个看法被定为"南斯拉夫观点"而受到批判。那个时代即使有见识要发表，也需要以勇气做基础。

董辅礽何以在转轨期之初就在所有制改革和市场化方面有如此坚定的见解？首都经济贸易大学刘纪鹏教授认为，董辅礽那一代经济学家深切地看到了计划体制的弊病，很自然地就要去寻找新的道路。青年经济学家巴曙松与董辅礽一样曾就读于经济学界泰斗张培刚门下。在巴曙松看来，尽管董辅礽曾于 20 世纪 50 年代留学苏联国立经济学院并获得副博士学位，接受了正统的苏联模式经济学的教育，但他在武汉大学学习以及留校任教的时候，张培刚正好与几位留美学生从美国回到武汉大学任教。张培刚是发展经济学的创始人之一，当时在西方经济学界已有不小的影响，回国后教的也全部是西方经济学。从这批老师那里，董辅礽得到了西方经济学的系统训练。在此期间，他也曾赴英国留学，对西方经济发展有所了解。董辅礽很早便对所有制改革与市场化改革有所洞见，这一知识积累极为重要；十年"文化大革命"并没有截断这一知识传承，而后才能够由对时局的敏锐感知激发出这些先见之明。

董辅礽的多位学生都说，他对自己的这些先见之明看得很平淡，因为他就是这么看中国经济发展的前途的。2004 年 4 月 25 日，在美治病的董辅礽写了后来发表于《金融时报》和《经济界》的《守身为大》一文，认为"守身"在不同的人和不同的情况会有不同的内涵，在改革开放的曲折过程中，改革与保守或反对改革的斗争异常激烈，每前进一步都有斗争，有时甚至转变成政治斗争。面对这种斗争，理论工作者是否敢于坚持真理，坚持改革的方向，就是是否能坚持学术节操的考验。

董辅礽所要坚持的"真理"，就是要从中国的传统计划经济体系中开出一个市场经济体制来。如何开出一个市场国家来，这也是董辅礽和一大批年长的经济学家，如于光远、蒋一苇、厉以宁、吴敬琏等试图回答的中心问题。青年经济学家赵晓认为，尽管他们后来在诸如中国证券市场发展等问题上出现了分歧，在一些具体问题上也小有分歧，但在这一代经济学家群体里，对大方向的共识却未曾破裂，"在稀缺的时间与生命中，经济学家已经恪尽全力为社会福利的最大化做出了应有的贡献"，并且将在年轻一代经济学者中薪火相传。

董辅礽这一代建国前后成长起来而又在改革开放之初站在经济学界主流与前沿的经济学家最为重要的理论工作，也就在于论证中国从计划经济体制向市场经济体制转轨的合法性。这一论证既包括为具体的转轨措施出谋划策，渐次改变中国经济体制的法则，也包括为渐次转轨的政策表述提供智力支援，在体制法则嬗变的同时论证经济体制转型对于中国国家建设和社会主义建设的合法性，也因此论证改革开放时代的合法性。

如果说董辅礽对中国经济的市场化方向早有定见，那么他在二十余年的改革过程中保持了充分的理论张力。就所有制的论述而言，从1979年首次区分公有制和公有制实现形式，到1985年的"董氏八宝饭理论"，提出社会主义经济是以公有制为主导的多种所有制的混合经济，非公有制经济是社会主义经济的不可分割的有机组成部分，再到1997年提出公有制实现形式理论，分为共同所有制和公众所有制，这一层层演变完整地呈现了在社会主义体系内进行市场改革的合法性论证的过程。

而这种"特洛伊木马"的策略，也是董辅礽这一代从建国初期走过来的经济学家所特有的论证方式。在下一代或者更年轻一代的经济学家那里，已经是在一个全新而没有太多犹豫的基础上进行论证了。这个经济学的新时代的到来，正是董辅礽这一代人的战利品。

二 公共知识分子的身前身后事

尽管国家政经发展大势与智囊型知识分子（包括参知政事的经济学家）之间的关系很难说清道明，尽管政治家们究竟更在乎社会阶层的升沉与民众的意志，还是更在乎理论家的论述，也是一个有待讨论的问题，但人们还是愿意在国家制度转型与经济学家的劳作之间建立密切的联系。至少作为社会公众，他们最早感知和说出了国家经济发展的动向和方向，而他们的言说也足以代表一种力量强劲的社会意见，更何况他们的意见曾经被国家决策者所采纳。于是一般著名的经济学家都走出了专业领域，成为著名的公共知识分子，成为社会、媒体乃至政府关注的一个中心。

董辅礽正是在这个意义上被公众和媒体所悼念的。作为在二十多年改革开放过程中功绩最为显著的经济学科中的代表人物，门生、媒体和公众对董辅礽的追思，显示重量级的经济学家享有着其他专业的公共知识分子难以企及的哀荣。在此之前不久，公众、媒体和门生刚用类似的方式送别了杨小凯。

一位著文悼念董辅礽的经济学家在接受记者采访时说，董辅礽和杨小凯是两类不同的经济学家。董辅礽的贡献不仅是学术的，而且对国家政策方针的制订贡献良多，这是两人无法比较的地方；杨小凯的活动则只在于思想学术领域以及与诺贝尔经济学奖的对话。

换一种说法就是，尽管董辅礽和杨小凯在许多问题上都存在共识，都是经济学专业背景的著名公共知识分子，但前者更多在体制内，后者在体制外，是"自由漂泊"的知识分子。董辅礽从 1988～1998 年的十年时间里，一直担任全国人大常委会委员，全国人大财经委员会副主任，从 1998 年开始转任全国政协经济委员会副主任。在此期间，董辅礽主持过《期货交易法》的起草，参与过《证券法》等经济法律的审议工作。董辅礽的学生叶辅靖回忆，在人大任职期间，他对国家宏观经济政策建言颇多，并多富烁见。这种身份的差异，自然影响到这两类经济学家对中国走上市场经济道路的合法性的论证，以及各自论证的实际效应。

作为两类公共知识分子的典型，董辅礽和杨小凯的社会影响模式大不相同。一位学者在接受采访时说，杨小凯对经济学后学和媒体知识分子的影响在于其理论的批判魅力，而董辅礽的理论魅力则在于其切入国家制度发展的影响力和解释力。体制外的学者以其高蹈赢来掌声，体制内的学者则尽管颇有影响力但也容易因这种影响牵涉利益而引来毁誉（例如股市大辩论之于董辅礽）。他们都有论敌，但学术论敌在其身后一般不再提论战而惺惺相惜，这时后者由于牵涉利益矛盾而使部分公众成为论敌，容易在网络等公共论坛带来多音喧哗。

这两类公共知识分子不同的社会影响模式还在于弟子门生。传统科考时代的社会阶层变动，世家与门生是相当重要的决定因素；在当代市场社会，家族承继和教育同样是社会升沉的重要影响因素。经济学家的公共性和成就在自身的学术成就之外，还可以通过学生的学术传承和社会活动体现出来。董辅礽指导的学生中，多是经济社会的领导与骨干，其中有的官至副省长，有的是大型企业的总裁，有的是资本市场著名的弄潮儿。从目前各种媒体发表的董门弟子或关系相近的人士悼念师长的文章来看，多有感念董辅礽教授相与提携的事迹。这样，先生的学术见解通过弟子群体的努力，可以影响及于后世。而杨小凯则因为在体制外而少有弟子能够直接影响国家政经运作，其影响更多地通过学说而绵延。

而这些影响力，正是公共知识分子希望在他们念兹在兹的改革事业中看到的。

三　我们时代的难题

董辅礽逝世的消息最早在主流网站上发布，曾引来众多网友跟帖怀念，中间对董辅礽的生平事迹也有所争辩。有经济学家认为，其实这对于董辅礽先生来说乃是平常之事。他在北京三联书店出版的文集《用辩证的眼光看市场经济》的封面便有引言说，"市场经济本身就充满矛盾，它的运行和发展处处都遵循着辩证法的规则，如不用辩证的眼光来看待，人们很容易出现认识的偏差，只看到一面，看不到另一面"。有矛盾便会有争辩。

董辅礽在最后几年时间里对资本市场的发展关注尤多，这多少与2001年那场关于股市的大辩论有关系。这也是人们在其身后仍然有所争论的话头。在吴敬琏等学者发表对中国股市的严厉批评（如"赌场论"）之后，董辅礽与厉以宁、萧灼基、吴晓求、韩志国举行记者"恳谈会"，全面反击吴敬琏，并称"现在股市已经到了很危急的关头"。现在看来，这场争论的意义不仅在于求证中国股市究竟是否是赌场，是否应该推倒重来等问题，而且在于推动市场化进程的经济学家群体内部的分歧和他们所体验到的市场社会中的"矛盾"。其中的一个矛盾就是"保护中小投资者的利益"。董辅礽等认为应该公平对待投资者，保护中小投资者的利益。而论战的另一方面认为认清股市的真相，才能真正保护中小投资者的利益。

问题是什么是中小投资者的利益。据叶辅靖解释，董辅礽认为"不存在投资者利益之外的上市公司利益"，不能把上市公司的利益同投资者的利益对立起来，公司是投资者的公司。不过"矛盾"的地方在于这只是上市公司的宗旨，而现实运作中确有不少公司把公司的利益和投资者的利益对立起来，通过损害投资者来实现公司的利益。这个理想、原则和现实的矛盾，意味着中小投资者的利益并不总是和公司的利益相等同。这样问题也就变得复杂起来。

而在其他的场合，这种市场理想与现实之间的矛盾，以及对这类矛盾的体察和辨析，一直为董辅礽所重视。他在 20 世纪 90 年代中后期的论述中，一直对"社会公平"、"可持续发展"、"环境保护"等议题给予了特别的关注。据他的学生杨再平回忆，董辅礽在学术研究上的一大遗愿就是将学术思想系统化为"追求公平与效率的统一"。而这其中要处理的一个关键"矛盾"就是，理想的市场发展固然可以达至社会公平与均衡，但现实的市场竞争则往往为不公平的力量和追求者所扭曲。理想和现实的矛盾使问题变得复杂难解。这一矛盾在股市中的体现就是，虽然市场按原则上应该保护中小投资者，但现实却往往相反。

　　记者向刘纪鹏请教董辅礽何以保持强烈的有关社会公平的问题意识，是否因为他曾经作为中国政府代表团的高级顾问和成员参加 1992 年里约热内卢环境与发展大会、1995 年哥本哈根的社会发展大会的经历，使他对社会均衡发展问题有切身的感悟，还是因为他仍然保留有年轻时投身地下党工作的社会主义追求。刘纪鹏认为这其实也是董老这一代学者的特点，他们的确对社会公平有一种近乎本能的关注。据叶辅靖回忆，董辅礽在 1998 年抗洪最紧张的时候，看到围困在洪水中的农民，总是念叨该怎么办。

　　董辅礽为一系列市场社会的"矛盾"开出的辨证药方是进一步的市场化，通过发展市场来解决这些问题，也即是辩证地看市场，相信市场的作用。但问题是，从董辅礽的大量辨析中可以看出，市场的破坏力量不仅从市场反对者那里来，而且从市场内部产生。就像有些公司通过损害投资者利益来实现自己的利益一样。

　　市场化进程似乎已经一往不复，而我们这个时代的难题也越发清楚起来。市场的敌人正从它的内部产生，历史并未终结。这也是董辅礽先生留给下一代经济学家乃至所有关心中国前途的人的问题。

董辅礽与中国经济改革

经济观察报　黄锴坚

一个人的离去，可能给社会带来遮蔽和揭示的双重效果。他们带走许多无法解开的谜，同时也唤起人们对历史的兴趣，对未来的思考。

今天的年轻人，多半并不熟悉董辅礽这个名字，其学术贡献更不为人所知。然而，他的去世在中国经济学界引发的悼念和追思活动，却是近年罕见的。

2004 年 7 月 30 日，董辅礽病逝于美国杜克大学医疗中心。8 月 12 日晚，泰康大厦 11 层，100 多名学生和亲朋在此举行悼念董辅礽先生烛光追思会。这天上午，中国社科院召开了董辅礽追悼会。过去两周时间里，他的弟子们自发组织了首都机场的接灵仪式，还将在本月下旬举行一场学术研讨会。不少经济学家纷纷撰文，表达他们的怀念和悲痛。本报记者先后采访了五位经济学家，试图描绘完整的董辅礽。

"人们后来总结改革历程，认为存在两条线：一是所有制改革，一是运行机制改革。运行机制指计划和市场的关系，所有制方面就是产权改革。文革结束后，我和刘国光讨论了计划和市场的问题。而董辅礽认为，不仅要研究计划和市场的关系，而且要研究所有制改革。老董在所有制改革方面是领先的，1979 年就开始提。而且这个问题在政治上更敏感。"赵人伟说。1985 ~ 1988 年，董辅礽曾任中国社会科学院经济研究所所长，当时赵人伟是副所长。

一　所有制改革第一人

"关于所有制改革，他毫无争议是中国第一人。"经济学家、燕京华侨大学校长华生对记者说，这位"双轨制"理论的代表人物，在 20 世纪 80 年代中国经济理论界曾经颇具影响力。

1978 年 9 月，中国科学院召开的哲学社会科学的规划会，董辅礽在会上提出要改革国家所有制，实行政企分开，改革人民公社所有制，实行政社分开。他随后将这个报告写成文章发表在《经济研究》1979年第1期上。

这个报告和这篇文章掀起的波澜非比寻常。董老的弟子都用"石破天惊"来形容。"对思想界，这就像黑暗中的一道闪电。很多人想都不敢想，他不仅提出来，而且有比较详细的阐述。"田源对记者说。现为中国期货业协会会长的他，20世纪80年代曾任国务院价格改革研究小组副组长，后来成为董辅礽的博士生。

20世纪80年代中期，董辅礽用"八宝饭"来比喻他关于所有制结构的观点：社会主义经济是多种公有制为主导的多种所有制的混合经济。董老也承认，"发展多种所有制结构，不是我最早提出来的。但我一直赞成"。他的论述的不同之处在于，他不赞成从生产力落后性和多层次性来论证必须发展多种所有制结构，从而不赞成把建立和发展多种所有制结构看做是社会主义初级阶段的事。或者说，混合经济的提出，不是由中国生产力的落后性和多层次性决定的，而是由于不同的所有制各有强点和弱点，建立和发展这种所有制结构的混合经济可以强化各种所有制的强点，弱化它们各自的弱点。

值得记录的是，20世纪80年代中后期，董辅礽和唐宗焜向国家社会科学基金申请了国家所有制改革课题，后来又争取到福特基金会的资助。这个课题组的最大贡献是搜集了大量国有企业的数据，包括1200家国有企业样本，每个企业的数量指标有321个，并有50多个问题的问卷，共340万个数值。这个课题可以说是中国经济学界最早以经验数据搜集和案例调查为基础进行的企业实证研究。

"中国经济学界的最大问题，是不怎么在乎前人的理论创见。但董老师在所有制改革方面的创见，应该得到公正的评价。"华生说。

二 肯定温州模式，守望民营经济

董辅礽对温州模式的肯定，也是被许多学者提及的重大贡献。

改革开放后，江苏南部的农村，比如无锡、苏州、常州、南通，乡镇集体企业发展异常迅猛。苏南乡镇工业产值，1979～1986年平均每年增长34%，有人称之为"苏南模式"。而在浙江的温州等地，农民的私有制非农企业也迅速发展，有人称之为"温州模式"。中国农村到底应该采取哪种模式，当时的学者和领导层存在许多争论。

1986 年，董辅礽带领社科院经济所的一个调查小组到温州、金华一带调查当地农村非农产业的发展。回来后，董老先后写出十多万字的文章，在温州、北京大学和单位等地做过多次报告，对争论激烈的问题做了明确回答。"董老师对温州模式进行了分析，充分肯定了私营经济在中国经济中的地位。"华生说。

目前"苏南模式"已经消失，小集体模式最后带来许多后遗症。苏南的乡镇企业大部分已经明晰产权，走向了温州模式。当年两种模式的争论已消于无形。

有人在悼念文章中认为，"董老是私营经济的护航者。他利用各种机会为私营经济在中国的发展推波助澜，为私产入宪的到来付出了巨大的心血并寄予了极高的期望"。董辅礽曾说，"没有私有财产就没有私营经济，没有私营经济的快速发展，全面建设小康社会的目标就难以实现"。

他还呼吁要为非公有制经济的发展营造公平的市场竞争环境。并于 2002 年在北京举办的"全面建设小康社会联合论坛"上发表演讲并提出了与私营经济相关的四大焦点问题，即重新认识资本和财富、积极培育"中产阶级"、私有财产保护、拓宽民间资本进入市场的领域及解决路径。

2003 年的春天，"私有财产不受侵犯"终于写入《宪法》。

三 提携后进 改革经济所

董辅礽去世在经济学家中引起如此巨大的反应，这与他努力提携后辈是分不开的。

1985 年 6 月，董辅礽成为中国社科院经济所的所长，上任之后，他首先改革了原来按计划经济模式设计的科室，并起用一大批年轻而有才华的经济学者。1985～1988 年间担任副所长的赵人伟回忆说，董辅礽在推动整个经济所的改革方面，起了很多作用。除了政治经济学室、经济学思想室以外，他增设了发展经济学、比较经济学、宏观经济学、微观经济学等研究室。"这些设置也是和改革潮流以及经济学的发展趋势相吻合的，是开拓性的工作。"

董辅礽在一篇文章中回忆，"其中以华生、何家成为核心形成了一个研究集体，以此为核心还聚集了所外的一批富有才华的年轻经济学家，如张少杰、边勇壮、罗小朋等。这个研究集体不断提出具有创新性的研究成果，在国内声名鹊起。举例而言，在价格改革方面，他们提出实行价格的双轨制，作为由政府一计划定价向市场定价的过渡，这个建议为政府采纳……又如，在全国国有企业推行'承包制'的热浪中，他们提出了实行资产经营责任制……"

资产经营责任制是华生等人提出来的，在 1986 年的一篇文章中，华生等人认为，应该设立国有资产管理总局，国家对国有资产的管理集中于资产管理部门，各级资产管理部门全权负责资产的完整、增值和收益，与管人相结合，只对资产的安全性和收益率负责。华生还受国务院领导委托，亲赴若干改革试点城市，组织资产经营责任制的试点和实验。这些建议和设想，很大程度上影响了当时和后来的国企改革。

令人惋惜的是，1989 年后，宏观经济学、微观经济学、发展经济学被认为是资产阶级经济学，董辅礽一手建立的相应研究室也被撤销。华生等经济学者也纷纷离开研究所，有的下海经商，有的去国外留学。

四　博学家与专门家

在许多人眼中，董辅礽对今日经济学界的意义，不光是他的思想，也包括他的学术作风。

董辅礽在一篇文章中总结，"过去我专注于一个领域：社会再生产、国民收入和国民经济平衡问题。'文化大革命'后，由于形势需要以及我的工作岗位不容许我稳定于某个特殊领域，而要求拓宽我的研究领域，这使我违反了自己的主张，也更杂了，犯了自己不愿犯的毛病，不再长期专注于一个领域，好处是思路拓宽了。"

"对什么问题都发言，这是中国学者的最大问题。而董老师一直主张，做研究是要做专家。他劝诫年轻学者专注一个领域，不要变成万金油。"华生回忆。"一方面，他在学术上有创见，50 多岁了才遇上改革开放，要有创见很不容易，只有少数人能够做到；另一方面，他有清醒的头脑，知道自己这一辈人的历史作用和局限性。他在许多文章中和发言中说，我虽然涉猎这个领域，但了解不多，知识不多。这是非常难得的。当实践证明他有错误、有局限时，他反复说，我那观点又错了。这是我在其他知名经济学家身上很少看到的。"华生的钦佩之情溢于言表。

最近几年，董辅礽最为媒体关注的无疑是他在股市大争论中的发言。

"说实话，老一辈经济学家对资本市场都不是很懂。他们的争论并不到位，没有说到资本市场的根本症结。难得的是，董老师没有冒充权威，他承认自己不专业。而且他的直觉特别好，他认为应该像呵护婴儿一样呵护证券市场，投资者是无辜的，要保证投资者的利益。"华生评价。在 20

世纪90年代淡出理论界后，最近六年，华生一直专注中国资本市场，并最早提出股权分裂是中国股市的根本危机所在。

"中国资本市场的问题，现在看得很明白，问题出在政府那里，根本不是投资者这块。制度设计上太偏向融资者，太偏向国有企业，而对投资者是歧视的。"华生说。

五　坚守学术

"1978年提出所有制改革，无疑要冒极大的风险。这属于异端邪说，肯定会冒犯某些权威。"田源说。

文化大革命后曾与董辅礽合作多年的于光远曾这样评价董辅礽，"他在工作中和在政治生活中一贯正道直行……十一届三中全会以来，他对经济问题发表了许多看法，提出了许多主张，都是以一个正直、勇敢的科学工作者的态度，根据他所掌握的实际资料和经济科学理论，实事求是地提出的。而且只要他认为自己的意见是正确的，就不顾中伤和攻击，坚持自己的看法，从不见风使舵，不随声附和，更不在某种压力下屈服放弃自己的正确主张。"

"一代人的标志是时尚，但历史的内容不仅是服装和行话。一个时代的人们不是担起属于他们时代的变革的重负，便是在它的压力之下死于荒野。"哈罗德·罗森堡的这段话往往被用于形容年轻一代，但此刻用在董辅礽这一辈人身上，竟也是如此贴切。

8月7日，魂兮归来

国际金融报　2004－8－6　葛丰

　　77岁而辞世，对现代中国人来说称不上长寿，而更令人扼腕叹息的是，作为一名经济学家，一名中国的经济学家，其所致力的学术真正付诸实践堪堪25年。西方学者萨缪尔森在《经济学》一书中指出，"在你的整个一生中——从摇篮到坟墓以及以后——你都会碰到经济学严酷的真理。"但在中国，很长时间里情况并非如此。

　　这样的人生起伏当然不只董辅礽独有。翻开中国五千年厚重的历史，也许惟其如此，方才愈加显现真的知识分子真的价值，这就如同盖伊在《批评主义的桥梁》中所称："为了建设必须破坏……尊重不值得尊重的东西，这不是高贵的标志，而是奴隶的标志。"而鲁迅则进一步发挥说："其实他们不单是破坏，而且是扫除，是大呼猛进，将碍脚的旧轨道不论整条或碎片，一扫而空。"

　　董辅礽当得起这样的评价。早在1979年，他就在《社会主义经济规律问题》一书中写道，"在社会主义制度下，生产关系必须适应生产力状况这一规律的作用，有着自己的特征。在社会主义经济中，生产关系与生产力之间仍然是对立的统一……过去，我们从苏联学来的那种生产关系和生产力之间'完全相适'的理论，被实践证明是错误的、形而上学的。"

　　这其实已经超越"价值无涉"这一社会科学的基本价值观。作为早年留学苏联并在那个一度无比强大、几近圣殿的国家最终完成学业的主流学者，可以想像，彼时的董辅礽虽年过半百却依然为时局所激荡，挥斥方遒、激扬文字，有破有立、且破且立。如果说，善于孤芳自赏的知识分子自有斯宾诺莎般沉溺于科学的内生性、自足性的传统的话，那么，巨变之始的董辅礽则难能可贵地率先拥抱了火热的生活。

　　现在回头来看，那一代的经济学人既不幸又幸运。阴霾遮蔽过年轻的他们，变革重又给了他们施展的舞台和勇士般的光芒，而对于启蒙者，历史从来不吝于给予他们高度的评价。如恩格斯就曾称颂欧洲启蒙学派为

"伟大的人物，其本身都是非常革命的"。同样的道理，当董辅礽、吴敬琏等一辈的经济学家开创性并历史性地为发生在中国古老大地的深刻变革源源不断提供理论支持及预见的时候，在他们的身上，闪现的正是福柯所说的"哲学的气质"，而这，对于长期彷徨于"发展"还是"不发展"的中国来说尤为珍贵。

岁月荏苒，25 年倏忽而过，今天，重读董辅礽的著述，那些有的已经泛黄的纸很容易让人产生时光交错的恍惚。曾经发生过的一切确实存在过吗？董辅礽究竟算不算杰出的经济学家？在经济学已经被过分夸大乃至经济学家动辄以神父自居的今天，我们还有必要将如此多的赞美加诸逝者吗？马克思说过，"人们不能自由地选择自己的生产力——这是以往全部历史的基础"。更不要忘记，没有董辅礽等一代学人的努力，经济学在中国不过是一堆教条的拼凑，既不能算科学，更与生产力无关。

昔人已乘黄鹤去，当此天人一线之间，蓦然想起莎士比亚的诗句："人类是多么了不得的杰作！多么高贵的理性！多么伟大的力量！多么优美的仪表！多么文雅的举动！在行为上多么像一个天使！在智慧上多么像一个天神！"而其实，并非所有人都能当此赞誉。

2004 年 8 月 7 日，董辅礽的骨灰将回到北京，而作为生者，让我们静思。

为师尊者

国际金融报　2004－8－6　黄宇

除了作为一名著作等身的经济学家，董辅礽一生扮演最多的角色是老师，他前后带过50多名博士，如果不是身体的原因，曾有目标要带到80名，他的弟子中如今不乏金融及企业界的优秀人物，在这样一个特殊的时刻，他们的深情记录为我们提供了接近大师的另一种视角。怎么说呢，从更宏大的背景来看，这应该是知识分子经世济民之外的另一种责任吧，缺了这一点，似乎很难成就董先生作为传统中国知识分子的经典人格。

他恪己为人。泰康人寿董事长陈东升与夫人陆昂，都是董先生的弟子，让陆昂感念不已的除了老师对自己学术上的精进教导，还记录了董老临行前的一场谈话。已被确诊为直肠癌转肝癌，决定赴美治疗的董辅礽，在病房里不断重复的一句话就是："这可怎么办呀？还有这么多的学生，这可怎么办呀？"

在央行官员杨再平的记忆里，董老师是一位对自己学生的成长和事业倾注崇高关怀的长者。杨再平在悼文中回忆道，1993年10月从加拿大回国后不久，跟董老师说想申请到中国人民大学做经济学博士后，他当即表示支持，并很快写了推荐信，他的积极推荐让自己很快进入了中国人民大学经济学博士后流动站，成为人生事业发展的一个重大转折点。

"在我博士后即将出站时，我先请董老师推荐我去国家经贸委工作，他很认真地为我写了一封推荐信，还慎重地盖上他的私章，让我交给当时的一位经贸委常务副主任。我去经贸委工作了一段时间，觉得人民银行的工作可能更适合我，于是又请董老师推荐我去人民银行，董老师也答应了，还借一次开会的时机亲自交给戴相龙行长一封推荐信。这样我便比较顺利地进入了人民银行，开始了我所喜欢的中央银行工作。"

如此不惜笔墨的繁复记述，只为表现先生对弟子的倾力帮助与提携，似乎也为表达自己对逝去师长的百般辗转的追思情愫。

在关门弟子邢莹莹的眼里，董先生是这样令人肃然起敬的谦逊、认真和虚怀若谷。"第一次上课，是 2002 年 10 月。我和几位同门早早到了教室。到那里去坐电梯只能到八层，然后再爬一层楼梯才能到。先生来的时候提了一个袋子，我正好坐在门后，上前接，先生拒绝了，他说自己拿。坐到位置上后，他从袋子里拿出了十二本书，让我们将自己的名字写在一张纸上，然后仔仔细细地签上名送给我们新入室的三个弟子。"

类似的记述还有很多。我们惟一能说的是，在弟子们的泪光中远去的温厚长者，将以一代经济学大师的坚毅面孔站在中国经济史学的人物长廊，何其难，何其幸！

董辅礽和他的思想

国际金融报　2004 - 8 - 6　黄宇

1980 年，董辅作为发起人之一，组织了中国最早的经济发展战略研究，提出了经济发展战略转变的六个方面。

1986 年，董辅礽在一片讨伐声中，积极捍卫"温州模式"，把农村非公有制的非农产业的发展看成是改变中国二元经济结构的有效途径。

1986 年，董辅礽主张超越"梯度发展"理论，提出向西开放，加快西部发展。

1993 年，董辅礽将他的所有制理论和市场经济理论运用到证券市场，极力主张让国有股和法人股流通。明确提出培育机构投资者的主张。

1994 年，董辅礽是捍卫中国期货市场的主要学者之一。

2000 年，董辅礽提醒在西部大开发中要高度重视利益关系问题。

一　所有制改革的先驱

董辅礽是中国经济学界的先驱者，在 20 世纪 50 年代和 60 年代提出的关于再生产数量关系的数学模型，被誉为"中国经济成长论的代表"。1979 年，董辅礽第一个提出所有制改革问题，提出要实行"政企分离"和"政社分离"。

1980 年，提出改革应该包括两个不可分割的方面，即"所有制改革"和"运行机制改革"，同时还提出关于改革的财政包干制，实行分税制的建议。改革一开始，他就主张引入市场机制，主张由市场来调节经济的运行。

在 1990 年，董辅礽又提出，从国有企业的功能出发分不同类型改革国有企业的观点，非常明确地主张国有企业应该从竞争性领域退出，而在非竞争性领域和社会公益性领域保留国有企业。

1993 年，他认为社会主义市场经济就是社会公平和市场效率的结合，并指出由指令性计划经济向市场经济转变过程中，会出现调节的真空地带。他论述了市场经济的有序与无序问题，指出了市场经济有效运作的条件和不能有效运作的原因。

二 对于宏调见解独到

董辅礽对于宏观经济调控问题有独到见解。他认为，不能过多应用行政干预手段，一切措施都应从有利于市场的角度出发。比如，对于1993～1994年的宏观调控，他就提过很多意见，认为应该适可而止，不然会对经济造成过大影响——这从他1994～1996年的文章中可以看出。2001年，董辅礽提出困扰中国经济多年的通货紧缩，经过多方治理，已经在2000年开始有所缓解，经济有所回升，虽然通货紧缩尚未过去，经济回升也不稳定，但继续实施恰当的政策，经济回升的势头将会继续，通货紧缩迟早会消退。

董辅礽此后提出宏观政策重点宜转向调整结构，他认为扩张性的政策不能长期实行下去。前几年以及2001年，有效需求不足是制约经济增长的主要因素，实施扩张性的增加需求的政策是不错的，但这种政策需要有调整供给结构、增加有效供给的政策的配合，才能收到更大的效果。

董辅礽认为调整结构的必要，自然不仅仅是为了使经济走出通货紧缩的困境，而且还由于科学技术的突飞猛进产生了越来越多的新兴产业，并使传统产业的技术和产品发生巨大变化，调整产业结构，使其升级，也是适应这种形势的要求。

三 发展的角度看股市

对于证券市场，董辅礽认为，中国资本市场正处在发展阶段，因此即使存在一些问题，也应该从有利于市场改革的方向、有利于促进资本市场而不是限制资本市场的方向来解决。

2001年10月23日，中国证监会宣布暂停首次发行和增发股票时出售国有股。董辅礽表示，政府不托市的做法是对的，但是对于导致股市巨幅暴跌的政策失误，例如国有股减持具体方式，相关主管部门就应当勇于纠正偏差，而不是一味地指责市场与投资者理解有误。

此后，董辅礽又表示中国要适时建立股指、石油、粳米、棉花、白糖等新的期货品种，并允许国内企业去国际市场从事期货贸易，进行"套期保值"及"国际投机",使中国期货贸易得到更快发展。依靠发展期货市场和运用期货贸易,可以规避由于产品价格与国际直接接轨后所带来的经营风险。

2002年10月15日,在第四届高交会"金融创新与经济发展"论坛上,董辅礽再次呼吁加快创业板的建立,并认为2003年可能会推出创业板。董辅礽认为,创业板迟迟不能推出,国内民营科技的发展受到严重阻碍,一度快速发展的中国风险投资业也受到了严重打压,2002年上半年,中国的风险投资机构与2001年同期相比减少了2/3。

逝者如斯　股市何堪

国际金融报　2004－8－6　黄宇

除了作为一名著作等身的经济学家，董辅礽一生扮演最多的角色是老师。在这样一个特殊的时刻，他的弟子的深情记录为我们提供了接近大师的另一种视角。怎么说呢，从更宏大的背景来看，这应该是知识分子经世济民之外的另一种责任吧。缺了这一点，似乎很难成就董先生作为传统的中国知识分子的经典人格。

董辅礽先生的逝世在学界和业界引起了不小的震动。

20世纪80年代以来，伴随着中国改革开放以及经济建设涌现出的大批经济学人当中，能称得上"家"的不多，而能被冠之"一代经济学大师"的恐怕更少，董先生当之无愧，究起原因，恐怕还是这样一点——学养与精神。

有评论说，在新中国的每一个重要历史时期，董先生对中国每一个重大的现实经济问题，都提出了自己的独到见解，发表了具有创新意义的研究成果；更有评论说，他是当今中国经济学界既能够发挥应有的经济学专业水准，又能保持人格的独立性和公正性的少有的经济学家之一。

少壮派的著名经济学家赵晓在悼文中写到：在稀缺的时间与生命中，经济学家已经恪尽全力为社会福利的最大化做出了应有的贡献。这既是对董先生的追思、认同与敬意，也是自勉，一针见血地道出了一代经济学大师的风骨所在。对于大多数人来说，理解董先生的学术要义可能是困难的，更不可能对董先生的著述妄加评判，在这里断章取义地撷采点滴，只为表达对一位有良知和社会责任感、有勇气和正义感、有独立学术精神的知识分子的敬意。

一　呼吁股市规范

关于规范市场运作，开设二板市场，特别是国有股减持等具体问题上的论断，使他成为中国证券市场上一个不容忽视的强大声音。

究竟需要什么样的学养和精神，才可能"在新中国的每一个重要历史时期，对中国的每一个重大现实经济问题，提出自己的独到见解"？类似的问题似乎没有答案却有实证。

20世纪50、60年代，董辅礽提出关于再生产数量关系的数学模型，这被誉为"中国经济成长论的代表"；改革开放伊始，80年代，他提出中国在向东开放的同时也要"向西开放"；政企改革方面，他在经济界首先提出"政企分开、政社分开"理论；1993年，董辅礽进一步提出，改革必须以市场经济为导向，即摒弃指令性计划经济体制，建立市场经济体制。我们不能不承认，这些内容在中国现今的经济生活中，是多么耳熟能详的名词或概念。

进入21世纪，董辅礽的研究领域转向中国证券市场，这是原有课题的延伸，因为在国企改革的研究中，他日益认识到产权变革对国企改革的重要性，而产权的清晰化和流动性必须依赖一个健康强大的资本市场；但在另外一个层面，他因此为最大多数人认识和接受。他的关于规范市场运作、开设二板市场，特别是国有股减持等具体问题上的论断，使他成为中国证券市场上一个不容忽视的强大声音。

这一点，也成为经济学界不少同仁的深刻记忆。刘纪鹏日前在接受某著名网站的采访时，浓墨重彩地记叙了这一笔。在这篇名为《股市尚未转轨，大师离我而去》的悼念文章中，刘纪鹏回忆到，2001年后，围绕着国家股是按市价减持还是净资产减持的问题，以致争论不休导致股市持续低迷，监管部门痛定思痛，也开始反思。时任主席周小川提出，中国股市还是一个新兴转轨市场，在这一时期要保护投资人利益，要考虑国情。董辅礽对这一观点极为赞赏。他提出，中国的资本市场事实上是一个新兴尚未转轨的市场，在这一时期还有很多重大的历史遗留问题没有解决，例如股权分置问题、股份不能全流通的问题，所以在这一时期必须尊重国情，把保护股民的利益放在首位。

事实上，在此之前，在这个问题上，董先生经常与证券界进行交流、座谈和调研，提出应该在尊重国情的基础上，建立中国股市的基本规范。刘纪鹏说，当中国股市长期低迷，遇到巨大的困难时，董老总是能够用正确的改革方法论去引导青年人，去探索和实践。

正如刘纪鹏所说，把董老对股市的发展要尊重国情、借鉴规范、把保护股民的利益放在首位的这一一贯的思想在中国资本市场发展中体现出来，是对董先生悼念的最好方式。相信这不仅是学界的共同心声，也表达了对证券市场发展的美好愿望。

二 护航民营经济

为了解决民营企业的融资难题，他也曾是风险投资、创业板、民营银行的积极倡导者。如上文所说，董辅礽是"当今中国经济学界既能够发挥应有的经济学专业水准，又能保持人格的独立性和公正性的少有的经济学家之一"，但进而论之，一个知识分子为保持学术和人格的独立和公正，在某些时期难免招致误解和批评，相信这不难理解。

董辅礽的前瞻性和勇气使他在学界最早提出了国有企业改革的思路，与之相伴一生是他一直以来对于私有财产、民营经济的保护和发展所进行的不遗余力的摇旗呐喊，这一度被扣上冒进的帽子。当我们今天回过头看时，才恍然大悟，私有财产保护入宪等一系列的话题早已有了伏笔。

董辅礽被称为"中国私营经济的护航人"、"民营经济辩护人"，早在20世纪80年代，当"温州模式"备受排斥、压制和打击之时，董辅礽于1986年与赵人伟等人赴温州考察后发表《温州农村商品经济考察与中国农村现代化道路探索》一文，称赞温州模式为"发展农村商品经济、治穷致富"的"一条可供选择的路子"。这是经济学界最早站出来为"温州模式"辩护的论著之一。此后，他又连续撰写《温州模式与中国民营经济的发展》、《温州模式的继承与提高》等系列文章，精到地解读温州经济，对全国各地学习温州提出了独到的意见和建议。作为政协委员，他是私有财产保护入宪的积极推动者。2002年12月，他在"十六大与新世纪的中国经济"论坛上表示，没有私有财产就没有私营经济，没有私营经济的发展，就没有市场经济的发展，而公有制经济是不可能建立市场经济的。保护私有财产就要承认其合法的劳动收入。同时，对合法的非劳动收入也要保护，包括劳动、资本、技术、管理，均应按照其贡献参与程度分配所得。自股份公司这样的所有制形式出现以来，社会财富逐渐公众化、社会化。

除了挑战观念上和理论上的障碍，董辅礽利用各种机会为私营经济在中国的发展推波助澜。他曾就放宽民间资本进入市场领域的问题进行表述，认为除了国家需要垄断的产业外，民间资本都可以进入，而市场准入程度的提高，有利于民营企业的发展。

为了解决民营企业的融资难题，他也曾是风险投资、创业板、民营银行的积极倡导者，认为这三者对解决民企、特别是民营科技企业融资难题意义重大，其中创业板更起到"点睛"的作用。2002年深圳高交会期间，董辅礽呼吁设立创业板，认为创业板的风险是可以控制的，如果以解决主板问题为前提，创业板的推出就会遥遥无期。他指出，创业板迟迟不开的危害很大，已经致使许多优秀的民企上市资源流到国外，也严重地压制了国内创业热潮。

如今，中小企业板已登场，应该与呼吁尊重中国国情发展资本市场的董先生的理念并不相悖，而民营银行正成为下一个热议或试点的话题。

董辅礽：远去的拓荒者

瞭望东方周刊　2004－8－12　肖山

很少有这种情形：一个人去世后，国际互联网知名网站不约而同地为其设立灵堂，而董辅礽享受了这种待遇。给了他这种待遇的，不是别人，正是他生前孜孜以求保护的对象——广大普通的公民和弱小投资者。

北京时间 2004 年 7 月 30 日，被誉为中国"一代经济学大师"的董辅礽，在远离祖国的大洋彼岸离开了人世。

一　经济制度改革的拓荒者

有媒体称，作为多届全国人大常委、财经委员会副主委、全国政协委员、经济委员会副主任，董老被认为属于少数能够影响中国政府重大决策的经济学学者之一。

1927 年出生于浙江宁波的董辅礽，19 岁时入武汉大学经济系，1950 年毕业。1953 年赴苏联学习，1957 年获苏联莫斯科国立经济学院硕士、副博士学位后回国，历任武汉大学讲师，中科院经济研究所研究员，中国社科院经济研究所所长，中国社科院研究生院副院长，中国社科院经济研究所名誉所长，同时为北京大学、武汉大学和中国社会科学院教授、博士生导师。

早在 20 世纪 50 年代和 60 年代，董老便提出了关于再生产数量关系的数字模型，被誉为"中国经济成长论的代表"。

事实上，从 20 世纪 60 年代的那个数字模型，到 70 年代的"政企分离"改革思路，80 年代的所有制改革主张，董辅礽几乎每隔十年就提出的一个大胆建议，在当时的中国社会曾经受到过广泛的质疑甚至批判。

2001 年 3 月初，"三农"问题正被热烈讨论，董辅礽建议"让农村的土地流动起来"。认为应当让农村的土地流动起来，农民个人享有土地经营权的同时，对土地有转让、入股、抵押的权利。

在有关国有股减持的问题上，董辅礽坚决主张维护中小投资者的利益。他认为，国有股减持最好让利给中国广大的中小投资者，切实维护中小投资者的利益。

为了促成"私产入宪"，董辅礽也曾经呼吁不止。

一位经济学人评价董辅礽自中国改革开放以来的表现，称，"几乎在中国经济体制改革的每一个关键步骤前夜，他都提出了大胆而独到的见解，尽管这些见解以当时的环境来看还带有相当大的政治风险，但是他都敢讲真话。董辅礽以他对中国经济发展孜孜不倦的追求，成为了中国经济学人队伍中的政策拓荒者"。

二 就医不忘遗惠他人

《瞭望东方周刊》记者辗转看到一份董辅礽于 2003 年下半年至逝世前在美国就医的日记，那是他人生最后阶段留给世人的一份珍贵资料。在这些日记中，董辅礽不仅记录了作为一个癌症患者就医的经历和体验，更从经验的角度为后人提供了一些教训。

2003 年夏初，董辅礽携妻前往美国。他的日记记载，正是在美国的这 5 个月生活，可能耽误了对身体的例行检查，以至于发现癌细胞转移为时已晚。

董辅礽此前一向身体状况良好，"平时连感冒也很少，有点不舒服，自己吃点药就过去了"。住在北京，即便是冬天，董辅礽也只在衬衣外加一件单夹克或西服，下身仍只一条单裤，他戏称这是用"冷空气浴"锻炼身体。

董辅礽预测自己"最可能致命的病是心脑血管病"，因此把关注重点放在心脑血管病上。2003 年 9 月从美国回到北京后即去医院检查，结果发现肝脏异常。到 10 月 8 日确诊为肝癌。后来又发现了直肠癌。这个时候，董辅礽才意识到自己以前对大便出血的忽视。他在日记中写道："我很后悔，在发现大便出血时，没有去看医生。但后悔已没有用了。"

董辅礽分析总结了这个问题，在日记中提出了经验教训："人们往往要到得病时才注意健康，注意锻炼，注意改变不良的生活习惯和工作习惯；不要忽视小病并即时治疗，否则就可能导致大病。"董辅礽记载，在美国，鉴于 50 岁以上人直肠癌的发病率高，不久前决定 50 岁以上的人体检时必须做直肠镜检查。

看到这些用生命换来的教训，一位记者深有感慨地说："中国知识分子现在的身体状况堪忧，董辅礽在他生命的最后一刻都不忘为后人留下有用的经验。"

董辅礽的女儿和女婿都是美国杜克大学教授，并各自领导着一个实验室。一开始，董辅礽并未打算去美国治病，但凑巧的是，曾在董的女婿的实验室工作过的一位医生正是杜克大学综合癌症中心的一个临床试验小组成员，这个小组正在临床试验一种治直肠癌的新药，并取得了很大成功。鉴于此，董辅礽的女儿和女婿极力要他到美国治疗，而该小组在初步了解了他的病情后，也愿意接受他参加第三期临床试验。

董辅礽在日记中记载，在这所医院，见医生的费用，第一次为221美元，以后每两星期见一次，每次168美元；有一种口服药必须每周服5天，每天的费用为110美元；每两周做一次化疗，费用为5965.65美元，其中仅一种化疗药，药费即为4868.4美元；每两月做一次CT，三个部位，仅照射费，需3261美元。

不过，在得知老师的病情后，董辅礽的一些学生在几天内就纷纷解囊成立了供其治病的基金。医院后来也表示，第三期临床试验免费。在美国治疗两星期后，医院又主动替董老向有关的医药公司申请另两种药的免费，为他省去了每月近1.4万美元。

董辅礽在日记中详细记载了医疗经过，那里主要用化疗的办法来治疗转移了的直肠癌，而不是首先动手术。这和国内医生的治疗思路不同。董辅礽还记载，美国的医疗中更体现着人性化的精神。在治疗期间，病人都住在家里，除非必须，是不住院的。这种措施是为了帮病人省去高昂的住院费用，更重要的是让病人生活在家庭的氛围中，与家人团聚在一起。这样，不仅能得到家人的关怀，而且使自己尽可能地过正常人的生活。

日记记录，在董辅礽赴美治病期间，温家宝总理批示："请宋宁同志代我向董老问候，祝他早日康复。"

董辅礽为什么令人感慨？
中国股市十万个为什么

中华工商时报　2004－8－23　水皮杂谈

2004 年 7 月 30 日，著名经济学家董辅礽先生在大洋彼岸的美国因病去世，终年 77 岁。和半个月前同样在澳大利亚英年早逝的杨小凯相比，董辅礽先生辞世引起的关注令水皮感慨再三。

据出席董先生遗体告别的报社同仁相告，8 月 12 日冒雨前去八宝山为董先生送行的人中既有经济学界的大腕，也有像他那样的社会活动家，年龄最大的已经 90 有余，围绕董先生学术思想为主题的追思会，北京学界甚至中华全国工商业联合会这样董老生前担任学术顾问的单位已经举行过多场，中国改革基金会和中国社会科学院经济所依然在现场为如何为即将召开的研讨会如何冠名而相持不下。更有人统计，网上的"董辅礽纪念馆"已经有近 9000 人浏览，献花、上香、点烛等纪念留言的已经达 16 页之多。

一位前辈级的经济学家的去世何以会引起圈内圈外如此大的反应，又何以会引来社会公众如此大的关注？一般的人不清楚，但是中国股市的投资者心中却明白。事实上，绝大多数知道董先生尊姓大名的都始自三年前那场有关"中国股市何去何从"的大辩论。

2001 年 2 月 11 日，是阳历春节前的一个星期天，北京的五位经济学家厉以宁、董辅礽、萧灼基、吴晓求、韩志国突然联袂举行"经济学家和媒体恳谈会"，对另一位著名经济学家，不久前刚当选中央电视台经济半小时年度人物的吴敬琏先生提出质疑。为什么？用五位学者的话讲，中国市场即将出现大转折，在这种"危急"时刻，希望通过讨论和辩论，扩大共识，从而达到有利于资本市场正常发展的目的。水皮杂谈当时发表"我们到底在担心什么"一文，分析这场辩论的性质："梦之队和吴敬琏起急相当一部分业内媒体对此的关注是和今年股市面临的大环境息息相关的，这或许能解释为什么吴先生发表在年前的观点，令在年后引起这么大的反响，而事实上，有关'赌场论'、'全民炒股'也并不是吴敬琏的什么新思想，而是一贯的判断，问题就在于具有'政策市'特征的中国股市在2001年迎来了第一个监管年。不但管理层、而且决策层对股市的取向和判断较之'5·19'以来发生了微妙的变化，所有参与者都明显感受到了这种压力。而如何让市场平稳地接受'软着陆'是很现实的问题，他们真的害怕吴敬琏此时此刻的此种说辞起到的不是雪中送炭的作用，而是火上浇油，彻底摧毁这个市场。"在此后发表的"吴敬琏只是出气筒"中，水皮更是直接指出，五位学者实际不是和吴敬琏过不去，而是想影响管理层的决策。

谁都知道经济学是显学，谁都知道学而优则仕，经世致用一直是经济学家追求的最终极目标，转型时期的中国经济学家对政府决策的影响力之大是外界不可想像的，尤其是对股市这样谁都没有治理经验的新兴市场。如果说"5·19"行情的诞生有着以萧灼基为代表的经济学家的强大影响，那么始自2001年的暴跌就有吴敬琏为代表的另类经济学家的挤泡沫的烙印。因此，经济学家之间的论争与其说是对真理的追求，不如说是对政策话语权的争夺。

董辅礽先生是如何卷入了这场风波的，至今是个谜。水皮和不止一位董先生的弟子讨论过这个问题，弟子们都苦笑回避。他们苦笑的原因之一是为导师而不平。因为参与恳谈的五位虽然都举着经济学家身份，但是名望和层次都相差巨大，不在一个档次。苦笑的原因之二是董先生的言论有些冒失，比如中国股市市盈率60倍并不高这样的论断。苦笑的原因之三是质疑的是刚刚以"经济学家良心"代表当选年度经济人物的吴敬琏，"两脚站在人民中间，嘴巴对准领袖耳朵"的散户代言人。结果是可想而知的，吴敬琏的反击轻而易举就粉碎了对他的攻击，吴敬琏在《财经界》撰文，提出两个观点，一是"中国改革要警惕落入'权贵资本主义泥坑'，二是要'警惕既得利益集团的代言人'"。在此后召开的两会上，吴敬琏春风得意的召开"什么问题都可以问"的私人新闻发布会，而同样出席政协会议的董辅礽先生则选择了沉默，他说"我不懂证券市场，没有什么可说"。

现在已经很难说清当年的中国股市大辩论和此后的崩盘式暴跌谁是因谁是果，以中国经济学家的敏感，水皮只能把所谓的质疑看成是一种抵抗，对于今天低迷市况的一种抵抗。2001年2月12日，上证指数是1961点，三年后的2004年7月30日，上证指数是1386点。这显然是一场没有赢家的大辩论，吴敬琏背上了一个唱空中国股市的骂名，董辅礽落下了一个60倍市盈率的话柄。最叫人为董辅礽先生感到不值的是，当年和他一起质疑吴敬琏的人，当年危言耸听中国股市到了最危急时刻的人，现在却一反常态在拼命诋毁中国股市的价值，拼命鼓吹全流通以推倒中国股市，和当年的慷慨激昂形成鲜明的对照，而董先生却一直在写"守身为大"这篇人生的大文章，一直在鼓吹资本市场的价值。"有人说我是代表既得利益集团的、说我有什么利益在股市，想封我的口，他们封不住的，我还是要说，证券市场能够创造价值。"和董先生相比，有人应该为自己的所作所为感到羞耻。

水皮无缘结识董先生，但是编辑过董先生的文字，从董先生的亲历所为来看，他是一个恭谦的人；同为经济学家的辜胜阻先生早在1989年就和董先生共同出席国际学术会议，从辜先生的纪念文章中可以看出董先生还是个刚正不阿、具有强烈人格魅力的人。有人在网上议论董先生的学术地位，他们不明白早在1978年董先生就提出了社会主义所有制改革的问题，颠覆了传统社会主义公有制的理论；他们更不明白早在1986年，董先生就站出来肯定温州模式，这不仅需要石破天惊的理论勇气，还需要超常的胆略；当然，他们更不清楚改革开放之初，董先生在政府部门享有的首席官方经济学家的荣耀和地位。

从来就不存在绝对意义上的经济学家，经济学家或自觉或不自觉为特定利益集团代言并不是什么见不得人的事情，董辅礽是这样，吴敬琏也是这样；经济学家要学以致用，影响决策更是再正常不过的事情，没有遮遮掩掩、欲盖弥彰的必要，关键是要守身，守住自己的节操，言行一致，以德服人。

君子喻以理，小人喻以利。在理利之间，在君子和小人之间，董辅礽先生身后的事实证明，他是一个君子而不是小人。

董辅礽：智囊型知识分子

北京青年报　2004－8－9　吴志菲

2004 年 8 月 7 日下午 3 点，一代经济学大师董辅礽先生的骨灰从大洋彼岸回到祖国。

北京时间 7 月 30 日下午 3 时许，中国当代最著名的经济学家之一董辅礽先生因患癌症医治无效在美国杜克大学医疗中心去世，享年 77 岁。

在互联网上，除怀念和痛惜失去著名经济学家董辅礽先生的文字外，还出现了针锋相对的两种观点。正方认为，董辅礽先生是中国改革开放和市场经济的理论先驱和良知，他为推动中国经济改革与经济发展做出过重大的开拓性的贡献；反方则认为，董辅礽先生是典型的官方经济学家，缺少对现有经济体系的批判，倾向于维护曾经发挥过作用的制度，态度保守，其思想有维护既得利益者的嫌疑。一位学者在接受采访时说，董辅礽的理论魅力在于其切入国家制度发展的影响力和解释力，尽管也容易因这种影响牵涉利益而引来毁誉，容易在网络等公共论坛带来多音喧哗。

经济学家赵晓说，人若无死，时间便不稀缺。时间若不稀缺，则一切丰盛有余，经济学也就不会出现。所欣慰者，在稀缺的时间与生命中，经济学家已经恪尽全力为社会福利的最大化做出了应有的贡献。而先生就是其中的佼佼者，他年老思想却时新时锐。

经济学家韩志国说，先生一生辛勤耕耘，硕果累累，著作等身，从方法论上说就是三句话："甘于坐冷板、肯于坐硬板和善于坐热板。"三条"板"后面蕴含着三股气：一生正气、一身骨气、一股锐气。

经济学家樊纲说，董辅礽老师走了，带着他还没有写完的经济论著，带着他对中国经济改革与发展的时时关切。

1978 年 9 月，在中科院的哲学社会科学规划会上，董辅礽提出了有关经济体制改革的"两个分离"，即改革国家所有制，实现政企分离；改革人民公社所有制，实现政社分离。这番"离经叛道"的陈词震惊了当时几乎所有在场的人。在以预见能力为一大成就指标的经济学界，这种大胆和对中国经济发展的判断，无疑也奠定了董辅礽此后在以改革为业的中国经济学界的重要地位。

20世纪80年代以来，伴随着中国改革开放以及经济建设涌现出的大批经济学人当中，能称得上"家"的不多，而能被冠之"一代经济学大师"的恐怕更少。

一 孙冶方点将步入中国的"智囊团"

1950年，董辅礽从武汉大学经济系毕业，留校任经济系助教。其实，当时的董辅礽对自己留在学校任教感到不是很痛快，他非常羡慕同学们都天南海北地去实干，"当时留校工作实在非我所愿。但组织的这一决定确定了我的一生必须定在经济学的道路上"。

熟悉董辅礽的人都知道，他有一个能在嘈乱的环境中看书写作的本领。在家中无论孩子多吵，家人看电视的声音多大，他都能从容地做自己的事。火车上、飞机上，也常常成了他办公的好地方。

深究起来，董辅礽的这个本领还是在苏联留学时锻炼出来的。1953年秋，董辅礽被保送赴苏联国立莫斯科经济学院读研究生。当时，为了给学生提供休息、聊天的场所，宿舍管理员在宿舍楼的拐角处摆放了桌椅。每天从学校下课回宿舍，他都要赶紧去占这些座位，继续学习。走廊里人来人往，时间一长，他就能对那些与己无关的纷扰做到无视罔闻了。四年后，董辅礽取得了副博士学位告别莫斯科回国。1959年，他将留苏学位论文中的前半部分整理成一本名为《苏联国民收入动态分析》的专著，由湖北人民出版社出版。这是他第一本公开发表的经济学著作。

在董辅礽的经济学道路上，中国老一辈著名经济学家孙冶方对他的赏识和提携功不可没。1956年夏，时任国家统计局副局长的孙冶方率统计工作考察团到苏联考察，临时向中国驻苏使馆提出需配备俄语过关、专业对口的翻译。于是，才华出众的董辅礽被挑中了。他出色的翻译水平、谦逊的为人给孙冶方留下了很好的印象。孙冶方离开苏联时，对董辅礽说，我看到了未来中国经济的希望，因为有你们。

1959年2月，孙冶方点名将已回国的董辅礽从武汉大学调到中国科学院经济研究所工作，成为专业的经济理论研究工作者。然而，也正因与孙冶方走得近，董辅礽在政治运动中首当其冲成为挨批斗的"老运动队员"。1964年，孙冶方被戴上一顶"中国经济学界最大的修正主义者"的帽子遭到批判，作为孙冶方的得意弟子之一，又是留苏学生，董辅礽被称为孙冶方的"八大员"干将之一,陷入了政治运动的漩涡之中。从 1964～1976年的时间里,董辅礽挣扎在政治运动的泥淖中,远离了经济学研究,但这不幸的 12 年恰恰为董辅礽补上了对实践认识的一课。当他以"流放者"的身份参与了社会底层的实践时,那些令他吃惊甚至难以想像的弊端毫无掩饰地暴露在他眼皮底下。

二 中国"经济成长论"的代表

众所周知,董辅礽是一个坚定的改革推动者,由于他很早就开始主张引入市场机制,主张由市场调节经济运行,所以社会上有称他为"董机制"的说法。日本学者山名正孝著文称董辅礽是"中国'经济成长论'的代表",从此,这个称呼就在国内外逐渐传播开来。

使董辅礽名扬海内外的再生产理论包括相互关联的三个部分,即再生产模式、国民经济平衡理论、国民收入理论。尤其以他名字命名的"董氏再生产模型"最为著名。

1978 年 7 月,董辅礽在《光明日报》发表《不能用小生产的方法管理社会主义大生产》一文,以一个马克思主义经济学家的理论勇气,在全国首先提出"经济体制改革的实质是改革全民所有制的国家所有制形式"的精辟论点。同年 9 月,董辅礽在全国哲学社会科学规划会议上作报告,大胆发出改革国家所有制的"政企分开"和改革人民公社所有制的"政社分开"的历史性呐喊。1983 年 9 月,董辅礽写就《价值规律与经济体制改革问题》一文,首先提出了"社会主义经济运行机制的调节、杠杆和核心"等作为经济体制改革理论基础的根本性观点。

1985 年,董辅礽在英国牛津大学做访问学者时,他与波兰经济学家布鲁斯就什么是社会主义经济的问题交谈了半天,在交谈中他们形成了一些共同看法,即社会主义经济是以多种公有制为主导的多种所有制结构的混合经济。此后,董辅礽又以此为基础拓展出一系列的新颖思想,如他提出以多种公有制为主导、多种所有制共同发展的所有制结构是建立社会主义市场经济体制的前提条件,揭示非公有制经济是社会主义经济的不可分割的有机组成部分,在这样的所有制结构的基础上才会有社会主义市场经济。

1997 年,党的十五大报告正式提出,社会主义的非公有制经济是社会主义经济的重要组成部分。1999 年,全国人大二次会议上,非公有制经济作为社会主义经济的重要组成部分,又被写进了《宪法》。

国有企业改革是董辅礽的所有制改革内容理论中的一个部分，他认为要从国有企业的功能出发分不同类型改革国有企业。而他最大的担忧，就是国有企业面临的形势很紧迫，时间拖得越长，困难越大，损失也越大，如思路不当，可能会拖延改革的进程。

1992年，党的十四大集中了董辅礽等一大批经济学家的正确意见，确定把建立社会主义市场经济体制作为中国经济体制改革的目标。"社会主义市场经济"是一个崭新概念，这究竟是怎样的一种经济体制？董辅礽主张重新认识社会主义，指出社会公平和市场效率的结合才是社会主义市场经济。在他看来，社会公平是社会主义的本质、效率，特别是资源配置的效率，则是市场经济的最基本的特征。

三 从小就知道关心国家大事

在人们的印象里，一般在学术上扎得很深的人往往与政治"绝缘"，就是人们平时所谓的"两耳不闻窗外事，一心只读圣贤书"。但是董辅礽从小就知道关心国家大事，读大学时成为共产党的地下工作者，并在解放前夕光荣地加入了中国共产党。

董辅礽出生在浙江省宁波市一个普通职员家庭，从小所受的教育来自父母的言传身教。父亲董浚敏喜爱读书，家里的藏书很多。于是，董辅礽很早就开始识字，爱读书也成了他的终身习惯。10岁那年，抗日战争爆发，时局动荡不安。董家也随着长长的逃难队伍，西迁来到重庆。

国破山河碎的民族危机感令当时只是中学生的董辅礽过早地学会沉思，并关心时局。有一次放学回家，他恳求父母给他订一份《新华日报》，父亲说那是大人看的报纸，小孩看不懂。董辅礽反驳说，关心抗战怎可分大人小孩。父亲无言以对，便为他订了报纸。于是，董辅礽每天放学后的最大兴趣就是阅读报纸，科学救国的强国志愿也就慢慢地潜移默化地扎根到他的心中。

抗日战争胜利后，董辅礽的父母带着家小在武汉安了家。1946年，董辅礽考取了武汉大学的法学院经济系。武汉大学可以说是当时中国第一流的大学，而法学院经济系更是招揽了如张培刚、杨端六、刘秉麟等当时国内知名的经济学家的地方，他们中的一些人刚从国外回来，把当时国际先进的经济学理论带给了武汉大学的学生。董辅礽是一个精力充沛、求知欲强的人，进入大学后，他不仅学经济系的全部课程，还挤时间跑到其他系去听课，世界通史、中国通史、欧美文学、日语、法语……什么他都听，只要自己感兴趣。那时他看了好多英文原版的书籍，英文底子非常深厚，后来一连几十年都没再使用英文，但他到了60岁的时候再看英文书居然还能将英文水平恢复起来。董辅礽自己也常说，他在大学一年级时确实是学了些东西。

在班上，董辅礽是年龄最小的同学之一，但他善于发现问题，说明问题也很尖刻。在班上的壁报里，他曾贴出一篇论述国民党统治区通货膨胀的文章，如今虽已查不清那篇文章的标题和具体内容，但那确是他利用所学经济学知识针砭时弊的第一篇经济学文章。

董辅礽在武汉解放前夕加入了中国共产党。那时，他还不满22岁。1950年，董辅礽被选为武汉大学学生自治会主席，并以学生代表的资格成为武汉大学校务委员会委员。这期间，他作为中共党员、学生领袖，积极发动和组织广大同学参加抗美援朝、土地改革、民主改革、镇压反革命等一系列重大运动。

四 一个名副其实的"科学之家"

在著作中，董辅礽总会对妻子的支持表示感谢，尽管多是寥寥数笔，却表达了他的一往情深。

董辅礽与刘蔼年是武汉大学的校友，相识相恋在美丽的武大校园，经过7载相恋于1957年8月1日缔结百年之好。刘蔼年是一位地地道道的武汉姑娘，文静大方，18岁考入武汉大学医学院。毕业后，刘蔼年先在武汉中南同济医学院第一附属医院眼科当医师，同时以助教身份从事医学教学，不久又被调到中南同济医学院第二附属医院协助组建眼科。

留学苏联四年期间，董辅礽身边的好些中国留学生在苏联结交了女朋友，有的还缔结了跨国婚姻，但是，他在给恋人刘蔼年的第一封信时就许下誓言：此生惟此一人，相知相守。

1958年，董辅礽调动工作北上，那时，他和妻子成家还不到一年。对于这对聚少离多的夫妻来说，鸿雁传书的日子又要开始了。次年，女儿董欣年出生，可董辅礽第一次见到女儿已经是孩子出生几个月之后了。1961年底，在孙冶方的鼎力相助下，刘蔼年调到了北京同仁医院工作，董辅礽一家便在北京扎下了根。几年后，儿子董欣中出生，给董辅礽夫妇带来更多的生活欢乐。

后来，董辅礽成了名扬海内外的经济学学者，夫人刘蔼年在专业学术上取得的成就也不同凡响，她在国内第一个开展眼莱姆病的研究和治疗，两次受哈佛大学邀请前往访问和交流，并获得国家发明奖和众多其他奖励。

在名声显赫的董辅礽夫妇眼中，一双儿女才是他们这一生最大的骄傲。女儿和儿子先后考入父母的母校武汉大学，学习生物学。如今，女儿已经在美国著名的杜克大学领导一个实验室，被聘为终身教授，在生物学领域做出了不凡的成绩。儿子在美国加州大学洛杉矶分校获博士学位，现在也在美国从事研究工作。

董辅礽的家庭是一个名副其实的"科学之家"，他们夫妇也喜欢爱学习、上进的年轻人。董辅礽家里曾雇了一个安徽小保姆，是个高中毕业生，这个小姑娘平时不干活时就喜欢看书。董辅礽夫妇看在眼里，记在心里，一遇到机会便将她介绍去上学。这个小姑娘发奋读书，考上了大学，这让热心助学的董辅礽夫妇非常欣慰。

董辅礽对妻子的珍爱是由衷的，如果刘蔼年工作忙，董辅礽便主动在时间上和条件上为她让路，全力支持她的工作。也许人们不会想到，作为一个大名鼎鼎的经济学家，董辅礽在家里买菜、做饭，什么家务活都能拿得下来。

五　走在学术研究与参政议政之间

在经济研究所，董辅礽担任过经济所业务行政小组组长和副所长，1985 年 6 月又被任命为中国社会科学院经济研究所所长。经济研究所是一个老资格的研究机构，蔡元培先生曾兼任过所长。到任后，董辅礽首先对经济研究所进行了大刀阔斧的改革，按照市场经济的分类方法重新设计各个科室的功能，还不拘一格起用一大批有能力的年轻研究人员。

1988 年，董辅礽离开了经济研究所所长的岗位，此后连续当选为第七届和第八届全国人民代表大会代表、全国人大常务委员会委员、全国人大财经委员会副主任、委员，1998 年他又转任第九届全国政协经济委员会副主任。从 1988～1998 年，特别是担任第八届全国人大财经委员会副主任、委员期间，他参与了多部经济法律法规的立法工作，如他亲自主持起草了《期货交易法》，还参与《证券法》的制订并负责该法的修改。这段工作期间，他对经济立法问题有了更深的了解和独特的看法，写了一些经济立法和执法的文章。

在他看来，经济学家应该有经世济民的社会责任感，以研究推进"民富国强"，加快建立现代化的、公平而又富有效率的、富裕而又和谐的社会。他曾说，我作为一个经济学家可能说得不对，但却不能没有社会责任感。如果迎合权势，那就背弃了自己的社会责任。

董辅礽的勤奋是有口皆碑的，他每天晚上都是工作到 12 点钟以后才睡觉，早晨 6 点多钟起床。就算是平时坐飞机只有一两个小时的航程，董辅礽也要抓紧这点时间写点东西。一次，他去丹麦哥本哈根参加联合国世界发展高峰会，一上飞机就开始写文章，到哥本哈根下飞机前刚好写完，整整写了一万字。还有一次去奥地利，每天不断地参观、访问，一回到旅馆他就不断地写。15 天的行程，他写了 12 篇文章。他经常对人说，不管个人能力大小，勤于耕耘，善于耕耘，总会有收获的。

董辅礽为推动中国改革所做出的贡献也赢得了国际尊重。1988 年法国政府授予董辅礽"军官级教育勋章"，法国驻华大使亲手为他佩戴勋章。法国政府的表彰信中写着"……您以慎重的态度为改革打下了基础，致使改革必将载入中国当代史册……"

六　董辅礽档案

董辅礽，著名经济学家，有"董机制"之称。1927 年 7 月出生于浙江宁波，1950 年毕业于武汉大学经济系。历任武汉大学经济系助教、讲师，中国科学院经济研究所国民经济平衡组副组长、业务行政领导小组组长，中国社会科学院经济研究所副所长、所长，中国社会科学院研究生院副院长；出任过国家环境保护局顾问、国务院环境保护委员会顾问、全国政协经济委员会副主任、全国人大财经委副主任等；生前为中国社会科学院经济研究所名誉所长、教授、博士生导师。

七　董辅礽主要作品

《经济体制改革研究》（上、下卷），经济科学出版社，1995；
《经济发展研究》（上、下卷），经济科学出版社，1997；
《论社会主义市场经济》，湖北人民出版社，1998；
《苏联国民收入动态分析》，湖北人民出版社，1959；
《社会主义再生产和国民收入问题》，三联书店出版，人民出版社再版，1980；
《经济发展战略研究》，经济科学出版社，1988；
《市场经济漫笔》，广西人民出版社，1999；

《走向市场化的中国经济》，经济科学出版社，2001；

《用辩证眼光看市场经济》，生活·读书·新知三联书店出版社，2002；

《在争论中发展的中国证券市场和期货市场》，武汉大学出版社，2002。

八　董辅礽和他的思想

20世纪50、60年代，董辅礽提出关于再生产数量关系的数学模型，这被誉为"中国经济成长论的代表"。

1978年提出"政企分开、政社分开"理论。

1980年，董辅礽作为发起人之一，组织了中国最早的经济发展战略研究，提出了经济发展战略转变的六个方面。

1985年的"董氏八宝饭理论"，提出社会主义经济是以公有制为主导的多种所有制的混合经济，非公有制经济是社会主义经济的不可分割的有机组成部分。

1986年，董辅礽在一片讨伐声中，积极捍卫"温州模式"，把农村非公有制的非农产业的发展看成是改变中国二元经济结构的有效途径。

1993年，提出改革必须以市场经济为导向，即摒弃指令性计划经济体制，建立市场经济体制。

1993年，董辅礽将他的所有制理论和市场经济理论运用到证券市场，极力主张让国有股和法人股流通。明确提出培育机构投资者的主张。

1994年，董辅礽是捍卫中国期货市场的主要学者之一。

1997年提出公有制实现形式理论，分为共同所有制和公众所有制。

进入21世纪，董辅礽的研究领域转向中国证券市场，他的关于规范市场运作，开设二板市场，特别是国有股减持等具体问题上的论断，使他成为中国证券市场上一个不容忽视的强大声音。为了解决民营企业的融资难题，他也曾是风险投资、创业板、民营银行的积极倡导者。

会做学问，更懂得做人

—— 至爱亲朋追忆著名经济学家董辅礽先生

环球时报·生命周刊　　向莉

编者按：2004 年 7 月 30 日下午 3 时零 3 分，中国著名经济学家董辅礽先生因病医治无效在美国去世，享年 77 岁。董老生前很喜欢看《环球时报》，对本报的工作也给予了很多的支持。在他生命的最后一年里，他写的绝大部分文章，都给了《环球时报》。董老赴美就医后，还为《环球时报·生命周刊》写了长达 5000 多字的《我去美国治肠癌》。为纪念这位勇敢的老人，本报特编发此文，以表敬意，愿董辅礽先生安息。

8 月 12 日晚 8 时至 11 时，董辅礽先生烛光追思会在北京举行。参加追思会的有董老的家属、亲友、弟子以及多位经济学家。董老的生前好友、著名经济学家萧灼基以及魏杰、韩志国、巴曙松、徐滇庆和吴晓求等人都来到了会场。89 岁高龄的老一辈经济学家于光远也派秘书送来了追忆文章。

当哀乐响起；当与董老相濡以沫 55 年的刘蔼年女士走到遗像前，轻轻抚摩丈夫的面庞；当刘蔼年女士点燃心形花环中的第一根蜡烛；当记者为董老燃起第 75 根蜡烛；当象征生命之光的 77 根蜡烛全部燃起的时候，记者的眼泪一次又一次地流了下来……在至爱亲朋的讲述中，在学生弟子的追思里，一个思想超前、敢于坚持真理的经济学大师，一个慈爱而又亲切的老人再度浮现在记者面前。

一　在同行和朋友眼里，他是一位
卓有成就的经济学家

在追忆董老的文章中，于光远先生写道："我们既是同行，也是同一个战壕里的战友，更是无话不谈的好朋友。"2003 年 10 月，董老住进协和医院后，于老曾看望过他。虽然那时董老讲过一些自己的事情，但是直到看了《环球时报·生命周刊》，于老才了解到老朋友患病的详情。于老写道："有些事我是看过老董的文章后才清楚的。老董总是严于责备自己，没有去责备医院，这是他的厚道之处……作为我国一位卓有成就的经济学家，无论做人还是做问，老董都堪称楷模，值得传下去的东西很多。"

萧灼基先生说，他与董老相识已久，近年来交往更多。从生活的角度来讲，他们是好朋友，董老对他有很多的帮助；从做学问的角度来讲，他们是师生，董老更给了他巨大的支持和爱护。"有一次我跟董老说，我的文章是白开水，没什么味道。董老听后笑着说，白开水好啊，不喝酒的人有，不喝茶、不喝可乐的人也有，但没有人不喝白开水的人，白开水谁都能接受。董老还说，他的文章也是白开水，谁能离开白开水呢？我听后深受鼓舞。"

二　在妻子心中，他是亲爱的挚友；在孩子眼里，他是完美的父亲

董老的夫人刘蔼年是中国知名的眼科教授，她和董老都毕业于武汉大学，提起丈夫，刘蔼年女士深情地回忆说："去学校报到的第一天，我就认识了董辅礽先生。"在他们55年的共同生活中，有说不尽的事情。董老过70岁生日的时候，他们就盼望能一起庆贺董老80岁生日。"可是在77岁的时候，他却离开了我们，这使我的心碎了。"

董老是学社会科学的，刘蔼年女士是学自然科学的，但他们对彼此的专业并不陌生。刘蔼年女士说，董老很多文章都是在飞机上写的，当时她就坐在旁边。董老写完一页，她就读一页，"我对他的思想是了解的"。而董老经常说的一句话就是"像一个眼科医生一样"。

想起携手走过的岁月，刘蔼年女士说："他是我最亲爱的丈夫。我们夫妻的感情不是一个结合，而是一个融合。我们两个人融合在一起，永远不能分离。他是我的老师，也是我的朋友、挚友。我从他身上学到很多东西。他给我力量，经常在我遇到困难、感到胆怯的时候给我力量……他知道我怕冷，就经常用他温暖的身体给我驱寒。现在失去了他，我就像倒了一棵大树，掉进了一个冰窟里。"

董老有一双儿女。女儿董欣年、女婿王小凡都是美国杜克大学的终身教授，王小凡更是癌症研究的专家。儿子董欣中、儿媳齐晓静也在美国工作，均学有所成。

董欣年说，小时候，妈妈工作忙，她跟爸爸在一起的时间最多。"爸

爸喜欢童话，在他结婚的时候，就送了妈妈一本《安徒生童话全集》。晚上睡觉时，妈妈常拿这本书给我们讲，爸爸有时也讲，经常讲得哈哈大笑。"文化大革命的时候，学校都关门了，董欣年说，她当时也不太想学习，成天跟爸爸吵架。"我爸爸告诉我，你即使做农民，也要有知识和文化。"

董欣中出生时，董老已经41岁了，所以他对儿子格外疼爱。董欣中说："父亲是一个完美的人：在事业上，他非常成功，是我们的楷模；在家庭里，他是一个完美的父亲，对我们的照顾是无微不至的，奉献是毫无保留的。"董老去世前留下的一句话，让董欣中久久不能忘怀："中儿，不要怕，要去闯，一切顺利。"

三 在学生眼里，他是宽厚的、慈爱的师长

董老一生带过很多学生，有些弟子已很有成就，在政府部门、金融领域以及 IT 等新技术行业各有所成。但是，在 1985 年之前，董老是不招博士生的。他的理由是："我怕误人子弟，也不愿因我之故牵连他人。"董老第一个博士生是 1985 年进入中国社会科学院经济研究所工作的华生。当时，董老已是社科院经济研究所的所长。

追思会上，作为主持人的华生给大家讲了一个小故事。1986 年，董老组织研究所一批学者去温州调查。当时，国内对"温州模式"（即"民营经济"模式）争论很大，而且基本上是否定的观点占上风。这次调查结束后，董老充分肯定了民营经济的地位和作用。本来，调查是董老牵头搞的，主要的讨论和想法也都是根据他的意见来定的。"但调查报告出来后，董老师把自己的名字从'执笔人'中删掉了"。不居功、不图名，这就是董老一贯的风格。

董老的弟子们每有新作问世，往往会请他作序，有的学生怕把老师累坏了，常常事先代拟一份。董老却总是亲自动笔重新写过。

追思会上，两年前刚刚成为董老博士生的邢莹莹，眼睛都哭肿了。她说，董老师关心每一个学生的成长、工作和学习，对他们几个没有毕业的学生，尤其照顾。2003 年 3 月，董老带她去上海交通大学讲课。那时北京已经出现了非典病例。临行头一天晚上，董老打电话交代她，一定要准备好口罩，她却不以为然。去机场的路上，董老得知她没去买口罩，就马上要给她买一个。任她怎么推辞，董老都不同意。找了好几个地方，最后董老终于在机场医疗服务部，为她买到了口罩。

四 在记者眼里，他是一个雷厉风行、精力充沛的学者

2002 年，为了进一步提高《环球时报》财经版在业界的影响，我们希望有更多的经济学家为本报撰稿。而董老就是这样一位"大家"，他的文章总能深入浅出，把许多经济学中的深奥道理讲得透彻而明白。

2002 年秋，记者找到了董老的联系方式。电话打过去后，接电话的是董老的司机小周。得知记者的意图后，周师傅客气地说："董老师很忙，你可以先把采访提纲发过来，我转给他。"就这样，我写了一封言辞恳切的约稿信。

约稿信发出不久，周师傅来电话说，给《环球时报》的文章，董老已经写好了，让我直接跟他联系。董老告诉我，文章是在飞机上写的。不久以后，他为本报写的第一篇文章——《由高价收购礼品想到的》就发表了。

自那以后，《环球时报》上董老的文章渐渐多了起来。我们的交往也日渐增多。特别是在 2003 年非典期间，董老连续为本报撰写了四篇时评，他以其敏锐的思维、流畅的文字向广大读者解读了非典对我们的生活方式、消费方式的影响，提醒我们注意记取非典的教训。

在接触中，记者感到，董老是一位雷厉风行、精力充沛的学者。2003 年 9 月，记者拜访董老时，他刚从美国回来，走起路来健步如飞，精神也很好，哪像个 76 岁的老人！记者怎会想到，当时他已经身患癌症！

2003 年圣诞节。在董老赴美就医期间，《环球时报》编辑部特意为董老制作了一份精美的贺卡。收到贺卡后，董老很高兴，他回复邮件说："谢谢编辑部，谢谢大家。"那时候，我觉得他是这样一个积极乐观的人，一定可以战胜病魔！董老说，他还有些题目想给经济版写，而且还想把他在美就医的情况写一写。

就在 2004 年 7 月 23 日，董老去世前一周，记者还给他发去了一封"问候与祝福"的电子邮件！我以为他没有读到那封邮件——因为，自从结识董老以来，我的每封电子邮件，他都会很快地亲自回复！但这次，过了好几天，都没有他的消息。后来，周师傅告诉我，董老看到了那封邮件——是他的女儿把电脑端到他的床前，读给他听的！

五　在医生和护士眼里，他是有思想、能替别人考虑的患者

董老生病和治疗的情况，他自己在《我去美国治肠癌》一文中有详细的介绍。当时，第一阶段化疗效果很好，直肠的原发病灶没有进一步发展，肝脏的肿瘤缩小了45%～50%，肺部的转移病灶也基本消失了。但到了第二阶段，大概4月份，原发病灶又开始发展。王小凡说，杜克大学的医生意识到，先前那三种药物对他已经不起作用了。尽管如此，直到最后一刻，董老都非常坚强。王小凡说，在董老生日（7月26日）前一天，他还要下床走路，因为医生说，"你要出院就要下床走路"，他到最后也没有放弃跟疾病作斗争。

董老赢得了美国医生和护士的尊敬。医生说，他是一个最和蔼可亲的、最有思想的、也是最能够考虑别人的病人。因为"他在病中就像一位生物学家，跟医生讨论疾病的过程，并且要把自己治病的过程、发病的机理搞清楚，为的是让中国的医生有所借鉴"。

可以说，面对癌症这个病魔，董老从未屈服过。华生说，2004年初，他将一份28万字的书稿发给董老审阅，并且在《后记》中写道，"董老师虽然患了绝症，但对每一个学生仍然十分关心"。结果，董老抱病看完书稿后，纠正了他的错误。董老说："'绝症'这个词不准确。癌症是可以战胜的———虽然今天我们可能还战胜不了它，但随着科学和医疗技术的发展，将来癌症肯定是可以治愈的。"希望这一天，早一些到来。

一代经济学大家驾鹤西去
他待人如水般清澈

北京晨报　2004 - 8 - 2　张旭光　汪世军

2004 年 7 月 30 日下午，董辅礽，一位神情冷峻的经济学家，在异国他乡与我们轻轻挥别，享年 77 岁。消息传来，中国经济学人震惊。

学界尊敬他的成就。在大师渐少的中国，董老堪称大师。他是最早倡导"企业改革"、"政企分开"等市场经济准则的人，最早提出并一直坚持所有制改革是中国经济改革的关键。实际上，他也是少数能够影响政府决策的经济学家之一。

一　人们仰慕他的人格

董老是国内少有的坚持人格的独立性和公正性的经济学家。他生前对自己有如下评价："要我谈谈自己，实在没有什么可说的，如果有什么可说的，那只不过是努力工作罢了，再就是注重独立思考，努力做到不随风倒，不说违心的话。由于各方面变革太快，要追上形势，不至于落伍，我只能努力地跟上去。"

他讲的都是事实，但过谦了。在学术上，董辅礽有不少"敌人"，快意"恩仇"；他的友人评价说，在生活中，董老没有"敌人"，虽然面孔冷峭，却"待人如水般清澈"。

董辅礽逝世后，中国各大门户网站均在最快的时间、最重要的位置转发了消息，新浪和搜狐还开辟了纪念董老的专题，网友悼念留言爆棚。这，就是大师的分量。

二　先知先觉 著作等身

"先知先觉"，一个人具备这样的能力，小可以安家，大则可以安邦。

已故著名经济学家董辅礽无疑是位"可以安邦"的学者，上下求索而经常"先知先觉"，以下仅试举几例。

中国经济成长论　他在20个世纪50年代和60年代提出关于再生产数量关系的数字模型，被誉为"中国经济成长论的代表"，其关于中国经济的核算理论震动学界。

最早提出"政企分开"　人们如今对这个名词已耳熟能详，但别忘了，他率先提出这个理论的时候，还是在1978年，那时候改革开放的春风刚刚从农村吹起。

呼吁企业所有制改革　20个世纪80年代初，他大胆提出社会主义国家只有对所有制进行改革，才能取得经济改革成功。当时因为该理论时机提得太早而受到批判，但中国改革二十多年的实践验证了他的洞察力。

最早为"温州模式"辩护　他被称为"中国民营经济的辩护人"，1985年他就指出"非公有制经济是社会主义经济不可分割的有机组成部分"；1986年他与赵人伟等人赴温州考察后发表《温州农村商品经济考察与中国农村现代化道路探索》一文，这是经济学界最早站出来为"温州模式"辩护的论著之一。此时距温州一些企业家因"投机倒把"被判刑仅四年！

给民营企业"国民待遇"　他经常在政协会议上大声呼吁给予民营经济"国民待遇"，应当允许民营经济收购、兼并、参资国有企业，增强国有企业活力。

呼吁早开创业板　他力主开设创业板，解决民营企业融资难问题，否则会使优秀的民企上市资源流到国外，如果以解决主板问题为前提，创业板的推出就会遥遥无期。2004年6月，深圳中小企业板开设，距他的预言又近了一步。

三　生前反对经济学界急功近利的心理

董辅礽生前认为，在目前中国经济学家中，"急功近利"的心理太重。这表现为浮躁，缺少对经济现象的长期的思考与研究。存在早日成名、早日出成果心理者众多，而埋头做学问、具有扎扎实实功夫者显得欠缺。

实际上，经济学本是一个由众多分支学科构成的很大的学科体系，应有分工。比如既有研究现实经济的，又有研究经济理论、经济史、经济学说史的，只有不同分支学科的经济学家之间进行协作，才能共同发展。

董辅礽觉得，缺乏对经济学众多学科深入持久的研究，对于经济学的发展不利，会导致经济学发展缺乏坚实的基础，"中国的经济学界需要真正有恒心的、敢于坐十年甚至几十年冷板凳的学者"。

董辅礽先生生前还劝告，在国外培养的经济学人需要扎根于中国社会深处，去了解活生生的现实。

他曾感叹："现在，有相当一部分人在国外，他们也在研究中国经济，但有些人脱离中国实际，谈起中国经济就不免有'隔靴搔痒'的感觉。"

四 股指期货——董辅礽未竟的心愿

对于一位经济学家来说，其思想要横跨计划经济体制与市场经济体制需要十足的理论勇气，董辅礽是这样一个人。1997年，他70大寿时，于光远就称他是一位"年轻的经济学家"。

作为年过七旬的老人，他坚定地反对中国资本市场推倒重来；他支持国有股减持最好让利给中小投资者；他呼吁中国建立创业板市场，2004年6月，深圳股市已经推出了中小企业板。

但董老还有一些心愿没有实现。

数年来，他多次谈到在中国推出期货新品种，特别是金融期货品种的重要性，而且还论及中国期货市场法规的滞后以及期货法尽快推出的必要性，每年"两会"，他几乎都会就期货市场的发展提交自己的提案。

早在2002年，国际原油价格刚有攀升苗头，董辅礽就呼吁尽快推出石油期货，在价格形成上发挥中国的影响力，同时允许更多企业，尤其是民营企业进入国际市场从事套期保值。

临终前不久，董辅礽还著文希望中国能尽快推出股指期货。

董辅礽还是开放民间金融、开设民营银行的积极支持者，他非常希望能出现更多健康的民营银行。他参与组织了长城金融研究所，其目的就是选择银行改革的样板模式，为民间金融鸣锣开道。

第 三 篇

亲人呼唤

董辅礽是我可爱的丈夫、老师和挚友

夫人　刘蔼年

我是 1949 年考入武汉大学的，入学的报到过程当中，就认识了董辅礽。

董辅礽是我最亲爱、最亲爱的丈夫。在我们 55 年的共同生活当中，有很多说不尽的事情。在他 70 岁生日的时候，我们就盼望着他能够再祝贺他 80 岁生日，可是在他 77 岁的时候就离开我们了，这使我心碎了、心碎了！

我们两个人在相识以后，都是互相地了解，不光从生活上了解，而且从各自的事业上也进行逐渐的了解。我常常是在他写好文章之后，都看他的文章，我非常的喜欢看他的文章。他经常是在飞机上写文章，我跟他一块出去的时候，他在那里写，写一张我就看一张，对他经济学的思想是有所了解的。但是他是学社会科学的，我是学自然科学的。他对眼科非常的了解，经常说一些话就像眼科医生一样，我们非常的了解，我们的思想、血液，所有所有都融化在一起，所以我们夫妻感情不是一个结合，而是一个融合。我们两个人融合在一起，永远地不能分离的。可是他现在已经走了，我说我也心碎了，我也要跟随他去。

每天都可以发生的事情，我都可以表达对他的感情，谁都知道他是最不怕冷、穿衣服最少的人，别人都说他你怎么在冰天雪地里就穿一件衬衫和裤子，但他有一颗非常火热的心，能温暖他整个的身躯，他的热量在逐渐地往外发散，他常常用温暖的心、温暖的身体在非常冷的冬天里温暖我怕冷的躯体，因为他知道我怕冷，所以我在他的身边我觉得非常非常的温暖，现在失去了他，我就好像倒了一棵大树，掉到了一个冰窟里。

我在他身上学到很多的美德，学到很多的东西，对朋友、对长辈，我孝顺，他也很孝顺，也爱家庭，一直教导孩子做一个对社会有用的人，他对于我来说是不能没有的非常可爱的丈夫及老师，也是我的朋友、挚友。

我在他身上学到很多的知识。他给我力量，经常在我遇到困难和胆怯的时候给我力量、鼓励，我为了他也要好好的活下去，照顾好我们这个家庭，把子女保护好、照顾好，还有我小孙子、小外孙，我都要对他们尽心尽力，让他们对社会能有所贡献。

爸爸，您好好休息吧

女儿　董欣年

在爸爸去世的前一天，我记得我曾经跟弟弟欣中说，爸爸今天可能就要去了，我们姐弟俩一定要把这个家撑起来。我是爸爸的女儿，我们之间的默契和爱是他人不能够理解和分享的，失去爸爸使我感到天塌了下来。我回国之后看这么多的师兄、师弟、师姐、师妹，对爸爸充满了尊重和爱，使我得到了一辈子取之不尽、用之不竭的力量。

我的童年充满了与爸爸在一起的快乐。我最早的记忆是在爸爸的肩膀上，爸爸抱着我飞跑，我趴在他肩膀上看他穿着棕色皮鞋的双脚一上一下；我怕雷声，爸爸就拿着个拖把去与雷公公搏斗；夏天里，我和爸爸经常在中午时去运河游泳，晚上马路上没人的时候去骑我的小自行车，我爸爸自己不会骑自行车，他就跟着我和车跑步。妈妈做医生总是早出晚归，我和爸爸总是在星期六晚上去公共汽车站接妈妈回家过周末。我一边等妈妈一边跟爸爸在地上学写字。爸爸特别喜欢童话故事，他送给妈妈的结婚礼物是一套《安徒生童话》。这套书我看过很多遍，从中学到很多做人的道理，爸爸还经常给我和妈妈在晚上睡觉前讲故事，我印象最深的故事是Mark Twain 的王子与贫儿。以后我自己读起这个故事的时候总要想起爸爸的音容笑貌。

童年时代的安静被文化大革命所冲乱。爸爸虽然只身在河南下放，但还不断地关心我的成长，为给我买个小型的小提琴，爸爸费了九牛二虎之力。没有自己的琴谱，爸爸就给我抄谱子。爸爸和指挥专家李德伦在苏联是同屋，他给爸爸介绍了很多世界音乐大师的名曲，爸爸又把这些音乐介绍给了我。今天给爸爸送行的 MOZART 的音乐 CD 就是爸爸在我怀孕时送给我的，他说让小外孙在胎里就听音乐，以后会有音乐素养。

在中学期间我和爸爸有过无数次的争吵，那时我对自己的前途没有任何信心，爸爸总是告诉我即使做农民也要有知识有文化，不能浪费光阴，爸爸说的一点不错，他送我上了他和妈妈的母校——武汉大学。爸爸为我搬行李挂蚊帐的事，成了同学们跟我开玩笑的话题。

自从我上大学以后的 26 年里，我和爸爸之间的沟通只是通过书信和电话，后来是电子邮件。我们俩在这段时间里各忙各的学业和事业。爸爸把他对儿女的关爱转到了他的学生身上，为国家培养了很多栋梁之材。虽然我们远隔重洋，但爸爸一直是我的精神支柱和做人做学问的榜样。

不幸而又有幸的是疾病把爸爸带回到我的身边，使我有机会陪伴爸爸走完他人生的最后一步。在这宝贵的十个月里，我们全家一起过了感恩节、圣诞节、春节和父亲节，使我们每个人都有机会再次享受爸爸的智慧、善良、无私和爱。

有人说董老死于他乡这是个遗憾，但我认为爸爸是个世界人。他懂多种语言，欣赏各国文化，对世界万事万物充满了好奇心。无论在哪里，爸爸都是个天才的文化人，一个善良人，一个成功的师长。世界就是爸爸的家，在他最后的日子里享受了与老伴、儿女、孙子、外孙在一起的天伦之乐，这有什么可遗憾的！

爸爸去世后，有人问我们爸爸有什么遗嘱，我也在爸爸生前从侧面也问过他，我现在才明白为什么爸爸没有遗嘱。他一生没有任何遗憾，该说的话都说了，该做的事都做了，该去的地方都去过了，他一身轻松地走了。

好人多早逝，像爸爸这样的能人、好人，上天与我们分享了 77 年，现在他要召爸爸回去了。

爸爸名辅礽、字文载，他是名副其实的给大家带来幸福的大文人，他在这个世界上的事情都做完了，爸爸您好好休息吧。

爸爸，您永远活在我们心中

女婿　王小凡

　　一想起爸爸的一生和有幸与他在一起的日日夜夜，就感到千言万语难以表达我对他的敬仰和无限的思念。

　　我是二十多年前加入这个家庭的。在名分上，我是他的女婿，但在实际生活中，他和妈妈自始就把我当做亲生儿子对待，使我始终亲身感受到他们对我至诚的爱。所以今天我是以做儿子的身份来悼念他。

　　在过去二十多年中，无论我是在武汉大学上学、考取留美研究生在洛杉矶学习、在波士顿做博士后，一直到 Duke 来建立和发展自己的实验室，他们都始终对我提供了无微不至的关怀。可以说，如果我在科学上算是做出了一点成绩的话，那么这些都是与爸爸对我始终如一的关怀、教导和支持分不开的。与此同时，我对爸爸的一生，特别是他的正直不阿的性格，严谨而勤奋的求学、治学精神和助人无私的处世准则，也逐渐地增加了了解。通过这些了解，他的伟大而亲切的形象也逐渐在我心中建立起来。

　　我对爸爸的第一印象，就是他的孜孜不倦的求学精神。20 世纪 80 年代初期，他已是著名的经济学家，但他对未来中国经济发展的远见卓识使他意识到，直接接触了解西方经济社会发展对一个经济学家的重要性。因此，在他五十多岁的时候，自愿参加在北京第二外语学院的英语培训，与大学生们住在同一宿舍学习英语。这为他后来能够发挥对中国经济发展巨大的促进作用奠定了基础，同时也表现了他作为一个学者对学习新事物的渴望和追求，真正的"活到老，学到老"。这一点一直表现到他在与病魔作斗争的生命的最后一程。

　　由于我和欣年离开祖国较早，对他在促进中国改革开放、经济发展所做的贡献开始时了解较少，1997 年我们在北京人民大会堂浙江厅参加了为庆祝他七十寿辰和学术活动生涯五十周年的报告会。这时我们才了解到爸爸对中国经济发展所做的重大贡献，其中之一是他最早提出中国经济发展的根本出路在于变革所有制，即大力发展民营经济，逐步减少国有制在经济成分中所占的比例。他以自己在 20 世纪 80 年代初期在浙江温州做长期调研的基础上，结合对西方经济模式的亲身体验，提出了这一重大观点，这一观点显然与当时政府决策相冲突，但他始终坚持这一观点，为温州人发展个体经济、搞活市场的努力宣传呐喊。我清楚的记得，我们一起去新疆，爸爸被邀请为新疆厅、局以上干部会上做关于促进经济发展的报告，全文登载在《新疆日报》头版。当时我看了爸爸提出的观点——即新疆只有走大力发展民营经济，才能逐渐摆脱经济落后的局面——感到吃惊和敬佩，因为这种观点在当时仍然和当地政府的政策唱对台戏的。今天中国经济发展的现实，特别是浙江省乃至温州市在全国经济起的重大作用，完全证明了爸爸这一观点的正确性。他为发展中国的民营经济做出了不懈的努力，包括推动中国资本市场的建立，证券、期货交易市场等。

几年前，他又提出了一个重大的政策性观点，即在中国建立真正的土地私有、转让制度。他认为一个真正有活力的民营经济必须从宪法上有土地所有和转让权的保证。这是他在看到大批农民所面临的困难境地和大量私有资本外流对中国经济长期发展的可能的破坏性作用所提出来的。我们是在一次旅行中听到一位经济学家告诉爸爸说，当时的国家领导人不满意爸爸在一次研讨会上提出的这一观点，认为是给政府出了难题。但爸爸当时的回答证明了他惟一的考虑是为人民和国家经济发展的利益着想，而不为自己在政府、社会的地位考虑。

这些我所亲身经历和亲耳所闻的例子在我的脑海里形成了爸爸严谨治学、敢于提出和坚持自己观点的学者形象，同时也为他能把人民疾苦和国家利益放在自己可能的得失之上而感到钦佩。这些都是我们做学问的人所能从他那里学到的宝贵财富。爸爸在求学、治学上的高尚情操也表现在他对一些貌似平常的处理上。2003 年夏天，我们全家去阿拉斯加旅游，在参观一个马哈鱼繁殖场时，爸爸要求一位工作人员为他做详细讲解，从取卵孵化到放养鱼苗的过程以及鱼的回收率等具体数据。当时我们以为他只是出于好奇心才要了解得那样具体，后来才知道他根据那些数据写了文章，建议国家采取类似的措施，保护沿海鱼类资源。这样的例子举之不尽，一方面体现了他孜孜不倦的求学、治学精神，另一方面是善于把一些表面上看起来似乎不重要的观察和现象与国家的经济政策相关联。我想这也是一个为什么他能够成为这样一个有影响的经济学家的原因吧。

最后，我想提一下他与病魔作斗争的经历。从一开始他就意识到疾病的严重性，但他要与病魔作斗争的决心从来都没有动摇过。他忍受了许多化疗带来的痛苦，但直到去世前两天，仍然要下床锻炼走路，做好出院、继续化疗的准备。可以说直到他失去知觉的最后一刻，他仍然表现出要与病魔作斗争的坚强信念。使我们惟一感到欣慰的是在他生命的最后时刻，他没有遭受太多的痛苦，安详而去。

在这九个月的治疗过程中，爸爸作为一个学者，仍然不忘学习和探索，了解疾病的发展与治疗的过程。为此他还写了一篇文章，发表在一份发行量很大的报纸上。他详细地描述了他在治病过程中所感受到的中美医疗系统的异同点，并提出积极的建议以促进改善中国医疗系统的运作方式。同时他还告诫广大的读者要提高对癌症发生的警惕和采取必要的预防性措施。这一点又体现了他从来都是把别人的安乐和利益放在第一位的高尚品质。为他治病的 Dr. Kuwitz 深有感触地说爸爸是他所遇到的 most gentle, thoughtful, and considerate patient he ever met。

一个人的生命是有限的，但对社会所能做的贡献却可能是巨大的。在爸爸得病期间，我常常想，要是我们在离开这个世界之前，哪怕是能做到相当于一小部分爸爸已做的事情，就心满意足了。

今天，我虽然和您的驱体告别了，但是您的高尚情操和音容笑貌将永远和我们在一起。我们永远缅怀您的光辉、伟大的一生，以及对国家、对家庭和对我们每个人的无私奉献。爸爸，您永远活在我们的心中！

爸爸，您永远在我们心中

儿子　董欣中

我的父亲是 2004 年 7 月 30 号凌晨三点去世的。我的心情非常的沉痛，难以用言语表达。父亲是我们全家的精神支柱。在我们心目中，我的父亲是一个完美的人。父亲不仅在事业上非常的成功，在家庭里也是一个完美的儿子、丈夫和父亲。对我的爷爷奶奶十分的孝顺，并为他们养老送终；对我的母亲更是体贴入微，使她很少为家庭琐事操心，让她在她的眼科事业上能更加专心地奉献；对我们子女的照顾是无微不至，尽量满足我们生活、学习上的要求，使我们能在身心上健康成长。

他是 41 岁时才生的我，所以对我非常的疼爱。记得小的时候，有一次出差，他自己做硬座，让我去睡软卧；在餐车上买了六个大的对虾，自己舍不得吃，全都给我了，所以他对子女的奉献是毫无保留的。小的时候，为了增长我的见识，在文革期间有一段时间他每天都带我去动物园玩，经常去游泳，去博物馆和公园，当时快乐的情景历历在目。后来我去美国留学他对我就更加牵挂了，记得他给我写的第一封信上写到："你在美国没有人给你缝缝补补了，希望学会自己照顾自己。"当时我看了信忍不住流下了眼泪。爸爸！我真不舍得你离开我们。

在学业上、工作上，也是对我们给予很高的希望，希望我们做对社会有所贡献的人。他经常询问我在生物研究上的进展。在我取得成绩时，他会感到非常的欣喜和骄傲。在我遇到挫折时，他总是给予我鼓励，让我要有耐心，不要气馁。记得父亲给我的一次题字上写着："锲而不舍"。实际上他在自己的事业上就非常的成功，给我们做出非常好的榜样。我在 2004 年 2 月份的时候找到约翰－霍普金斯大学助理教授的工作，这也是对他最大的安慰。我永远记得他临终前最后一句话："中儿，不要怕，要勇敢地去闯，一切顺利。"我会永远记住这句话，不辜负他对我的期望。爸爸您放心吧，我们会照顾好妈妈的，我和晓静也会把您的孙子抚养成才。

您安息吧，您永远活在我们心中！

爸爸与他的小其乐

儿媳　齐晓静

爸爸在事业上是成功的，作为经济学大家，他敢为天下先，著作颇丰，桃李满门。我们为他的成就感到自豪。在家里，他却"曰慈，曰俭"，是个无私、俭朴、充满爱心的好父亲，和蔼可亲的好爷爷。

2002年的夏天，5月17日，我们家的新成员——董其乐诞生了！犹记爸爸初见小其乐的表情，欣喜、兴奋及激动，并不时地向医生鞠躬感谢，历历在目。孩子的名字——董其乐，"懂得其中的乐趣"，"自得其乐"，"其乐无穷"，"其乐融融"，寄托着他对小其乐的期望与祝福，也包含着他自己对人生的乐观与豁达。

小其乐出生后，爸爸和妈妈在洛杉矶住了一段时期。和我们生活在一起的这段日子里，他从来没有提过物质上的任何要求与爱好。饮食的丰俭，住处的宽挤，他都可以接受，从不挑剔。每天，他都推着婴儿车，带小其乐去散步，感受加州温暖阳光；然后给他讲故事，教他玩玩具。孩子成长的点点滴滴，都能给老人带来喜悦和感动。如今，家中留下那些爷爷奶奶和小孙子一起拍的相片，记载着许多欢乐温馨的时刻。我们多希望时光可以倒流，岁月不曾流逝，但这一切，只能留在无尽的思念与追忆中了。

由于工作的关系以及能更好地照顾爸爸，我们把小其乐托付给他外公外婆照顾，到新加坡去。小其乐临走前，爸爸还不停的叮嘱要让他在新加坡学华语，多学些中国文化。他总是那样，充满爱心和细心的。

爸爸生病化疗期间，我们从洛杉矶去看望他，顺便带去一些食物，他还要把好吃的留给他人。这一辈子，他关心他人总是胜过自己。临终前的几个星期，在医院和他朝夕相处，我们更体会到爸爸的无私和坚强。晚期的癌症，是对身体和精神的巨大折磨，但他没有屈服，一直以乐观的态度，积极配合治疗。我们曾问他，想不想见见小孙子，他还生气了："为什么要折腾小孩子？等我好了，要带他到北京去玩。"现在想想，他何尝不愿意见到心爱的孙子？他是由衷地不愿年幼的孙子辗转辛劳，哪怕自己承受思念之苦。他的心中，只有别人，没有自己，理智，克己，一直到生命的最后一刻。弥留之际，他还在问："其乐还好吗？"

"爷爷飞到天上去了。"到现在，小其乐还会似懂非懂地说。两岁的他不理解生离死别的含义，和奶奶通电话还仍时不时地提高嗓子喊道"爷爷好"！爸爸，您听见了吗？小其乐非常惦念您！在孩子的心目中，那个和蔼可亲、循循善诱的爷爷只是远行，有一天还会回来给他读书、讲故事、陪他玩玩具和念儿歌。爸爸，您也一定也是带着微笑，看着您心爱的孙子和家人吧。我们一定会照顾好妈妈，照顾好其乐，您放心。

爸爸，您永远活在我们的心中。

深切悼念敬爱的董老师

董辅礽姻亲　朱珂

20 世纪 80 年代初期，我因为工作的需要经常往来于乌鲁木齐和北京之间，因为小凡和欣年的缘故，他们的结合使我们全家有幸认识了董老师和他的夫人，以及董家和刘家的亲人。二十多年的交往，实际上使我们成为他们大家庭的准成员。相互亲密无间，这些年我们全家一直得到董老和夫人无微不至的关怀和帮助，使我们感激不尽，终身难忘。

2004 年 7 月 30 日下午 3 点多，我在乌鲁木齐万分焦急不安的给小凡打电话，期望得到董老日益恶化的病情有了转机，我在电话里面一连叫了几声小凡，可是没有回答，我这时候就揪心的连问，"凡儿，董老怎么样了？"接着，我听到了悲伤的声音，完了，一切都完了，我们心理最敬爱的董老走了。我和身旁听候消息的老伴痛哭，尊敬的董老、慈爱的良师、挚爱的亲家去了。我知道您太累了，为了国富民强，耗尽了精力，你确实需要休息，但你不能走啊，你这样匆匆的离开给国家的改革开放和人民的福祉带来多大的遗憾。

2003 年 7 月 20 日董老同夫人一起去看病，我们住在儿子家。我们每天通话，董老和夫人每次都叮嘱我们要经常检查身体，特别是对我们的老王，一定要注意饮食，有小病就去看病，千万不要拖延。在这个关键的时期，两家更是心心相通，董老在电话里面声音洪亮、情绪乐观，感染了我们，相信董老一定能够恢复健康，也用了心宽常乐的格言对他进行鼓励，也希望他赐字。结果我们收到他给我们的两幅字，第一幅是王博的"海内存知己，天涯若比邻"；第二幅字就是人间重晚情诗的全文，充分表达了董老重感情的特殊人生意义。

董老还高兴地说，医生说治疗情况很好，我要回国工作。我们当时想这样的情况怎么能够回国呢？可是他当时的思想我们还不能够理解，经过这一段的悼念，我深受教育，才知道董老心系学生、同事和经济学界的朋友。现在我们眼泪模糊的注视董老的亲笔题字，耳边响着董老"我要回国工作"的声音，面对着董老微笑慈祥的遗容，天上人间从此诀别，此时此景情何以堪？敬爱的董老，你的宏伟事业已经是后继有人，您的卓越的经济思想理论将发扬光大。敬爱的董老，你安息吧！

董辅礽的姐姐弟弟妹妹们致电
在美国的董辅礽夫人刘蔼年

大嫂：

惊闻敬爱的大哥因病不治于 30 日仙逝。我们都万分悲痛。

大哥是我家兄弟姐妹中品德最好、智慧最高、对父母大人最孝敬、对姐弟妹最关心的长者，他是我们学习的榜样。

他的过早逝世是我们万万不曾想到的，因为他平时心宽寡欲，身心健康，几乎没去过医院看病，而且抵抗力极强，冬天不需要穿棉衣。他本可以长寿活到 90 以上，没有想到竟是癌魔夺去了他宝贵的生命。

他不仅在家庭中是我们学习的榜样，而且在事业上卓有成就。他桃李满天下，是中国著名的经济学家。在学术研究中，他一贯追求真理，坚持真理，不追风，不骑墙，已成为经济界的公论。

大哥的一生是为人民服务的一生，是光荣而伟大的一生。他的英灵和崇高精神是永垂不朽的。

在遥远的祖国，我们面向美国肃立默哀，表示最沉痛的悼念。向遗体三鞠躬。我们希望在北京为他建墓，永远纪念。

望大嫂及子女节哀，多保重。

爱莲　辅祯　辅祥　文娟　辅祺　及家属子女

2004 - 7 - 30 晚 9:00

大哥永远活在我们心中

二弟　董辅祯

一　心灵感应

2004 年 7 月 29 日晚上没有失眠习惯的我，不知怎的在床上翻来覆去总是睡不着，整个头脑无法安静下来，感觉十分焦躁。我尽力不去想任何事情，让大脑休息，过了很久，才于后半夜渐渐睡去。由于缺觉，30 日早晨起床后脑子发沉。我照例上午到紫竹院去吸氧、锻炼身体。11：30 分回家后，妻子告诉我："大嫂从美国来电话，说大哥已经昏迷住院，已不认识人了。"我听后，只觉得心里发紧，已预感到形势极端严重。我赶紧把这一信息用电话转告沈阳、南京、武汉的姐弟妹。我们一家人焦躁地等待着消息。傍晚，外甥女惠慈从武汉打来长途电话，用颤抖的声音说，中央四台的字幕上已打出"经济学家董辅礽因病不治在美国去世。"不久，三弟辅祥从沈阳来电话说已接到侄女董欣年的美国越洋电话，说她爸已病逝。噩耗传来，我们万分悲痛。我立即起草了唁电（在征求了弟妹的意见后），通过电子邮件发给在美国的大嫂。现在回忆起来，7 月 29 日晚上的失眠，肯定是这件不幸的事情引起的亲人之间的心灵感应。

二　竟成永别

2003 年 10 月 17 日，我突然接到大哥来电话说他的身体状况不太好。我问他具体情况，他竟说得了直肠癌。这一惊人的消息差点儿让我的身子失去平衡。我当即带全家人奔赴协和医院探望。令人意外的是，大哥竟以平和的心态叙述发现病情的经过，好像在讲一个故事。我们紧张的心情才慢慢缓和了下来。他体检时查出大便带血，自以为是痔疮，就去美国出差了。对医生的复查建议没有往心里去。结果一年后再体检，竟发现他不仅有直肠癌，而且癌细胞已转移到肝脏了。幸好他的女儿、女婿来电说可到美国医治，杜克大学的药效果好可治直肠癌。临去美国的前一天晚上，我打电话要送他上飞机，不料他坚决不同意。我揣测他的心理是：会治好病的，不必那么好似永别前的最后见一面。我也不能坚持非要去送。就这样，协和医院的那天见面竟成了亲兄弟的永别。

三　家中的顶梁柱

我家兄弟姐妹六人，大哥行二，上有大姐，下有三弟一妹。解放初期，父亲失业，母亲是家庭妇女，全家生活极为困难。当时我已参加中国人民解放军。大哥在武汉大学当助教。大姐带几个孩子与父母住在一起。全家生活来源一靠父亲教扫盲班和母亲在街道熨烫衣服、织毛衣挣点钱；二靠大哥当助教的津贴。大哥去苏联留学时，由我每月寄上 30 元补贴家用（当时部队已发工资）。大哥回国后，即由他负担家庭开支，我支援弟妹上大学时的零用钱。弟妹上大学工作后，他又把父母接到身边亲自赡养，以减轻弟妹的负担。他不仅孝敬父母，到老送终，而且还关心弟妹的上学、恋爱、婚姻、就业、经济困难等问题。不仅如此，还关心第三代孩子的成长问题。大哥是我家的顶梁柱，是我们弟妹学习的好榜样。在他的精神影响下，我们家族三十几口人，年长的都走在正道上为人民服务，年幼的都在好好学习、天天向上。

四　超凡的智力和毅力

我们兄弟姐妹六人中，大哥的智力是最高的。小时候，我记得他学习态度不是那种常开夜车，拼时间死记硬背的人，好像轻轻松松就能完成功课并取得优秀成绩。就以外语来说，他的俄语、英语比较好。去苏联留学前，他只在国内专修班学习了几个月的俄语。改革开放后，他第一次出国访问是去埃塞俄比亚。我知道他的英语基础只有中学、大学学的那么一些，而且武大解放前闹学运，他又是负责人之一，很少有时间弄外语。去非洲访问前，组织上让他进英语口语班训练了几个月，以后他就不必带翻译出国了，以后他去美国、英国讲学用的就是英语。他不仅有好的英、俄语，而且还挤时间学德语、日语。以此为工具，来了解世界的经济动态。

他的工作轨迹我冒昧地描述为："学习，观察，思辨，写作，总结"，如此不断循环，提高再提高。凭着他的勤奋地学习，细心地观察，认真地思考辨别，严肃地写作，首先在国内打破了理论禁区，提出了"不改革所有制，经济运行机制的改革不会成功”的观点，确立了所有制改革的地位的理论。他写作的地点在飞机上、火车上、办公桌上，完成了大量的经济专著。就在患癌症以后，他还以惊人的毅力，写了几篇文章投给《环球时报》，其中之一是《探索非典对中国经济的短期和长期影响》。

五 怪怪的脾气

我大哥有古怪的脾气。比如说吃饭。在饭桌上吃饭，不像别人一本正经地细嚼慢咽，经常他是边吃饭边看报或稿件什么的，他常常只吃饭，顾不上夹菜。而且吃得很少，一碗饭几口菜就完了。他经常是第一个吃完饭的人。再说穿衣，冬天北京户外再冷，他上身仍只一件衬衣、一件灰色夹克，下身一条长裤就可以了。什么棉衣、毛衣、毛裤一概不需要。可见他的御寒能力是很好的。弟妹都学会骑自行车了，他就是不学，上哪儿凭双腿，经常走路使他练就了一副好身骨。他非常不喜欢别人送东西，特别是弟妹。所以逢年过节弟妹上他家很难办。我摸透了他的脾气，逢年过节我不拿东西送去，他反而坦然高兴。他没有常人的串门习惯。我家离他家最近、情最亲（亲兄弟），但他很少来我家串门。一方面他很忙，而且经常外出，另一方面，他无此习惯。即便偶尔来一次，也只是看看书架，翻翻书，聊几句便走了。

大哥董辅礽逝世后，中国社会科学院、中国经济学界、泰康人寿保险公司、搜狐网财经专栏、武汉大学、北京大学、社科院研究生院的博士生弟子同学会及其他经济系的毕业生为他举行了隆重的追悼会、烛光追思会，气氛隆重肃穆，发言情深意切，并在《缅怀董辅礽先生》、《沉痛悼念董辅礽同志》的悼文中，对他一生做了中肯的高度的评价。我谨代表大哥的姐弟妹及子孙表示由衷的感谢，并致以同志般的崇高敬礼！

痛惜、思念、缅怀亲爱的大哥

三弟　董辅祥

　　近半个月以来，我一直怀着万分痛惜的心情，在稍得宁静或临晨睡眼蒙眬之际，想起我的大哥，想到了我们的父母、我们的家人和我们兄弟姐妹自幼以来的同胞手足之情。我想到了我大哥的为人，想到他的高尚品格、他的睿智、他的勤奋、他的朴实、他的奉献……我不停地追思、追思，往事如烟，相思如缕。对大哥的思念"剪不断、理还乱"，个中情感，惟我心知。也许这会成为我今生直至与大哥相逢于九泉时的情感寄托。

一　高　尚

　　大哥为人之高尚，是人所共知的。他正直、公平、无私，他嫉恶如仇、容不得半点虚伪，绝无任何低级趣味。这就是我心目中的大哥。我想他之所以如此，首先是源于父母的影响和良好的家庭教育。

　　我们的父母为人忠厚善良，父亲的正直、温文、儒雅，这都对大哥的品格形成起到潜移默化的作用。

　　父亲早年先后在两个轮船公司供职，擅古文、诗词，爱琴棋书画，习中医，好收藏（字画、古币），崇儒道。我们小的时候，特别是抗日战争时期，父亲常当我们的面抨击时弊，表示对社会黑暗与腐败的不满。并要求我们多读"大公报"的社论，希望我们能从中学到"公理"、流畅的文笔和逻辑分析方法。我一直认为，大哥受父亲影响最深，其修养与为人也很像父亲。父亲乐善好施，讲仁爱，重道德。记得父亲因习中医，自己研制了一种中药散剂（名称我记不清了），可治风寒、暑热，外用内服皆宜，疗效不错。他每年都要自费配制，无偿送给别人使用，也作为家中常备药。父亲提倡行善、"己所不欲，勿施于人"，常谈到我们贫寒的祖辈如何以微薄之力为人修路、搭桥等乐于助人的事迹，并身体力行。例如，他经常会回身把路上的绊脚石搬开之类的事情。父亲不吃牛肉，他认为牛为人耕耘种地一生，不应在其体弱无用之时宰而食之。更使我们兄弟受益的是，在1941～1944年，父亲每逢周末从重庆回家（唐家沱）时，常借傍晚乘凉之机给我们兄弟讲"八德须知"故事（"八德"即忠、孝、信、悌、礼、义、廉、耻）。我想，"八德"故事中一些反映中国社会古老优良的传统肯定会对较我年长四岁、悟性极强的大哥产生更深刻的影响。此外，当时面临国家和民族的苦难，目睹国破家亡颠沛流离的人群，对包括大哥在内的一代年轻人，一定会产生以"家事、国事、天下事"为己任的强烈社会责任感。解放前，大哥、二哥和我分别参加了地下党、江汉城市工作队和中国新民主主义青年联盟，各自为争取光明，为争取人民的解放而斗争，直到解放后地下组织公开才知道彼此的身份。这也能从另一个方面说明大哥后来怀着对祖国和人民深爱之情，以一个经济学家的良知，无限忠诚地履行着其巨大的社会责任，是十分自然的。

二　睿　智

大哥聪明过人、智慧超凡、才思敏捷、知识渊博，这就是我心目中的大哥。

也许在此时，由我去谈论作为当代中国经济改革的理论先驱、一代经济学大师的大哥如何睿智是多余的，我说的仍是对往事的追思。

大约在大哥15岁前后，每逢暑期，父亲总要求我们兄弟练习书法、临摹字体，结果以大哥的成效最佳，二哥次之。现在人们看到他那一手流利的行书、草楷事实上早在大哥青少年时期即已形成，甚至在大哥留学苏联时，他写的俄文笔体也如同俄罗斯人那样流畅、漂亮。我自解放后即攻学俄语，很难想像他是怎样练就一手好字的。

大哥学习外语颇有天赋。记得他曾告诉我，他仅自学了两周即掌握了日语。文化大革命期间，我因怕荒废时光，也曾自学科技日语，却整整花费了半年多时间才掌握日语的基本语法。

大哥的理科根底深厚。据一位宁波籍哈尔滨工业大学的同学后来告诉我，大哥1946年报考武汉大学时，本想学航空工程，后因竞争激烈而改报经济系。想不到这一决定，竟成为他终生事业的起点，成为中国当代一位经济学大师成长的"偶然"契机。显然，他当年所具备的良好理工科基础知识以及后来在武汉大学学到的数理课程，加上其超凡的智慧，是他获得巨大成就的必要条件。

我毕业于哈尔滨工业大学市政与环境工程专业。在我平时与大哥的交谈中发现，在涉及众多领域的工程专业技术问题时，我们之间并无知识面上的障碍，很多问题他都能很好地理解。我想，这也是作为一个经济学家的必备条件。

记得父亲告诉我，大哥在苏联攻读副博士学位时，由于论文出色、篇幅浩大，曾有被破格评为博士学位之可能，后无结果。此事，后来我不便问大哥，以他的性格即使问他也不会说什么。

偶然我会读读大哥的专著或论文，给我的印象是其思维能力极强、视野广阔、内容广泛而深邃。对我所熟悉的水资源和环境问题他也十分在行，言之有理。

大哥的聪明和成就，一直是父母引以为荣的。过去，父亲经常和我谈到大哥的一些情况，我可以感觉到父亲对大儿子的疼爱，为大儿子的聪明才智而自豪。1966 年文化大革命后，大哥被触动"靠边"并被罚做杂役，大哥的女儿在院子内被个别孩子欺凌。对此，父亲无论如何也想不通。由于精神受到刺激和感情抑郁，父亲很快就患了老年痴呆症，后因脑血栓于1972 年去世。我一直认为，父亲的去世与大哥蒙冤有关。如果父亲在天之灵能得知大哥后来取得巨大成就，定会含笑于九泉。

大哥不擅长体育，他从未学过骑自行车，长期以来一直以"快步"代车，但却是一名游泳高手。记得早在 1940 年前后，他即可以娴熟的姿势横渡重庆唐家沱长江边的一个小湖——"鸭儿荡"，而我于 7 岁开始学游泳，11 岁时才学会"狗刨"。此外，大哥还会一些其他"绝活"。

三　勤　奋

勤奋，睡眠时间极少，不知疲倦地学习工作，高效率地写作（包括写信），小跑似的行走，承担过大量家庭劳动，这就是我心目中的大哥。

大哥的勤奋是人所皆知的。面对他大量的著作、成果，我很难想像，他在各种繁忙活动中是怎样进行如此庞大而浩瀚的创造性研究和著书立说的？其中不知倾注了多少心血。我曾以自己的类似工作量与大哥的相比，虽然属于不同学科领域，估计在数量上可能比大哥少一个数量级，而我在同行中也算得上是"勤奋"的了。

大哥的勤奋自幼如此。记得 1946 年报考武汉大学时，大哥在汉口家里的亭子间内挥汗如雨，在煤油灯下彻夜复习。时值汉口大伏天气，乘凉的人人声嘈杂。当时我真钦佩大哥的勤奋和毅力。这件事在时隔二三十年后，还常被我们的母亲津津乐道的提起。

大哥成家后，由于大嫂工作繁忙，上班路远，每天早出晚归，大哥承担了大部分的家务劳动。他总是匆忙地做各种家庭杂活，东奔西跑，直到夜深人静时才开始重新工作。第二天一早，只听得房门一响，他又是最先起床并开始一天的劳务和工作。而这仅仅是我看到大哥勤奋的另一个侧面。

作为一名经济学家，大哥还勤于深入实际进行调查研究。在我的印象中，他到我家时曾对沈阳的早市和五爱街市场有过浓厚兴趣，在早市上他问这问那，了解市场行情。

大哥高效率的工作曾给我女儿董欣红留下深刻影响。她多次对我讲，大伯写信时，仅"唰唰"数笔即可写完一封信，接下来是写信封、装信纸、贴邮票，片刻功夫即可写完很多信件。女儿说起来绘声绘色。事实上，大哥写的信确实是寥寥数笔，言简意赅，没有寒暄没有废话，文字极草，但可见其工作效率之高和对时间的珍惜。

四　朴　实

平易、诚恳、亲情，关心他人重于关心自己，仁慈、朴素、节俭、豁达宽容，幽默，有时甚至天真，这就是我心目中的大哥。

可以说，每一个接触过他的人都能从不同角度感受到大哥这些特殊品质。

我们兄弟姐妹，由于20世纪40、50年代分散在各地学习或工作，在一起生活的时间不多，见面的机会较少，但彼此都会在出差或其他时机见上一面。同大哥见面，大家的共同感觉是，他来去匆匆，话语不多，很少谈及他自己的工作，更少谈及他的成就。不过我们每次见面或联系，都会深切感受到他对兄弟姐妹的情深厚意，有时也会从不同渠道（父母亲、大嫂）得知大哥的一些情况。我们兄弟姐妹长期以来养成了一种习惯，即只要知道彼此身体健康、生活平安，哪怕彼此多年不见也会心心相印地保持着深厚的同胞手足之情。就这样，谁的工作如何，似乎变得不重要了。

1950年我考上哈尔滨工业大学，临别时大哥送我一部"英俄－俄英简明字典"，我一直保留至今。大哥于1953～1957年在苏联留学期间，曾先后给我寄来许多原版俄文书籍，他对我的要求是有求必应。记得20世纪50年代在国内大学生中流行一本苏联小说——《远离莫斯科的地方》，因我想读俄文原版，不久他就想方设法给我寄来一本旧书。可以肯定他是因买不到新书不得已而为之。数年中，仅工具书，大哥就给我四本，后来又替我购买了一部"日汉大辞典"。大哥的这种关怀曾给我们很大的鼓励，我始终不能忘怀。

20世纪60、70年代，我们的父母由大哥赡养，大哥家无形中就成为我们尚未完全解体的大家。有时大哥家中的孩子可多达6个——大哥的女儿、儿子，妹妹的儿子，弟弟的儿子，再加我的临时去串门的女儿、儿子。可想而知，这会给大哥家带来多少麻烦和负担，那时大哥在河南五七干校劳动，大嫂早出晚归去医院工作，尽管如此，孩子们仍可得到大哥、大嫂无微不至的关怀，得到我们父母的悉心呵护。每逢大哥回家，还带他们东游西逛。浓浓的亲情，不仅使孩子们度过美好的童年时光，至今还对爷爷奶奶、大伯大妈一往情深，也成为联系我们兄弟姐妹之间一条看不见、割不断的感情纽带。而今，这一切竟已成为往事和追忆，回想起来真是令人无限伤感！

还是20世纪60、70年代，我在哈尔滨工作，家庭生活相对困难，由于得到父母、大哥大嫂的关照，有时、尤其是春节时常会从大哥家获得衣物、宁波风味食品、小灯笼、年画、玩具……浓浓亲情使节日平添欢乐与情趣，备感来自父母、兄嫂的温馨。而今，孩子们长大成人，有了自己的家庭和子女，他们亲爱的母亲去了，他们依恋的姥姥去了，他们亲切的大伯也去了，这怎能不令人忧伤和悲切！

大哥病前，我的继女——李薇曾数次去大哥家探望她从未见过面的大伯。大哥的亲切、诚恳、热情使她备感温暖，有一次，她很为难地送去一些水果，结果不出意料地受到大哥的"责备"。李薇说，如果我看你而不带点水果，我会觉得很不高兴，大哥说，只要你觉得高兴就送吧！大哥的善解人意使她非常感动。后来李薇去英国学习，大哥在病中还数次问及李薇的学习情况，这使李薇及其母亲深为感动，她们都认为大哥是好人，而好人应该一生平安。谁知苍天无情，大哥的病逝使她们母女十分悲痛！

也许是童年和青少年时代的经历或是受父亲讲述佛家教义的影响，大哥有着一颗仁慈的心，他同情弱者，同情遭受灾难的群众，我曾亲眼看到他因无可奈何而焦急为难的表情。作为经济学家，我完全理解他竭尽全力为社会经济体制改革和为民族的伟大复兴，以一颗朴实的心最终表达"守身为大"的心愿！

生活中的大哥是幽默的，有时也是天真的。他的幽默和天真常表现在对心爱的小辈们——各家儿女和孙辈们的玩笑之中。使他们在不经意中会永远地、清晰地回忆起大哥的音容笑貌，我深信这种音容笑貌所反映的是大哥的一种特殊品质，会永远影响他们的为人。

五　奉　献

　　对父母、对家庭、对子女、对兄弟姐妹、对所有帮助过的人的奉献—奉献—还是奉献，对人民、对社会、对国家的奉献—奉献—还是奉献。这就是我心目中的大哥。

　　大哥以其高尚的品格、勤奋的工作和朴实的作风奉献出他的全部智慧。他的奉献是巨大的，是无法衡量的。他是当之无愧的好儿子、好丈夫、好父亲、好兄弟、好同事、好朋友、好老师，他是当之无愧的中国经济改革理论先驱，是当之无愧的中国当代经济学大师。斯人已逝，此时此刻我无法表述大哥去世所带来的损失，我同意我外甥的一句话，即失去大哥后我们全家人的生活会变得黯淡。而另一方面，我们欣慰地看到，"在稀缺的时间和珍贵的生命中，经济学家已经竭尽全力，为社会福利的最大化做出了应有的贡献，如果没有他们的努力，我们的生活也许不会是今天这个样子"，"他代表了中国经济学发展的一个激动人心的时代，他完成的是一项伟大的使命"。这两句话，完全适合于对一代经济学大师的大哥——董辅礽一生的评价。

　　大哥，安息吧！

　　我们思念你！你永远活在我们的心中！

怀念我的大哥

四弟　董辅祺

解放初期，父亲失业，一家人生活上陷入困境。幸没多久，大哥董辅礽参加了工作，从此，他不仅独自承担了赡养父母的义务，而且还和大嫂一起资助姐弟们的生活与读书。我在兄弟姐妹中最小，从小学到大学，名义上是父母供养，实际上，父母供养我的钱是从大哥孝敬父母的营养费中拿出来的，这应是我对大哥的初次愧欠。

后来，我结婚生子，在武汉一家化工厂安家。儿子三岁时体检发现血液中有少量有毒颗粒，是环境污染所致，大哥知道后十分关心，立即将孩子接到北京他家里寄养。大哥家住房十分狭窄，上有老，下有小，加上我的孩子，其困难可想而知。孩子在他家养到快八岁，四年多来与其堂兄董欣中争着叫大伯为"我爸"，说明大哥对侄儿视如己出，这应是我对大哥的又一次愧欠。

大哥渐渐成了名人，但他对我们兄弟姐妹的感情反而有增无减，经常打电话与我们联系，问及我们每家的生活状况，特别关心孩子们的学习情况。因为我们家收入较少，他对我们资助的时候特别多，这种不计回报的帮助持续至 2003 年他去美国治病前。没有想到他这一去就成永远的诀别，也成了我对大哥的永久愧欠。

无限痛惜　永远怀念

妹妹　董文娟

一　沉重不安的十个月

我们深爱的大哥罹祸癌症的不幸消息，犹如晴天霹雳震惊着我们全家人。顿时，我们的心绪陷入惶惶不安的境地，难以接受，难以自拔。我们不时地喃喃自问，"他这么好的身体，怎么会患上癌症呢"？"老天爷对他太不公平了"！

当他住在北京协和医院的日子里，在南京的我们很想与大哥多通通话，但考虑到看望他的人一定很多，他会太累。打也不是，不打也不是，我们常在电话旁转悠，无所适从，最后总算见缝插针与他短短地通了两次话。我们还很想去北京看望他，因同样的原因使我们犹豫之际，我们小儿子陈延恰好因公出差到北京，由他代表我们全家去医院看望了大哥。通话、看望稍稍抚慰了我们阵阵发痛的心。

在他赴美就医期间，我们通过电话和 E - mail 来表达我们的心愿和期盼。同时我们总是悬着心等待着他的消息，一旦收到在北京的侄子小泉的短信"请收邮件"，我们不安的心会悬得更高，揪得更紧。当我们从电子邮件和《环球时报》上得知大哥疗效显著的信息后，沉重的心情曾稍有缓解。可不久得悉该药失效而必须试用另外两种新药，我们的担心加剧，以致睡不安，吃不香。7 月上旬，打电话给大哥，没能听到他的声音，我嫂子说："大哥由小凡陪着去医院了，他身体比较虚弱，多走点路，就有些气喘……"我们的心更加沉重。回想起以前几次电话都是大哥接的，他的话语充满着乐观的情绪，我也受到他的感染而笑语相谈。7 月中旬，欣年和小凡回北京开会，我们急切地打电话想了解大哥的病况，小凡说："还算稳定吧，就是新药的副作用大，白血球降得很低，刚才来电话说恢复正常了。"听后，心绪稍感平静。7 月 28 日，我们住到女儿家，第二天我就觉得心情烦躁，坐立不安，预感到会有什么电话来。决定早点回家。果不出所料，在 30 日下午回家的路上，手机响了，传来辅祺弟悲伤的声音：
"二姐，大哥已于美国时间凌晨 3 时零 3 分去世了……"又一个晴天霹雳，
令我们心碎、肠断，泪如泉涌。我再也见不到我的大哥，再也听不到他的
声音了。我们全家都沉浸在无比的悲痛之中。

我们兄弟姐妹及小辈们散居在北京、沈阳、南京、武汉、昆明、天津
等地，大家悲痛之心难以言表，我们都怀着同一感受，彼此之间打破了电
话，一改以往各啬时间和话费的习惯，三刻钟、半小时……说呀、谈呀，
含着泪互相倾诉我们对大哥的缅怀之情，尽力释放我们十个月积累下来的
沉重和最终失去亲人的悲伤情绪。看到网上一篇又一篇的追忆文章，我们
想写却怎样也平静不下来。

二　独特的性格和高尚的品格

在亲人眼里，大哥是一个有独特个性和品格的人。概括言之，就是他
面部冷削，心却很热。我们有时觉得他性格颇"怪"，甚至似乎不通情理。

他与我们交往中，无论是书信还是交谈都是采取"最小化"，即笔不
勤，话语少。比如，我们写信通常都是叙长问短，少则一页，多则二三
页，而大哥向来都是抓住主题三言两语，一张信纸绝大部分是空白，要是
寄照片，信封中更是没有片纸片语。每每与我们见面，时间都是那么短
促，而且话语很少，往往使我们感到不满足就离开了。

实际上，我们与大哥接触的时间不算少，多年来，我曾多次出差到北
京，为节省科研经费的开支，数次住在他家里。他生活上热情接待我，却
总是那么少言寡语。在短短的交谈中，他从不谈自己。有时我把报刊上看
到或听到有关他的报道告诉他，他总是笑笑，说"没什么"。从不补充，
从不解释，往往使我们的话题无法展开。

他多次来南京开会，都是临时通知我们到他下榻的宾馆见见面，问他
开什么会，做什么报告，他总以"搪塞式"的态度说："我不讲什么。"

数十年的不时相处和相见中，从未从他口中获悉一件有关他学术生涯
和生活中喜怒哀乐的事（除了他从美国回来表露出对孙辈可爱成长的欢乐
之情）。由于他面冷少语，我们对他的了解少之又少，甚至温州籍的妹夫
根本不知大哥在他家乡所开展的工作。而我们对他的业绩和为人的认识，
主要来自听说和书刊报道。20 世纪 80 年代中期，一位毕业于人大的我系
教师曾告诉我："你哥哥很正直，他不随风摇摆，很不简单……"我校经
济系一位老师曾多次在我面前说："你哥了不起，他勇于超前提出一些经

济改革的关键问题。他当时提出‘政企分开、政社分离’是冒很大风险的。”直到近几年，我们先后读过《求真之路》、《董辅礽评传》、《当代中国经济学家学术评传：董辅礽》等书之后，才对他有较全面的认识，才感悟出在他面部冷削的背后深藏着高尚的品格——淡泊名利，不好大喜功，不张扬自己，一心为国富民强而默默奉献。他对党、对祖国、对人民，怀有一颗炽热的心。

他对事业投入了"最大化"的精力，不仅笔耕勤，且话语多，他不停地写，在飞机上，在宾馆里，在孩子睡觉后争分夺秒地写。他写出的硕果是有目共睹的；他不停地在演说、在疾呼，他在学术讲坛上滔滔不绝、侃侃而谈，表现出为国为民的大将风范。

大哥对父母、弟妹和小辈们的也很热心。他一生以工作为重，那么执著，那么繁忙，但对许多事，特别是我们亲身感受到的家事，他总是处理得如此周到得体，他先人后己，克己帮人的品行，在我们心灵中留下深深的印记。孝尊父母是他家事中的第一要务。大学毕业后，大哥就挑起赡养父母的担子，父母生活和出行等费用主要由他承担。我们的大儿子一周岁后，由我父母带到北京的大哥家，直到7岁才回到我们身边。几年后，小弟辅祺的儿子又由父母带到北京的大哥家。那时，我哥嫂的住房并不宽敞，他家有两个孩子，又增添弟妹的孩子，不仅加重生活负担，更会影响他们的工作。但他们很体谅弟妹们的困难，遵从父母的安排，毫无怨言地承担起本不该由他们承受的担子。每当我们回想起这段往事，我们内心深感愧疚。而我大哥却是笑呵呵地描述那情那景——"哎哟，那时候我们家可真热闹呀，全家有七八口人哟！"大哥、大嫂这种热心帮人的风格，令我们终身难忘！母亲中风瘫痪后，最后两年是在我们家度过的。1991年春，母亲走完92岁的人生路程。当时我哥正要去日本，无法来南京奔丧。他打电话说，要飞过来最后见母亲一面。我当即说："你为母亲已尽心尽力了，母亲遗体已送殡仪馆，是不让见的。"他这才罢休。母亲去世时，得到南京大学我系领导和一些同事的关心和帮助。大哥从日本回来得知此情，就给我系党总支和工会写了一封短信，感谢他们对家母的关怀。当时任职的总支书记对此事还记忆犹新。他在报上看到大哥去世的消息，特地向我提起此事，赞赏我哥的为人。父母亲的坟墓在武汉郊外，每年清明节扫墓时大哥总会来电话要我们弟妹代他给父母献上一束花。

2002年春节，我们回温州老家庆祝钦峦父亲90大寿。节后大哥出席在温州柳市举办的"中国电器文化节"，他得知此事后，便会后偕同大嫂专程前往平阳县敖江镇为钦峦老父祝寿，还送了一个800元的红包作为贺礼，并同家父和家人亲切交谈和留影。

2004 年 3 月底，他虽在美国治病，还特意打电话给我，第一句就是"大姐今年 80 岁，我们应该对她有所表示"，并托我代他办理。

大哥到南京开会，与我们相聚时，他特别关心小辈们的成长，问长问短，笑容可掬，他常鼓励小辈们要独立创业，要有奋斗精神。当孩子们表现出畏难退缩的情绪时，他会半开玩笑地说："没出息。"

大哥始终坚持"敬老爱幼"的传统美德，在老者和幼者面前，他都是一位心热的孝子和长者，他是我们学习的楷模。

三 怀念之心直至永远

大哥过早仙去，使我们陷入无限悲痛和惋惜之中。悲痛与惋惜之情交织在一起，惋惜之心使人更加悲痛。我们痛惜他，不仅仅因为他是我们的亲哥哥，更是由于他是国家不可多得的栋梁之才。他聪敏过人、勤奋过人、才华过人、效率过人、品德过人、勇气过人、奉献过人，他是一位出类拔萃的经济学大师。他还有很多事要做，他还未全部奉献，就抱憾而去了，怎么不令人无比痛心，无限惋惜！

像大哥这样不畏风险，一心为真理而奋斗，对自己的业绩在亲人面前深藏不露的人，很是少见的。我们是随着时间的推移而更加了解他、懂得他，他的形象在我们眼里逐渐高大、升华。我们为他而骄傲，为他而肃然起敬。

在奔丧的日日夜夜里，接灵仪式、告别会、烛光追思会、网上的大量悼念文章等，使我们更加深刻地了解他生命的意义、价值与影响。现在，我们可以无愧地说："大哥，你是一位品德高尚的革命者，睿智求真的经济学大师，勤奋奉献的社会公仆，俭朴和善、尊老爱幼的长者。你称得上是一位全心全意为人民服务的人。你不仅是我们的好哥哥，更是人民的好儿子。你将自己全部的精力献给了哺育你的祖国，鞠躬尽瘁，死而后已。"

大哥的仙逝，给他辉煌的一生画上了一个句号。而我们对他的痛惜之心将延续很长很久，对他的怀念之情直到永远永恒！

敬爱的大哥，你安息吧！我们每年都会到你的安息地看望你。

辅礽大哥与温州的点滴追忆

妹夫　陈钦峦

在这悲痛悼念大哥的日子里，作为辅礽的妹夫，我是一位温州人，我和文娟怀着无限哀思，追念他在温州的往事以及留给我们的感受。

1. 我是温州人却迟迟不了解大哥在温州所做的一切

大哥在我们面前，一向不谈论他自己的工作，包括他在温州所做过的一切。因专业领域不同，我们也没有读过他的著作，包括早已引人注目的关于"温州模式"与"苏南模式"的论述。所以，有关大哥与温州的关系，在很长时间内，我们一直蒙在鼓里。

1986 年，由大哥率领的调查组所掀起的"温州冲击波"，我们是在 1992 年开始对家乡做些自然资源调查与规划工作时，才有所耳濡目染。

2. 董辅礽是第一个支持、肯定"温州模式"的经济学家

记得 20 世纪 80 年代，我们回温州老家时，看到满街是个体商铺、个人作坊和工厂，而国营工厂很不景气，百货公司很不显眼。当时温州的市场面貌确实与众不同，是好，是坏，是社会主义，还是资本主义？在我们心目中也是个疑问。而大哥通过 1986 年对温州的实地调查，大胆地肯定"温州模式"是中国农村现代化的一条可行之路，是中国市场经济发展的希望。温州人所干的事，正是今后中国人要做的事。他认定温州个体、私营经济是社会主义市场经济的组成部分，从而在理论上破除了当时甚嚣尘上的"温州资本主义复辟"的错误论调，在一定程度上解除了温州干部沉重的政治压力，也安抚了民营企业家自我发展的信心，有利于进一步解放温州的生产力。富裕起来的温州人，由衷地感激辅礽大哥的理论勇气和良知，感谢他对温州发展做出的贡献。知情的温州干部和企业家曾不止一次地对我们说："董辅礽是第一个支持'温州模式'，肯定'温州模式'的经济学家。"

3. 我们很钦佩他敢于说真话

大哥是第七届、第八届全国人大常委，他属于浙江省人大代表团，一

位温州人大代表在我家谈起大哥在全国人大开会时的情况。他说："我们浙江代表团的同志最喜欢听老董的发言，他思路清晰，见解独到，有说服力，很吸引人。当遇到什么重要问题时，大家都首先请老董发言，先听听他的意见。有一次老董发言后，有人特别打招呼不要在人大简报上发表出来。但过了一些时间，事实证明老董那次讲话的内容是正确的。所以，我们很钦佩他敢于说真话的精神和勇气。"又说："在参政议政中，他特别关注温州的发展，特别关注所有制改革和民营经济发展等问题。"

4. 我感谢温州人民，是他们支持了我，帮助了我

2001 年初，大哥在电话中顺便告诉我们，他下个月要到温州讲课。这是我们第一次事先知道他要去温州。此前，他多次去温州，却没机会到我的家乡平阳。我就想抓住这次机会请他到平阳看看。经与平阳县政府联系，县领导欣然邀请他来平阳作报告。在大会上，他深入浅出地论述了"关于非公有制经济发展问题"。会后，戴祝水县长当场对他说："董老的报告，为我们正在做的、比较头痛的企业改制重组问题指明了方向，提供了切实可行的政策措施。我们就可大胆、明确地干了。"

就在这次报告会即将结束时，大哥面对全体与会者深情地说："我的一些观点和思想的形成，很多来自温州。我感谢温州人民，是他们支持了我，帮助了我。离开了他们，就不会有我的今天。"

正是温州人民的伟大实践，为董辅礽理论思维的发展增添了营养；美丽神奇的温州大地，是培育董辅礽经济学思想的一块沃土。辅礽大哥的非公有制经济发展的理论与温州人民的伟大实践融合在一起，形成了一股势不可挡的经济发展潮流，它已产生，并继续产生巨量的财富、强大的国力和人民的福祉。

5. 温州人民感谢董辅礽，怀念董辅礽

无论在会场上，或在社会调查中，大哥虚怀若谷，平易近人，向群众学习，为人民求真理的思想作风，深得温州干部、群众和企业家的信任及爱戴。他们在一起时，有说不完的话，研讨不完的课题。2002 年初在柳市，他与当地政府领导、南存辉等著名企业家聚首交谈的诚挚氛围，至今还历历在目。

亲爱的大哥，你敏锐的洞察力与实事求是的学风铸就的学术言论，已一一被社会实践证明是科学的、是真理的。你所做的许多报告，都真实地体现出你的价值和魅力。荣幸的温州人，特别是温州干部和企业家，更早更多地享有并成功地运用了你的经济理论成果，不断取得新的成就。了解你的温州人，将永远感谢你，怀念着你！

2002 年，一位平阳县人大负责人曾对我们说："温州人应该为董辅礽立一座纪念碑，碑上应刻上'温州人永远记住你！'以表达温州人对这位著名经济学家的崇敬之情。"一位热心此事的企业家，还曾带着我们去踏勘选址。

　　在大哥永远离开我们以后，我们相信，总有一天，人们会在他的家乡——宁波，第二故乡——武汉，以及他一生最关注的温州大地上，树立起一座座纪念经济学大师董辅礽的丰碑！

深切怀念辅礽

表弟　刘同尧

表兄董辅礽过世噩耗传来，如同晴天霹雳，使我悲痛至极。我同表兄最后一次见面是春夏之交，他来上海作报告，我和老伴都去听了。他那鲜明的观点，强有力的论证和深入浅出的分析，使我听之入胜，得益匪浅。午饭间他专门让人把我找到和他同桌吃饭，问长问短，了解改革开放以来在上海几家亲戚的家庭经济等情况，真是情至意深，使我感触极深。怎知这次见面，竟成永诀。他那音容神貌仍历历在目。

我和表兄虽不在同一地方工作——他在北京、我在上海，相隔较远，虽然他是国际、国内著名学者和教授，又担任国家高级职位，而我是一个普通工作人员，但表兄对我可以说是真诚交往。他那平易近人、善解人意、关心国家、关心社会、关心他人、大而忘私的高尚品德，堪称人间楷模，永远是我的学习榜样。

他称我母亲为三姑，我母亲在世时，他每年来上海，无论工作多忙，时间再紧，总要来探望我的母亲，当时我的居住条件较差，但他也总是非来不可。我对他说，你工作忙、时间紧，打一个电话就可以了，但他一定要来家里亲眼看看。他往常说，看到我家的这几年变化，心里就实在、就高兴。母亲1998年去世后，他仍然极为关心我们，他一到上海就会打电话约时间来我家，有几次实在时间紧张，他就用离开上海到机场的途中，车子到我家弯一下，哪怕是叙谈耽误少许时间也是好的。有时他会安排时间约我们到他住的宾馆见面，一直可以谈到很晚，不知疲倦。

有一次，我的第二个孩子因患乙肝复发，第二次入院治疗。适逢他来上海，当他得知消息后，表示要去医院探望，我们劝阻也无效。他说，青年人得了这种病，要激励他与疾病作斗争的决心。他去探望使孩子很受感动，心情也好多了，不久就康复出院。出院后专门写了一封信给表叔告知情况，作为表叔的董辅礽在繁忙中竟还写了一封回信，对他再次的鼓励，我孩子对此事是牢记在心的。

我老伴退休后，我大孩子也由于企业改制重组分流，他们都自己办起了小型企业，相继都进入了市场经济的行列，当董辅礽得知了这一消息后，就立即寄来了他撰写的有关市场经济的著作。他们读后大受启益。2003年冬天他已在病中，但未向我们透露半点消息。当我老伴向他谈起创建企业中碰到了困难和问题时，他仍不遗余力积极提出如何解决的意见，并叫老伴立即赶往北京有关部门联系。当我老伴和孩子赶到北京时，他已经住了医院。在医院的病房里，他虽已病重，但仍然和往常一样关心我们，询问来京办事的进展情况。第二天他即去了美国。没过几天，我们在《环球时报》上看到他写的文章，当时我们曾为他病情有了转机而庆幸。但谁知情况突变，真是始料不及，怎不使人伤心悲痛。我们久久不忍相信他已离开了我们，他的逝去对国家、对社会、对亲属都是个极大的损失。我们一家人要以他为榜样，学习他深入实际、体察民情、高瞻远瞩、关心国家、关心他人胜过关心自己的崇高品德，让世间充满爱心。

痛悼大伯董辅礽

侄女　董欣红

没想到，2003 年 10 月 14 日与您在协和医院电梯口的一别竟成了永别。

我无法原谅自己当时的幼稚，怎能轻信您的乐观，总想以后还有更多的机会见到您。

当得知您离去的消息时，我已泣不成声，无法原谅自己，我从不曾想过再也见不到您。

我不敢想像，我们的家族在以后没有您的日子里生活会是怎样的，我只知道几十年来这个家族是靠您来凝聚的。

从我记事时起，我们这些孩子们——您的侄儿、侄女，外甥、外甥女就寒来暑往的住在您那里，你和大妈从来就把我们看成是自己的孩子，一样的要求，一样的对待。

当我们又有了下一代后，我们又把他们带到您那儿，您和大妈更加慈祥的重复着昨天的一幕。

可以毫不夸张地说，我们这一代及我们的下一代都得到过您和大妈的关爱，您总是从精神上和物资上不断的给予我们，而却从不求回报。

您可能不知道，我们是多想寻找机会报答您啊，然而，您却不曾给过我们这样的机会，甚至，您常常是近乎无情的拒绝我们对您的报答。

我总是幻想着，当您和大妈老了以后，姐姐弟弟不在您身边，我们这些在国内的孩子可以对您尽些孝道。

记得最后那次见到您，我告诉您我已买了大房子，到时，您和大妈一定要过来住住，您听后很高兴，还问我需不需要帮什么。您知道我当时有多么的开心啊。

虽然我们不在您的身边，分散在各地，但我们能以从电话中听到您的声音，从报刊上看到您的消息和文章而感到欣慰。

可是您却连这点安慰都没给我们多留些时候，您就这样匆匆的离我们而去了。

在痛失您的日子里，我真是悔自己当时为什么不在您身边多留些时候，为什么没和您多聊一聊啊，哪怕是多一分钟。这已将成为我今后日子中永久的痛。

我不敢去回想七年前，在祝贺您七十岁生日及学术生涯五十周年庆典时，我们一家人聚首北京时的情景，当时，我们是何等的开心啊。

而今，我们一家人将再次聚首北京，我们将用最虔诚的心迎接您的归来；将用撕裂般的心为您送行，我们会永远的为您默默的祈祷，祝您一路平安！您的精神将永存，我们对您的爱永恒。

非经济学家的董辅礽：我生活中的大伯

侄女　董欣红

　　昨天，我刚刚从北京回来，在这些天对大伯的追悼和追思活动中，我深深的感受到了除了悲痛之外的震撼与欣慰。

　　使我为之震撼的是大伯的追悼会居然有那么多的人冒雨赶来，向他告别；会上各界人士、同行们以及他的学生们对他的为人及经济学思想给予了那么高的评价，有那么多的人发自内心的加入到对他的怀念及追思的行列中。因此，在这深深震撼的同时，也给我的心灵带来了深深的慰藉。我知道我对大伯一生的一切一切是无法评价的，尽管我也常读一些大伯的著作及文章，但在学术上我远不如他的朋友、同行及他的学生们对他认识的深刻，我只想在纪念他的日子里，写写我生活中的大伯，以寄托我的哀思。

　　可能在我的堂（表）姐妹、兄弟中，我和大伯、大妈在一起生活的时间最长。我和大伯、大妈的感情已经超越了一般的与侄女的关系。大妈曾对我说，你就是我们的孩子。下面是我生活中有关大伯的小片段。

一　大伯手上的老茧

　　很小的时候我到过北京的事已几乎无法想起，只记得在懂事以后去北京是 1970 年，大伯在站台上接我们，我们下车后，他右肩扛起我的旅行包，左手牵着我的手，一路小跑的奔到北京站口去乘 1 路公交车。那时，我第一个感觉就是大伯的手很粗很硬，长满了老茧。当时我想，这怎么和照片上文质彬彬的大伯不太像啊。那次，大伯和我们一起过完春节就坐火车走了。后来我才知道大伯当时是在河南"五七"干校劳动，现在想想从大伯的一手老茧看，他对待干校的劳动也是极认真的。

二　大伯对我发了火

　　大约是在 1973 年，一次大伯带我和中中弟弟出去玩，玩完之后大伯有事要办，就把我和弟弟送到地铁站，要我带弟弟早点回家。当时我13岁，还比较贪玩，于是就带着弟弟在地铁站里来回坐上了地铁，当我们回到家里时，大伯已经在家里了。他很着急，问我们去哪里了？怎么这么晚才回来？我很害怕，就胡编了些理由。大伯偏偏就是紧追不放，最后对我发了很大的火，我才说了实话。大伯首先气的是我没听大人话，其次是错了又不说实话。当然大伯一直对我很好，这是他第一次、也是惟一的一次对我发火。事情虽然已经过去二十多年，但我却总是无法忘记。现在我做人、做事从不给自己找借口，对就是对，错就是错。在对人上无论是职位高的还是低的我都以诚相待，做事情总是一丝不苟。

大伯家一向都很干净、很整洁。爷爷奶奶在世时，他们每天早晨都要将房间从上到下擦扫一遍。当时大妈医院里的工作很忙，总是要早出晚归的。大伯在家时总要抢着帮爷爷奶奶做些事情，他动作很快，先拿起笤帚和簸箕迅速地将房间地扫上一遍；再拿起抹布将房间擦上一遍；他常常是一路小跑的到楼后的垃圾站倒垃圾，然后将簸箕暂存在一楼，又一路小跑着去附近的商店买些日杂品。

在我们这个单元里，大伯的信是最多的，因此，他有很多的信要回，这件事他往往要在吃完晚饭后去做。他会将眼镜摘下，往桌边一放，你再看他就好像电影屏幕上的快镜头，手下生风般的一行一行写着（大伯写了一手漂亮的行书和草楷），一会就会完成几封信。

三　大伯很热爱生活

在三里河的家里，大伯家的窗台上养了大大小小十几盆花，只要一有时间，大伯就要为他们浇水、通风，还要把他们搬来倒去晒太阳，隔上一段时间，他就会给这些花浇上一些泡发孝了的豆子水，臭豆子水熏得我们直捂鼻子喊臭，这时大伯就会边浇边说："嘿嘿，没有大粪臭，哪有稻米香。你们说对吗？"我们只好说对。

大伯生活是简朴的。记得小时候，大伯带我们几个孩子去玩，回来时乘13路汽车，如在三里河东口下车，离家很近，但每张票要多花5分钱，大伯就要我们提前一站下车，多走上一段路。当然我们都很不愿意。这也许就是一个经济学家的思维吧。

前些年，我到北京办完事后去看大伯，大伯一个人在家，他好像正在看资料，见我来了就问我吃饭没有，我说吃过了。您呢？他说没呢。说着话，他就将罩在餐桌剩饭菜上的罩子取下来，随便吃上几口。其实他生活总是这么简单。

　　有时我带女儿去大伯、大妈那，他们就带我们去附近的饭店吃饭，每次他们都将吃剩的饭菜打包带回来，下顿会接着吃。他们真的是很简朴，虽然姐姐弟弟都在国外，他们的经济条件很好，可他们却坚持这样做。

大伯，您并没有离我们远去

侄女　小梅

怀念您，大伯。

大伯，是我，您听到了吗?! 请原谅您的侄女今天才问候您，但我想您会包容我的。

大伯，今天您就要回来了，从遥远的异乡，仿佛中，依稀又看到了您矫健的身影，只是又清癯了，但笑容依旧。您脚步匆匆，总是像有许多要办的事情，那时我们多想让您能停留下来，好好休息休息呀。

大伯，我给您发的短信您收到了吗，听到电话中说您昏迷的消息，我的心顿时收紧了，眼泪渐渐溢了出来……您一向身体健康，冬天了才仅穿单裤、衬衫和夹克。您是一位倔强的老人。记得那次在亚运村吃饭，我们偷偷去结了账，您有些不高兴，埋怨我们说好了是您请客的，您一直就是这样一个讲原则的人。还有一次吃饭时，您和我女儿玩儿起了"土豆土豆皮儿皮儿，土豆土豆丝儿丝儿"的游戏，看到您脸上露出孩子般顽皮可爱的笑容，我们都会心地笑了。由于工作忙，您总是天南海北地跑，我们没有太多的见面机会，但逢年过节您是必然要与我们聚的，我们谈自己工作和学习的体会，您就在哪儿静静地听，偶尔也会给我们提出您的建议和看法。和您的交流是轻松自然的，我们知道您在学术界崇高的地位，但我们眼中的您始终是那个可亲可敬的大伯。

大伯，我是 2004 年 7 月 30 日中午 12 点半给您发的信息，是您在国内时使用的手机，我不知那个号码您是否还在用，我也不敢打通它试试，我怕电话那头传来"对不起，您拨打的号码已停机"，那样我就无法与您亲自联系了。所以我宁愿相信您仍在用着它，您仍能亲眼看到我的短信，那是我和您联系的最好方式。信中我对您说："大伯，您在看我的信息吗，如果您能看到，那就太好了，我们的爱会留住您的，您一定要坚持住。大伯，我看到您的微笑了，虽然相隔遥远，但亲人的心是相通的。爱您的侄女，小梅敬上。"发过短信，我的心情才平静些，毕竟有话憋在心里无法倾诉是最痛苦的，我觉得我是幸运的，在未曾料到的最后时刻，我与您交流了，我不会有太多的遗憾了。但是，大伯，您知道吗，您留给了亲人太多的伤痛，今天，咱们家的亲属都来北京了，说到您时，小姑悲恸失声，四叔也几次哽咽着说不下去话，我看到了大家都在为失去您伤心，长兄如父啊，您为什么就走得这么早呢，我们还想在您颐养天年时多陪陪您，却不料天妒英才，让您过早地离去了，逝者如斯，而未尝往也，我最亲爱的大伯，在这个多雨的夏天，您并没有离我们远去，您只不过是又出了一次远门而已，我们都在这里用心等候着您……

怀念大伯

侄子　董欣泉

　　由于工作的需要，我经常使用电子邮件与外界联系，所以在大伯赴美就医期间，我就承担了国内亲属与在美国的大伯之间的联络任务。在这一段时期内，我们经历了太多，曾有过一些轻松，但命运最终给予我们的是重重的一击。我想大伯会同意我将他的一些邮件告诉大家，因为这是为了让更多爱他的人有机会了解他与我们家族之间的亲情从未被病魔割断，同时也是为了我们家族成员对他的永久怀念，见字如见人。

　　我钦佩大伯对新事物的跟进和思维的敏捷。在网络时代的今天，父母这一辈很少有人可以熟练使用电脑、上网和收发电子邮件。但是大伯可以轻松做到这些。大伯在 2004 年 2 月 26 日的邮件中写到："小泉，现将病情告知如下：昨天见医生，因负责医生出差，要到 9 日才能见我，那时将得到更多的情况。总的情况是，继续好转。肿瘤进一步缩小，但较上一疗程为慢。负责医生最满意的是，肠癌的最主要指标 CEA 下降很多。第一疗程比治疗前下降约 70%，这次第二疗程又比第一疗程下降近 60%，即比治疗前共下降约 85%。当然，现在的指标仍高，还需较长时间治疗。总的说来，治疗的效果是好的，但不能期望太快。你父母身体如何？大家都要保重。大伯。"

　　绝对的好消息。我的父母及所有亲属都在第一时间被通知到。我们相信现代医学的进步，为什么这一次不能为大伯创造奇迹？谢谢大伯，我们一定保重，您也一定要加油啊。

　　大伯在 2004 年 4 月 21 日的邮件中写到："辅祯（二弟），19 日做了 CT，20 日与医生见面，我的病出现反复。癌细胞有了抵抗力，重新生长，原来用的三种药失效。医生决定用另外三种药，有一种二月刚批准上市，另一种仍在临床实验中，效果都不错，作用机理与前三种都不同。望告姐妹弟。董。"

　　这是一封勇敢的信，大伯非常直白地告诉我们他目前遇到了困难。此消息立刻被通知到国内所有的亲属家，大家万分焦急，因为之前从美国传来的都是不错的消息。亲属们几乎找遍了国内所有与治疗疾病有关的信息，通过邮件发给大伯。在这之前我们也经常给大伯发一些有关的中医治疗方法。我们时常哀叹自己的能力有限，不能为大伯做更多的事情。

大伯在2004年5月24日的邮件中写到："小泉，几天前发的信收到否？我现在再发一次。有一段时间没有通信了，因为治疗的方案在变。最近经过医生的努力，学校方面同意上新药……现在已定下星期五开始治疗，每周做一次化疗。为防止化疗时间长引起静脉变硬，在锁骨下做了个小手术，预埋了管子，以后点滴就从这里做。本来要用三种药，第三种先不用，因为其他医院在实验中，病人的反应太强，医生说等他们找到合适计量后再用。从最近的血液指标看，肿瘤没有什么变化，肝肾功能OK，红白球和血小板指标正常。大概情况如此。请放心。又从国内带来的肠肿瘤的活检切片中因取样不好仍未发现癌细胞，只得又从肝肿瘤中取样，证明肝肿瘤是直肠癌转移来的，原想用于实验新药是否能起作用，现在认为没有必要了。我的身体仍可以，只是容易疲倦，食欲稍差，但仍可以，近来体重增加。董。"

看到这封邮件，大家稍微松了一口气，非常扼要的说明，清楚而坦然。大伯坚持住，我们为您的点滴进步而高兴，我们心中祈祷着……

以下是大伯给我们的最后一封邮件，时间定格在2004年7月7日4点50分（北京时间）。大伯在邮件中写到："我的癌控制住了，已不再长。新药副作用大，可能有效。告袁瑜（四弟媳）信早收到。谢谢她。欣年（女儿）和小凡（女婿）17日到北京开会，Barney（外孙）同行。23日去上海，31日回北京。8月2日离京回美。你们可与他们见面。小凡手机号138012*****，有时住家里，电话68******，何时可见面，你们自己联系。董。"

这是一封相对轻松、逻辑准确的信。儿女可以暂时离开治疗中的父亲远赴他乡，预示着一切都在掌握之中。正因为如此，当我们接到大妈从美国打来的电话告之大伯病危时，所有的人都不相信这个事实。即便是在网上已经发出大伯辞世的消息，我们仍然不愿相信这是真的。直到我们接到欣年在美国的电话后，我们才不得不接受这个令人万分悲痛的现实。而后大伯在国内的姐弟妹将拟好的悼文以邮件的方式发往美国。

作为晚辈，我无权评价大伯。但我想说大伯是一个勇敢而顽强的人，是一个敢于面对现实和勇于挑战的人，这些我们可以从他在协和医院向我们平静的描述病情和上述往来邮件中体会到。

在近些天与大妈的接触中，我们明显感到她老人家的悲痛、憔悴和清瘦。大妈坚持住，保重身体。这一定是大伯生前的愿望。

大伯没有走远。我们相信有这样一个永恒的世界，它属于那些先离我们而去的至高至善的人。在那里大伯将获得平安与升华，在那里大伯将与我们的爷爷、奶奶和其他故人相聚……

永远的思念

侄媳 李学彦

　　一直以为印象中的大伯，精神矍铄，思维敏捷，步履如风，有着如青年人的朝气。却不料，病魔却这么早的将他击倒，上帝安排的召见也是这么早。总觉得这是不可能的事，起码应该是几年或十几年后的事，他毕竟才77岁，离90岁、100岁还远着呢，可这却是事实，让人难以接受的事实。伏案追思，往事如潮。

　　记得初次进入董氏家族，方知道董家有一位杰出的人物——大伯董辅礽先生。我是学医的，经常对浩瀚的医学知识有过多的关注，但对经济不大感兴趣。可是由于身处这个家庭，耳闻目睹家人对他的崇拜，国人对他的评价，有机会拜读他的著作，逐渐对国家的经济走向有了粗浅的认识，对董辅礽的卓越成就有了细微的了解。知道他是对国家经济有重要影响的一代经济学大师。

　　但是在他睿智超人的学识外，我更要追忆的是他的亲情、家情、对亲属的爱、对兄弟姊妹的爱。

　　常常听我爱人谈起，大伯是非常风趣的人，又是极具爱心的人，几乎每个家人都承受到他海洋般的慈爱关怀。翻开家人小时候的已经发黄了的照片，常常见到文革时期三五个孩子一起照的相，那是大伯众多兄弟姐妹中的侄儿、侄女、外甥、外甥女们。小时候，一到寒暑假，孩子们到北京玩，都住在大伯家，那是一件快乐的事。且不说当时经济条件好不好，就说这一帮孩子吃住在他家，他和伯母要付出的操劳就可想而知。我现在也为人之母，常常觉到照顾孩子的辛劳，甚至多一个孩子都觉得麻烦。可是大伯家却常常有孩子们的光顾和笑声，甚至有兄弟姐妹家的孩子长期住在他家上学、读书，这说明了大伯的宽厚慈爱之心，爱家人，爱大家。

　　大伯是家中的长子，有兄弟姐妹五个。他真的尽到了长子的职责，一直抚养着父母，为双亲养老送终。他也尽到了大哥的义务，经常给予兄弟姐妹以帮助，只要在他可能的情况下。不求感谢，不图回报，就像阳光之于大地，雨露之于禾苗，春天之于万物。

两次见过大伯，第一次，是在我的家乡——沈阳。大伯作为著名的经济学家，到辽宁检查指导工作，并由市长亲自接见。闲暇之余，他到我的公公——建工学院教授家小憩，看到他不停的谈论着国家经济，那富有哲理的言谈，使我有机会聆听这样一位经济大家的理论，尽管我听不太懂。

初次近距离的接触大伯是在他的三里河住所，也就是我爱人小时候常常光顾的并留下许多儿时故事的地方。我带着儿子到北京玩，住在他家。原以为这么知名的学者，定会严肃有余，不好接近。可是我看到的是一位慈爱的长辈，一位风趣的老人。他百忙之余，安排车子陪我们去玩。我儿子亲切地称他为大爷爷。他也在茶余饭后和小孙子开玩笑。我儿子小名叫董闹闹，当时也就四岁半，比较顽皮，跳上蹿下。大爷爷就说，你不要叫董闹闹了，就叫胡闹吧。我儿子头大，他就说，"董大头，大头，下雨不愁"。知道我爱人是搞脑外科的，他就打趣的说，叫你爸爸给你的大头也打个洞，吸吸脑吧。言谈话语间让人感受到亲情的温馨。在他略显严峻冷漠的外表下，其实包藏着一颗慈爱有加的心，一份孩童般的天真。

而今，在家人和国人都需要他的时候，可恶的病魔却把他带走了，把他带到天堂之国，让他休息休息，他太累了，太累了。

再也感受不到他的宽厚慈爱，再也听不到他的风趣言谈。只能将这一小段文字作为纪念，随风送去晚辈们永久的思念。

追忆大舅

外甥　陈延

2004年7月30日，大舅悄然离我们而去，正如您每次来南京般脚步轻轻，来去匆匆。没想到2003年10月我一次偶然的机会出差到北京竟成为我代表全家与您见的最后一面。我无法想像病魔会缠上像您这样一位坚强乐观，精力充沛的老人。噩耗传来时，我陷入无尽的悲伤。

记忆中，我印象最深刻的是您从不怕冷的身体，再寒冷的天气您也只穿一件外套和单裤，令我们这些小辈汗颜。年过七十，您还是能保持旺盛的精力，记得大舅妈曾统计过您一年出差42次，奔波在祖国各地讲学，为中国经济的振兴强大，制度的改革完善而努力。

记忆中，您总是非常关心我们这些小辈的成长。每次路过南京总不忘带上些东西，问问我们工作及生活的近况，见到我更是会说"小延，什么时候成立自己的公司"，因为您知道我是一个进取心不足的人，借此激励我去闯去做。

记忆中，您是我们家族的核心。每次您来南京我们总是簇拥在您的周围，可您对自己的事总是绝口不提，我们得知您的消息更多是通过报纸、电视甚至他人的言语，在您身上一点也没有一个大经济学家的架子，您的心总是放在我们身上，在力所能及的范围内尽可能的为我们提供帮助。

记忆中，您是一位在工作中绝不打折扣的人，我虽然不能如您的学生般在工作中亲近您，但我还是通过您来南京参加一次名为"地球村"的电视节目感受到您的风采，在节目中，您慷慨陈词，侃侃而谈，观点鲜明，深入浅出，对自己的观点绝不保留，让我看到您一颗永不言老的事业心和真挚的报国情。

大舅，您还记得大学一年级时我们上长城玩的情景么，您和大舅妈是那么疼爱我，至今我还保存着我们在一起的照片。

大舅，您还记得我和李薇刚结婚时您请我们吃饭的情景么，一桌美味佳肴，一如慈父般让我们多吃点，再多吃点。

这些生活中的点滴已成为我生命中最弥足珍贵的记忆。

记忆中的您是那么完美，您的思想境界我无法企及；记忆中的您是那么多情，您的关心爱护使我们一辈子感到温暖；记忆中的您又是如此绝情，绝情得以至于我们再也没有机会去报答您。

逝者已去，生者犹存，大舅，您放心地去吧，我们会为您默默地祈祷，祝您在通往天堂的路上，一路走好！

大舅，您永远活在我们心中。

怀念大舅

外甥　惠春　惠慈　吴希再

七年前，我们以您亲人的身份从祖国的各地会聚北京人民大会堂，祝贺您的七十华诞。

今天，我们重新聚首，为您送行。

想再见您的容貌，除非梦中，想再听您的声音，也只能见诸您遗下的文字了。

抚今思昔，能不依依？

您是中国当代有影响力的经济学家之一。面对海内外业界对您的赞誉，您从不骄傲，几十年如一日，不停地奔走，不停地写作，不停地讲授，不停地建言，直至春蚕丝尽，蜡炬成灰。在美国治病期间，化疗使您虚弱到手不能举，但您仍每天笔耕不辍。一篇《我在美国治肠癌》的文章，读后让人涕泪涟涟，您哪是在写自己的治病过程，您是一个真正的勇者，勇敢地向疾病宣战；您是一个真正的善者，以自己的治病经历，抚慰千千万万个癌症患者的心。有人戏称您是冷面学者，然而在您面对疾病的痛苦与死亡的威胁时，您展示给我们的是一颗热情与博爱的心灵。

今天，您许多的亲属，不远千里，凡足能行者都到了。在您生前，没有间瞬与我们拉拉家常，您每到一地，一个电话通报您的到来，再一个电话告知您的离去，但我们特别能理解您，因为从您参加革命的那一天起，您就不再属于小家而属于社会这个大家。从机场接您归来，与亲人这样长时间的际会，我们真的感到特别的亲切，特别的欣慰，特别的宝贵。

许多人在评价您在经济领域的成就之余，常常情不自禁，陶醉于您的人格魅力。

1959年留苏归来，您尽了长子的责任，主动承担赡养父母的义务，几十年如一日恪守孝道，直至为二老送了终。

在您的每一部著作的卷首或篇末，您都无限深情地提到夫人刘蔼年对您的帮助，伉俪情深，人所共知。

您以自己治学严谨的态度教育子女成才，子女双双赴美深造，并学有所成。

为受到不公正待遇而流落社会的老知识分子四处奔走提供帮助，受助者不少。

亲属中不乏困难者，您在不违背原则和力所能及的情况下，尽可能地提供帮助，受助者众。有言谢者，您会认真地恼怒……

关于您的生平，在《求真之路》和《董辅礽评传》两本书上有详实的介绍，如两部书的作者所希望的，除了肯定您对中国经济的巨大贡献外，您的人品、您的人格魅力值得我们崇敬。

您的父亲，我们的长辈董浚敏先生是一位爱国的老人，1927年7月26日您诞生时，他给您取名辅礽，有为国家祈福的意思；又给您取字文载，那是父亲对您的期望，希望您长大之后，为国家做出贡献。您没有辜负乃父的期望，父辈有知，笑慰九泉。

追忆您的一生，您成长的过程，您走过的道路，您写过的文章，您教诲过的学生，您关怀下成长的亲人，一切的一切，给后人留下无尽的哀思。

这样多的领导，经济界同仁，至爱亲朋，他们不辞辛劳，不远千里，百忙之中，到机场迎您归来，又为您送行，这是您的光荣。您辞世的消息传开后，网上充满了各界群众自发的悼念文章，家属收到唁电之多始料未及。

一个人，因他的辞世而受到国内国际社会如此多人的关注，追思和落泪，说明您的一生赢得了极大的成功。作为您的亲人，悲痛之余，深感自豪。

多少年来，我们习惯了有您的日子，您知道吗？您的离去使我们在今后的很长一段时间无法习惯，没有您，我们往后的日子会变得暗淡。但请您相信，失去亲人的悲痛将会随时间淡去，您留给我们的宝贵精神财富我们将代代相传。

您的一生是一首壮丽的英雄交响曲，它终止在一个高亢的旋律上，在短暂的寂静之后，紧随着的是雷鸣般的掌声……

安息吧，我们最亲的亲人。

寄往天堂的信

外孙女　丹霓

大姥爷：

　　您知道吗？今天的太阳很美，当我推开窗子，它就投下了夺目的光辉。可您却不愿与我分享这份喜悦，悄悄地告别了火红的太阳，轻轻的到天的那边去了，您就是这样，挥一挥衣袖，不带走一片云彩。或许是您走的太匆忙就没能让我与您告别，或许是您对我的怜爱，不忍让我深陷离别之苦。可是您知道吗？您这无声的离去却给了我永恒的愧疚，也成了我心中的永久的伤。

　　还记得小的时候，妈妈常带我去北京玩，您和大姥姥总是热情的迎接，又依依不舍的送别，那时我就深深的体会到您们的慈爱。后来我长大了，上了小学，就开始忙于学习，很少看望您，只是打电话问候。我每次打通电话，你们总是轮着抢着和我说话。亲切地问我这问我那，说个不停，在关心我的同时，却总也忘不了提醒我去玩，我每次都答应但总是因为种种事情而无法实现。现在想想，那些事情真的那么重要吗？为什么我总是不能抽出时间去看您呢？多陪陪您，让您开心？这一切一切都让我后悔不已，总是在捶胸顿足之际才发觉一切都已无法挽回。

　　后来我上了五年级，那年是您70岁生日，您一直在笑，很开心很幸福。那时所有的亲人都相聚在北京为您祝贺，连空气都是那么温馨充满着快乐。大家都怀着激动的心情去享受这段美好的时光，因为喜悦而毫无倦意，直到很晚大家才离去。

　　还记得，1998年的暑假，您和大姥姥带着我和王博去游乐场，去北海划船。后来我去北海写生又不禁想起了您，想起您在这里留下过足迹和笑声，您把能给我的都给了我，让我拥抱幸福。您是我们的精神支柱，生活的主心骨，我们因此而期盼着给您一个愉快的80大寿。因为三年后我将成为一名大学生，我想用我的成功让您欣慰，而您却带着这份遗憾离开了。

　　您的离去是我们的损失，是经济界的损失，是社会乃至全国、全世界的损失，而我却也无回天之力。天津离北京很近，而这两年我却去的很少，因为，我放假你们却有可能在外奔波，你们回到北京时，我却总是觉得学习忙没有时间，就是节假日也要加课。记得上次去北京是2000年的十一，王府井就是您带我去的，我们去步行街看音乐喷泉，去老茶馆，去看铜像，听您讲历史，您和大姥姥还给我在"洋车"上拍照，又给我买了一面纸做的中国国旗，我拿在手里四处摇摆，很是高兴，我至今还保留着它，这一幕幕快乐的情景总是闪现在脑海，好深刻好难忘。

您经常出国，您出国前或是回国后我总是要打电话给您，您从国外回来总是不忘带衣服或是些小礼物给我，这总是让我兴奋不已。

圣诞节时我还写了一张贺卡给您和大姥姥，是好大一张，上面写了很多祝福的话，告诉您和大姥姥我想你们了，后来是一个偶然的机会我和妈妈到了北京，我发现那张贺卡就摆在电视机上，一进门就能看到，很是显眼。然后，我们一起走路去吃饭，又一起散步回来，一路上说说笑笑，现在想起来都好温暖，只是现在这一幕却永远无法重现了。

2003年我上初三，生活的节奏也明显的加快了，因为要中考了，更是没有时间去看您，就连电话也很少打了。得知您生病时是10月13号，那天是我生日，妈妈还为此哭了一场，我知道了也只是忍着，不让泪水涌出，怕妈妈更难过，所以只是在一边劝慰，告诉她大姥爷一向身体很好，如果能赴美就医就会好转，不会有事的。这番话不仅劝慰了妈妈，连我自己也被说服了，相信您会没事的。您知道吗？初三的日子是很忙的，连假期都是要补课的，上课的时间就更是不能占用，所以妈妈、爸爸在14号一早就匆匆赶往北京协和医院，回来时妈妈告诉我，大姥爷的精神状态很好，很乐观、很自信。可我们万万没想到这竟是最后一面，而我却连您最后一面都没能见到。后来我就越来越忙了，7点多放学已是常事，晚上甚至连作业都写不完，如果我知道您的情况不好，我会放下手中的一切事，给您打电话，去看您。可我不知道，完全被您的乐观蒙蔽了，我当时真的太相信您了，以至于留下了这么大的遗憾。

这段日子过的很快，初三的日子似乎一晃而过，这期间，大姥姥总是说您的病情得到了控制，我也因此安心了许多，中考结束后，我终于从书堆中抬起头，开始疯玩，可能因为我还是个孩子的缘故，总是改不了爱玩的天性，玩的有些忘乎所以了，连您的情况都忽略了，只是盼着您早日回国，到了7月下旬，从美国传来您的消息，大姨说您的情况不好，我却已有了不祥的预感，我不懂医学，怕自己只是乱猜，又没太在意，治病哪有不波折的。

可是几天后噩耗传来，妈妈已然是泣不成声，我也只是呆呆地坐着，已是泪流满面，不知道怎样宣泄心中的伤感与悲痛。

那几天，我们就一直在网上搜索，看有关您的文章，包括您写的《赴美就医记》，真的满心的佩服，同时又满腔的悲伤，随后又得知您要"回来"了，妈妈就再次带我到了北京与这么多亲人聚在一起，与这么多悲痛的心碰撞在一起，我们在一起回忆了很多，说到有趣处，我们也会忍俊不禁，但又总是被悲痛拉回到现实中，原来眼前的都是真的。我们去看大姥姥了，她瘦了，虚弱了很多，大姨却很坚强，她只是与我们说话，但我仍能感觉到她的失落与心酸，屋子里到处是鲜花，不免渲染了这悲凉的气氛，让人潸然泪下。

转天就是您的告别会，我们都怀着沉重的心情为您送行，天下起了雨，难道真是天人共泣吗？是啊，您就是这么的可亲可敬，使我感到慰藉的是，这么多人来送您，他们流泪了。您能看到吗，他们都爱您，因为您的思想、您的慈爱、您的伟大，告别会很成功，我再也控制不住自己的眼泪，让它们决了堤。晚上，在泰康人寿大厦11层燃起了77支白蜡，组成了一个心形（我也为您点了一支，并已将蜡烛带回一只留做纪念），这次烛光追思会让我的灵魂得到了净化，通过大家对您的追思，我又近一步的了解了您的生平，了解了您生活的点滴，我听了只是泪如泉涌，这一天我一直是恍恍忽忽的流着泪，似乎把这辈子的泪都流完了。大姥姥说她会为了您好好的坚强的活着，您该安心了，我也会认真完成学业的，不辜负您的希望。

如果我想您了，遇到困难了就点燃那蜡烛，给您写信，如果我成功了，也告诉您让您高兴，不让您寂寞，好吗？

您想我了就在梦里告诉我，我愿意把每天的梦都留给您……

丹霓　2004 年 8 月 16 日

第四篇

弟子缅怀

怀念恩师董辅礽

陈东升

一 历史性的讲演

老师最让我刻骨铭心也是对我一生影响至深的事，是在我考入武汉大学不久，他回母校做了一场空前轰动的关于经济体制改革的学术报告。记得当时在学校最大的报告厅——能容纳六百多人的四区阅览室座无虚席。在20世纪70年代末80年代初，改革刚刚启动，当时人们的思想和政治观念还相当禁锢，董老师4个小时的报告高屋建瓴，一气呵成，犹如一声春雷在人们的思想领域里炸开。正是在那场报告会上，他在国内第一个也是第一次全面、系统、深刻的提出经济体制改革的核心是政企分开，政企分开的核心是改革国有经济，改革国有经济的核心是改革国有企业。这在当时是需要极大的政治勇气和对真理的执著追求才能做到的。那次报告会取得的巨大成功和强烈反响在武大的历史上也堪称影响之最。

二 推动国家市场经济的立法

董老师作为人大财经委员会的副主任，对推动中国各项经济立法的进程以及推动中国经济市场化的进程做出了重要贡献。印象最为深刻的是《拍卖法》的出台以及经过。他作为人大财经委《拍卖法》起草的具体负责人，表现了强烈的学者独立性以及人大执法的公正性，他不受任何官方的干扰，坚定地主张打破文物垄断，不遗余力地推动中国拍卖业与国际化接轨和市场化、法制化的进程。这一方面的贡献过去不太为人所知。

三 爱憎分明的人格

董老师一生刚正不阿、爱憎分明的学者风范也给我留下了难以磨灭的印象。他非常突出的特点就是。对于他不喜欢的人或者水平不高的官僚，从不低三下四，甚至一点面子都不给，我们做学生的有时在旁边都觉得不好意思。但他对自己的学生，对年轻人，却恩宠有加，近乎溺爱。董老师一生简朴，凡事亲力亲为，从来不用秘书，无论是往来书信，还是学生的书稿、论文，包括学生出书的序言等，董老师都亲自书写，从不请任何人捉刀代笔。

四　永久的纪念

作为他的学生，我最骄傲的是在我们宁波分公司开业时，专程邀请到董老师参加了我们的开业典礼，记得当时董老师在开业仪式上做了非常精彩的演讲，他对保险的独到见解显示了经济大师的风范，他那饱满的激情，也感染了所有在场的员工。

董老师出生在宁波，对宁波有一种独特的感情，记得那次我陪他回家乡时，一起参观了董老师的出生地和伴随着他学习成长的老房子，这是典型的江南民居，基本保存完整，现在住了好几户居民，他们已不知道这房子过去的主人。只有门前依稀可见的"赵姓己墙"（董老师的母亲家）的石牌，见证了老师当年生活的点滴痕迹。在那块石牌前，我和董老师留下了一张珍贵的合影，现在发给大家分享，以此作为对恩师的永久纪念。

智者不惑　勇者无惧
诚者有信　仁者无敌

陈　军

董老逝世前日，我有一种莫名的不安，试图联络大洋那边的董老，聆听他的声音，询问他的病情。然而家里的电话未有人接听。当晚辗转难眠，不想次日下午惊闻噩耗传来，恩师已和我们天上人间，从此永诀。回到家中，太太告诉我一支青竹无故折断在地，为什么恰恰在这个时候，董老啊，让我如何能够相信呢，又让我如何能够不信。

此前一次的电话，董老告诉我治疗进展的很顺利，尽管药物难免会有副作用，但是他有信心能够尽快康复回国，语气那么坚定和乐观，一如他那刚直的风格。我默默地为他祝福，希望他能够度过这场磨难，我坚信他的精神会是最好的药物，然而……大地归于沉寂，恩师魂归长空，此刻留给我的只有那么多的，那么多的承载不动的回忆。

从我做董老的学生那一天起，常常听身边的朋友和学长讲述他们在无数小事中看到的董老正直的人品和善良的高尚情操。在我的记忆中，只要是有问题、有疑惑，无论是电话抑或电邮，似乎任何时候都能得到他最快的回复，或长或短，或深入或浅出。他的思维之敏捷，师德之严谨，生活之简朴，治学之投入每每让我深深折服。每当面对面的与董老讨论文章，只要有，哪怕是些许值得赞许之处，他都会给我那么真心的鼓励。伟人也好，名人也好，在那个堆满书籍的小小的住所中，在寒冷的冬天里，他是一个如此执著的长者。不敢想像，经济学是一条如此崎岖漫长的路，如果不是他带领着我不断穿越前行，我一定会迷失方向。即便是 2002 年董老病重，每次给董老打电话，他都会花不少时间和我讨论我的文章，尤其是关于公司治理这个章节，我们的讨论甚至深入到不少细节。在美国治疗期间，他的工作热情并未让病魔击退，依然如此顽强地在病榻上写作和阅读。让我至今仍然不能相信这样一位经济学北斗已经悄然乘鹤远去。

2002 年的夏天，我还在美国学习和生活，有幸和先生相聚在剑桥的荫荫小径。那时，他的孙子刚刚满月，话题中自然的多了小孩的故事，这是我作为一个学生第一次在我敬仰的泱泱长者身上看到其柔情和童趣的一面。今天，当重新看到那一张张快乐的照片时，我悲痛难当，我们多么希望苍天能给您多一些时间……

董老，您一路走好。

事业未尽身先去　精神永存育后人

——缅怀恩师董辅初

陈　勇

2004 年 7 月 30 日下午接到了小师妹的电话，一个噩耗传来，董老师与世长辞了。无法相信这是真的，悲痛万分，眼泪夺眶而出。脑海里一片混乱，模糊的视线前浮现出来的是与董老师最后一次见面的情景。

一　最后一课

那是 2003 年十一的前一天，我和两个同学照例去董老师家上课，进门后往常一贯热情好客的师母只和同学们打个招呼就出去了。董老师开始询问大家调研和论文的准备情况，我们一一汇报完和听取董老师的建议之后，课就结束了。董老师与大家聊起了家常，闲谈间董老师突然说："明年不打算带学生了。"我们都很诧异，这怎么可能。董老师刚刚从各种公职上彻底退下来，而身体又很好，冬天从不穿毛衣、棉衣，最冷的时候也就一直穿着他那件钟爱的不肯更换的夹克衫。不是开玩笑，自从我和他第一次见面起他的装束好像就未变过，以至于同学们一直都怀疑他有好几套相同款式的衣服，不然怎么换洗呀。

退下来之后，董老师虽然有了更多可以自己支配的时间，但也没有变成自由人，请他讲演上课的人简直可以说门庭若市，为了给我们授课和整理自己这些年著述，他把能推辞的都推辞了。只有那些实在推不掉的他才去。每次讲课董老师都是认认真真准备的，不断搜集最新的资料。记得那次给上海交大安泰管理学院的 EMBA 班集中授课时，他就提前好几天把讲课提纲发给了我们。那次授课正是北京 SARS 噬孽的时候，所幸上海当时没发现病例没影响正常上课。这次授课给我们印象最深的倒不是董老师博大精深的学术知识，因为我们早就领略过了，而是他不知疲倦地连续多日的每天 8 个小时的授课。听课的上海商界精英们除了被董老师渊博的知识、独到的见解和才思敏捷折服外，亦对董老师年近76岁还有如此好的精力和体力称奇。

就是这样的一个人怎么可能轻言彻底退休呢。记得小师妹曾经说过希望董老师能在80寿辰时带上80个博士生，这也是我们大家的心愿。董老师在中国社科院、北京大学、人民大学、武汉大学招博士生，可到现在为止也就带了五十几个人。虽然董老师深知带不了80个那么多，但他还希望在有生之年能为国家和社会培养更多的人才，所以在北京我们这一届他就招了三人，并且投入更多的精力在我们身上。从带我们去上海交大听讲学到安排我们去大连期交所、重庆力帆进行实习考察，都是他亲自帮我们联系的。现在董老师突然说明年不带了，我们当然很诧异了。问他为什么不带了，董老师说现在知识变化的速度太快了，自己老了，怕误人子弟。我们想这也就是董老师的一厢情愿吧，因为招生计划早就报批了。

闲谈在我们不明所以然的情况下结束了。在我们走时董老师执意要送我们下楼，我们当然坚决不让，最后董老师说到楼下找师母上来，我们才同意他送。他一直送我们到很远，更意想不到的是他最后还和我们一一握手道别。这可是我入师门以来第一次和董老师握手，虽然他是一个谦虚、平和、让人感到很容易接近的人，可是出于敬意我和他打招呼都是鞠躬的，这里固然有我在日本留学时养成的习惯，但更多的是出于对他的崇高敬意。没想到我和他的第一次握手竟然成了最后一次握手，而最后一课也成了最后的诀别。

二 怕"麻烦"的人

十一过后，突然有一天小师妹来电话告诉我说董老师生病住院了。我问得了什么病，她说要等化验的结果出来才知道。我没太在意，因为董老师的身体太好了，有时我们都不如他。我说我们去医院看看吧，小师妹说董老师特意叮嘱不让我们去看他，让我们专心学习。我知道董老师向来不愿意麻烦别人，我说既然这样我们就等他出院再说吧。

过了几天，小师妹告诉我董老师的病确诊了，他得了直肠癌并且已经扩散了，小师妹是在电话中哭着告诉我的。天哪！这怎么可能。虽然常听人说身体好的人一得病就是大病，但那都是指的急性病，直肠癌从产生到发现是需要一定时间的，董老师不是每年都参加体检吗？怎么会这样，一股莫名的恐惧从心底划过。小师妹说10月1日前董老师参加了例行的体检，发现肝部有阴影怀疑是肝癌。之后复查结果是直肠癌，而且扩散到了肝。我突然明白了上次上课时董老师为何说明年不想带新学生了。我说我们赶紧去医院看看吧。小师妹说董老师不让，不让去我们也必须去呀。小师妹说问问董老师安排在什么时候再说，时间在匆忙与焦虑中过去了。几天后，小师妹来电话说董老师坚持不让我们去看他，而且董老师决定去美国治疗，国内已经没有更好的治疗方案，虽然到美国也是参加新药试验治疗，但董老师还是决定一试，我们知道董老师的儿女都在美国搞生物科技的研究，在美国治疗既可以全家团聚又可以接受全新的治疗，这对他来讲未尝不是一个最好的选择。小师妹说董老师这几天就要出院回家为出国就医做准备，我们可以趁这个时候去看望他。

在董老师出国就医的前一天，我和小师妹在没有通知董老师的情况下径直来到了他家，不巧的事，董老师刚刚出门处理要事去了，家里只有师母在，望着师母那无助的神情，我们真不知说些什么安慰的话语，而师母说的更多的是自责。等了一会儿，师母说你们别等了，他见到你们也会很难过，而且还叮嘱我们千万不要去机场送，都这个时候董老师还是不愿意麻烦我们。走出董老师家门，路过那天董老师送过我们的地方，我望了望天空，天依然是那么蓝，北京的秋天天高气爽，可我的心却感到很沉重，这一刻我感觉到了人的渺小，人生的无奈。我们终究没有去机场送他，我们屈从了董老师的意愿，但我们的祝愿陪着他飞到了大洋的彼岸，我们祝愿他能早日健康归来。

三　难以忘怀的人

时间一天一天地过去了，大洋彼岸时而传来好消息，董老师的病情得到了控制，而且他还是在全球十一个人接受试验治疗的人中恢复最好的一个。这期间通过电话和 E－mail，他指导了师兄师姐们的毕业论文，使他们得以顺利地通过毕业答辩。在同意我的毕业论文的选题后又积极帮我安排去重庆力帆调研并帮我解决路费的问题。这时候我们感到他归国的日子离我们越来越近了。当我们沉浸在喜悦的期待时，怎么噩耗就传来了，董老师与世长辞了。我多么希望这不是真的。世事无常，当一个人憧憬着未来迈向新的人生旅程时病魔却向他伸出了无情的魔爪，当一个人全家团聚共享天伦之乐时命运之神却夺走了他宝贵的生命，当弟子们殷切地盼望他们的老师早日归来时他却悄然地离他们远去。

董老师对我们的影响是多方面的，这主要表现在做人和做学问上。做人要刚正不阿，正如他在《守身为大》一文所说的那样做人首先要有正气，做人就要做正直的人。做学问要肯于坐硬板凳，要对问题做持久的研究和探索。董老师对学问的钻研可以用"入微"来形容，他不但对一些重大的经济问题有独到的见解，即便对于政治经济学中一些看似简单但回答起来却很难的常识性的概念他也做出了精辟的解释。记得我在日本常有人问我社会主义市场经济是什么时，我的回答总还是令人惘然，那种只可意会难以言传的感觉着实令人郁闷。直到看到董老师的解释才明白什么是豁然开朗的感觉。还有董老师对公有制和公有制的实现形式的解释让我们感到惟此才能解决现有体制框架内，通过实现多种形式的公有制，向世界展现中国式经济发展模式，证明人类可以通过多种经济发展模式实现最终繁荣昌盛的目标。

董老师留给我们的印象依然是那么清晰，他是一个热爱生活、珍惜生命、充满活力的长者，以至于现在我们都无法相信他会退休，他会患病，更不相信他会去世，我感觉他还活在我们身边。但董老师确确实实地走了，我们痛失了一位经世济民的大师，一位为国为民奉献了自己全部心血的中华儿女。您的学生们是不会忘记您的，您的谆谆教导和身体力行的处事风范将是留给我们最宝贵的财富，我们永远的怀念您……

四日春风 一世师恩

——悼董辅礽老师

程宝惠

乍闻经济学泰斗董辅礽先生辞世，我惊诧的说不出话来！

怎么可能？他不是才给我们上过课么？喔，对，那已经是一年前的事了！回到家中，我急忙拿出董老的著作《走向市场化的中国经济》，想着字里行间的珠玑应该能够平抚我忐忑的心灵。

一翻开书就看到扉页上董老苍劲的签名，仿佛董老慈祥的面庞也浮现在我眼前，一枝普通的圆珠笔居然可以在董老手中签出如此笔走龙蛇的行草，充分展现出董老深厚的中国书法根基，正像一般人看来诘屈聱牙的经济学理论，董老都能够用"老妪与童子皆解"的方式阐述，又岂是常人所能及？我盯着董老的签名发了一会呆，笔迹在我眼前逐渐模糊，想不通为什么一个有着如此经世治国长才的长者居然就这样轻易的离开了我们？

回想起 2003 年 4 月初的课程，学校请了董老来讲授《社会主义经济理论与实践》，来自台湾的我，对内地的人事都不熟悉，也不知道这位人人尊称"董老"的老师究竟有什么超凡入圣之处，我习惯性的在上课前先上网查查资料，才发现董老除了望重士林之外，更是少数能够把理论与实践灵活运用的重量级经济大师，我们竟然有机会得以亲炙董老风采，何其有幸？我一方面衷心感谢学校安排课程的苦心孤诣，另一方面也暗自责怪自己的孤陋寡闻。

1985 年董老在牛津大学担任访问教授的时候提出"以公有制为主导的多种所有制共同发展的所有制结构是建立社会主义市场经济的前提条件"，在那个大家把公有制奉为圭臬、不敢轻撄其锋的年代，董老的言论可谓语惊四座。他更进一步提出"八宝饭理论"，把公有制视做糯米，非公有制则是莲子、红枣，想要煮一锅香甜的八宝饭，糯米、莲子、红枣缺一不可，中国经济要有起色，公有、私有必须齐头并进。这一比喻让人豁然开朗，能把大家争议不休的经济问题用如此浅显易懂的方式来说明，足见其功力。董老当时身体应该还算硬朗，不说话时自然而然透露出一股大师的威严，看起来好像一座冷酷的冰山，孤独地在大海中昂然矗立；一开始上课，他洪亮的声音铿锵有力，一字一句都能让台下的我们感受到他充满期许、洋溢热情的理念与抱负，又好像是一座积蕴已久的火山，绵延不断的喷洒着熔岩。上了董老的课，我才真正感受到"望之俨然、即之也温"这句话的意境。

董老讲课十分认真，似乎要把他毕生所学倾囊相授，董老把经济理论的"硬道理"都转化为浅显易懂的"软思想"，好让我们消化，我不敢以董老的弟子自居，顶多只能算是个"私淑艾者"吧？我如果冒昧的说"一日为师、终身为父"，或许有人会批评我企图高攀，但是，对经济学完全外行的我，董老确实是引领我入门体会当前经济环境的导师。望着他那略显瘦小的身躯，似乎饱经风霜，也好像背负了太多重担，我不禁暗忖：他背负的是学者对中国经济改革方向"善尽书生绵薄"的重担么？

印象最深刻的，是董老在上课时谈到中国经济发展的前景，他充满了信心，相较于许多人对中国经济每年飞速成长而产生"硬着陆"的担心，他表现出完全不同的看法。上课最后一天提问的时候，我针对这方面请教董老：中国会不会像20世纪90年代的日本一样，形成泡沫化的经济？董老斩钉截铁的回答："不会！"我相信他对整体经济环境的自信来自于他对股市、房地产、甚至一般消费市场都有着独到的改革见解，更重要的是，他对中国广大的人民以及愿意照顾广大人民利益的政府有着无比的信心与永不磨灭的热情！

2003年初春，短短四天春风时雨般的启迪化育，转瞬即过，大伙儿也都分头各忙各的，董老与我短暂的师生关系，后来只有靠偶尔翻阅他的著作来维系，我阖上书本，忍不住直后悔当时没有机会多请教董老几个问题！

董老过世后的一个多月，我因为工作关系参加在北京举办的"第七届京台科技论坛"，随后转往甘肃黄羊川访问，平日习惯在上海这十里洋场生活的我，等于看到了另一个世界，抬眼望着黄沙飞扬的大西北高原，我突然忆起董老曾经提出"新的经济增长点应该放在对农村消费市场的培育上"的建议，我低头感慨：是我们的脚步太慢，赶不上巨人的步伐？还是高瞻远瞩的董老，注定要忍受先知的孤寂？

中国经济未来的发展当然不会系在董老一个人身上，但是，以中国经济发展为己任的董老犹如汪洋大海中的灯塔，替我们照亮了前景。我想大家都耳熟能详董老一贯的主张——"社会主义市场经济＝社会主义＋市场经济＝社会公平＋市场效率"，可是，我怎么也看不出来，董老的离我们而去，体现了什么样的"社会公平"？老天爷竟然无情的把董老从我们身边夺去，真是太不公平了！

董老师永远活在我们心中

关敬如

敬爱的导师董辅礽先生离开了我们,这是我们久久所不能面对的现实。2004年7月30日下午3点零3分,刚刚度过77岁生日的第四天,忌日却无情的沓来,尽管我们对董老师病情的严重性有相当程度的知晓和判断,但祈祷的心态,使得对这样严酷的事实缺乏思想和情感的准备。

2003年,刚刚忙碌完"十一"的董老师住进了北京协和医院,诊断的结果令人惊愕,直肠癌并扩散至肝部和肺部,癌症进入晚期,这意味中国具有一流技术和医师的协和医院也束手无策。面对已经严重迟延了治疗的癌症,在京的部分同学和家人对先生的治疗去留进行了严肃的、认真的讨论,大多数人赞同先生赴美国,也就是董老师女儿和女婿所在美国杜克大学进行治疗,董老师的女婿女儿是中国改革开放之后,也就是20世纪80年代初期,通过考试筛选,最早一批出国学习生物学的留学生,长期学习和工作在杜克大学,他们现在已经成为美国在治疗癌症领域里的优秀科学家,杜克大学癌症治疗中心对治疗癌症特别是直肠癌有着世界一流的科研人才、技术和医疗设备。面对疾病治疗的选择,也是对生命的选择,这种机会没有绝对正确和绝对错误之说,应该讲这个选择是有充分理由的。

正是因为一种强烈的祈祷心理,使得不能理性和冷静地对待进入晚期的癌症将可能导致的后果,但是本能总在不时地涌动着不祥的感觉。记得2003年10月20日,董老师和师母在临行前,董老师一再劝大家不要来道别,华生和我还依然专程赶到董老师的家为他赴美送行,董老师对我们的到来有些嗔怪,但依然谈笑风生,丝毫没有晚期癌症在身的感觉,我也力争附和这样一个轻松的氛围,但我无论如何也控制不住自己,眼泪潸然而下,难以自抑,当时我一再告慰自己,先生一定会病愈回来。但我万万不愿相信,这次离别却成为永别。董老师在离开家时,深情地环顾家室四周,充满情感地自语:"多么温馨的家啊!"依依不舍、似乎在道别……表现了董老师内心丰富的情感世界和理性冷静的心态。每当我想到这些,都难以自己。

对生活充满了爱，这就是我们敬爱的董老师，他把这种爱更多地凝集于对事业的追求、对人民、对社会、对祖国赤诚奉献之心。记得在1978年9月新学期刚刚开学，正值批判"四人帮"、拨乱反正时期，董老师来到了武汉大学，他以深厚的理论功底、敏锐的洞察力和对中国国情的准确把握，对国家所有制提出批判，尖锐指出，经济体制改革绝不是管理制度和管理方法的改革，而是要在根本和基础上进行国家所有制的改革，没有国家所有制的改革，经济体制的改革就无从谈起。我作为经济系七七级的本科学生，亲耳聆听了令人耳目一新的学术报告，我感受了当时董老师的报告所引发的震撼和躁动，学校利用了当时甚为先进的电化教室，形成了主报告厅教室和其他教室联结的庞大听众规模，主席台、过道、教室门口到处挤满了前来听演讲的学校老师和学生。初入大学，刚刚开始系统地接受政治经济学基础课程的学习，尽管尚不能完全吃透董老师关于国家所有制改革的演讲更为深刻的经济、政治、历史和社会的含义，但我知道这是经济基础理论里非常重要的部分，同时从全校师生共同为之振奋和引发讨论的气氛中，感受到这是一个极具爆炸性的课题，从此以后活跃在改革一线的董老师每年都回母校做一次精彩的报告，我对他的崇拜由此而生。当时有幸的是作为记者出身的我，尚未脱离记者习惯的职业惯性，敏感地意识到非常有价值的新闻热点，我很快写好了报道，刊登在武汉大学校报上。这里有一个小小的插曲，当时是铅字印刷，没有董辅礽的"礽"字，为了让报道尽早出来，我不得不找到印刷厂的一个刻字师傅的家里，将刻好的字拿到印刷厂制作，一个在后来为经济改革、制度变革奠定思想基础的学术报告，一篇普通的报道，使我和董老师接上了关系，直至后来我成为他的学生。

我的硕士研究生导师曾启贤老师曾这样评价董老师，他是中国经济学家中理论功底最深厚的人之一，他睿智而且勤奋，是难得的国家栋梁之才。我们知道董老师总是那样忙碌，但从没因为忙而落下什么，著述、演讲、修改论文、社会活动、政务活动，从来也不拒绝别人求助的要求，总是用经济学家运筹的本能，合理配置时间。他精力充沛、不知疲倦、忘我工作，这就是他习以为常的生活。大家知道董老师著述甚丰，学术成就卓绝，这来源于他的天资，也来源于他的勤奋。当问熟悉董老师的人，说出董老师的两个特点时，除了已经被广泛流传的，即无畏寒冬酷暑，董老师的行头从来都是在加一件罩衣和减一件罩衣之间轮换，总是精神抖擞、精力充沛；再一个特点就是董老师写作的抗干扰能力极强，不论在空中旅行还是在火车途中，不论是在住旅店时的空闲还是在会议的间歇，他都可以如入无人之境，沉溺和耕耘于写作的空间。董老师的《市场经济漫谈》就是这样写就的，他还为香港的报纸撰稿，一两千、三四千字不等、哲理和生活逻辑极强的短文，每星期一篇，期期不落，就是这样的写作造就了几十万字的著作和文章，据我所知他是极少甚至是惟一从不让别人为其捉刀代笔的著名经济学家。

董老师是我知识的灌输者，也是我品行的榜样。董老师在1946年报考大学的国语科目时，在题为"守身为大说"中，论及人生品格，一个人一定要保持气节和名节，勿做损害国家和民族利益的事情，要把这一品格的培养和保持放在人生最重要的位置。董老师在生命最后的日子里，还写了封笔之作"守身为大"（《金融时报》2004年5月14日12版），强调坚守自身节操是人生的最要，他回顾了守身为大在不同时期的不同内涵，在革命时期如何保持革命气节，为国家和民族利益不惜牺牲生命，在残酷的斗争中不退缩，更不能卖身自保，卖身求荣。而在转向市场经济时，权力、地位、名誉等都与金钱挂上了钩，可以转化为金钱，而金钱也可以转化成权力（如买官）、地位、名誉。他强调：不是说金钱、权力、地位、名誉等本身就是罪恶的、肮脏的，而是与这种行为赖以存在的制度和社会环境有一定的相关性，因此在这样的背景下，守身就显得格外重要。董老师正是这样要求自己的，一生洁身自好，生活俭朴，诚恳待人，包容宽容，把自己毕生智慧、才华和精力奉献给人民、社会和国家。在回顾董老师的一生，我们不能不提及他的学术品格，先生一生追求真理，坚持原则、实事求是、光明磊落，不说空话、假话、违心的话，不惟书、不惟上、不做违背真理的事，坚持理论、科学和实践的结合。备受尊敬的于光远老先生称，董辅礽是一个"坚持原则立场的人"、"大道直行"的人。

敬爱的导师董辅礽先生永远活在我们心中！

别意谁之与短长

——追念恩师董辅礽先生

胡　娟

2004 年 7 月 30 日下午 3 时许，我被武汉大学伍新木教授电话告知恩师董老因救治无效在美国与世长辞。闻此噩耗，如同晴天霹雳，满腹痛楚，麻木无语。我与董老的师生缘分竟如此之浅！在此噩耗被转告给董老其他学生时，电话两端亦均是沉重、哀痛与怆然。

回想 2002 年 11 月初见董老之时，正值董老到武汉大学颁发"董辅礽奖学金"，身行俱健。谈及治学与为人之道，字字珠玑，对吾辈满怀期许。其时我还未有机会近前求教，常引以为憾。此后对董老的著作便多加拜读，获益匪浅，遂萌生拜董老为师之念。

2002 年 12 月在报考博士时便填报在董老的门下，能亲身求教，实乃万幸。2003 年 8 月，我终于从伍新木教授那里获悉了董老的电话，于是开始与董老电话联系——从专业主修方向到课程具体安排，均获董老的悉心指点。对我欲向期货方向发展的想法，董老也给予了充分肯定，并让他在社科院的几名对期货颇有研究的弟子给予我帮助。其实，9 月份与董老联系时，董老也谈及事情繁多，没有时间休息，但是并无抱怨之态，似乎只是概陈现状，其声音亦未曾显现衰老和疲惫。学生粗心，竟未叮嘱恩师保重身体，如今想来真是万分后悔。其后我因陷于琐碎之事，减少了和董老的联系，原期望十一期间前往北京拜谒董老也被迫搁置。等闻听董老身体发现恶疾，董老已被转往美国杜克大学医疗中心接受治疗，反反复复终没能见恩师一面，令我抱憾终生。又因我闭塞于校中而未得悉董老其他学生为其捐款治疗的倡议，没能为恩师稍尽绵薄之力，赧然之至。此后便只能通过 E - mail 与恩师联系，得知恩师在美国治疗甚为顺利，并从报上知悉恩师对战胜病魔非常乐观坚定，深感欣慰，后虽得知恩师病情出现反复，但并不曾料到噩讯来得如此之疾，呜呼。

与恩师的交往是短暂的，当我从数以百计的悼念文章中熟悉恩师时，忍不住一次又一次落泪，仁爱长者，真理的捍卫者，执拗的老人，言行守一的君子，相濡以沫的爱人……于我而言，恩师谦和淡定的笑容里包藏着一切，个人的沉浮抑或荣辱已然忘却，真理、亲人和学生，这才是恩师感念不忘的人生内涵。于我而言，与恩师有关的每个细节都弥足珍贵，因为正是这些细节在我心中架筑了一位永远活着的恩师。

严谨与务实。我曾经将自己的一篇有关海归创业机制的文章电邮给董老斧正，两天后在他的回邮中不仅阐述了他的一些观点，甚至连个别错别字也给予圈正。记得在一次通话快结束时，我习惯性地说"董老，请多注意休养"时，董老马上便纠正道："我不是在休养，而是在治疗。"通过多次类似的通话，我深刻地体会到董老是一个对事物的界定、描述及把握都要求相当准确的人。

关爱弟子、敦促学业。董老的一名学生陈军在 2003 年 10 月份准备博士论文的撰写与学位答辩时，董老已因病去往美国治疗了。为了帮助他顺利完成学业，其间董老不断地与武汉大学的伍教授商讨、沟通，从答辩的时间安排到专家组的选定面面俱到。病榻上的董老不仅认真审阅了十余万字的论文，而且还将论文上独到的见解推荐发表。当时身为答辩秘书的我亲睹了这一切，董老对弟子的关爱，对弟子学业的关切，都令我感佩。

乐观积极的人生态度。董老去美国治疗之后，许多学生出于对董老健康的考虑而减少了向他在学术方面的求教，董老发现这一情形后，当即主动要求他的学生向他汇报学术进度及一些研究心得，直至董老逝世前一个月，他依然通过电邮与学生交流关于中国中小企业板块的发展状况。如此坦然、如此豁达，令我们折服。

恩师已去，教导犹在……

别意谁之与短长。

殷殷师恩　深情永载

——缅怀恩师董辅礽先生

冷国邦

历史凝聚在这一刻，2004 年 7 月 30 日下午 3 点 03 分，一位摘取了经济学皇冠上璀璨明珠的老人在美国安详地走了。他是一位平凡的老人，也是一位不平凡的经济学家；他一生硕果累累，他的经济理论影响了中国半个多世纪的经济改革和发展；他一生忧国忧民，耗尽毕生精力在探索中国向何处去；他一生孜孜不倦，正道直行，爱憎分明；他一生桃李满天下，国人器重，世人瞩目。他的一生是一部历史，历史永远不会忘记他——中国享誉海内外的一代经济学大师董辅礽先生。

一　慕名求教　初识恩师

第一次当面聆听董老师的教诲，是我在武汉大学读硕士的时候，至今记忆犹新。当时董老师讲的是他关于所有制改革的"八宝饭理论"，董老师用通俗的语言把他那深邃的理论娓娓道来，使在场的所有人都领略到董老师博大精深、深入浅出的大师风范。

董老师是中国最早提出改革国家所有制的经济学家，他认为，社会主义经济应该是以多种公有制为主导的多种所有制的混合经济。他对此打比方说：多种所有制就像一盒八宝饭，它里面的主要成分是糯米，但光有糯米只是糯米饭，八宝饭里还有红枣、莲子之类的东西，这些东西本身也不是八宝饭，只有把它们组合在一起，才能成为八宝饭。既然八宝饭是由多种成分共同组成的，那么红枣、莲子等东西也应该是八宝饭的有机组成部分，而不是八宝饭做成之后浇上去的补充材料。多么深刻形象的比喻啊。会上，董老师缜密的思维、严谨的论证、对现实问题敏锐的洞察力，也深深地吸引了我。当时我的脑海中闪过一个念头，如果有朝一日能成为董老师的学生该多好。

硕士毕业那年，自己想报考博士的时候，自然而然想到了董老师。当时董老师是中国经济学界的泰斗，而且报考的人也很多，自己心里根本没底，我与董老师素昧平生，董老师会招我吗？我斗胆给董老师写了一封信，坦诚地表达了我要报考他的博士生的想法。出乎意料的是，很快董老师就回信了，是用社科院的小方格信纸回的，字写得很工整，一格一字。董老师鼓励我说，好好准备，不要有压力，外语一定要学好（后来才知道，董老师的外语绝对是专业水平，精通俄语和英语）。董老师的亲笔回信对我来说，简直就是一道兴奋剂，成了我报考博士的最大动力。日后每每想起，心中仍感动不已。

2004年7月30我听到董老师去世的噩耗后，回家翻箱倒柜，想找出那封回信，但由于几次搬家，终于没能找到，心情不免失落而变得更加沉重。一个人在阳台上抽了一包烟，当年报考的忐忑、紧张、激动、喜悦历历在目，是董老师的那封信影响了我的求学生涯乃至整个人生道路，我将它一直珍藏在内心深处。

当我以笔试最高成绩被录取以后，董老师专程从北京来组织我们的面试。我当时非常紧张，第一次面对面地与自己敬佩的经济学家交谈，现在看来，那也是影响我一生命运的一次面试。

我抽到的题目是关于国企改革问题的，心中窃喜，自觉对这个题目研究得还可以，便自告奋勇第一个接受了面试。但在面试过程中，董老师的提问几次令我冷汗湿身。他很喜欢刨根问底，考察学生的治学态度是否严谨；他对数字极为敏感，而我一直对此有所忽略。也是在这一次面试过程中，通过与董老师的深度交谈，我彻底地理解了董老师关于国有企业按功能进行改革的观点（国企改革的实践证明了这个观点已被改革当局所采纳）。后来才知道，董老师给我的面试打了最高分，我心里却有些惭愧，觉得自己经济学研究的道路才刚开始；但我更加高兴，很幸运能成为自己仰慕的经济学名师的学生。

二 三年向壁 教诲终生

接下来三年的向壁求学生涯，让我有了更近距离接触恩师的机会，每一次的接触都让我对恩师的认识更为丰富，对恩师的学识更加敬仰。三年时光，对董老师从陌生到熟悉，感受的不仅是恩师的睿智和深刻，是经济学者的忧国忧民和兼济天下，更是老师的高尚人格与无私品行。而现在，那些难忘的回忆却成了永久的追念。

我是 1997 年开始跟随恩师的。入学后，为了全面了解董老师的经济思想，我去图书馆和书店搜集了董老师的所有出版物，以后每发表的一篇文章，都仔细阅读。

真是不看不知道，一看吓一跳，董老师在经济理论研究上的建树完全超出了我的想像，他被称之为经济学泰斗绝非偶然，他的学术之路，是靠勤奋、责任和勇气打造。他关于经济体制改革（尤其所有制改革）和经济发展的论述对于经济基础理论研究完全是开拓性的，最早发出"改革国家所有制"历史性呐喊、提出"政企分开"和"政社分开"的人是他；在计划经济体制下主张和强调发挥市场调节的人是他；在 1992 年人们对经济形势普遍乐观时指出经济已经部分过热的人是他；在 1993 年政府适度紧缩时提议防范通缩的人是他；股市大跌后呼吁正确对待股市的人还是他……董老师凭借他对经济学理论的融会贯通和对国家经济发展的使命感和责任感，为中国经济改革和发展做出了重大贡献。

作为董老师的学生，刚开始大家认为，以后发表文章方便了（可以借用董老师的名），课题一定很多很忙，要给老师打工了（这种情况当时比较普遍）。后来发现根本不是，董老师从不找人捉刀代笔，他常对我们讲，因为你们不了解我的观点，我也不了解你们的，所以我的文章我要自己写。

董老师尊重年轻人的观点在经济学界是出了名的，当时我们武大的师兄弟们经常有机会和董老师相聚，每当大家因观点不一致而争得面红耳赤的时候，董老师都兴致很高，而且常常鼓励我们说，做学问就要这样，要有自己的主见，不要人云亦云。董老师最高兴的事情就是看到我们每个人在进步，他叮嘱我们在学业上要相互促进，在事业上要相互帮助，并特别嘱咐各位学长要多关心和照顾我们这些在校生。只要是我们的聚会，他都愿意参加。现在我们的聚会董老师参加不了了，但我们的聚会要继续办下去，我们所能做到的，就是力所能及的学业有成、工作顺利。

董老师的治学严谨和对弟子的爱护，在我做博士论文的过程中感受至深。二年级的时候，董老师就开始指导我博士论文的选题和构思，虽然他工作和社会活动繁忙，但对我们的论文指导十分严格，从不马虎。每一次的提纲，董老师都批改得十分认真，连一个错别字都不放过；每一次的电话，都详细询问我的论文进展，问我有没有困难疑惑，告诉我一定要有实证分析，并给我提出了很高要求的调研提纲。他每一次画龙点睛的点拨，每一次一针见血的剖析，都使我受益匪浅。

论文完成后，董老师比较满意，没做大的修改，但有一点提醒，使我终生难忘。他说，文章做得不错，就是语言有些晦涩，如果更通俗些就好了。读过董老师文章的人都知道，那是一个很高的境界，但董老师做到了，而且做得很好。在以后的研究中，这一点我始终牢记在心。

为了我们论文答辩，董老师呕心沥血，邀请的答辩委员全是我们研究方向领域里最著名的学者。当时我们同时有六个同学答辩，董老师一共邀请了几十位经济学家，阵容之豪华仿佛经济学界的一次盛会。当时我的论文答辩得了全优，董老师异常高兴，满脸笑容地对评委们说，一位新鲜的博士又出炉了，使我受到了极大的鼓舞和鞭策。现在重新提起，一切仿佛昨日，只是恩师已去，我真心地感谢恩师对我的谆谆教诲和无私关怀，我为有幸成为您的学生感到由衷的骄傲和自豪！

三　步入社会　师恩永在

2000 年，毕业前夕，一次去北京和董老师谈论文的事情，董老师突然问我想不想在北京工作，他给我联系了一家公司。当时我有点受宠若惊，因为我从来没有向老师提起帮我找工作的事情，而他谈这件事情的时候又是那样从容而平淡，好像对面坐的是自己的子女。后来我慢慢知道，好多他的学生都享受过这样的待遇，他对自己的学生就是好到近乎溺爱。

虽然最终我没有选择北京而来了深圳，但恩师对我的教诲和关怀并没有因为我的毕业而减少，反而更多，更为受用。

由于工作原因，我经常到北京出差，几乎每个月都有。每次下飞机后的第一件事情，就是给老师打电话，和他约时间见面。那时我们的见面几乎都是在他家里。每次交谈，他都很详细地问我们的行业，问我们的公司，问我的工作，谈兴甚高。

董老师每次来深圳出差，也都会给我打电话，让我多了聆听恩师教诲的机会。有段时间我被公司外派到青岛工作，有一次董老师受青岛市政府之邀到青岛开会，我有幸在青岛和恩师进行了一个下午的长谈。那次的谈话给我的印象十分深刻，董老师向我详细询问了对当时证券行业的一些看法，并一再提醒我，一定要厚爱投资者，努力做好对投资者的服务。当时他还给我提供了很多有助于我开展工作的信息，并提醒我在外地工作一定要注意身体。我当时还跟恩师开玩笑说，您的身体这么好，我们一定会以您为楷模的，不然的话怎么配做您的学生呢。是啊，董老师的身体好是出了名的，经常在寒冷的冬天跟年轻人比谁的衣服穿的少。就是在美国治病期间，我们都相信董老师很快会健康地回到祖国，因为他一直关心着国家的经济建设，一直期待着能够带出更多的有识之士。

前两年，证券行业有很多争论，董老师很是关心，对于当时的一些言论非常不满，经常仗义执言，也引起了政府和经济学界的很多关注和争议。我们经常劝他，算了，你不要和别人争了，这里面很乱，说多了也不会怎么样。他总是说，我怕什么，我又没有个人私利，我是为中国的证券市场呼吁，是为保护投资者呼吁，难道我错了吗？现在我们听不到这些振聋发聩的声音了。董老师就是这样，几乎每一次的呐喊都是出于历史赋予他的使命感和责任感，老师的言论有时显得那么不合"时宜"，却处处显示出他的真知灼见、正直无私、无上的勇气和深深的人文关怀。

2001 年春节，我终生难忘的，因为我和我爱人有幸与董老师夫妇一起去云南过春节。当时我们兴奋了好久，毕竟是第一次这么长时间的和恩师在一起，还有些紧张，惟恐不能让老师和师母开心。年三十晚上的那一顿团圆饭，让我们发现我们的担心是多余的，饭后我爱人悄悄地告诉我，世界上竟然有这么可爱的老人。是的，一路上，董老师的慈祥、大度、幽默，让我们时刻在感受着他的可爱和可敬之处。

董老师的生活简单朴实，却充盈着心满意足的幸福和对生活无尽的热爱。在云南游玩期间，他一路上指点江山，总能在风景中感受到生活的快乐之处，好多细节是我们想像不到的。面对漫山遍野的油菜花，他会让司机停下来，鼓励我们蹲在花丛中照相；面对光秃秃的火山口，他会带领我们一路爬到山顶，欣赏那几千年前被岩浆侵蚀过的大地美景；面对危险的湿地，他会第一个跳上去，去感受那温柔的陷阱带来的刺激。他是如此的热爱生活，热爱生命，上苍对他却如此无情，如此残酷，怎能不令人心痛，令人不甘这样的结局。2002 年本来有机会再和恩师一起过春节，后来终究未能成行，这也成为了我一生中最大的遗憾。

恩师不仅教给我丰厚的学识智慧，更指引我领会很多的人生态度，让我在漫漫长路上细细体验品味，鼓励着我，鞭策着我。恩师将是我一生的榜样！

恩师一直行走在经济研究的道路上，从来没有安享晚年的心情，即使在美国治疗期间，还发表了好几篇文章。他对我们常说的一句话是"中国的难题还多着呢"，他天天在思索，21 世纪，中国怎样走好……现在他走了，走得很平静，很安详，很坦然，他的生命已经闪耀出了最灿烂的光芒，我想无论何时，无论何地，无论何人，面对这样一位平凡而又卓越的经济学大师，都会说，我们会永远记住您！

历史永远不会忘记——一代经济学大师董辅礽。

谨以此文缅怀恩师董辅礽先生。

怀念董老师

李　刚

那是一个伤心的时刻，我将永生难忘。2004 年 8 月 7 日下午，恩师的骨灰在其亲人的护送下回到了他在北京的家，我带着爱人早早地静候在门口，当远远看到载着骨灰的车队时，我的心一下子碎了，断了线的泪水模糊了我的双眼，在肃穆的灵堂前握着师母的手，看着我曾经坐在上面聆听过恩师教诲的那张熟悉的沙发，我哽咽无语……那个时刻，我深切地感觉到自己对恩师竟然是如此的怀念。

我于 1998 年考取董老师在中国社科院招收的博士生，那年事务繁忙的董老师在国内只招了一个学生，因此，我和董老师打交道的形式有些特别。我清楚的记得最初几次上课的地点都是董老师原先在三里河的家，那时我每次去上课都会先自觉地列出几个自己感兴趣的话题，并请董老师逐一给我讲解，这样做主要是想在有限的时间内能从老师那儿尽量多地学到知识。这种上课方式很快发生了变化，那年 11 月起，董老师开始带着我参加一些学术活动，并让我在由他和我的一些已经很有成就的师兄们主导的研究机构里做了一个时期的秘书，这成了我今天回想起来受益最大的上课方式。那时的董老师身体非常硬朗，精力异常旺盛，好几次我们都是在后半夜才结束一天的工作，董老师的言传身教给我打开了一扇见识世面的窗户，将我从一个懵懵懂懂的经济初学者培养成一个敢于思考并善于思考的经济学博士（这是我毕业时董老师给我的评语）。1999 年起，董老师的身份开始逐步超脱，并开始在北京大学招收博士，我和董老师打交道的方式也开始改为和北大的几个同学在一块儿上课，而那间由杨云龙同学提供的教室则成为给我们大家留下了美好回忆的"宝地"。在那里董老师为我的博士论文进行了最及时和最有力的指导，在那里我们大家擦碰出了一串串思想的火花……

在和董老师六年的师生情谊中，有太多事情令我怀念不已，下面我写出几件事情供我和董门的其他弟子们共同缅怀，希望从这些大家都似曾相识的一幕幕中，我们能再次感受到老师对我们学生的那颗火热的心。

我记得第一年读董老师的博士时自己很是清贫，有很多次董老师都主动问起过我的生活情况，在我做董老师创办的一个研究机构的秘书期间，董老师特意嘱咐我的几位师兄要给我适当的报酬，虽然现在想起来这些报酬微不足道，但那饱含了董老师和我的几个师兄对我的关心，这让我至今感恩不尽；1999年在北京找过工作的人大概都知道那年进京指标有多紧张，而我爱人正巧碰上那年毕业找工作，董老师在知道了我的这点困难后，在一次师兄弟的聚会上特意给大家讲了一下，华生师兄在争取到进京指标后专门给我打来电话，由于那会儿我们已通过其他渠道联系好了工作，所以这很可能让华师兄浪费了一个进京指标，当我很是抱歉地将这个情况告诉师兄时，我更多地感受到了同门弟子的特殊感情以及董老师在我们学生中的号召力；2002年初我自己出来开了一个公司，但这之前我一直没有告诉董老师，那年3月，当我将自己设计的公司司标呈送董老师指正时，董老师开始替我担心，并建议我应该先去我原来的老领导新办的公司好好干一番再说，但在仔细听了我的一些想法后，董老师说了一句让我至今不敢懈怠的话——"你的选择还是有可能成功的"，这句是鼓励也是担心的话时刻都鞭策着我，而今每当我小有成功地做成一件事时，我真想第一个告诉我的恩师。

我相信类似前文所讲的事情董门的其他弟子肯定也都能举出一大堆，而我更相信的是，这些事情经过交流将把我们大家凝聚得更紧，因为，我们都共同聆听过董老师的教诲，他所建议的"不管将来从事什么、有多忙，都不要忘了研究和写作"以及"你们今后应该尽可能去从商"等，都已经并将继续对我们各位的事业产生影响。

谨以此文悼念我的恩师。

我还要到贵州去看看

——悼念董辅礽教授

李 军

2003 年 7 月，我由北京调到贵州工作。启程前，我与恩师董辅礽教授话别。他对我到贵州履新十分高兴，叙谈中几次说："贵州是个好地方，我还要到贵州去看看。"万万想不到的是，2004 年 7 月 30 日下午 3 时，传来恩师因病辞世的噩耗。这些天来，我的眼前总是浮现恩师的音容笑貌，耳边总是回旋着恩师的临别教诲，为恩师的离去而悲痛，为不能在贵州接待恩师而抱憾。

董教授说他还要到贵州看看，我知道，是因为他心里装着包括贵州在内的西部。由于历史和地理的原因，中国西部地区的发展相对落后于东部地区，改革开放以后，国家实施"非均衡发展"战略和向东部倾斜的政策，在"六五"和"七五"两个计划时期，西部在国家投资中的份额逐步下降到历史最低点，东西部发展差距进一步拉大。作为一个最早参与发起研究中国经济发展战略并有着强烈公平意识的经济学家，董教授对中国地区经济发展不平衡问题给予了高度的关注。我参加的博士生入学考试题中就有一道"怎样认识我国地区经济发展中的不平衡问题"的题目。他对这一问题进行了深入的研究，发表了若干具有远见卓识的理论观点。早在 20世纪 80 年代初，他就提出了"向西开放"的问题，后又明确主张"把向西开放与向东开放结合起来"，形成"全方位开放"的战略。90 年代初，他建议调整地区经济发展政策，加快中西部的发展，指出改革开放之初做出东部优先发展、中西部稍后发展的政策安排，为的是抓紧时机，迅速打开缺口，越过初期阶段后，面临的是各方面全面发展、长期发展的问题。如果没有中西部的相应发展，东部经济不可能长期稳定地发展下去。对此，他主要指出两点：一是东部及全国经济的长期稳定发展需要中西部资源产业的支撑。中西部特别是西部地区资源富集，如果东倾政策使中西部地区原本短缺的人才、资金大量流向东部，造成"孔雀东南飞"甚至"麻雀也东南飞"的局面，那就会削弱中西部对东部原材料供给的支撑力，最终使东部地区经济发展也受到损害。二是中西部的购买力市场发展不起来，会影响东部及全国经济的发展。董教授在决策部门召集的咨询会上多次陈述了他的这些意见，引起高度重视。20世纪80年代，有人把国外关于技术转移的梯度理论移植到国内地区经济发展的推移上来，曾提出了一个"梯度"发展的理论，主张先开发东部，然后是中部，最后是西部，这个理论曾盛行一时。董教授对此提出质疑并认为，梯度理论从资源配置的效率来看，有其道理，但不应成为东、中、西部发展次序的刻板公式，随着发展条件的变化，梯度发展的次序会发生变化，政策也会因势而变。他指出，进入20世纪90年代，区域发展出现了梯度理论描述有所不同的变化，其一是东部的比较优势减弱，中西部的比较优势增强，东部和境外的资金开始转向中西部地区；其二是经过长期发展，东部已有相当基础，具备了自我发展的能力，可以在支援西部开发方面有所作为；其三是中国全方位开放中，中西部一部分边远地区迅速成为开放的前沿。因此要超越梯度理论及政策所做的单向开放安排。董教授对梯度理论及政策所反映出来的经济发展问题进行了深层次研究，提出赶超和跳跃式发展的深刻构想，对后来的政策调整起到了理论先导作用。

1999年，中央做出实施西部大开发的战略决策之后，董教授深表拥护，同时又敏锐地指出，从以往的经验看，如何处理好各种利益关系是关系到西部大开发成效的关键问题。他认为至少要处理好三个方面的关系：一是少数民族与汉族之间的利益关系，要特别注意防止收入差距的扩大，要使少数民族参与西部大开发并从中获得利益；二是资源开发与西部地区的利益问题，要特别注意照顾资源产地的利益，使资源产地能从资源开发中获得恰当的利益；三是东西部地区之间的关系，东部在自己赚钱的同时要努力为西部的发展做点实事，不能做损人利己特别是损害民族团结的事。可以说，这一观点是极其深刻而具有现实意义的，有助于我们在西部大开发中保持清醒的头脑，采取为西部地区各族人民所欢迎的政策措施。董教授不但在媒体上发表文章、在全国人大和全国政协的会议上发表演讲，呼吁国家重视开发西部，而且实地到西部地区考察，帮助当地理清思路，并凭借自己的特殊影响争取项目。多年来，他的足迹遍及包括西藏在内的西部12个省（市、区），因而被称为具有"西部情结"的经济学家。确实，他的"向西开放"、"加快西部发展"、"超越梯度理论"、"在西部大开发中高度重视利益关系"等主张，成为中国经济理论的亮点，对决策产生了不可忽视的影响。如今西部大开发战略已经实施四年，西部地区经济社会发展取得了令人瞩目的成绩，这其中包含了董教授在内的一大批经济学家多年为之奋斗而洒下的辛勤汗水。

董教授说他还要到贵州看看，我想，是因为他牵挂着这片充满希望的土地。董教授从不愿多谈自己，所以我仅知道他曾经到过贵州，但不清楚详情。这些天，我向师母、向贵州有关同志做了一番详细的了解。随着了解的深入，越来越感受到董教授对贵州有很深的感情。他第一次踏上贵州的土地，是在1983年8月，应省社会科学院、省哲学社会科学学会联合邀请，做"关于孙冶方社会主义经济理论的形成、发展和特点"的学术报告。孙冶方是中国老一代著名经济学家，是中国经济体制改革的理论先驱之一，对社会主义经济理论做出了卓越的贡献。正是他伯乐识马，1959年2月把年轻的董教授由武汉大学调到当时隶属中国科学院的经济研究所工作。董教授对能在孙冶方领导下从事经济理论研究感受颇深，十分怀念，他曾回忆说："孙冶方同志给了我许多教诲，也为我创造了许多获得长进的机会。他的人品和学问都给我很大教益。"1983年2月，孙冶方同志去世，董教授担负起了总结、阐发、传播孙冶方社会主义经济理论的重任。所做学术报告以其鲜明的创新性、实践性受到了贵州省理论工作者和实际工作者的热烈欢迎，给贵州省经济理论研究注进了一股新风，有的听众至今仍对当时董教授作报告的场景记忆犹新。1995年国家有关部门与省文化厅在贵阳联合举办"文化与生产力"理论研讨会，董教授因有重要公务，不能亲自与会，但仍委托贵州籍的薛永应教授在会上宣读了他的论文，以示对这一研讨会的支持。2001年7月都匀市召开"全国中小城市经济社会问题研讨会"，董教授专致贺电，对采取"资本置换"方式盘活国有存量资产的做法给予充分肯定。

这里值得特别一叙的是2000年他的两次贵州之行。7月17~23日，董教授应毕节地委、行署邀请，到毕节地区进行考察。到毕节后，他做了一次全国经济形势的讲座，听取了毕节地委、行署关于希望修建隆黄铁路的情况介绍，认为这条铁路一旦修成不仅毕节活了，贵州活了，而且中国西部的一大片都活了。回北京后，他专门就此事找国家有关部门负责同志陈情说理，力促批准上马。他在国内出差很少超过三天，但这次到毕节，前后有七天，是一生中出差时间最长的一次，他把时间主要用于到基层做调查研究，参观了工矿企业，同有关负责人商讨提高效益的办法，走访了贫困地区的农户，为当地脱贫致富出谋划策。农民的贫困状况让他揪心，一次他想从口袋里摸现金送给一位农民，但口袋里没有，于是从毕节的随行人员那里借了200元。回到住地后，他立即将钱归还那位借款人。借款人说，那 200 元已由地方民政部门支付了。他坚决不答应，说如果这样就不能表达他自己的心意，于是硬将 200 元现金归还了借款人。毕节之行所见所闻引起了他的思考。他对随行的贵州同志说，经过这些年的改革和发展，贵州及毕节地区有了一定的基础。但自然条件差是贵州及毕节地区经济难以发展的重要原因，不承认这一点是不行的。他认为，贵州及毕节地区有自身的优势和劣势，问题是如何发现和利用优势，在力（包括人力和科学技术）所能及的限度内将劣势改变为优势，或减弱其劣势。他指出，贵州及其毕节地区发展必须借助外力。不靠外力，不内引外联，哪有今天的深圳？今天的上海？但要靠外力，得让外力愿意来到贵州、到毕节投资和做生意。如何做到这一点？他提出，首先把门开得大大的，欢迎国内外的人士和企业来投资。贵州也要主动推出一些具有优势的项目。不要怕别人把好的项目拿走了，不要怕别人赚钱。其次，在局部地区和项目上形成具有竞争优势的投资环境和条件，让那些投资者看到在哪里、哪些产业和项目上投资不仅有利可图，而且比东部和中部的相应产业和项目投资更加有利可图。当然贵州和毕节地区的发展光靠外力还不行，还得有自己的努力并调动自己内部的力量。他提出，首先必须努力扫除本地区发展的各种障碍，特别是观念方面的障碍，法治和市场运行方面不按规则办事的障碍，办事效率低的障碍，等等。其次，应该调动和发挥民间的力量，为他们的发展创造条件。他设想建立一种机制，在银行之外把人们手中的钱集中起来用于有回报的开发项目，例如设立西部开发的各类基金（包括产业投资基金、风险投资基金等）。再如，在西部地区设立一些地区性的证券交易市场或柜台交易市场，西部就可以有更多的公司成为股份公司并吸收民间的投资了。董教授的这些想法都是极富启发性的。8 月 21 日，董教授刚从德国访问回来，又以 73 岁高龄之躯，不顾时差和旅途劳累，马上赶到贵州大学做有关经济体制改革的学术报告。一个月内，董教授的两次贵州之行让贵州同志十分感动。据贵州与他相识的同志说，只要是贵州找他办事，他从不拒绝，他说贵州充满希望，贵州人民很淳朴，他愿意尽力为贵州办些事情。除了前面所述为隆黄铁路上马奔走外，毕节地区让他担任高级经济顾问，他答应了；毕节师范学院让他担任名誉院长，他答应了；贵州财经学院聘他为名誉教授和学报学术顾问，他答应了，等等。师母告诉我，董教授由衷地希望贵州有更快更好的发展。可以告慰董教授的是，贵州实施西部大开发战略四年多来，在党中央、国务院的亲切关怀和各部门的大力支持下，在省委、省政府的坚强领导下，经过全省各族人民的团结奋斗，以交通为重点的基础设施建设取得突破，以"西电东送"为重点的能源建设势头强劲，以退耕还林为重点的生态建设成效显著，以"两基"攻坚为重点的社会事业发展明显加快，新阶段扶贫开发成绩突出。当年由贵阳到毕节，董教授在崎岖的山路上颠簸了7个多小时，十分辛苦，现在有了高等级公路，仅需要3个小时即可到达，由此可见贵州发生的巨大变化。

当然，董教授说还要到贵州来看看，也包含了他对学生的关心。董教授是中国当代著名经济学家，在经济学的多个领域内，在理论和实践上为推动中国经济改革和发展做出了重大的开拓性的贡献；也是活跃的社会活动家，担任过第七、八届全国人大常委，全国人大财经委员会副主任，第九届全国政协委员、全国政协经济委员会副主任，在全国人大、全国政协的舞台上积极参政议政；同时还是一个出色的教育家，先后在北京大学、武汉大学、中国社会科学院经济研究所培养了数十名博士，可谓桃李满天下。董教授对学生有着慈父般的关爱，不仅在学问上授业解惑，而且在思想品德、人格操守上严格要求。他自己践行着，并深深影响学生，一定要有强烈的社会责任感和历史使命感。董教授敢于探索真理并坚持真理，从不随波逐流，不趋炎附势，因而有时受到很大压力，也曾经受到批判，但仍初衷不改，照常直书，秉公持论，有记者问他到底图的是什么？他回答得很干脆："不图什么。我的使命就是从事经济研究，为民请命，为国分忧。我就要完成好这个使命，就应该为我们国家的改革开放做出我的努力。也可能我的努力微不足道，但我应该尽我的一份力量。一些经济问题，我看到了，想到了，就应该提出来。至于对与不对，要通过实践去检验。谁也不敢说自己的观点都是正确的。但如果我不去研究它，或者我看到了不提出来，甚至自己讲的和自己想的正好相反，净讲些别人爱听的话，我认为毫无价值，我的人格接受不了，经济学家的良知接受不了！"正是出于对祖国、对民族、对人民深深的爱，他辛勤耕耘在中国经济学这块沃土上，勇敢地面对经济体制转轨中的各种难题，提出自己的见解。在他看来，经济学家应该有经世济民的社会责任感，以研究推进民富国强、公平而又富有效率的社会为己任。记得我把《中国城镇反贫困问题》确定为博士论文题目时，他给予了热情支持和悉心指导，说这个题目选得好，现在农村贫困人口有所减少，但城镇贫困人口又在增加，成为严重的社会问题，经济学应该关注这个问题。我理解，他对我选题的肯定，首先是基于一种经济学家的责任感和使命感。他自己践行着，并深深影响学生，一定要坚持"守身为大"。"守身为大"一语出自《孟子》，意思是说，坚持自身的节操是最重要的。1946年董教授报考大学时，"国语"科有一道题是"守身为大说"，他写的主要内容是一个人一定要保持自己的气节和名节，勿做损害国家和民族的事，要把这一品格的培养和保持放在自己人生最重要的地位。他的作文得了高分，其中阐述的道理贯穿了他的一生。2004年4月25日，他拖着病体写了一篇《守身为大》的文章，又一次结合他毕生的经历，系统阐述了他对这一古训的理解。如果说58年前，他以21岁的人生阅历就有了甚为深刻的认识，那么在58年后，他作为一个经历革命和建设的丰富生活，特别是改革开放和市场经济发展环境考验的77岁的智者，所谈的认识尤为撼动人心。他认为，"守身为大"在不同的人和不同的情况会有不同的内容。他在1947年投身反对国民党黑暗统治的革命斗争，并成为一名地下共产党员，"保持革命气节，坚持斗争，绝不退缩，更不卖身求荣"，这就是地下党员"守身为大"的内涵。而当他作为一名理论工作者投身改革开放的伟大洪流后，他说："我国的改革开放经历了曲折的道路，改革与保守或反对改革的斗争异常激烈，每前进一步都有斗争，有时甚至转变成政治斗争。面对这种斗争，理论工作者是否敢于坚持真理，坚持改革的方向，就是是否能坚持学术节操的考验。"并指出："即使在理论研究上，遵行'守身为大'也是很必要的。"这篇文章是他在生命的最后时刻给我们留下的宝贵精神财富，也是他一生操守的写照。他之所以赢得大家的敬重，不但是因为他理论上的卓越建树，更是因为他人格上的高风亮节。了解他的人包括在学术观点上与他有分歧的人都说，董教授是一个有人格魅力的学者。著名经济学家于光远先生这样评价董教授："他在工作中和政治生活中一贯正道直行。"石秀诗省长获悉董教授逝世的消息后对我说："我在会议上听过董先生几次发言，他是一位令人尊敬的耿直的学者。"他自己践行着，并深深影响学生，一定要勤奋工作。董教授的勤奋，是为经济学界所公认的。从年轻时到发病前，他从来没有在晚上12点前睡过觉，不管头天睡多晚，次日都能早早地起来工作。他利用一切时间来思考、写作，在飞机、火车上，在会议间隙和旅馆小憩时，不停地写，许多有影响的文章就是这样完成的。一次，他去丹麦哥本哈根参加联合国世界发展高峰会，一上飞机就开始写文章，飞机落地前刚好写完，整整写了一万字。在出差或国外访问时，哪怕时间短暂，也尽可能多看、多问、多想。在印度访问时，他曾抽空只身进入孟买市一望无际的贫民窟进行了解，从而对农村人口的城市化问题有了新的感受。他经常对学生说，中国这块土地，是世界上最肥沃的研究经济的土壤，只要勤于耕耘、善于耕耘，就会结出丰硕的果实。他非常支持我到贵州工作，说："贵州是西部欠发达地区，经济基础较弱，条件艰苦一点，但这正可以锻炼人，可以有所收获。相信你去那里能够埋头苦干，勤奋工作，为老百姓办实事。"作为导师，他非常期望学生不断地努力，不断地做事，不断地取得成就。一旦听到学生学业上事业上有所进步、有所提高的消息，平常神情冷峻的他也会露出开心的笑容。当他讲到要到贵州看看时，我马上就想到这是老师要来检查学生的作业，这个作业包括学生的思想和工作收获。可以让恩师放心的是，这一年多的时间里，我没有丝毫懈怠，在尽其所能完成着岗位所赋予的各项任务。

恩师还要到贵州看看的心愿变成了遗愿，但我深切地相信，他的在天之灵仍然关注着西部，关注着贵州，而西部在向前发展，贵州在向好变化，这将让他感到极大的欣慰。

在追思中送别

——纪念恩师董辅礽教授

李立松

　　作为武大的学子，听闻董先生的大名是件非常自然的事情，经常都能从媒体上看到先生与其他经济名家纵论中国经济的报道。后来又不断从老师和同学那里听到很多故事，其中最有名的就是 20 世纪 70 年代末那个关于中国所有制改革的演讲了。可惜我本科学的是理工，对经济学并不了解，只觉得印象中先生是一位名气很大的学者，提出的理论和见解都是关乎国家改革与发展的大事。像这样一个能治国平天下的人，对于青年学生而言除了崇敬和仰止之外，也时常能激起自己读书报国的热情。

　　由于对经济学的兴趣日愈强烈，本科毕业后我转学金融，后来又考入武汉大学商学院攻读金融学硕士。随着学习的深入，对经济学及中国经济改革有了进一步的认识，也开始从学术的角度了解先生博大精深的思想以及在中国改革进程中发挥的重要作用。那时中国已经步入改革的快车道，许多思想上的桎梏正在消除，读先生的文章使人有机会重温中国改革的艰难历程，并且能透过那些峥嵘的岁月品味一名忧国爱民、敢于直言的智者，为了国家民族的复兴不断思索和执著前行的勇气。从最初的所有制改革、"两个分离"到社会主义"八宝饭"理论、改革经济运行机制和支持发展非公有制经济，以及后来的国企改革、发展资本市场、期货市场等，先生每每关注的都是社会主义改革的难点和热点。作为一位学者，在经济改革的重要关头，他不分日夜地思考这些问题，以科学的理论和敏锐的思维提出大胆而独到的见解，以真知灼见启迪世人。纵观先生的理论，可以说是一个社会主义所有制及市场化改革的完整体系，他深谙中国的国情与实际，充分认识到各种阻力和障碍，身体力行地推动了这一渐进式的革命，一步步实践着在社会主义体制内完成市场经济的变革。这里面不仅包含了一个理论工作者的先见之明，也体现了那一代知识分子为完成一个特定历史条件下的重大社会变革所动用的惊人智慧。更为可贵的是，在改革的风尖浪口，先生坚持真理的信念从未动摇。在那个时代，他许多超前思想的提出冒着极大的政治风险，后辈弟子们用"石破天惊"来形容并不为过。而支撑他去冒这种险的信念，除了对真理的执著以外，就是一颗拳拳的报国之心。在面对经济改革这一事关国家前途命运的问题上，先生一定是仗义执言，从来没有"摧眉折腰事权贵"，就如其封笔之作"守身为大"中说的那样，是一生追求的学术节操。现在先生走了，可回望往事，他留给我们的精神食粮是何等的丰富，从为人，到做事，再到求学，都将使后辈弟子们收益无穷。

在武大读研究生时期和先生接触的机会也就多了一些，他有时会到学校来给博士生上课，或是给EMBA班的学生讲课，另外还每年来颁发一次董辅礽经济学奖学金。我个人也为先生的道德文章所吸引，非常希望能投到他门下从事下一阶段的学习，于是本着试试看的心态向他在武大的弟子宋栋老师打听。宋栋老师是位非常热心的人，他很快跟先生说了我的情况。由于先生名气太大，我并不敢心存奢望，想不到他非常支持，不仅要我好好复习准备，还安排我与其在武大的挚交好友伍新木老师联系相关的考试事宜。另外又请宋老师代为征求我的意见，希望我博士阶段在学校读书期间能与邹恒甫老师联系，协助完成一些EMBA班的日常管理工作。先生的信任让我非常振奋，并在伍老师和宋老师的帮助下顺利的考上了先生的博士，完成了我求学以来最大的一个心愿。可是万万没想到，我学业未完，先生竟然永远的离去了。

2003年10月听说先生身患重疾不得不赴美就医，心中很是一惊，但想到他从来身体健康，连病都很少生，就觉得康复应是情理中的事。2004年春节后，听伍老师说先生恢复的很好，病情已基本稳定，也就心安并不作它想了。后来我到北京工作，一心只盼着先生尽快康复，弟子们能早日聆听教诲，就在此时噩耗却不期而至。7月31日一大早，我接到宋栋老师的电话，说先生已于昨日在美国逝世。那一刻脑海一片空白，宋老师哽咽的声音在电话那端回荡，我只觉一记重锤痛彻心骨，恩师怎么会走得这么快，这么突然！

2004年8月11日，我同师兄一起到先生位于万寿路的家中拜祭灵堂，鲜花丛中的镜框里先生的容貌依然安详，目光仍是若有所思地注视着前方。他的离去确是亲人之痛，学人之痛，国人之痛，中国的土地上从此又失去了一名心系万民、求真务实、勇于开拓的智者。转而，师母告诉我，先生在临终前还说最让他放心不下的是我们这些还未毕业的学生，希望我们努力上进，并要其他的师兄师姐帮助我们顺利完成学业。而后师母又语重心长地说："董老师说他不能再教你们了，以后你们多研究他的书吧"。霎时间，我心绪有如潮涌，禁不住潸然泪下，先生在这样的时候还想着如何关怀学生，此等慈爱不知是我几世修来。

8月12日清晨，我和师兄们一起前往八宝山送先生最后一程。北京一直闷热的天气突然下起了细雨，望着纷飞的雨丝我不禁在想：真可谓是天人共泣啊！追悼会上万人肃穆，各界人士慕名而来，晚上又一起追思了先生的生平。在摇曳的烛光中，听着不同的人，从不同的侧面细述先生生前的点滴，我的心弦再次被颤动。华生师兄说先生是幸运的，因为他身处中国改革开放的变革之际，使得他能有更多的机会用他的才干报国济民。我想能有先生这样一位学者、智者和勇者，又何尝不是时代所幸呢？先生秉公求真知的一生给了这个在曲折中不断前行的社会多少指引和鼓舞啊！他无愧于后辈们对他"文章惊天地，道德传千古"的评价。

往日的照片一张张地在投映仪上翻转，看到先生额前的银发，我记起了很早以前就想送给他的一句话："数十载呕心吐脯，忧忘霜雪染鬓发，有一日春回大地，喜看桃李绿江山。"那时他还在武汉大学为自己的弟子颁发博士学位，额前的银发在风中轻轻飘起，脸上带着慈爱的笑容。请先生放心，您一生为之心系的改革大业定然会继续向前；您的学术思想定然会被后人发扬光大；即使远在天国，您也定然能看到人间春回大地的一天。

那天晚上，我也和很多人一样取了一支祭奠先生的蜡烛。等学业完成的时候，我要把它在先生的灵前点燃，亲口对先生说，您求知为人的谆谆教诲，弟子将一生铭记在心。

最最敬爱的董辅礽老师一路走好！

一直想看看您，敬爱的董老师

李为民

虽为文学书生，但是由李军引荐，我有幸与董老师交往数年，在创办《中国名牌》杂志的过程中，董老师应新华社之邀担任中国名牌杂志社社长，我担任总编辑，作为晚辈、学生，我多少次聆听他的谆谆教诲，几年中感受他的关怀支持，在我的心里凝聚着对他的深厚情感。

几个月前，我对李军说想去看看董老师，李军说董老师在美国，他没有说董老师病了，我以为董老师只是去探亲，过一段时间会回来的。

2004 年 7 月 31 日下午开车行驶中，妻子突然说："我刚看到一个不好的消息，董老师去世了。""什么？你说什么？"宛如晴天霹雳！妻子在叙述简要的情况，我关掉了音乐，把汽车驶入边道减速，一句话也说不出来。"你怎么了？"妻子在看着我，我再也忍不住，泪涌而出。

我很少做梦的，今天早晨我梦到李军，我向他讲同学要聚会，他不说话，我还讲，他一直不说话，我忽然醒悟：他是为董老师回来的。我也真的醒来：外面天空暗淡、晨曦微然，我竟然觉得好像是董老师乘鹤归来了！我泣不成声……

我一直想看看您的，董老师！然而，由于体制的和某些人为的因素，杂志社发生重大变化，我做出了许多不了解情况的人无法理解的选择，南下香港谋职并最终放弃了《中国名牌》杂志，这虽然有其理由，但是，毕竟是一件憾事。由于事业转型过程中的坎坷，由于您非常忙碌等原因，我很久都没有去看您，这也成为永远的遗憾！

《中国名牌》杂志由李军创意，在李军、陈东升、毛振华、赵健等校友的参与和帮助下开始创刊，您和新华社社长郭超人是奠基人。在此之前，我景仰您著名经济学家的声名，并与您能攀称校友而引以为荣。初次见面我忐忑不安，然而很快便自然而然了，因为您随和亲切，坦荡宽容的品格溢于言表。我来不及激动太多，就投入到杂志创刊的准备中去。

在那难忘的创业生涯中，我作为一个具体业务的组织者，一个媒体经营管理的小学生，认真负责、刻苦努力、创新拼搏，虽然最终没有获得成功，但是《中国名牌》事业之树终于成长起来。那期间，李军的两句话令我记忆深刻：一是"董老师是《中国名牌》的旗帜"，"我们要对得起董老师"！二是杂志社工作要"高标准、严要求、抓落实"！这成为杂志社管理工作的准则。

在您的主持下，《中国名牌》杂志开中国高品位工商期刊之先河，它不仅在表现形式上体现了高尚、大方的格调，更重要的是它以先进的办刊理念，推动了中国市场发育过程中政府与企业共同推进中国名牌战略的"工程"。

《中国名牌》杂志策划发表了一系列国家领导人及省部级领导的专稿，树立名牌意识，激励名牌创造，在中国传媒界史无前例，在政府和企业界产生强烈的反响。由您向当时的朱镕基副总理写信，征求了他的意见，杂志创刊号发表朱副总理的文章《唤起全民的质量意识》，第二期发表李鹏总理的文章《创造名牌产品，提高国际竞争能力》，新华社分别向国内外全文播发后，全国各重要媒体及海外部分媒体纷纷转发，产生了轰动效应。全国各省市自治区陆续成立了副省级领导挂帅的名牌战略领导小组，制订规划并实施名牌战略工程。《中国名牌》杂志还每年推出年度《中国名牌报告》，重点报道全国名牌战略工程实施的情况。1994～1996年，香港《经济日报》、香港卫视中文台以及美国《华尔街日报》、《华盛顿邮报》、《远东经济评论》等知名媒体分别派记者对我们进行专访，报道中国实施名牌战略的背景及动向。1997年10月，《中国名牌》杂志受国家经贸委和国家技术监督局委托，进行全国实施名牌战略情况的专项调查，并在杂志上发布调查报告。至此，以《中国名牌》杂志为主导，推动形成了全国性的中国名牌战略行动的成果，成为中国传媒的一个杰出案例。

您一直倡导严谨认真并积极创新的办刊原则，指导我们研究名牌、参与到市场经济的实践中去。《中国名牌》杂志是最早运用市场调查方法参与并干预市场经济的中国媒体，开品牌调查之先。1993年初创刊第一期就发布了杂志与中国科学院心理所合作的"中国市场组合音响品牌调查结果"；1994年策划推出"全国主要消费品市场调查评价成果"，在中国第一次向企业界公布消费品品牌调查评价指标体系，依据调查结果评价，向社会公告中国市场30个"中国名牌最佳品牌奖"，中央电视台、《经济日报》、《香港经济日报》、《星岛日报》等媒体报道了这一标榜先进、激励创造之举，在企业界引起强烈反响。由您向当时的李鹏总理写信并获得总理支持，杂志社还与中央电视台联合推出《中国名牌之窗》特别节目100

辑。我们还参与策划并协办"1995 北京企业形象大会"，与国家技术监督局、北京市政府等单位分别举办多次名牌战略与名牌保护的研讨会。

这些成绩，不仅是您支持的结果，而且其中不乏您的心血！

您指示我们："杂志社要有强烈的社会责任感。"在您及新华社领导的支持下，我们策划在天安门广场树立举世瞩目的"中国政府对香港恢复行使主权倒计时"牌，在香港回归祖国倒计时近 1000 天里，倒计时牌成为一个特殊的媒介，传达了亿万炎黄子孙"祖国迎香港，同胞盼团圆"的意念，成为天安门广场有史以来持续时间最长的一次全民性纪念活动。钱其琛副总理在讲话中说："天安门广场倒计时牌引发了全国性的香港回归祖国倒计时活动，为香港回归祖国做出了特殊的贡献。"倒计时活动的策划获得中国国际公关协会评选的"1997 中国公关特别贡献奖"。

……

在我看来，您的身体非常好，京城的严冬里，您只穿一件西装在天安门广场上站半个多小时，您说话底气充沛，走路快捷有力，虽然工作繁忙，但是总是精神矍铄。我一直不担心您的身体，可是您竟然走了。

1997 年 7 月 26 日，在您 70 诞辰之际，我们杂志社为您搭建了缤纷的祝贺舞台，我和李军为您献上一棵特别的桃树，还有一副对联，我记得是：

五十载晨耕暮耘正果丰硕，
七十龄风和日丽祥云浩然。

董老师，这是您事业的写照，也是对您生命的祝福。我们还想着在您 80 大寿的时候表现一番，能够让您释怀而笑，可是您竟然这么早就走了！

在您走得前一天，2004 年 7 月 29 日傍晚，北京西边的天际，出现了十分罕见的、震撼人心的火烧云，它们金红、火红，浩浩荡荡在天幕上，董老师，那是上天为您铺的红毯吗？

挥泪当歌　送别恩师

刘　宁　张永衡

董老师，您好！您的学生刘宁和永衡来看您来了。我们代表国内其他同学来看您最后一眼，我们也代表武汉大学的弟子们在这里送您上路。

我们来 Durham 两次。上次在 2004 年 3 月份，恒甫、永衡和我来 Durham 看您。当时，作为您在美国不多的学生的我怀着负疚的心情而来；怀着相较国内其他同学有着地利优势而久未能来看您的惭愧而来。

那是早春的 3 月，万物复苏。您给我指导学业并带我到周围的院子四处转转。看着含苞待放的樱花，我们一起感怀四季的轮回，自然的秀美。那时的您如往日般健谈，思想活跃；您如往日般行动敏捷，身体健康。作为学生，我们感到释怀。我们祝您长寿。这次再来，您却已故去，永远的去了⋯⋯

我上个星期从国内回来后曾给您和师母打过四个电话。第一次，当时没有人接，留了言，我还曾想也许老师康复的还好，夏天出去走走了。第二次还没找到您后，我就焦急不安，有种不祥的预感。到了星期四晚上 9 点多，小凡在家里接到电话，告诉我您已不行了，他正从医院回来拿衣服时，犹如晴天霹雳，我当时第一个想法就是今天晚上无论如何要赶去看您最后一眼，再听听您的声音。无奈当时最晚的一班从底特律去 Durham 的飞机在一个多小时前就走了。一晚整夜未眠，在不断回忆和老师您交往的点点滴滴的细节中坐到天亮，急急地去了机场，来到 Durham。

但是，没到欣年和小凡家里，我就得到了您故去的消息。学生我又一次来晚了。这次晚来的负疚我将永远无法释怀。作为离您最近的学生竟没有机会和您诀别。晚了，现在所能听到的都已是昨日故事；所看到的竟是您逝去的遗容。董老师，我只有对您的遗体三鞠躬。董老师，您一路走好，学生为您深深地祈祷！

董老师的故去绝不仅仅是董家一家之痛，它是成百上千您的学生的共同之痛，痛失良师；它更是所有关心中国经济命运的中国人之痛，痛失一位中国现代经济学的大师，痛失一位有着社会良知、执著职业追求、有着博大精深的经济学思想体系，在中国经济改革的重要阶段，对学术界、对中国经济发展的实际工作有着巨大的、积极的影响的大师。

一个聪颖过人，博览群书的人是不少见的；但是一个聪颖的人能几十年辛勤工作，勤于思考，甚至到了70多岁仍像年轻时每天工作10多个小时，以致2003年在上海交大连续四天，每天8个多小时给学生们上课，这样的人就不多见了。一个这样的人又能够严于律己，宽以待人，对同事、学生处处关怀，如春蚕吐丝般将自己的一切尽可能贡献给社会，让给别人的人就少之又少。有了如此崇高的思想境界，有着奋不顾身的勤奋，同时聪慧过人，年近八旬仍学习不断的长者就是我们的大师了。在中国这样一个转型社会，整个社会都在追求短期利益；对社会财富分配的热衷远远超过了对财富创造的追求。在这样一个社会背景下，这样一位有着执著的追求、社会的良知、博大精深思想体系的大师今天就这样去了。苍天不公，夺我大师。我们长恨当歌。

作为学生，有幸生活、学习、工作在这样一位大师身边，我们不仅获得了学业上的长进，更多地得到了精神上的熏陶。您对我们思想价值体系的建立、行为模式的确定都起到了不可估量的作用。每次在您身边都深觉被一种强大的气场所吸引，使自己向善、向真，努力改变自己的陋习，使自己活的更为纯粹。今天，我们的导师，一位和蔼可亲的学长离我们而去。我们身边少了一位不偏袒、不护短，以自己的独立观点纠正我们缺点的大师，我们缺少了一位日后能常常指导我们的大师。

作为学生，我们深刻缅怀您在世时对我们的教导。我们深信这种教导将伴随我们一世。我们请老师安息。我们在各自的岗位上继承您的教诲，不断地向您学习，不断地以自己的所能回馈社会。

逝者如斯夫，请师母和家人节哀，保重身体。董老师顽强、乐观、达观的精神将环绕着家人和学生。祝董老师一路走好。

往事并不如烟

——缅怀恩师董辅礽先生

陆 昂

董老师走了,带着他对生命的顽强抗争,带着他对生命无限的渴望,带着我们不尽的哀思,静悄悄地走了,甚至没有留下只言片语……他一定没有想到自己会这样快地走,正如我始终难以相信董老师会身患癌症并坚信他随时会健康地回到祖国,回到我们身边一样。因为他曾经是那样健康的一个人!我的耳边始终回响着他 70 寿辰时主持人宣布的那句话:"董老师的生理年龄只有 50 岁!"是的,董老师健壮的身体一直都是我们的骄傲——冬天从来不穿棉衣,若干年一贯制的两件单衣似乎成了董老师冬季里着装的定格。我们无论如何不能把疾病和董老师联系在一起,更不要说死亡。然而,这一切却竟然都是真的,而且这样不及掩耳……

从小到大,经历的死亡虽然不多,但也不少,却从来没有像现在这样沉重与不安,从来没有如此真切地感受生命之脆弱!仅仅是在几天前他还谈笑风生,对治疗充满希望。惟一感到欣慰的是他弥留之际是和家人在一起。在生命的最后一刻,他终于回归了人的本原。

初识董老师是在 20 世纪 80 年代末的一个下午。我作为人民银行总行的一员陪同英格兰银行的官员拜访社科院经济所,了解中国经济改革的进程,主谈人就是董辅礽先生。那时的我还只是他的校友兼崇拜者,尚不能称为他的学生。也许是国际司的同事故意要考验我的英文,他竟然在我们到达经济所之后借故离开了。我就鬼使神差地客串了一次翻译。记不得当时谈话的细节,惟一记住的是董老师博大精深、深入浅出的大师风范。虽然在那之前,听很多人谈论过董老师,但那样近距离地与他交谈还是第一次。他身着一贯的两件套,一件白色暗条的衬衣,一件米色的夹克,显得干净利索,儒雅有礼。他谈起话来慢条斯理,却句句掷地有声。他缜密的思维,严谨的论证,对现实问题敏锐的洞察力,给我留下深刻印象。原定 40 分钟的会谈,不知不觉竟然用了两个小时,双方似乎仍然意犹未尽。

成为董老师的学生实在缘于偶然，更多的是出于对名师的仰慕。而真正了解董老师的伟大是在他70寿辰的纪念会上。那是一个由他的学生自发组织的生日会，规模之宏大，场面之隆重给我深刻震撼。我似乎第一次全面了解了导师的为人，导师的学术地位，导师的不同凡响。且不说他对中国经济改革一系列开创性的贡献，单就他的为人为师之道，就足以令人敬佩。我相信世间恐怕很难有学者能够与董老师相比。无论是他的睿智，他的深邃，他的刚直不阿，他的爱憎分明，他的勇于批判、勇于探索的魄力和胆识，还是他的身兼士卒，身体力行，抑或他的宽厚仁慈，乐于助人，都是我终生难以企及的榜样。

虽然是董老师的第一个女弟子，但也许是同届同学过于显赫，也许是由于我先生的光环过于灿烂，亦或许是因为我的性格过于被动，我似乎始终习惯性地处于从属与忽略不计的地位。因此，虽然与导师谋面的次数不少，但独立的交谈似乎只有有限的几次，印象最深的是辅导我博士论文期间的几次谈话，以及他生病住院离京赴美前一天的简短对话。

我的博士论文研究的是中国转轨时期的货币政策。董老师的赫赫声名我是早有体会，但他对金融问题之娴熟，特别是每一个政策措施背后的经济背景与理论依据的准确把握让我再次领略了大师的风采。他每一次画龙点睛的点拨，每一次一针见血的剖析，都使我受益匪浅。他严谨的治学风格更给我极大的鞭策。我论文后记中的每段话都是肺腑之言。我真心地感谢董老师对我的谆谆教诲，我为有幸成为他的学生感到由衷的骄傲和自豪！

最感动的还是他临行前的那场谈话。当时，他已经被确诊为直肠癌转肝癌，决定赴美治疗。他在病房里不断重复的一句话就是"这可怎么办呀？还有这么多的学生，这可怎么办呀？"董老师永远都是一个恪己为人的人。即使身患重症，首先想到的仍然是他的学生！

翻开董老师讲课的笔记，他的音容笑貌依然历历在目，睹物思人，禁不住泪眼婆娑，泪流成行……

董老师您安息吧！

忆董辅礽老师的南山之行

卢　建

2004 年 8 月 7 日下午，在北京首都机场贵宾厅参加董辅礽老师的亲朋好友、同事和弟子为他举行的简短的迎灵仪式。我站在哀伤的人群里，默默地注视着董老师的儿子捧着他的遗像和骨灰盒，在师母刘蔼年的陪伴下，慢慢地走下渡梯。此刻，我的耳旁仿佛响起了诗人徐迟那句名言——"死亡是生命的凯旋"。然而，我却还是不愿相信，董老师会真的离开我们。

我不敢上前打扰年事已高而又长途劳顿的刘师母，我怕我掩饰不了的悲伤会让她老人家触景生情。没想到，师母竟在纷乱的人群中认出了我，她过来拉住我的手，似乎在传达着一种力量。她说："我和家里人前两天还谈到您和您开的那个滑雪场，前年冬天董老师去你那里时特别高兴，显得特别年轻。你们这些董老师的学生为他做了好多事情，谢谢你们。"师母是在安慰我呢，董辅礽老师利他主义的高尚品格，在他走后，在他相濡以沫的夫人身上，依然闪耀着动人的光芒。我连忙回答："师母，师徒如父子，董老师十多年来待我们这些学生就像慈父，他对我们的培养、教诲和帮助，难以言表啊，学生们为恩师做什么事情都是应该的。"

师母重提的旧事，是董老师 2002 年鲜为人知的一次郊游。对当时已年届 75 岁高龄的董老师来讲，那也许是他人生暮年惟一的一次户外极限运动的体验吧。

记得是 2002 年 2 月下旬的一个冬日，我邀请董老师和刘师母来北京远郊的密云南山滑雪场赏雪观景、呼吸新鲜空气，也顺便向恩师汇报我二次创业的初步成果。大概是受到漫山遍野充满青春活力的滑雪人群的感染，一下车董老师和刘师母就直奔了雪道，坐上我和李刚博士驾驶的雪地摩托，在蜿蜒起伏的山地林间纵情飞驰，随意地融入了滑雪戏雪的人群里。站在山顶，看着蓝天白云、木屋湖池，董老师兴致更浓，下山时他和师母都选择了自驾旱地雪橇，全程有 1318 米，要经过 9 座高架桥、10 个弯道和一个百米灯光隧道的滑道下山，这可是曾经吓住了很多胆小的年轻人的惊险项目呢，董老师却引领着刘师母以 15 公里的时速风驰电掣般冲下山去！滑道旁的少男少女纷纷挥手致敬，直叫"佩服"、"超人"！冰天雪地里只穿着件衬衫加单夹克，玩极限运动，董老师此时完全变成了一个令人惊叹的年轻人！一个年轻的超人！董老师兴奋地评价道："这种新兴的旅游项目，老少皆宜，很有发展前途。"

后来，董老师又余兴未尽地换乘雪地飞碟，从长长的雪坡上旋转漂浮而下。美妙的一刹那，我看到董老师脸上绽放出孩童般开心的笑容，在阳光里、在皑皑雪原上凝聚成永恒记忆！那一天董老师一直释放着他年轻的心态。中午就餐时，我特意安排二老坐平桌和靠背椅，这样会比较舒服，可董老师不坐，他看见有对青年情侣坐在高脚的吧桌吧椅上，一边聊天一边晃着空悬的腿，悠闲自得的样子，就拉着刘师母也坐了过去，晃着双腿说这更有意思。"偷得浮生半日闲"，董老师就这样和师母悠悠闲闲地坐着，吃着比萨、喝着绿茶，与我们谈天说地，度过了一个快乐的周末。

回忆那天董老师犹如返老还童的音容笑貌，不禁联想到他 70 寿辰时，于光远老人对他的一个风趣的评价——"年轻的老经济学家"。虽然，那是指董老师在经济思想上的富有创见，工作能力上的活力，但是这里，我看见了恩师那颗永远年轻的心，进取精神的不朽！

读董辅礽先生这本书

罗仲伟

董辅礽先生是中国著名经济学家，我有幸成为他的学生是一种福气。我想，自从我迈进中国社会科学院研究生院的大门起，就开始在耳濡目染中读董先生这本书。从这本博大精深的书里，我懂得了怎样自强不息地治学，怎样乐观向上地生活，更重要的是，学习怎样正直刚强地做人。这本书中蕴藏着的丰富知识、无穷智慧和做人品格，是我一辈子都必须尽力去学的，也是学不尽的。我将因此终身受益。

一 皓首穷经 学富五车

董辅礽先生知识渊博，经济学造诣深自不待言，对与经济相关的一些社会科学和人文科学学科也有很好的把握，同时对自然科学饶有兴趣。这和今天的一些经济学家只知埋头自己的专业，很少过问自然科学的情况有很大不同。这方面的例子应当说是数不胜数，这里，我只讲述给我印象最深的一次经历。

记得 1994 年深秋，我到大连市进行一个课题的调查研究，恰逢董先生率全国人大执法检察小组到辽宁省视察《消费者权益法》等法律法规的执法情况，正在大连。执法检察小组在当地的活动结束后将考察大连经济技术开发区，我有幸"搭便车"随团前往。上中巴车后董先生让我与他同坐一排，以便在路途中我能抓紧时间顺便汇报近期的学习和研究情况。大连方面由当时的市计委主任陪同，一路上就看到的企业进行概要性说明，同时简要介绍大连市的经济发展情况。

到开发区的途中路经一家中国与法国合资经营的大型石油化工企业，远远地看到巨大的连片厂房和大型成套设备。因这一企业不在行程计划中，市计委主任只在车上做了简单地说明。可董先生并不就此作罢。除了详细询问该企业产生背景、合资方式、投资规模、原料来源、产品结构、市场情况、经营绩效等经济问题外，他仍打破砂锅问到底，就主要石化产品的技术特点、工艺路线、设备配套等专业技术问题深入提问，有时则是与市计委主任进行细致的讨论。因是颇为艰深的专业技术问题，满满一车人既无法插上嘴，也听不明白。只听他们两人一来一往的问答，其他人有如坠入云雾之中，不得要领。后来听到董先生不依不饶，穷追不舍的提问，大家似乎都开始为市计委主任捏着一把汗，惟恐他答不上来。好在市计委主任正是主持这一合资项目建设的中方专家，圆满地一一回答了董先生提出的各类问题，两人讨论得也满有心得、相得益彰。我在旁边好像是上了一堂石油化工专业技术的启蒙课，颇受教育。

在大连开发区，一行人参观了正在建设中的国家重点工程，大窑湾港口。港口建设指挥部的总指挥在现场做了基本概况的介绍之后，董先生又虚心地向他请教，随之开始了关于港口建设问题的专业性讨论。讨论既涉及港口本身的自然状况和建设内容，又涉及与港口配套的其他陆上基础设施。如疏港方面的涨退潮水情、防浪堤结构、引水方式，港口吞吐能力方面的泊位数和停泊参数、装载参数、外港停靠，陆上配套运输方面的铁路能力、编组、调度、衔接等，甚至细致到关于港口龙门吊车的制造材料和工艺、世界主要生产厂家的实力和特点等。

我一直在旁静静地倾听，这时仿佛在上的是一堂生动的现场港口建设专业技术课。一方面深深佩服董先生知识的渊博和求知的欲望，另一方面也深感自己的无知、浅薄。暗下决心，一定要珍惜难得的机会，学习和积累知识。迎着深秋大连湾颇为强劲的海风，只见仍穿着件衬衣的董先生精神抖擞、全神贯注地与现场各位专家探讨专业问题，显示出经济学大家的独特风范和气概。这一景象至今仍不时显现在我的脑海中。

二　关注生态　心系环境

对生态环境的高度关注，是这一代中国经济学家的共同品质。董辅礽先生应当说是其中的一个典型代表。他的头脑中似乎已经凝固着在一般人看来近乎偏执的环境情结。他不止一次对我谈到，由于工作繁忙，常常不得不婉言谢绝相当数量的一些活动或会议，但是如果是有关环境的活动或会议，却总是宁愿推掉其他的活动而优先安排出席，绝不会轻易放弃。董先生生态意识的强烈，以及对环境保护的执著追求，我也有亲身经历的感受。

1995年夏天，董先生到云南西双版纳考察，我又有幸随同前往。在富饶美丽的西双版纳，接待我们的东道主非常热情，在考察路途中特意购买了老乡在路边上出售的一种野生猎物（可惜名字已被我遗忘），要款待我们，说此物味道鲜美，而且碰上的机会并不多。而董先生坚持声明要保护野生动物，尽管这种动物是否在国家保护动物之列当时大家并不清楚，但他认为不清楚就不能吃，在东道主多番好意相劝下终不为之所动。他说自己是野生动物保护委员会的顾问，要以身作则，不明野味绝不能去碰，请主人原谅。

在西双版纳逗留期间那些紧张而短暂的日子里，董先生坚持放弃到旅游景点游览的难得机会，让东道主安排了多处热带雨林考察，并不顾近70岁的高龄亲自登上原始雨林高山察看实际情况，在现场虚心地向有关专家请教相关知识，之后就热带雨林的保护同东道主进行交流，提出不少建设性意见。面对澜沧江畔因开垦荒地种粮食而遭破坏的原始森林，董先生不止一次扼腕叹息，常常紧锁眉头陷入沉思之中，对生态环境遭到的人为破坏表达了深深的忧虑。他认为，对大自然给予人类的一切，我们都应抱有敬畏之心。他对我们谈到，由于观念的落后和政策的失误，在生态环境方面我们已经付出了不可挽回的巨大代价，对子孙后代欠下了无法弥补的债，而经济工作者们还没有完全意识到这方面的严重后果，对此，经济学家应负起更大的责任。充分表现了董先生作为一个中国经济学家对生态环境的关注，以及对环境保护的强大使命感和责任感。

三　严于律己　以身作则

董辅礽先生作为国内有影响的经济学家，学风严谨、敬业勤勉是人所皆知的，并广为业内人士传为佳话。例如，对于经济建设和体制改革理论及实践中产生的争论，在没有切实搞清来龙去脉之前，董先生绝不会轻易发表言论，也讨厌应景式地讲些不痛不痒的场面话或缺乏自己独立见解的空话，没有经深思熟虑思考过的东西或不熟悉的东西绝不勉强凑合。而一旦有了自己认为是正确的观点，他总是旗帜鲜明、开诚布公，并勇于坚持到底，不顺风倒。此外，细心的人会注意到，除了一些大型研究课题外，董先生基本不与他人联名发表文章或研究成果。这并不是说董先生不能与他人合作，而是他一是强调个人负完全责任的独到见解，二是尽量为别人发表成果创造条件，三是以身作则反对学术"搭便车"歪风。关于这一方面，只讲两个故事。

1994 年，关于曾引起业界普遍关注和争论的广东顺德地区大批公有制企业"靓女先嫁"现象，董先生对南方某些经济学家的观点持有不同看法，但在没有实地考察取得第一手资料之前，却不忙于轻易下结论。由于其他事务繁多脱不开身，他不能亲自前往调查研究，因此安排我结合自己的研究前往顺德调研。10多天的调查结束后，我返回北京向他做了详细汇报。在他的指导下，我利用实地调查得到的第一手资料，结合所看到的实际情况，写出了调研报告和研究文章，董先生认真审读后认为可行，并同意交刊物发表，但坚持不让落上他的名字，甚至连写上"在他的指导下完成"都不行，并且不亲自推荐给任何一家报刊（在我的印象中，董先生从不利用自己的名气向任何报刊推荐自己学生的文章，为别人的专著撰写序言，都是在人家自己联系好出版社后才欣然提笔）。后来这两篇调研报告和研究文章由我自己分别投到北京和广州两家较有权威的学术刊物上得以发表，引起了一定程度的社会反响。

1997年，董辅礽先生的一些朋友、同事和学生自发地组织起来，对董先生的主要学术思想进行初步总结和评价，并准备结集成一本小册子，交经济科学出版社正式出版。董先生知道后，坚决反对这样做。他三番五次做文集组织者的工作，希望大家能够放弃这一出书计划。当董先生发现他反对的声音不起作用后，便立即找到出版社负责这本书的责任编辑，嘱咐她在审稿时严格把关，一定要把哪些有着赞扬以及溢美嫌疑的句子、词语统统删掉。结果，这位对工作极端负责的编辑分别给各个作者打电话，传达董先生的"指示"，不得"随意拔高"。最后，这本小册子出版后，不少作者发现，许多对董先生的评价已经是非常保守的语句都已经被删去了。

四　勤奋执著　宽以待人

董辅礽先生不仅才思敏捷，思想敏锐，逻辑清晰，更是异常勤奋，认真执著，70多岁的高龄仍每天精力充沛地工作10多个小时，笔耕不辍，往往使作为学生的晚辈们汗颜。

20世纪90年代中期，应香港某报刊之约，董先生作为专栏撰稿专家，定期撰写经济评论文章，每周都要有文章发稿，内容涉及广泛的经济领域，坚持数年，最后近百篇文章结集成了书。他把为专栏撰稿作为一种脑力"体操"，迫使他不停地观察、思考和写作，使他对身边发生的事情更为敏锐，对事物的分析更为深刻，对思想的表达更为犀利。飞机上写文章也是董先生的一绝，他在国际航班上写就的专题文章何止一两篇。接受记者采访，不慌不忙，娓娓道来，层次清楚，由浅入深，入木三分。一次我去他的办公室看望他，正好遇到来自不同电视台的两组记者就两个不同的主题对董先生进行电视采访。董先生预先并没有任何准备，也没有文字稿子，但仍然非常从容地在一个多小时内录制了两套高质量的节目，使记者们满意而归。

我的博士论文初稿写成后送交董先生审阅，原想近20万字的研究性论文，他工作又忙，少则也需十来天时间。没想第四天就接到董先生的电话，让我去取审阅过的论文。拿到论文一看，需修改之处一一标出，并另纸附上详细的修改意见。连论文中的错别字和用错的标点符号都在稿纸上予以改正，可见是多么认真地一字一句阅读。询问其他师兄弟，大多都有这样的经历。

董辅礽先生待人接物也有自己的特点，冷峻的神情后面给人的感觉是非常注重效率，不落虚套，不务虚名。譬如，就我的经验，一般人到董先生家拜访，千万不要带任何礼物，否则怎么带进去的会怎么带出来。进门后，董先生通常不会有什么客套、寒暄的程式化铺垫。他招呼你坐下、倒茶后就会立即单刀直入，开诚相见，直接请你说明来意或你的看法，然后直奔主题，进入讨论。这往往会使不熟悉他这一风格的人一时难以适应。可能向董先生请教过问题的人，或接触过董先生的人都会有这样的感觉。初时接触，会感到董先生严肃有余、不近人情，实际上，董先生是非常平易近人、容易相处的，也非常愿意与各种层次的人打交道，而且爱才若渴，对学生关怀备至。为学生们的工作和生活发愁已经成为他的家常便饭。

怀念一代大师董辅礽

马险峰

2004 年 7 月 30 日下午 4 点钟，当杨再平师兄打电话到办公室，哭着告诉我说董老师已于北京时间 3 点、美国当地时间 8 点多去世，我顿时泪水盈眶：董老师怎么可能会去世？就是在一个多月前的 6 月 20 日，我还给董老师打电话，当时董老师说"情况不太好，已扩散到肝，在试用一种新药"。因为有前一段时间治疗效果较好为基础，我想不至于太严重。而在董老师去美国的当天上午，我去他家给他送一些帮他打印好的文稿时，他还说："我过一段时间就会回来！"我说："那当然，我们都等着您！"但放下师兄的电话，理智告诉我：董老师在大洋彼岸已经离我们远去了。悲恸沉思之际，与董老师相处的一幕一幕，犹如发生在昨天。

一　上门辅导论文

能成为董老师这样著名经济学家的学生，当属幸运。1993 年，我报考中国社科院经济所博士生，只是想碰运气，因为我 1994 年才硕士毕业。但未曾想到成绩合格，被正式录取。因此，直到开学之后，才与董老师见面。而在此之前，甚至连一个电话都未打过。

我们这一届，董老师共招三名学生，也是他在社科院经济所第二届招收博士生。后来，我们问他，为什么以前不招收学生，他说以前他也曾兼任过社科院研究生院副院长，但工作较忙。而实际情况是，他已在武汉大学招生多年。据我所知，社科院具备博导资格的研究员有数百名，但当时每年招收的学生数量则不足百名，因此，为使其他更多的研究员特别是青年学者有机会招生，他可能就不招了。从我们这一届起招生，则是他从社科院退休之后经济所的统一安排，包括他和其他所内的著名学者，他也就不再反对了。这一点是我个人猜测，我想也符合董老师的一贯作风。

学习期间，我们几位学生也曾表示，希望帮助老师做一些事情。但董老师讲，"我的东西都是我自己写的，你们要多看些书，多学些东西"。博士生期间有一个读书计划，我们列进了多位诺贝尔奖得主的专著，请董老师过目。董老师则说，所列书目太多，其中有少数能彻底读懂就不错了。他还说，博士生三年期间，要少写些文章，多读些书，奠定好的基础。在指导论文时，董老师强调，论文一定要有一个中心，要立得住，这一点特别重要。后来，我偶尔也参与博士论文的评议和答辩，以此原则指导和分析博士论文，确实抓住了要害。

博士生三年间，对我留下印象最深的，则是董老师在一个冬天的早晨到我宿舍为我辅导论文。1995 年冬天的一个下午，董老师打电话给我，说他明天到研究生院开会，他将提前到院里，给我讲一下论文的修改情况，但我当时并未注意开会的时间。所以，当董老师第二天上午敲我们宿舍门时，我还未起床。当我们迅速穿好棉衣、起床开门后，见董老师依然穿着衬衣和夹克衫，站在楼道中。但他一点都未责怪我们，他给我详细讲解了论文的修改意见，甚至划出了每一个打印错误。后来，每当我想起这事，就后悔不应该如此粗心大意，既不礼貌又浪费老师宝贵时间。

二　熟悉自己学生

1997 年 7 月 26 日，董老师的学生们为庆祝董老师 70 大寿暨从事经济学研究 50 周年，在人民大会堂召开了董老师经济思想座谈会后，晚上在亚运村一个饭店举办师生联欢晚会。因为是师生聚会，大家基本上都带家属，我也和太太一同前往。距饭店很远，就看见董老师和师母站在门口接每一位客人，这使我们非常感动。因为是师生聚会，只有老师和师母年龄最大，其他学生及家属们年龄都较董老师年轻很多。董老师出门迎接，是表示对大家的尊重和感谢。近来，教儿子读三字经，当读到"君则敬、臣则忠"、"兄则友、弟则恭"时，我才悟到，董老师身上所体现的，正是我们数千年来中华文化的一部分，是处理人际关系的重要准则，董老师以实际行动在继承和发扬我们的优秀传统文化：为人师表，堪称典范。

在晚会上，董老师介绍每一位学生的情况和特长，甚至包括家属情况。他对每位学生情况的熟悉程度，令人惊叹。晚会气氛热烈，众多小孩玩得尽兴，令人难忘。

三　关心证券市场

证券市场是证券资产交换的场所，也是经济利益较为集中的场所。市场处在波动之中，总有一部分人在获益的同时，而另一部分人在遭受损失。因此，凡是研究证券市场的经济学家，很难获得完全一致的好评。我从事政策研究工作近七年，深知其中甘苦。但董老师总能在证券市场发展的关键时刻和针对关键问题，提出深刻而独到的见解，把握市场的整体利益和发展大局。

董老师早在十多年前就指出，证券市场是学习市场经济知识的大学校。在我看来，这也正是中国证券市场之所以适应中国需要、快速发展的根本所在。转轨经济之中，大家更加需要学习市场经济的运作原理，学习在市场经济环境下的企业竞争生存之道，尽管证券市场仍是费用相当昂贵的一个学校。而在20世纪80年代末、90年代初期，甚至有位诺贝尔奖得主预言：中国不需要资本市场。

在制定证券市场政策或分析证券市场存在问题时，往往需要一个假定。如果将证券市场比喻为一个人，这个假定就是他有多大？董老师则是"婴儿论"假定的代表。有的人假定中国证券市场是中学生，将它与美英发达市场相比，差距实在太大，"差得很"。有人假定它是小学生，尽管与英美的"大学生"相比，差距很大，但仍有前途，将来也可能跻身"重点大学"。董老师则认为它相当于婴儿，需要爱护，有坏毛病不要紧，边长大边纠正就是了。我以为，这是对中国证券市场发展阶段所做的最接近真理的假定，尽管有人意见与之相左。

董老师在证券市场发展的许多关键环节和关键问题上，曾发表过非常有益的见解。如针对上市公司双重审计的问题，就写过文章进行过评论，我也曾将此文推荐给有关主管领导参考，促进了该问题的妥善解决。针对国有股减持问题，董老师不顾前一天夜里从云南归来的疲劳，参加了在一天上午举行的专家分析会，进行了主导性的发言，监管机构也采纳了董老师的建设性意见。

四　热爱生命

生命是宝贵的，每一个人都热爱。但董老师热爱生命的表现，则是他在任何可能的条件下，都是充分运用生命的每一刻钟，做一些对他人、对社会有益的事件，"毋以善小而不为"，且从无懈怠，直至生命的最后期间。

2003年国庆节后，得知董老师患肠癌住进协和医院。在了解董老师病情之后，未预约，我直接到高干病房去看他。记得大约是晚上8点钟，当时董老师一个人在病房，但常有电话打来，绝大多数都是问候电话。手机来电铃声较大，董老师说他想调得声小一点，但都未成功。在他未用手机之时，我就试着调得声音小一点。然后，我就介绍了一些我的工作情况和几位师兄弟的情况。

直到9：30离开前，我都未直接询问董老师的病情。我希望谈一些轻松的其他话题，董老师也可休息一下，暂时不必想着生病的事情。我说，在《环球时报》上看到他写的在美国阿拉斯加和家人一起旅游的文章，他说总共写了七篇，其中一篇已发表，其他六篇还要自己打印一下再发表。我说，我来帮您打印，您就安心去美国吧。因为当时已决定去美国治病。董老师考虑了一下，就同意了。这一次是第一次帮老师做一点事情，以前都是董老师帮我，包括推荐去北大做博士后、推荐找工作等。但董老师非常认真，要我在他去美国前送他一份打印稿，在美国治病期间还审阅了几篇拟发表的稿件。这几篇旅游经济的稿子后来陆续发表在《环球时报》上。

我在医院的一个半小时中，正赶上萧灼基老师也来看望董老师。萧老师是董老师多年的老朋友，也是我的博士后导师。两位老师见面，格外亲切。萧老师说，你在北大的学生，我帮你带，等你从美国回来，再还给你。董老师还拜托萧老师帮他的一名博士生推荐在某杂志发表论文。萧老师走时告诉我，少待一会儿，让董老师多休息。但没有控制住，萧老师走后，我还多呆了一会儿。当时，董老师躺在床上、靠着床头，有些伤感地说，人的一生，说不好要得什么病。我说，不管得什么病，治疗就是了。后来，董老师在美国治病期间，还专门写了一篇题为《我去美国治肠癌》的文章，公开发表在《环球时报·生命周刊》上，详细介绍了他治疗的经验教训，供相关人士参考。

五　一代大师

有人说，用诺贝尔奖得主们所创造完美模型标准来衡量，中国没有大师级的经济学家。但我想说，与中国经济学家们在社会经济巨大变革之中所发挥的作用相比，国际上有几位大师可与其相提并论？

中国的改革开放和经济发展事业，是中国13亿人民集体参加的事业。但站在改革开放最前沿、最具社会责任感、最不计较个人利益得失而为之鼓与呼、为国家决策提供有益参考的，正是经济学家群体们。他们具有理论思维优势和信息优势，在一定程度上发挥了社会启蒙和制度设计的作用。董老师作为他们之中的杰出代表，当之无愧！

经济学大师留给社会最有价值的东西，应当是其思想产品，是其理论创造，是精神财富。但支撑这些理论成果的，却是一个普通的人，是其价值观，是其生活中的细节琐事，是其平常而忙碌的每日生活。一个人之所以伟大，个别人靠其惊天动地的成就，但更多的人，是靠其每日生活之中的点点滴滴，靠其每日闪光的东西多于常人，真可谓"一滴水亦可闪耀太阳的光辉"。董老师对我之印象最深，恰是许多日常之事。而正是这些平常之事，也成为激励我每日工作学习、不断进取、勤奋兢业的力量源泉。

　　董老师永远活在我们心中！

恩师远行　仁志长在

——缅怀导师董辅礽先生

马欣原

　　"古人云：'有大贤焉而为其徒，则亦足恃矣。苟其侥一时之幸，从车骑数十人，使闾巷小民，聚观而赞叹之，亦何以易此乐也？'成为董辅礽先生的门生，无疑是我人生中的精彩一页。先生儒雅深湛，渊博宏通，一支无声健笔，挟雷摄霆。自入师门以来，我不仅在学业上获先生耳提面命，生活上蒙先生眷顾，更为珍贵的是，先生动静语默之间，尽显表率风范，学生默识心融，自知将受益终生。"

——摘自博士论文后记

一

　　恩师远行。

　　2004 年 8 月 7 日下午，先生的灵骨在家人们的陪护下回到北京。上百名前来接灵的亲人、朋友和学生，佩戴着白花，肃立在电动扶梯下，悲泣失声。先生如今就在这么一个小小的白色纸盒里，安静地从每一个人面前走过。即使纸盒上面清清楚楚地用英文写着先生的名字——Fureng Dong，每个人还是无法相信先生确实已经离我们远去。

　　先生素来身体好。熟悉他的人都知道，即便是在三九天气，先生衣着都非常单薄：上身只穿一件衬衣外加一件薄呢夹克，下身只着一条单裤。冬天，当我们上完课，一起走到室外时，经常会出现的一幕是：头发花白的先生敞着夹克大步走在前面，后面跟着一群衣着臃肿的年轻学生。正是因为先生身体素质好，我们都以为先生会长寿，从来没有想到过先生会这么快离开我们。

　　2003 年 10 月 15 日中午，先生给我打来电话，我一接起电话，听到先生亲切的一声"小马"，我还很开心，以为又是让我安排上课的事。可没想到，先生告诉我的是，他患了癌症，而且已经转移，准备马上去美国治疗。我的身体一下子僵住了，麻木地听着。先生在电话里轻描淡写地谈完他的病情之后，话题马上转到我的论文和工作问题上来（我当时在读博士三年级，正在写毕业论文，同时开始找工作）。原来先生已经为我安排好了一位他信任的同事作为我的副导师，负责我的日常指导工作。在这样的时刻，先生首先牵挂的是我们这些学生，强烈的责任心甚至不容许他流露一丝个人情绪。其实，很多事情本不应由他操心，但他坚持认为这是他身为先生理所应当承担的责任。在电话里，他甚至还为我盘算，怎样用比较便宜的方法将我的论文送到美国。电话这头，我已哽咽不能言语；电话那头，先生反复地叮嘱我："小马，不要哭啊！"叮嘱完，他不放心，又像打赌一样跟我保证道："小马，我一定健健康康地回来参加你的论文答辩！"电话里的殷殷嘱咐让我产生幻觉：先生替我设想得如此细致，难道他的身体依然康健得足以承载漫长的未来，让他有充裕的时间处理许许多多重要得多的事务？

放下电话，我立即赶到协和医院。先生的病房外摆满了花篮，彩带微微飘拂，善良美好的希冀与祝福生动起来，给冰冷的走廊增添了浓浓的哀伤。先生一眼就看到了我红肿的眼睛，他居然孩子气地抬起右胳膊，握拳做了一个象征力量的动作，大声地鼓励我道："小马，你要坚强一点！你看，我多坚强！"先生，我知道您坚强，可我也知道，您只是一个常人，面对不可知的未来，这份恐惧和孤独是谁也无法替您消解的。夜阑人静的时候，也正是您与脆弱鏖战的时候吧。然而，我又注意到，病榻上的先生在为我们这几个尚未毕业的学生操劳时，他的神态是那么安详，他的心思完全集中到自己所做的事情上，病魔在此刻一点都不能打扰他，不能使他分神。先生马不停蹄地为我们逐一联系负责老师，安排我们与负责老师见面，郑重地将我们一一托付，他甚至连每一个学生的家庭情况都记得清清楚楚，详细地跟负责老师介绍，惟恐遗漏了什么。在身患重症的情况下，先生居然还腾出这么多的时间和精力，细致入微地为几个学生操劳，先生是在用生命为"责任"二字抹上浓妆重彩啊！我想，每一个身历此情此景的人都不会否认，这个经历是他人生的一笔宝贵财富。

先生在美国的治疗一开始非常顺利，但到 2004 年 4 月底，先生的病情出现反复，癌细胞产生抗体，治疗效果明显的三种药物失效，必须换用新药物，前途未卜。我们得知这一消息后，心情就像蹦极者那样，刚刚反弹，又再次被无情地抛入谷底。可在电话里，先生从来不跟我们流露他的情绪，只是关切我们的论文写作和工作问题。正是在这一段艰难的时期，先生悉心审阅了我们的毕业论文，一稿、两稿……直至终稿；也正是在这一段时期，下一届学生顺利通过开题；也正是在这一段时期，我们几个毕业生的工作在先生的积极努力下得以落实。

在先生的这一届博士毕业生中，我和另外一名学生面临找工作的问题。找工作的事，先生一到美国就开始替我们张罗，写推荐信，找他的朋友和学生帮忙。推荐信写好之后，还要细细嘱咐我如何根据具体情况加抬头，他的印章放在家里的哪个抽屉里，等等，他为我们操碎了心。在做这一切的时候，他似乎忘记了自己身患重症，支配他的情绪的总是我们的求职进展状况。他真心实意地与我们分担忧愁、分享欢喜。我的电子信箱中至今保存着先生赴美后发给我的 41 封邮件，它们承载着师生间最真挚美好的情感。它们将继续陪伴我，直至生命尽头。

在 2004 年 3 月，有一天晚上 12 点钟，先生给我打来电话，很兴奋地告诉我他刚替我找到一个好的工作机会，而且他已经与负责人联系，让我去面试。在面试前，他还专门发邮件告诫我："你在与×××谈话时（以及在其他面谈中）要表现出有能力，有信心，敢承担任务，不会的可以学，不要不切实际地谦虚，不要使人感到什么都不会，都不敢干。切记！"在面试结束后，先生又马上询问对方面试结果，并很快发邮件将结果告诉我，写道："很好！有希望。"字里行间，都洋溢着欢愉之情。

我的答辩安排在 2004 年 5 月底。此时，先生还须在美国等待新的治疗方案，不能出席答辩，但先生心系答辩。我的答辩委员会的人选都是他与副导师反复沟通之后慎重确定下来的；答辩委员会中有一些先生交往不多的教授，先生都要亲自从美国打电话过来邀请，向他们致谢，并为自己不能参加答辩致歉。在答辩的前两天，先生还专门发邮件给我，教我一些答辩的技巧，特别叮嘱我不要紧张，要放开。发过邮件后，他不放心，怕我收不到，一个邮件又重发了两遍。答辩顺利结束后，我赶忙打电话过去告诉先生这个好消息，电话一响他就接起来了，原来先生一直在电话机旁等待我的消息。

先生在美国的这 9 个多月中，他跟我们的距离倒像更近了。先生什么都替我们想到了，很多时候，他比我们想的更远、更细。在高度的责任心的驱使下，他似乎忘记了自己的境况，这让我们于心不安。而对于我们的惴惴疑问，先生不假思索地答道："老师不对学生好，那叫什么老师？"平实的语言，折射出多少美德！

二

2004 年 8 月 12 日晚，在为先生举行的烛光追思会上，大家依次走到先生巨大的遗像前面，每人点燃一枝蜡烛，然后擎着蜡烛，深深鞠躬。象征先生 77 年人生岁月的 77 支蜡烛聚成一个美丽的心形图案。烛光代表我们的爱，我们用它照亮先生通往天堂的路，让他不觉得孤单。哀思弥漫在整个大厅里。啜泣、泪水伴随着追思会的每一道程序。先生的爱曾温暖了我们的心，照亮了我们的路，如今，这些永成追忆！

在先生的遗像前，一位年纪稍长的师兄深情地吟诵"老师，我想你"，一如失怙的孩童。这给我极大的震撼。这些师兄，或是历经宦海沉浮，或是久经商场杀戮，感情早已内敛，可面对先生，他们都用最质朴的语言尽情释放自己最真实、最纯净的情感。是怎样的爱才能换取到这样的信任啊！

先生的一生，风雨兼程，可是，生活并没有将他的感情磨砺得粗糙，他好像从来没有学会从人心的阴暗面来理解生活、看待世情。每当碰到一些丑恶的事情时，先生只会用最简单的话语——"这些人怎么这么坏呀"——来表达他特别的愤怒。2003 年国庆前，我去看望先生，那时珠海买春事件刚曝光，先生边叹气边把这消息告诉师母，"我刚刚看到一件可怕的事"，顿一顿，又强调道，"非常可怕"。师母与先生一样，也是心地纯澈的人，他们对这件事的态度与其说是愤怒，不如说是不理解。听着年逾古稀的先生和师母用许多单纯的语言表达他们的激动情绪，我在旁边忍俊不禁。这种单纯，源于心中丰盈的爱。

不知是哪家媒体最初使用了"冷峻"这个词来描绘先生，在后来的一些访谈文章中，又陆续出现了"淡漠"等类似的词汇。古人说，"君子有三变：望之俨然，即之也温，听其言也厉"。媒体对先生的描述意同于"望之俨然"；对于"即之也温"，我们这些学生都有发言权；而对于"听其言也厉"，则更不用说了，先生向来用词精确，非常较真儿（先生在美国治疗期间，还曾纠正一位师兄关于癌症是"绝症"的说法。先生的观点是，人类虽然现在没有办法根治癌症，但以后会有办法，因此，不能将癌症称为绝症）。

在我跟先生交往的初期，由于对先生的学识怀有高山仰止般的敬畏，因此也比较拘谨，但随着接触的增多，先生的宽大博爱让我们相处得就像是一家人那么自然。一般地说，交往愈久，敬意愈衰，而在先生这里，我们对他的敬意是随着亲密程度的加深而加深的。景行行止，弥久弥敬。所有的头衔和称谓仅仅只是头衔和称谓，对先生的为人处事不构成丝毫牵绊。没有倨傲，没有矫情，他待人率性真纯。人们常常将一个人的率性真纯简单地归结为天性如此，可很少想到过，在一个熙熙攘攘皆为名为利的社会，如此纯良的天性能得以保留，这是多么不易的事！以先生的聪慧，要学会那些虚与委蛇的世故功夫，实在太容易，但先生选择保留的是真、是善、是爱，因为这些对他来说是尤为珍贵的。

2004 年 7 月 9 号，我刚刚上班，给先生打电话过去汇报情况。先生仔细地询问了我的薪资待遇、工作环境，怕我刚工作没有经验，不适应，还给我许多告诫。他跟我讲这些话的时候，完全是站在我的立场上考虑问题，甚至有些偏袒。说到谁对我好，他就欢喜；如果他觉得谁对我稍稍有点不好，就有意见。问完工作情况，先生又详细地询问我租房子的情况。当听说租金较高时，他就犯愁，说："哎呀，这占了你工资的不少啊！"知道我住在牛街，又叮嘱我道："牛街是回民聚居地，你不要犯了人家的禁忌。"最后，又叮嘱道："你下班不要骑车，要坐公交车。一个女孩子，骑车不安全。我不放心。听到没有？"最后这句"听到没有"声音特别大，像逗小孩子一样。由于我是先生年纪最小的学生，先生经常用这种口气跟我讲话。对先生这么体恤的问话，我只有老老实实地回答道："听到了。"先生很满意。这是一次多么愉快的谈话啊！可这也是先生跟我的最后一次通话。一个多星期后，药物出现副作用，先生入院治疗，我们再没有机会通话；三个多星期后，先生就化为了一抔永无言的灵骨。手抚灵盒，先生的殷殷叮咛犹在耳畔，情何以堪！只有一颗高贵的灵魂，才能如此慷慨，不求任何回报。

先生不但爱他人，也乐于接受爱。他善于从爱中获得乐趣、汲取力量，因为他的内心充满生命力。这也是我们与先生交往特别轻松的原因。在与一颗清澈的、不设防的心交流时，每个人都愿意变得清澈，哪怕他只保留了一丁点儿真情。

我现在倒常常记起第一次见到先生时的情景。那时我已通过博士生招生的笔试，到社科院经济所参加由先生亲自主持的面试。先生穿着那件暗格薄呢夹克，走在经济所昏暗的走廊里，由于步速快，他的肩膀微微有些摆动。先生走到一间办公室门口，阳光如金粉般洒在他的身上，他大声地跟里面的人问好，清朗朗的声音响起——你们好啊！接着就是众人的一片欢笑声。

是的，我们感恩，上苍让我们分享了他 77 年。在这 77 年中，他传播的不仅仅是火种，他还将照耀了他的阳光播撒到身边每个人的心中。爱，通过他得以传递。现在，上苍把他带到了另一个地方，我想，当日的情景应是一道神谕：现在的先生，应该是身披天国的光辉，带给那个世界以爱、以欢笑吧。

三

2004年4月底，先生在美国治疗期间写就《守身为大》一文，也发给了我。在这篇文章中，先生从为官与治学两个角度，将守身为大解读为"坚守自身的节操是最重要的"。从后一个角度出发，先生写道："我国的改革开放经历了曲折的道路，改革与保守或反对改革的斗争异常激烈，每前进一步都有斗争，有时甚至转变成政治斗争。面对这种斗争，理论工作者是否敢于坚持真理，坚持改革的方向，就是是否能坚持学术节操的考验。"

在《魔鬼夜访钱钟书先生》一文中，钱钟书笔下的魔鬼有这么一段话："你在受我引诱时，你只知道我是可爱的女人，可信的朋友，甚至是可追求的理想，你没有看出是我。"魔鬼附体的"可追求的理想"曾耗费了多少聪明人的毕生精力和才智，同时又为多少智慧的灵魂设置了数不清的坎坷险阻！对于在中国研究经济学的老一辈学者来说，历史赋予他们的一项使命就是打破一个又一个的思想禁区，铲除落后的、错误的理论。而这项使命包含了巨大的风险。在这样的环境下，"原来为推进改革而曾站在理论前列的一些人，屈服于压力，做了检讨和自我批判，从而获得高升的报赏"。以"守身为大"为刃，昔日的同志和朋友割席、分道，一些人走上了阳关坦途，另一些人则奔向崎岖山道。

收到《守身为大》之后，我感觉这篇尖锐、富有教益的文字与先生即将出版的一本新书的内容非常契合，因此建议先生将《守身为大》作为新书的序。在这次交流中，先生有感于我的一些观点，在回信中写道："……其实改革以来遇到的压力和问题多了，算是顶过来了。但我也庆幸赶上了改革开放，从一开始就投入进去，即使遭到许多不愉快，也始终不悔。"这让我想起2003年春，先生在社科院研究生院的一次讲座中开玩笑地称自己是个"老运动员"。在座的人都明白，所谓的"运动会"，就是指的因理论工作而受到的政治冲击。这位"老运动员"可能不会想到，"守身为大"不仅让他在有生之年为之付出了沉重的代价，它甚至还影响到他身后一些事务的处理。哀哉！

"守身为大"的直解是："持守其身，使不陷于不义。"如果将"身"的含义扩展到理想与执守，那么，最能将"守身为大"推到矛盾的焦点上的，就是思想不见用世的时候了。而在中国，从孔子的"道不行，乘桴浮于海"，到孟子的"古之人，得志，泽加于民；不得志，修身见于世。穷则独善其身，达则兼济天下"，再到白居易的"大丈夫所守者道，所待者时。时之来也，为云龙，为风鹏，勃然突然，陈力以出；时之不来也，为雾豹，为冥鸿，寂兮寥兮，奉身而退。进退出处，何往而不自得哉"，宣讲的都是东方式的智慧：既要保持入世的热忱，又要保留随时可以出世的洒脱。达观在这里可以理解为"暂时的弃守"——远离尘嚣只不过是为了避免陷于不义。

　　我没有跟先生探讨过这么玄奥的问题，不过，《守身为大》已清楚地阐明了他对于这个问题的确切看法。在这篇文章中，先生鲜明地指出，不能"把'守身为大'消极地理解为'明哲保身'"。他认为，不能"只管自己'明哲保身'"，而应"努力从自身力所能及的方面去推进改革、完善这些制度"，如果只是提倡"保身"，"有些人就可以丢弃原则，背弃真理，抛弃节操，以求自保"。

　　实际上，即使没有这么明白的表述，对于古人所宣讲的那些圆熟的处世方式，先生也是无法身体力行之的，因为性格的惯性无法阻挡，他自己在人生进退上的选择已为"守身为大"标上了最生动的脚注。1978年，先生在提出政企分开和政社分开后的遭遇，已是我们耳熟能详的了。先生在拒绝检讨时甚至倔强地回答"连片面性都没有"。在当时的环境下，我不知道先生这样硬气的回答招来了多少顶大帽子——"资本主义复辟"？"狂妄"？更何况政企合一、人民公社是由毛主席提出来的。要知道，即使到20世纪90年代，先生关于宏观调控政策的正确建议都曾被罩上"罗斯福新政"的大帽子。

　　师者，传道，授业，解惑。而"传道"居首。用佛家的话说，著书立说，已是功德无量，而如果明知自己的思想将在那些脆弱的纸张上迎接骤风暴雨，却义无反顾，那就不仅仅是理性信仰坚定所能解释的。我只能说，在先生的进退取舍中，我看到的是，道德首先是一种意志力。

　　先生曾手书对联一副："有是非之辨，无名利之争"，这应就是他为什么如此笃定与坦然的根基吧。只有一颗高贵的灵魂，才能不屈服于外界的变化无常，才能在世俗潮流的冲击中不改初衷。

　　如今，先生远行。镌刻着"守身为大"四个字的水晶碑，方方正正地立在我的书柜里，一朵白花安放在旁边。

人生天地间，若白驹过隙。今日所有活泼泼的人与事终将化作黄灯古卷，惟有这光洁莹彻的"守身为大"，灼灼不可磨灭，它将一如既往地给那些坚忍不拔的灵魂以力量、以慰藉，让他们在现实与理想之间无所着落时，仍不至于形只影单。

祇今惟有千行泪 目尽青天送我师

——深切怀念恩师董辅礽先生

马维杰　马维刚

2004 年 7 月 30 日下午 5 时，突然接到武大师妹胡娟急匆匆的电话，我们敬爱的恩师董辅礽先生永远离开了我们。尽管我们知道先生身患重病有半年多了，但是我们仍然不愿意接受他这么仓促离去的残酷现实，不相信这是真的。作为直接受到先生教诲的学生，我们心里无限哀痛。回想今年春节期间我们给他电话拜年，他还告诉我们："在美国的第一疗程效果非常好，肿瘤减少了 30%～40%，体重增加了，肝功能正常了。"我们都为他高兴。4、5 月份，先生还通过电子邮件指导我们的毕业论文选题。6月 28 日，先生在电子邮件中告知："病情有反复"。怎会想到这一封电子邮件竟成永诀！

一　学界泰斗　人世楷模

先生为人耿直，坚持真理，终生不变。自 1988 年以来，先生不仅进行学术研究和教学，而且担任了第七届、第八届全国人大以及第九届全国政协财经委副主任，积极参政议政，对许多部门提供良好咨询，以其高尚的人格，渊博的知识和对社会正义的追求，赢得国家机关和学术界的尊敬。先生追求真理之心，正道真行之志，可谓为人之典范。

先生治学严谨，用功至勤，笔耕不辍。无论是参加立法草案的修正，为国家机关就疑难问题提供的咨询意见，抑或是撰写论著、论文以及讲义等，均自己动手，不假他人。2003 年 4 月，先生来深圳为一个民营企业家论坛讲学，一个人来，又一个人走，我们都惊异他的充沛精力和敬业精神，问他："您不请个助理帮您写写稿，处理些杂事？"先生笑曰："我从不让学生为我写文章。这回的讲学推不掉，就一定要来而且准备要充分。"他虽年逾七旬，仍博闻强记，其勤勉严格、一丝不苟之长者风范，堪称学界之楷模。

先生从事经济学研究、教学近六十载，既投身实务，又从事研究、教学，尤其是改革开放以来，先生精神焕发，著书立说，参与立法，为中国经济社会的进步和经济学的发展，做出了不可磨灭的重大贡献。

先生的一生，兀兀穷年，心无旁骛，致力于经济学的建设和推广，只求工作，不求待遇以及名利。即使身患重病期间，也从未给组织提出要求。对于名利，先生是从容的、超脱的。然而，老师忧生伤世的情怀、对进步中国的激情却始终没有减退。先生无论身处逆境或顺境，皆始终追求科学真理和社会正义，不坠操守，持节不渝，不愧是中国经济学界的一代宗师和泰斗！

二　悉心教导　为霞满天

先生淳雅温和，平易近人，提携后进，诲人不倦。先生说，他非常高兴看到自己的学生"站在老一辈人肩膀上前进"。这种关爱学生和青年学者、甘为青年学者阶梯的精神是他作为老一辈学者的一贯优良品质。

先生授课，不拘形式，不囿内容，不管是在外做学术报告，还是给外校学生上课，一旦他感觉内容对学生有益，准会想办法让学生去听，按他自己的说法，这样才有激情，才效果最好。2003年3月，先生在上海交大教授EMBA课程，他还在百忙之中打电话给我们："你们有没时间飞一趟上海，这里我正讲《社会主义经济理论与中国经济运行》，机会难得，我北大的博士生都来了，系统地学一下对你们绝对有好处……"先生上课是我们每个学生的最爱，每当他讲课的时候，不但我们经济专业的学生都早早来到课堂，而且其他专业的同学也都来了，外校的许多同学也都来了。由于听课的人越来越多，因此经常要换大的教室。2003年4月，先生来深圳讲授《中国宏观经济分析》，他分析细微、条例严整、内容丰富的内容，使我们终生受益。先生知我兄弟二人均从事证券业，在授课期间专门指导我们，告诉我们中国证券市场有许多问题值得研究，要研究清楚一定要关中国宏观经济，对于如何分析中国宏观经济现象，他教我们看问题要多角度，勤于思考。他还告诉我们一个锻炼思维的办法："你们每天到主流网站上浏览学者们的文章，先不要看内容，只看标题。自己先就标题思考一下，作者为什么要写这方面的文章，如果是自己写，该从哪些方面来论述，语言该如何组织？自己大概地构建一个框架，然后再看文章内容。分析一下为什么别人会这么写，自己为什么想不到，别人写的内容哪些有道理，哪些没道理。自己多吸取别人的优点，才能不断进步……"2004年5月17日，先生写信指导我们毕业论文选题："选题不要太大，太大驾驭不了，也写不深入；太小显不出理论功底。要跟自己的工作结合起来，要对现实有意义。中国经济改革现实为研究工作提供了无尽的素材和肥沃的土壤，有很多问题值得研究。不能迷信数理模型，有些数理模型其结果强烈地受假设条件的影响，其实更重要的是经济实质……"同时，先生认为我们从事证券业的，要特别"应偏重于实践，实证分析"。

正是因为这样，我们在从事学习和研究工作的时候，我们每有心得，也都愿意和先生谈谈，听取他的教诲。而每一次与他谈话，都能够得到他的启发和勉励。

作为先生的学生，我们是幸运的，他的谆谆教诲使我们终生受益；作为我们的老师，先生又是欣慰的，因为我们永远爱戴他！

先生的人格、英明和伟绩，将永远铭记在我们的心中！

巨星陨落，举世同悲！

我 爱 我 师

聂庆平

　　"我们追思他，永远会记住他简朴的风范，永远铭记他深邃的思想，永远学习他傲然的风骨。"

　　我于1992年的夏天有幸认识了董辅礽教授。那些日子里工作任务极其繁重，迟迟未能参加博士入学考试。到1995年工作压力稍有缓解后，我顺利地考取了董老的九五级博士生。

　　由于我较长时间从事金融监管工作，有机会参与了中国股票市场的开拓与试点，负责证券市场法律法规政策的制定，后来又负责中国大型国企的海外上市。因此，对中国证券市场的国际化，中国金融风险防范问题的研究比较感兴趣，也准备把此领域作为自己毕生的研究课题。尽管这一课题难度大，但董老师还是给予极大的鼓励，认真批阅了我的论文稿，当中国金融出版社将我的博士论文出版时，董老还亲笔写了序言，他说："本书作者之所以能写出这样一本书，就在于他具有扎实的金融理论根底，同时在银行业、证券业做过多年的实际工作，对我国的银行、证券、外汇业务有深入的了解。而且，他曾在银行和证券业的管理层工作，了解我国金融业的全局以及宏观经济层次的问题。这使得本书提出的防范金融风险的对策措施也具有较强的可操作。也正因为如此，在众多的研究亚洲金融危机以及我国的风险防范问题的著作中，本书有其特点，也有其超越之处。"说实在的，这么高的评价，实在是受之有愧，整个博士研究课题凝结了董老对我的悉心指导，使我学到了很多很多的东西。考虑到我的博士论文政策建议较多，为了我的博士论文答辩，他亲自邀请刘鸿儒教授、吴晓灵女士、赵海宽研究员、曹远征教授、伍新木教授担任答辩委员。还是在董老的推荐下，我又被北京大学经济学院的萧灼基教授接纳从事博士后的研究工作。回想起来，我的求学过程得到董老的无微不至的关怀，既是恩师，也是慈祥的长辈。

　　董辅教授是一位治学严谨、为人坦诚、勤奋耕耘的经济学家。他付出了毕生的精力贡献于中国的经济学与经济体制改革研究，是中国经济改革理论的思想家，也是桃李满天下的经济科学教育家。董老具有独立的学术风骨，他的经济学理论和观点开创了中国经济改革理论的先河，董老的文章始终坚持市场经济取向的基点；始终坚持政府管制经济应逐步放松的政策导向；始终坚持突破所有制结构的改革前提。应该说，其改革的思想是深邃的，其改革的理论是前瞻的，其改革的见解是革命的。中国经济的崛起、中国经济转轨的过程最终都会印证董老的一些改革思想，到那时，我们再来回顾董老的经济改革理论，就会明白一代经济学大师的风范。

　　大师走了，悲伤和泪水绝不是大师希望看到的。人可以穷到卖掉自己的衣服，但绝不可不留下自己的思想。董老是一位留下思想的人。我们追思他，永远会记住他简朴的风范，永远铭记他深邃的思想，永远学习他傲然的风骨。

沉痛悼念董辅礽老师

毛立本

2004 年 7 月 31 日从女儿发来的短信中，知道董辅礽老师逝世的消息，非常悲痛。20 年来董老师教导、关心、帮助我的情景顿时一幕幕地浮现在眼前。

一　董辅礽是一位有杰出理论贡献的经济学家

我和董老师相识于 1984 年。当时，中国社会科学院接受国务院的下达的"七五时期国力预测"的研究课题，组成由董辅礽和乌家培、张曙光等研究人员参加的课题组，在短短的 3～4 个月期间完成了这一课题。我作为课题组的一个成员，参加了研究并执笔起草了报告。从此，开始了与董老师 20 年的交往。

马克思经济学说的两大核心是：剩余价值学说和扩大再生产的公式。其扩大再生产公式论述了经济发展中生产资料部门和生活资料部门间的数量比例关系，成为后来计划经济国家制定国民经济计划的理论基础。诺贝尔经济学奖金获得者列昂节夫在苏联国民经济计划理论基础之上，建立了他著名的投入产出学说。

董老师青年时代在苏联学习时，在其副博士论文中对马克思扩大再生产公式进行了深入的研究，做出了十个方面的推论，为马克思扩大再生产理论的发展做出了杰出的贡献。因此，他还没有毕业他的这篇论文就在苏联出版了。反映他这一方面思想的著作《社会主义再生产和国民收入问题》，也在 1980 年和 1983 年在国内出版和再版发行。

与众多的对国外经济学说照搬照抄、没有自己理论的中国经济学家相比，董辅礽是一位有杰出理论贡献的经济学家，而且是世界范围内的理论贡献。尽管这一贡献由于计划经济的失败而被人淡忘，但在经济思想史上仍有其地位，因为这是十几个国家千百万人几十年实践经验（尽管是失败的实践）的理论总结。

因我后来离开经济学界，我对董老师多方面的理论成就知道的甚少。这里所说的仅仅是我所知道和领悟的。

二 董辅礽是一位有理论良知和政治良知的经济学家

1978 年，在人们为中国经济的落后人民生活的困苦而痛心，为中国经济发展的坎坷而反思，为未来的改革和发展而思考时，董辅礽和其他一些经济学家敏锐地觉察到：中国经济问题的核心是国有经济制度有问题。因此，他极力推进关于集体经济的研究（在当时的政治环境下还不可能提出发展私营经济），并筹办了江苏经济体制改革和集体经济的研讨会（名称可能不准确）。

他告诉我当时办这个会的压力很大。当时意识形态的总管和"理论权威"曾要求他取消这个会议，他以会议通知已发为由拒绝了。这一拒绝对他的"仕途"产生了影响。按照他的学术水平和资历，他完全可以得到比中国社会科学院经济研究所所长更高的行政职位和待遇。但他宁可因坚持自己的理论观点而放弃这些，而不愿违背自己的理论良知做一个"庙堂"经济学家。塞翁失马，焉知非福。正是由于他这种只服从真理、不随风摇摆的理论良知和勇气，造就了其理论上的成就和贡献。

他在 1989 年事件中的表现，更令人敬佩。他不愧为是一个有政治良知的中国知识分子，不愧为是"中国的良心"。

三 董辅礽是一位充满爱心的师长

参加董老师领导的课题组后，我还曾为我写的一篇讨论农业、轻工业和重工业最佳比例的论文找过董老师一次。此后，我就去美国芝加哥大学进修了。就这仅仅两次的交往，董老师关心和帮助了我 20 年。

1986 年他去美国访问，路经芝加哥。他和他的女儿特地约我出来见面，详细地询问我学习和生活的情况，嘘寒问暖，关怀备至。

1989 年我从海南辞职返回北京。没有工作，没有住所（寄居在岳父家），处境非常困难。他在得知我的情况后，在参加全国大代会的一个晚上，特地到我岳父家拿走我的简历，并在开会时将我的简历亲自找一位部长批示（后由于其他原因未成）。他还曾为我联系中信公司等工作单位。

1994 年我到深圳工作后，他每次来深圳只要有时间他都会找我去谈谈，将他的著作赠送与我。每当我工作上有什么事情需要帮助时，他都会毫不犹豫地尽其所能地帮助我。最使我感动的是有一次，他听说我遇到了困难，焦急地搓着手，喃喃自语地说，怎么办呢，怎么办呢。

我与董老师非亲非故，也不是他正式的学生。仅仅由于两次工作上的交往，他就对我这样的关怀和帮助。听说他对于他的学生，也是非常关心和爱护。我曾向他介绍过一位研究生，后来他曾多次给我打电话，询问其学习的情况。

孔子说，仁者爱人。董老师就是这样一位充满爱心的长者，一位深受其学生和同事爱戴的师长。

斯人已逝，精神长存。

董老师为之贡献毕生心血的中国经济学和中国经济在发展，在前进，并将随中华民族的伟大复兴而走向辉煌。

安息吧！敬爱的董老师！

我的导师走时问心无愧

毛振华

2004 年 7 月 30 日下午 3 点 15 分，我在登机口接到（陈）东升同学的电话，他低缓的声音告诉我，董老师已于 3 点 03 分去世了。

放下电话，我的双手无力地垂下，泪水也无力地流下。一种无边的懊悔浸泡着我。原本我和东升是计划第二天去美国，由于得知董老师已可能是最后的时刻了，我们商量：东升今天就走，而我只能先赶回北京，再乘第二天的航班去美国。打电话的时候，东升已经办好登机手续了。

为什么没有在 29 日就走？接到电话就回来，直接到机场，也许能赶上最后的航班，大约 20 个小时就能到，这样，我们就能陪董老师最后一程。为什么这么长的时间（八个多月）就不能去一趟呢？为什么我就这么相信一向健康的老师不会这么快离去？

悲痛和懊悔折磨着我。接下来的两天，我怎么也平静不下来。老师的音容笑貌，不时地在我脑海里闪现。睿智的严师，和蔼的慈父，董老师，我没有送上您最后一程，您永远留下向我们挥手告别的那坚毅、自信的眼神……

一

我初次见到董老师，大约是 1980 年底。那时我是武汉大学经济系二年级的学生，在学校四区大阅览室听董老师的学术报告。董老师的报告，讲的是东欧社会主义改革的理论和对中国的启示，重点是对国家所有制的分析和批判。在那个年代，第一次听到一个"北京来的大学者"那么明确、系统地冲击当时被认为无比神圣的社会主义公有制的"高级"形式，我们感到新奇而震惊。但他的讲演，他讲演中的逻辑和论证，他讲演中表达的对国家和民族振兴的热情，教育和感染了我们每一个人。后来，许多在不同场合听过董老师报告的人，都因此奠定了自己的中国经济改革观，我就是其中一个。

这次报告后，我开始研究所有制问题。几个月后，我将我的自认为"很有见地"的作品，一篇约一万字的文章《论公有制本质》，认真抄了一遍，寄给了董老师。但没有收到他的任何反馈。几年之后，我已经和董老师比较熟了，终于我鼓起勇气问他当年是否收到过一篇这样的文章。老师说，你大概看了一些马克思著作和分析东欧、特别是南斯拉夫经济改革理论的文章，文字组织得不错，字写得也不错，但是对公有制本质的认识不是简单地从概念中得到的，在中国，要从历史、国际环境和中国人民奋斗的目标中体现出来，从这个角度研究公有制改革的原则和方向。董老师说，你现在可以继续研究这个题目。董老师的回答令我无比惊讶，他看过我的文章，有印象，还记得。但没有告诉我为什么没有给我一点回音。也许是他太忙；也许是后来我体会到的：这个题目太凝重，而我太年轻。

我当时在政府的研究部门工作，多是实证性的。董老师的鼓励，使我重拾研究理论的信心。我比较系统地学习了一些国内关于所有制改革理论方面的论述。找到机会，也向董老师讨教。终于有一天，我表达了向他从师进行一个侧面研究的愿望，即得到了董老师的支持，他鼓励我向母校报考。完全可以说，是董老师的思想，吸引我在十年的机关和公司工作之后，下定决心，攻读博士学位。

我的论文进展得很不顺利。董老师否定了我原来拟的两个题目，都是我自认为站得很高的、很理论化的题目。董老师说，你结合一点实践吧，中国最需要的，实际上也是你最擅长的，是改革的原理和实际需求的结合。受此启发，我选择了一个比较微观的题目：《资本化企业制度论》，研究中国所有制形态的微观基础——企业制度。

选题不顺，写作也不顺。董老师不赞成我的观点，而我又很坚持己见，矛盾出在对国有资本的看法上。我认为把国家看成一个普通的所有者是很重要的，这里面包含两层含义，一是不能有特权，二是必须和一个普通财务所有者一样，让自己的资本最大限度的保值增殖。而董老师则认为，国有资本应退出竞争领域，放弃资本化过程（他理解为圈钱），这样才能实现社会公平与市场效率的结合。最后，还是导师用宽阔的胸怀理解了一个"技术层面意识太强"而执拗的学生。他同意保留我的论述，并为我提供了一些参考资料。他为我请了其他几位著名学者审阅我的论文，并组织了厉以宁、萧灼基、王梦奎、王积业、伍新木等著名教授组成的答辩委员会。我的论文通过答辩后，老师握着我的手说：祝贺你，你的观点大家接受了。眼睛里充满了高兴和慈祥。

受答辩委员会评论的鼓舞，我联系商务印书馆出版我的论文。在审核同意后，我兴奋地请董老师为我作序。老师听完我的话，并没有马上回答，说了一点别的事，就打发我走了。过了几天，我收到董老师司机送来的一封信，封皮上认真地写着"毛振华同志收"，我一打开，几张格子稿纸上，董老师隽秀的字体跃然在上。他为他的学生的作品写了序。他十分郑重地重申："博士生的见解可以与导师的渐渐不一致，只要论文言之有理，导师不应将自己的见解强加给学生。"他花了很大的篇幅阐述了他与我不一样的观点后说："当然，这是学术讨论，不仅他可以坚持他的看法，我觉得还应该维护他坚持自己主张的权利。正因为这样，我不仅支持他的论文提交答辩并通过，而且也支持他的论文出版。"这就是我慈父般的严师，一个倔强学者，对他与学生的争执所划的句号。

这就是我的老师教给我的学问和为人之道的哲理。写到这里，我再看董老师的评语，我更体会到一个伟大的师魂，弥漫着我的感官神经，仿佛导师那慈祥、睿智而执著的目光，淡淡地看着他的学生。

二

2004 年 7 月 19 日，是我最后一次与董老师通话，他说他每天上网看中国的消息，说现在的总理很成熟，宏观调控中注意到了保护经济增长、保护民营经济，中国不会出大波折、大问题。

董老师是中国第一个系统研究所有制改革理论的经济学大家。他遵循"公平"、"效率"两个衡量经济体制优劣和改革的原则，第一次揭示了国家所有制必然要经过改革，逐步过渡到混合所有制。

随着中国实践的发展，他关于所有制的理论，也在不断丰富和完善。开始，他提出中国所有制改革的目标模式是"八宝饭"模式，这是第一次把混合所有制作为中国所有制模式提出来，很多人是在很多年以后才提出与他大体相似的主张。后来他又进一步指出，股份制企业的发展和证券市场的发展，是实现混合所有制的主要途径。他一直坚持，发展民营经济是中国所有制改革的关键。正因为此，在晚年的学术活动中，他大量地参加到证券市场和民营经济的研究中。

董老师的学术生涯，可以说是光辉而又坎坷的。说他的光辉，是在近25 年来，他就一直站在引人注目的弄潮儿的位置，并且不断地被实践证明他的观点的科学性、前瞻性；说他坎坷，是由于他坚持独立思考，勇于坚持真理，多次遭到不公正的批评甚至迫害。历次"左"的思想占上风的时候，他都受到种种非难和限制，甚至支持他观点的人也受到牵连。他对证券市场的爱护和"唱好"，由于许多人不理解他历史性的角度，遭到一些人的非议和责难。作为近十年来比较多地和他在一起的学生，我常常为一些技术性的问题与他争议，甚至保留自己的看法，但我理解和尊重他作为一个伟大的历史性的学者，在中国转轨时期，所坚持的最重要的判断。

董老师生命的最后十年，是他最忙碌的阶段。眼见他所研究推动的改革不断深入，而传统的体制也在这一进程中经常表现出反复，他经常站在实践前沿，希望以他的努力，推动事物向他理想的方向发展。他常年奔波在国内，包括西藏、新疆、云南、贵州、广西等边远地区，他还要经常出国从事学术活动。他担任了两届全国人大常委和财经委员会副主任，在年届70后，又出任了全国政协经济委员会副主任。他积极参与到人大、政协的活动中，成为媒体关注的焦点人物。他利用各种场合发表文章和谈话，支持中国改革的新生事物，研究问题并提出改进的政策措施。

晚年的董老师向人们展示的不只是旧体制的批判者，而更多的表现出他对于新经济体制建设性的热情和贡献。他反对一些人用所谓普遍的、无可争辩的原则否定发展中的中国改革的一些有待改进的事物。对于证券市场和民营企业，他认为发展才是最大的公平，才能让社会资源得到更有效的配置，才能让更多的人最终参与这个过程，获得改造国企的机会。记得有一次，我郑重地找老师商榷他对德隆的产业整合的看法，表达了我对德隆模式的否定以及在中国资本市场发展中"德隆不倒，永无公平"的看法。董老师说，中国民营企业做大做强才是根本。德隆违法了，就应受到法律和市场的惩处。但他们想做大做强产业，我很佩服，我说的是这个意思。今天德隆出了问题，如何看待和处理，我觉得，董老师的角度也是值得我们认真思考的。

三

董老师是一个忙碌的人，也是一个犀利的人，那是在学术研究和讨论之中。在我们这些学生看来，晚年的董老师，更像一位慈祥的父亲。他柔和的目光，开朗的笑声，常常会出现在他与学生的交往中。他说他最愿意看到他的学生们相互支持和帮助。我们这些学生，不仅在学问上得到指导，在工作和生活中也多得到老师的帮助。在他生命最后的一段日子，他给我们打来为数甚少的电话，多是关心几位今年毕业的学生的就业和在读学生的实习问题。

曾有节假日的时候，我带着孩子去看望董老师。这时候的老师，几乎完全是一个充满爱意的爷爷。他会用他大师的思维和幼稚的孩童对话，我则听任这种时间的流逝，因为我看到老人的轻松和快乐。

董老师的两个儿女都在国外从事自然科学研究，师母也是国内知名的眼科专家，他们一家很难相聚。前不久，董老师的长女回国，向我们谈及董老师在美国的这一段治疗的日子。她说："这是二十多年来父亲第一次和我们一起过春节、过圣诞节、过父亲节。他和母亲在儿子、儿媳、孙子、女儿、女婿、外孙的陪伴下，体会到人生的天伦之乐。这是我们家庭的特殊的团聚，我们享受这一段温馨的时光。"我回家向太太讲述这一段，我太太噙着泪说，这才是最重要的。

这的确是最重要的。这个感受能替代董老师所有的痛苦。我们相信，生命最后一刻的董老师，是一位普通的父亲，是一位普通的爷爷。

上帝是公平的，一个一生奉献于社会的人，最后弥补了他对子女的爱的亏欠，这正是他伟大一生最伟大的结局。

我们的董老师，在我们的心目中，正是这样一个伟大的普通老人。

我们的董老师，应该是问心无愧离开这个世界的。

独立独到的精神和开放兼容的胸怀

——董辅礽老师逝世一周月纪念

沈 彤

一 授以"独立思考与见解"的学习风格

近二十多年来，中国最大的成就，一言以蔽之曰就是渐进式的经济改革激发出了前所未有的巨大经济活力。经过无数次的渐进，最终确立的经济体制目标，与长期以来为之摇旗呐喊和著书立说的董辅礽教授早在改革开放初期的系列主张最为吻合。他，当之无愧地成为对中国经济体制改革目标的认识最清晰、最超前、最彻底的中国经济学界第一人。

董辅礽教授浩瀚的学术思想不仅深刻地影响着思想领域和实践领域，而且贯穿其中以及为之长期捍卫的"独立性"更是令人钦佩。我有幸在20世纪90年代中期成为他的博士生，不仅对此有深刻体会，而且在教与学的互动中，"独立思考与见解"的学风始终如一地得到贯彻和体现，必将激励我前行。

简单回顾董老师的经济思想，"独立思考与见解"之风扑面而来。在改革伊始，率先在理论上提出要实行"政企分离"和"政社分离"，直指所有制改革问题；20世纪80年代初，超前阐述传统公有制及所有制结构同市场经济不相兼容的问题，明确提出要引入市场机制必须改革公有制，明确主张取消指令性计划，反对把指令性计划与市场捏在一起的"双重体制"，主张由市场来调节经济的运行；80年代中期，以通俗易懂的"八宝饭"理论明确提出社会主义经济是以公有制为主导的多种所有制的混合经济，反对仅用生产力的多层次性来论证多种经济成分并存的必然性，而认为多种经济成分之所以共存是因为各种经济成分各有强弱，惟共存才能构成有效的经济体系，并为非公有制经济是社会主义经济不可分割的组成部分并做了著名的论证，明确指出发展多种所有制不是初级阶段的权宜之计，而是必须长期坚持的方针；90年代，系统提出国有企业分类改革原则，即应该从竞争性领域退出，只在非竞争性领域保留国有企业，而非简单的"抓大放小"；进入21世纪，面对证券市场的各种问题和深刻变革，以发展的眼光，提出系列政策建议。此外，人们还不会忘记他对"温州模式"的积极捍卫，把它作为农村非公有制的非农产业的发展的典型，并提升到改变中国二元经济结构的有效途径的理论高度；人们也会深深记住他在《期货法》和《证券法》调研、讨论、起草、制订等系列立法过程中所体现的认真、细致、睿智和独立风范。

寥寥数行文字，无法穷尽董老师的整个学术生涯和全部理论贡献。作为学生，所能深入学习和研究的也仅仅是一部分，其中所蕴涵的真知灼见不仅令人钦佩，在激烈的争辩、巨大的压力和人们的疑虑中进行顽强抗争中所焕发的"思想独立、捍卫真理"的光芒依然闪烁。这不仅是他个人的真实写照和人格魅力所在，更通过言传身教，教育和影响着弟子。董老师留下的数以万计的思想文献，不但洋溢着"独立思考与见解"，也都是亲笔耕耘之作，毫无"捉刀代笔"之说，更无在他人成果之前冠以己名之行。

在对待所教学生上，以独立人格为准则，以学生自身的思考与见解作为对学生的基本要求，不要求学生必须接受他的观点，但要求学生必须有充满"独立思考与见解"的自己的观点，他允许学生的观点与他的一致或接近，也允许不一致甚至相左，他要求学生将他的观点视做一种观点，而非惟一的观点。他不要求学生成为其某一学术观点的簇拥者，更不要求学生为其论点收集证据进行阐释。他给学生指导最多的是如何为自己的"独立思考与见解"进行更科学、更细致、更严密和更广泛的论证。他的视野是广阔的，具有世界性，对具体问题的指导不仅有他自己的观点和论证，也有其他人的；不仅有国内的，也有海外的；不仅有权威杂志刊登的，也有大众媒体发表的；不仅有公开的，也有内参性质的；不仅有名家的，也有不知名的，但所有这些都是高质量、具有震撼力和影响力及独特视角的，对我们扩宽研究视野极有裨益。

这种在设想过程中追求独立独到的勇气和在求证过程中开放兼容的心态相辅相成，共同筑就我从事研究的精神家园，这也是我从师董老师最为厚重的收获。硕士毕业后长期从事具体业务和经营管理工作，只在近年来才稍安下心做些研究，由于受到董老师独立独到和开放兼容学术精神的长期浸淫，多项成果受到业界赞誉和奖励，即使在弥漫着"羊群效应"的行业研究领域，借着"独立思考与见解"，我新加入几个月后便获得罗伯特－蒙代尔教授领导的世界金融实验室授予的"最具声望的证券分析师"称号和证券导刊授予的"具有独立见解的分析师"称号。

古意大利哲人马基雅维里有过这么一段至理分析："普通人观察事物总是流于表面，因为表面是人人都看到的，而深入了解则只有通过身体力行才能获得，只有少部分人能做到，其结果只能是人云亦云，而洞悉者则少之又少，甚至不敢站出来抗拒流行的观念。"我，从师董老师，可以也应该成为不盲从、不哗众、不惟上的"洞悉者"。

二　入门时刻和毕业情景

做董老师的学生，听董老师的教诲，受董老师的影响，应该始于大学本科入学不久，来自老师的评述、师兄师姐的介绍、学术书籍、杂志报纸，还有董老师本人在武汉大学的几次演讲。然而，狭义而言，作为董老师师门弟子，应该是1996～2000年的四年博士生生涯。其中，对"独立思考与见解"学术精神的耳濡目染，在开放兼容胸怀感动下的不断进取，岂是短短数行文字所能完全描述，现聚焦最有意义的两个时点——入门和毕业。

按照一般理解，入师门应该从开学或听导师第一堂课算起。可我入师门，则应该从参加面试那天开始，因为那次是我第一次与董老师面对面讨论经济学问题，也是作为导师开始指导学生对经济问题的探讨，也是我第一次近距离领略到"独立思考与见解"学术精神的具体内涵，感受到一代经济学宗师开放兼容的胸怀。

通过抽签，我面试的题目是关于中国引进外资问题的研究。经过一小段时间准备，我走进面试房间，在董老师、另外两位教授和学术秘书面前，从多方面逐一论述，从外国投资对经济发展的作用的经济学分析、发达国家经验到中国利用外资的现状，从外国直接投资的最新进展到B股市场的发展，尤其针对当时打着保护民族工业的幌子、尽量限制外资的论调加以批驳，提出对外国投资扩大开放的问题。听完我的论述，董老师对我的理论功底和颇具广度和深度的分析给予了肯定评价，同时对我的某些观点直截了当地提出不同意见，认为过于偏激，且随即提出自己的观点和分析，包括引进外资与保护民族工业之间辩证关系的再认识、打破国企垄断与防止外资垄断的问题等，并特别强调是他一己之言，供我参考。此刻，我认识到我的观点与董老师存在较大差异，在董老师已经阐明自己观点后，我一方面感谢董老师对我的思维的启迪，另一方面坚持自己的观点并试图从新的角度加以进一步佐证。

此时此刻，我暗想：与导师观点如此不一致，会否激起导师的不满，甚至从此丧失师生之缘？当我内心世界还萦绕着这片阴云时，董老师却对我这种"独立思考与见解"表示赞赏，同时语重心长地指出，要使我本人的观点经受得住实践的考验，还必须进一步研究反垄断问题以及对外资的政策优惠和国民待遇问题等，然后再决定是坚持、还是修正抑或完全抛弃现在的观点。另外，他还要我关注当时引起理论界和实践界高度重视的"中策现象"，并从包里拿出几份分析"中策现象"的相关报告，以丰富对引进外资问题的研究，然后还提到几篇在这方面有影响力的文章，具体到作者及发表的刊名，有的精确到第几期，记不清的也给出一定范围便于我去查阅。

这时，我虽然还在面试室里，尚不知会否被录取，但我强烈地感觉到已经踏入董老师门下。这是一场多么壮阔又别具一格的拜师仪式，在这里，有争论，更有富于启发的指导；在这里，导师没有要求学生为导师的观点收集论据材料，却在激发学生进一步深化自己的"独立思考与见解"并为此提供无私的支持。从那天起，我已经开始在"独立思考与见解"学术精神和开放兼容胸怀的交融中备受裨益，这不更胜于几个月后正式作为他的博士生参加开学典礼吗？

以后的四年，在忙碌中飞快度过，亲手撰写的论文将面临最高层次的评判，因为根据董老师的严谨习惯，他的博士生论文答辩都会根据选题请国内在该方面的权威或知名专家担任评委，并且给出足够的时间让评委提问和指正。我的论文题目是《信息博弈和中国股票市场》，担任评委除了博士指导小组的教授外，还有武汉大学商学院正副院长、北京大学经济学院副院长、光华管理学院副院长、中国人民大学金融与证券研究所所长。

在阅完我的论文后，评委一致认为：论文在现代科技的发展使信息传递速度不断加快、渠道不断增多，但同时也使参与各方的相互关系、相互影响和相互作用日益加大和复杂的背景下，研究中国股票市场参与者之间的信息传递和博弈，无疑是证券市场研究领域的一个全新尝试，涉及面十分广阔。特别是将现代信息理论、博弈理论和市场有效性理论贯穿在一起所创建的理论平台，具有理论创新价值。

在历时半天的答辩会上，有我讲演论文时的慷慨陈词，也有评委们的良好评价，更有答辩获得通过的喜悦，这些记忆现在可能开始模糊。但对评委提问、回答和评论这一环节，我仍然记忆犹新。由于他们都是这一领域的著名专家，提的问题不仅有深度，而且现实性都很强，是学术争论的焦点，我每回答完一个问题，接下来的评论场面，着实让我惊讶，激动人心，评委们争先恐后发表自己的观点，互相讨论，我也不时加入这一行列，答辩会已分明演变成为了一场研讨会。答辩完后的晚餐，除了对我的祝贺外，很快又进入了学术讨论之中，只是范围又有所扩大，参会的师兄弟们也加入进来。

这样的答辩会我有幸接连参加六场，历时三整天，这无疑是一场经济学学术研讨与交流的盛会。这次和我一起答辩的共有六位师兄弟，选题各异，董老师所请外聘评委无一重复，共24位，这些著名专家由于名气大，分散在全国各地的各种学术、社会活动繁多，让他们为某个博士生的答辩，集中返回北京，非巨大的学术感召力、高尚的品德和亲和力是无法办到的。而所有这些，包括联系、确认、聘请、评审意见反馈、答辩会日程确定等，都是董老师一人事必亲躬、辛苦劳累达一个多月的结果。而三天的答辩会，更使董老师辛苦备至，一拨拨评委他都亲自迎来送往，每场答辩又都长达3~4个小时，这对已过古稀之年的老人来说强度何其之大。

此时，我才体会到董老师尽心、亲力安排答辩会的良苦用心，他是想将毕业论文答辩会作为指导学生进行研究的又一课堂。

董老师安详地离我们而去已一整月，以此文记录他高尚品德的某些点滴和辉煌一生的几个瞬间，使之作为学生对导师的永久纪念的一部分吧！董老师，以其"独立思考与见解"的学术风格和开放兼容的宽广胸怀的完美交融，不仅仅是一位经济学大师，更是一位经济学教育大师。

完整的人格　人生的范本

沈晓冰

　　董辅礽先生辞世的这几天，见诸国内外媒体的纪念和评价文章众多浩繁。在北京的几次自发的纪念董先生的聚会上，人们都谈到董先生对中国改革开放与国家进步在理论、思想与实践多方面的贡献，更都不约而同地表示出对董先生治学为人处世的敬佩。李军师兄甚至感慨地称董先生为完人，他的感慨代表了大家的心声。纵观董先生的一生，的确可称之为完人和楷模。

　　董辅礽先生在学生时期即投身反对专制、追求民主进步和民族解放的革命斗争。在1946年进入武汉大学经济系读书的日子里，他是地下党的骨干成员，冒着生命危险追求真理和正义。在1949年迎接武汉解放的大会上，他作为学生界的代表发言。我们这些晚辈进入武汉大学学习后，多次听到不少老师对董先生的钦佩之言。这些钦佩之言，不只是佩服董先生的治学成就、社会影响，更是钦佩他的处世为人。

　　董先生最早提出经济改革的核心和根本是改革国家所有制的观点，被理论界称为惊天之言。记得在武大经济系读书的时候，我们的社会主义政治经济学课程的老师伍新木教授、当时的系主任汤在新教授，还有讲授"社会主义经济理论与实践"课程的曾启贤教授，多次在课堂中对董先生的观点表示赞同，更对董先生的理论勇气表示出极大的钦佩。

　　1983年武大校庆期间，我有幸当面聆听董老师在武大教一楼302教室面向全系师生的一次讲座。记得他当时首先谈到的是他在武大读书时如何得到张培刚、周新民等教授的教诲，言谈之中充分表露出对自己老师的感谢和尊敬。接下来的一个多小时谈到经济体制改革的问题。他指出改革是一场深刻的革命，经济改革的核心和根本问题是所有制改革。他还指出，中国农村改革已经取得实质性成果，突出的就是摒弃了人民公社这种落后的经济社会组织形式。但在城市改革中，可谓任重道远，因为所有制改革问题极其复杂，但又是不可能避开的根本和核心。

这些观点，在我们这些当时尚不谙中国政治和社会环境实际的学生看来，只是思想理论上的新颖，但我们后来才知道，以当时的社会政治环境来说，董先生的观点的提出，是冒着极大的政治风险的极其勇敢之举。后来，董先生也的确因其所有制改革和其他一些真知灼见受到政治上的冲击，甚至影响到他在政治体系内的地位变迁。

在我留在武大经济系工作的一段时间里，跟随伍新木教授等老师从事教学科研工作，系里和教研室的许多老师，无论是否赞同董老师观点，都对董老师的治学精神和为人表示钦佩。后来协助傅殷才教授、王冰教授创办《经济评论》杂志，当时傅老师要求杂志编辑部向董老师约稿，傅老师对我说，董老师的有些观点我不赞同，但董老师是一位了不起的经济学家，为人治学的态度我很赞同。

作为一位从珞珈山走出来的最有成就的经济学家，董老师尽管也并非总是受到母校一些人的礼遇，但董老师并不在意这些世俗的雕虫小技的玩意，他对母校的感情始终如一。在文化大革命前和1977年以后，他几乎每年都至少到武大讲学一次，为武大联系诸多的国际交流活动。记得有一次国际著名经济学家科尔奈到武大讲学就是他亲自陪同的。后来董老师直接在经济系带博士生。在2002年，还亲自出任武汉大学EMBA中心的主任，直接创办了武汉大学的EMBA教育，以其国际和国内的巨大影响，邀请了众多国际经济学、管理学界的著名学者和专家到武大EMBA中心授课，更以其威望和号召力，为武汉大学EMBA中心感召到不少高质量的生源。在最开始的两届EMBA的学生中，许多就是因为董老师而来的，这些学生中不乏已经获得博士、硕士学位的高层经理人员。而董老师对学生们的有求必应的谦和慈爱，他亲自讲授《社会主义经济理论与实践》课程的深邃敏锐精彩，更是博得了学生的敬佩和爱戴。在EMBA第一届学生已经完成学业，大家正企盼董老师为大家亲自颁发学位证书的时候，董老师却再也不能与同学们见面了。

我与董老师的直接交往，是在1993年我从武汉大学经济系调往中国诚信证券评估有限公司工作之后。在师兄毛振华的引见和伍新木老师的介绍下，我又见到了久仰的董先生。这时的董先生，身兼全国人大常委、全国人大财经委副主任等多个社会和学术职务，工作和研究十分繁忙，但对学生和晚辈十分谦和。他对建立信用社会和中国信用评级事业，对学生的学业、事业的健康发展都十分关心，不仅亲自担任了中诚信公司专家委员会主任，还邀请了厉以宁、江平两位经济学和法学界的权威亲任副主任，对中诚信公司从事的这一国内新兴行业给予直接指导。我在中诚信公司负责

《中国证券评估》杂志编辑部和研究分析部的工作，后来兼任专家委员会秘书，直接与董老师进行工作联络，有幸得到他的亲自教诲和支持。

董老师对工作和研究极其认真严谨。在给我们杂志撰稿或审阅采访稿时，他从来都是亲自动笔。哪怕是一次很小范围的非正式的座谈会，都也要郑重写几条发言提纲。1994年，在我受毛振华师兄之命负责筹备上海证券交易所与中诚信联合主办的"境外基金进入中国证券市场"国际研讨会工作时，董老师不仅将与他有联系的相关领域的一些国内外专家介绍给我们，而且亲自担任了大会主席，在开会的两天两夜里，他自始至终都没有离开会场和会议，有一个整天亲自主持会议，令我十分感动。

在证券法还处于起草阶段时，我向董老师谈到《中国证券评估》杂志打算做一期有关证券法的专题，他当时正担任《证券法》审议小组的负责人，立即表示给予支持，并对我说这一专题应当反映各种意见。当我们找到厉以宁、曹凤岐两位老师以及全国人大财经委办公室主任王连洲先生和刘修文先生表明想法后，他们立即给予了积极支持。《证券法草案：一部日臻完善的法律草案》的专题报道和文章获得了证券界的好评，成为《中国证券评估》杂志值得自诩的一次专题报道，应该说是与董老师的直接支持和影响力分不开的。

后来我到一家证券公司负责北京分支机构的工作，离开了与研究有关的工作，董老师还几次教导我要关注一些理论和社会研究方面的问题，不要丢掉研究的兴趣。

2002年，董老师又亲自推荐我参加母校第一届EMBA的学习，他说这个班的教授不错，主要是来自国际，对你们有益。在推荐表上，他认真仔细地亲笔填写推荐人的每一栏，表现出对学生的极其负责和关怀的精神使我难以忘怀。

董老师对学生的关心和严格都是有名的。董老师有些在职博士生工作繁忙，有时没有按时完成董老师和学校指定书目的读书计划，就会遭到董老师的严厉批评，使得这些弟子在学业上丝毫不敢松懈。正是董先生的既爱护关心，又严格要求，使得他的不少亲传弟子成就斐然。他的最早弟子田源曾自豪地说，董老师的弟子既能经商、从政，又能写文章。

2003年10月，得知董老师患病可能去他女儿女婿那里治疗后，我和太太陪同伍新木老师到北京协和医院看望董老师。在整个看望时间里，董老师精神一直很好，他说前年体检时查出便血问题，他没有在意，当时医生还说董老您的身体这么好！这时的董老师十分乐观，他还说，可能有一点点扩散，如果只是直肠的问题，我就不去孩子那里了！在见面的大部分时间里，董老师与伍老师讨论学生的教学安排，他精神矍铄，全然不像一位身患重疾的老人。当时我以为这点病对于身体一向十分健康的董老师来说，不会是大问题，头一天我查阅人民卫生出版社出版的一本医学基础知识的书籍，里面提到直肠癌的治愈率高达98%。谁料到董老师的病情已经扩散到肝部，这次看望竟成永别！

董老师是一个精力充沛、睿智而又富有感染力的人，他给学生、同事和经济学界同仁以及工商金融界的人士以良师、益友、直言者印象。作为一位享誉国内外的杰出经济学家、社会活动家和经济学教育家，他的魅力和影响已经远远超出了他的职业和事业本身，又最能体现在他的事业之中。

董先生说过，经济学是一门最为入世的学科。经济学家只有投身经济实践，影响社会，才能为民族和人类做出最大贡献。董先生，既是一位经济理论和思想的大家，也是一位经济与社会实践的大家。他的所有制改革理论，成为中国经济改革理论的基础，可谓中国经济改革理论的开拓者和奠基人。他长期担任了全国人大、政协的社会职务，直接参与了国家重大经济决策论证、咨询、立法的调研与组织工作。他以其严谨求实的作风、渊博厚实的理论和思想、谦和虚心的为人、卓越的组织能力，博得了官、学、商、民的普遍尊重和认同，以其深邃的思想、丰富的著述、鲜明的观点、巨大的社会影响力，直接推动了中国经济改革和经济发展的进程。但最为我们所称道的，还是他那独立完整的人格，淡泊名利和权力的精神。

作为一位最为关注现实和国计民生的经济学家，董先生研究和论述的课题和社会经济问题，往往是重大而敏感的问题。他的学术研究和社会问题研究，一直处在中国政治经济理论和思想领域的前沿，有时往往处在所谓风口浪尖之上。因而也往往受到的争议最大，容易得到一些不理解，甚至得到责难和政治上的批判乃至道德上的攻击。

从他配合孙冶方、许涤新、于光远等老一辈理论家的工作，到中共十一届三中全会前提出改革国家所有制的惊世之言，20世纪70、80年代起参与经济改革和发展重大理论和政策问题的决策研究组织工作，直至90年代和21世纪疾呼保护和发展非公有经济、注重可持续发展和关注资本市场的发展，董先生一直把握经济社会脉搏，提出独立见解，推动社会经济的进步和发展。他的著述和言论，往往抓住最敏感也是最核心、最关键的问题，也往往刺痛少数人的脆弱的神经，甚至导致一些人对他的政治乃至人身攻击。

但无私者最无畏。董先生自信自身作为学者的独立性。无论是否有来自赞同者的拥戴和溢美之辞，还是来自反对者的置疑、批评、批判甚至谩骂攻击，董先生依然是董先生。在纷繁躁动的世界面前，他是出奇地冷静和坦然；在因为提出所有制改革和其他具有先见之明的观点，配合于光远先生的工作后遭到的政治责难时，董先生如此；在提出尊重市场经济的自身规律，给予企业以充分的自主权，被人攻击为公司利益的代言人时，他也如此；在资本市场论争、推动发展非公有制经济中受到误解、遭到一些人的攻击甚至谩骂，他依然如此。这就是一位真正的学者，一位有独立完整人格的人。

我惊叹董老师的睿智和冷静，惊叹他不受名、利、权等诸多身外之物的诱惑和影响的独立精神。能拒美名的诱惑是一种值得佩服的独立精神，是学者尤其需要的精神。而不惧怕骂名的精神，更是值得钦佩的学者精神。董老师很少奢谈什么经济学家的良知，但是，董先生正是具有了这种超人的处荣不傲，处辱不惊，人格独立的伟大精神，实践了经济学家的良知。

在与董老师的接触和深入了解中，我在思考，是什么因素使得董老师具有了这种超人的精神和令人敬佩的品格。如此完整人格的人，在纷繁复杂，利欲横流，名权泛滥，躁动不安的变动时代里，尤其是在与利益因素紧密相关的经济研究与经济实践领域，可谓凤毛麟角。

在董老师 2004 年 4 月写的《守身为大》的随笔中，我找到了答案。在这篇不到三千字的短文中，董先生指出，每个人无论处在何时何地何种岗位上，坚守自身的节操是最重要的。在今天，理论工作者是否能够不受金钱、权力、地位、名誉的引诱，敢于坚持真理，坚持改革的方向，就是是否能坚持学术节操的考验。

古人说，君子一生追求立身、立德、立言。这篇发表于《金融时报》"感悟人生"栏目中的短文，是董先生对自己一生立身、立德、立言的支柱和基础最全面的阐述，是自己一生的治学、参政、为人的最好诠释。正是这种"守身为大"的精神，成就了董先生的一生。

莫不是上苍冥冥的暗示，让董先生辞世之前写出如此精辟、感人的随笔，既概括他本人完整的一生，又劝导生者和来人。在人们相聚缅怀董先生的时候，不少人第一次读到董先生的这篇封笔之作。唏嘘之中，大家感叹董先生文笔的简洁完美，说这篇文章可收入教科书，作为范文之作。

文如其人，人赛其文。董先生的人生，何尝不可以作为我们人生的范本呢！

悼 恩 师

宋 栋

2004年7月30日下午3:03时许，恩师就这样安详地匆匆离我们而去了，此时此刻，惟有悲痛二字才是我们内心深处最真实的写照。"一日为师，终身为父"，在中华民族文化传承的链条中，师者，不仅是精神思想、文化传统传递的承载者，更直接化为了民族血脉相承的具体象征。正因为如此，我们的民族才拥有了五千年文化代承、香火永续的伟大历史；也正因为如此，我们的悲伤才会如此的刻骨铭心，终生不忘。

恩师走了，带着我们的追念，引发我们的思考，让我们有了机会静下心来更深刻地去理解一位伟大的改革者，在既有政治文化和思想传统的限制中却勇敢地几乎毕生都试图超越出去的那种努力，我们每一位恩师的学生，都曾清晰的记得，在我们入门求学时，先生对我们所讲的那番语重心长的话："中国这块土地，是世界最肥沃的研究经济的土壤，因为中国是一个发展中的大国，别的国家存在的问题，在中国都可以找到；别的国家没有的问题，在这里也可以找到，只要善于耕耘，勤于耕耘，就会结出丰硕的果实，就能产生世界性的大经济学家和世界一流的经济学著作。"

先生这么说，也这么的做了。从先生在20世纪70年代末挑战所有制理论禁区，提出"不改革所有制，经济运行机制的改革就不会成功"的呐喊中开始，自始至终贯穿于先生毕生在改革道路上的求索；它演化成了先生对经济体制改革目标即通向社会主义市场经济的透彻分析，并随着时间的推移形成了先生关于改革所有制的严密的理论体系。在这个创新的改革所有制体系的构建中，我们看到了先生从思想深处探索改革的方法论所付出的艰辛，看到了先生从实践层面将理论转化为改革的政策法律语言所做出的不懈努力，看到了先生为"温州模式"、"民营经济"、"证券市场"以及市场经济的其他形态所发出的据理辩护，更看到了先生一生坚持真理、"守身为大"的高尚品格和道德操守。

恩师走了，带着我们的追念，引发我们的思考，让我们都记住先生临终前为我们写下的遗言："我国的改革开放，经历了曲折的道路，改革与保守或反对改革的斗争异常激烈，每前进一步都有斗争，有时甚至转化为政治斗争。理论工作者是否敢于坚持真理，坚持改革的方向，就是是否能坚持学术节操的考验……让我们大家都记住并实行'守身为大'这个警句和格言。"

这是一位中国改革开放坚定不移的疾呼者和实践者的真实声音，它与先生毕生的精力超越其所处时代的政治文化和思想传统的禁锢去求索改革的"新文化"所付出的努力，结合在一起转化成为了一个正在展开其历史意义的符号，并告示后人：在这个未完成的伟大历史实践中，期待着我们"在确定我们的知识之时间的符号背景中，沉思我们有充分理由称之为我们的真理的东西……（我们的真理）将在未来更广义的真理中得救……"

我们将坚定地走下去！以告慰先生在天之灵！

爱，永远不会逝去

孙秋鹏

　　从最初得知老师离我们远去到现在已经有一段日子了，可依然感觉老师走的很突然，依然无法接受。一幕幕往事还时时浮现在眼前，老师的音容笑貌更加清晰，还是那样聪慧豁达、忧国忧民、还是那样可亲可敬，似乎老师还在身边，还在关心和爱护着我们。

　　我与老师的相识是从读老师的文章开始的，深深地被老师坚实的理论基础深邃的思想所折服，从"两个分离"、"八宝粥"理论、公共所有制、共同所有制到民营经济、宏观经济形势的分析等。真正成为老师的学生，直接与老师接触是 2002 年的事情。从一开始就体会到老师不仅是一位取得巨大成就的著名经济学家，而且还有一颗善良的心，一颗关爱年轻人的心。当年我报考了中国社会科学院研究生院董老师的博士。社科院博士英语入学考试难是出了名的，很多人报考社科院都栽在英语上。考完后觉得专业课还可以，只是英语没底。成绩出来后，我考了第一名，虽然英语也是最高，可离录取线还是差一分。我以为没有希望了，因为家境的原因很可能从此告别求学的道路。没几天接到所里老师的通知，让我参加面试。在此之前我和老师并没有联系过，老师也不知道我这个学生，只是知道董老师招学生很公平。后来从一位师姐的口中才得知，董老师以前是不招英语不合格的学生的。当时她就在老师的身边，老师最初是不准备招我的，而且已经告诉了所里主管招生的老师。过了一会儿，老师说："一分之差，断送一个学生的前程，改变他的命运，真于心不忍啊！"在反复考虑之后，又给所里的老师打了电话，了解了我的一些具体情况，决定再给我一次机会。老师给我的这个机会对于我而言是多么的重要，老师有一颗善良的心，有一颗关爱年轻人的心，才使我能够继续踏上了求学的道路。

　　与老师的真正接触是从 2002 年 9 月 15 的第一次上课开始的。我们怀着激动和忐忑的心情早早的来到了教室，静静的等待。过了一段时间，老师一个人走了进来，手里提着十几本书，我们几个立即跑上前去接，老师没有同意，自己提到了教室的最里面。然后把书拿出来放在桌子上，开始一本本的仔仔细细、工工整整地在书的第一页签上名，送给我们三个新入门的弟子。来教室的路很长的，即使车停在楼门口，还要穿过一个很宽的大厅，电梯只能到18层，还要走一层楼梯，拐几个弯才能到我们的教室。当时很惊奇老师摆着这么多书，走了这么远的路，但跟老师时间长了，这样的事多了，也就不觉得奇怪了，老师每件事都事必躬亲，从来不愿意麻烦人。

老师，一位著名经济学家，同时也是一位长者，对学生的关心从第一次接触我就感受到了。上完课，老师一个个问我们三个新入门的学生，生活上是否有问题，是否有经济困难，学校住宿怎么样，伙食好不好。对于我的情况老师在入学之前就了解一些，问我学费交了没有，生活上有困难就说出来，让我安心学习，不要有后顾之忧。

老师给我们上课每次都很认真，都做了充分的准备，手边放着一摞资料，一讲就是几个小时，我们中间去洗手间，老师从来没有中断过。老师的时间是很紧的，工作也是非常繁忙的，日程排得很满，但对于给我们上课从来都是一丝不苟，每十多天就会上一次课。每次上课都会提前几天通知，时间从来没有因为任何事情更改过。老师注重我们独立思考问题能力和将经济理论应用到对实际问题的思考能力的培养。每次上课老师讲完后，要求我们每个学生发言，老师都仔仔细细听，从不打断。我们有些观点有时片面，有时过于主观不符合实际，有时甚至是错误的，老师从来没有严厉的批评过，老师会仔仔细细的帮我们分析，耐心地给我们讲解。对于学生的疑问老师每次都认真的解答。有一次我给老师打电话说对于十六大报告中经济方面的几个问题，有一点想法也有一些疑问，想向老师请教。老师说让我立刻去家里，给我详细讲解，足足讲了两个多小时。讲完之后，老师还决定就十六大报告中的经济部分给我们加一次课。我们学生都知道老师很忙，不忍心占用老师宝贵的时间，可是老师对我们每个学生都是这样，都倾注了巨大的精力，从来没有吝啬过。我们有时跟老师说像您这样带学生太辛苦了，老师总是说，我怕误人子弟，怕没有好好地教你们。老师就是这样一个人，对学生的培养兢兢业业、一丝不苟。

老师对学生的关心和爱护一例例浮现在眼前。记得刚入学时老师说你们工作不多，对中国经济的实际情况没有深入地了解，有机会带你们出去。这样一句话对于一位工作如此繁忙的人，也许很快就会淡忘了，但是董老师没有。2003年4月初，董老师去上海交大讲课，说可以带我和一个师兄一起去，并提前给我们讲课提纲，让我们准备一下，并告诉我们借这个机会多了解一下上海。当时非典已经在国内蔓延，但还没有达到影响工作和生活的程度，不过老师再三叮嘱一定要戴口罩，一定要提高警惕。我们上午到上海的，老师的飞机是下午到，我们到机场去接老师。看到老师从机场提着两个大包走了出来，我们马上跑上前去接。老师见到我们很生气："你们来接我干什么，带你们出来是让你们了解上海的，应该抓紧时间出去走一走，看一看。"这是我见到的惟一一次老师生气，也是惟一一次批评学生。老师不让我们帮他拎包，我们强行接了过来，很沉，全是书，全是为讲课准备的资料。到了住处，老师私下对我说："到上海各处看需要钱，你家里困难，这些钱你拿去。"本想拒绝，看到董老师坚决的神情，只好接了过来。走出董老师的房间，手里沉甸甸的，心里更沉，有千万种感觉涌上心头。一个老师，一位著名经济学家，考虑的是关乎国计民生的大事，对一个学生能够想的这么细，关爱到如此地步！

在上海的四天里，老师很认真也很辛苦。每天从早到晚足足8个小时，而且在此之前老师已经讲了四天，这中间只休息了两天，还回了一次北京。一次课讲完了，老师都是自己一个人在房间里认真的准备下一次课。如此高的强度，别说是一位七十多岁的老人，就是一位年轻人也吃不消。有两次晚上讲完课，我们一起吃饭，看到老师异常疲惫的样子，静静地坐在那里，腰比平时弯了许多。我们很心疼，劝老师要注意身体，稍微缩短一下讲课时间。老师没有作声，只是淡淡一笑，依然还是那样认真，那样的投入。听课的工商业精英们深深地被老师博大精深的思想、独到的见解、灵活的头脑、敏捷的思路所折服，更是惊讶和敬佩一个七十多岁的老人，竟然有如此旺盛的精力、充沛的体力和执著的敬业精神。老师在讲课中说的一段话，也许能够代表老师的心声："一些企业家作企业不光是为了挣钱，那么多钱几辈子都花不完，那是一种精神上的追求。我是发不了财的，也当不了官，我最大的愿望和追求是别人喜欢读我写的文章，我写的书，愿意听我讲的课。"后来临走的时候听交大的老师说，董老师不仅上课认真，并且对每个学员的作业都仔细的阅读，详细的批改。

老师不光对自己带的博士认认真真、兢兢业业，还乐于帮助每一个学生。有一次来我们学校做讲座，讲完之后，有一位学生想留下老师的联系方式，方便以后向老师请教，老师毫不犹豫地将住宅电话和手机写了下来。后来在老师去美国的那段日子里，听一位师兄说，二十多年前他在上本科的时候，给老师去了一封信，就一些学术问题向老师请教。因为当时与老师素不相识，只是抱着试试看的想法，没想到得到老师详细的回复，以后的通信来往就更加频繁了，至今仍然保存着厚厚的一摞老师写给他的信。

在生活中，老师和师母都是慈祥、随和的，有时还很风趣。记得 2002 年的深秋，那时天已经凉了，一次讲完课，老师看到我裤脚边露出的厚厚的毛裤，非常有兴致的拉起裤脚跟我比谁穿得少，当时老师只穿了一条单裤，连秋裤都没有穿。老师对我说："不要穿得太多了，冻一冻对身体好。"在场的师兄师姐，看到老师的举动和孩子般的神情以及我的窘态，都忍不住笑了出来。

1 月 3 日是师母的生日，每次老师安排课都会询问我们的时间，这一次师姐暗暗的将上课的时间定在了那一天。师母的生日过得很开心。我们几个年纪小的像孩子一样跑到老师面前，给老师敬酒，围绕在老师周围。老师也很风趣，提起一个小师姐的"终身大事"，说不光要读书学习，也别耽误了找男朋友。师兄师姐们立刻调侃起来，有的还郑重其事的出主意，我们两个在一个学校，也做了一些补充，把小师姐羞得满脸通红。老师还和师母喝了交杯酒，师母的脸上洋溢着幸福。老师和师母的感情是我们羡慕的，两位老人一起风风雨雨、相互扶持、恩恩爱爱的携手走过了半个世纪，在一起依然那样甜蜜、那样温馨。那一晚，老师在我们心中不光是老师，而是一位历经坎坷、叱咤风云、爱憎分明、正直无私、忧国忧民的一位学者、一位经济学泰斗，更是可亲、可敬的一位老人、一位长辈。

老师生活上极其俭朴，对物质的要求很低。我跟董老师的日子里，董老师总是穿着同一套衣服，没见他换过——一件夹克，一条休闲裤，裤脚早已磨起了边，如果不知道的话，谁也不会相信这就是名震国内外，在理论和实践领域做出杰出贡献的著名经济学家。老师家里东西极其简单，一个书柜已经用了很多年，铁皮暖壶表面已经生了很多锈。老师住的房子还是 2002 年年底师母分的。

老师得病是 2003 年 10 月。老师当时刚从美国回来。十一的前一天，我们三个弟子到老师家去看望老师，向老师汇报这段时间学习和实习的一些情况。后来我们才知道那时老师检查已经发现了一些问题，老师正在等最终的结果。那天老师的神情依然那样自若、那样平静，显得非常轻松。我们还极力建议他在 80 大寿时带满 80 个学生。老师当时说不想再带了，我们都非常差异。他说多了怕指导不过来，耽误了学生。老师带的学生很少的，老师是社科院、北大和武汉大学的老师，二十多年的博导仅仅带了五十多个学生。对老师的那段话，后来想起来突然明白了。

一个多星期后，突然接到师姐的电话，老师病了，是癌症，并且已经转移了。我呆在那里不敢相信，老师身体一直很好，精力也很旺盛，怎么可能呢，不会是真的。电话的那一头已经哭的说不出话来了。我们立刻去医院看望老师，周师傅已经在医院门口等着我们了，周师傅再三叮嘱我们见到老师后，千万不要哭。走近老师的病房，门口已经堆满了鲜花，门外已经有好几拨人在等候。后来听师兄师姐们说，于老师和厉老师也来看望老师了，于老师身体不好坐着轮椅，他们久久不肯离去。见到老师后，强忍着泪水。老师除了穿着病服之外，一点不像生病的样子，他一点没有谈自己的事，而是给我们一个个的安排，开题、论文写作、论文答辩、工作和未来发展，想的都是我们。老师还安慰我们："不用担心我，我精神很好，美国的医疗技术很先进，没事的，也许我还能回来参加你们的论文答辩呢。"我们劝老师到美国之后安心治疗，不要工作了，也不要为我们分心了。老师说："治疗并不耽误工作，我还是能工作的。"老师乐观的精神和与病魔抗争的顽强意志，使我们的心情好了许多，再加上可以到美国治疗给了我们更大的希望，但心中依然有一丝隐隐的担忧。走出病房的时候，回头看了一眼老师，老师也正望着我们，眼中流下了泪珠。心头一股热流涌了上来，老师在身患重症、生死危难的时候想的还是我们，不让我们担心，怕我们难过。后来老师又让我们去了一次，时间很短，没想到那次短短的相见，竟然成了永别。

老师去美国的这段日子，我们师门时常聚在一起，每次都默默的祝福老师，愿老师早日康复，每次都能从大洋彼岸传来老师的声音，依然那样熟悉、那样亲切，仿佛还在我们身边。一有老师的消息，大家马上互相传告，当听到治疗很顺利的时候大家兴奋不已。在美国治疗期间，老师依然非常关心我们，从安排实习、开题报告和论文的地审阅、批改，到论文答辩的安排，老师工作到了最后一刻，关爱我们到了最后一刻。2004 年 5 月份我用 E - mail 将修改的论文开题报告发给了老师，几个小时之后得知老师的腰扭了，坐着很痛苦（后来才知道是老师做局部治疗，站立和行走都很痛苦）。我立刻给老师打电话，老师接到电话后说刚刚将回信给我发了出去。放下电话，看着老师的回信，能够想像到，老师是拖着病弱的身体，忍受多么大的疼痛阅读我的开题报告，是在怎样的痛苦之中一个一个敲击键盘给我回信的，老师您的每一下都是敲在学生的心里，敲得学生心痛，敲得学生自责。

噩耗传来，犹如晴天霹雳，2004 年 7 月 30 日永远的定格了，老师就这样走了，走得这么突然，这么仓促，不敢相信，也不愿相信。多么希望这不是事实，多么希望能够及早地发现，多么希望医生没有误诊，多么希望没有可恶的 SARS 耽误老师的病情，多么希望美国治疗能够顺利，多么希望病魔能够再给老师多一点时间，哪怕几天，就几天，再让我们和老师通一次电话、再见一面，学生还有很多话要跟您说，和您在一起的日子太短暂了，太珍贵了。寸草之心，还未来得及做点滴回报，老师您就这样走了。

时间一天天的过去，老师的音容笑貌愈加清晰，依然是善良和蔼、深邃慧智，依然是忧国忧民、坦荡无私。您在学生心中永远是一位可亲可敬的长者，您永远是鞭策和鼓舞学生的动力，指引学生前进的明灯。

老师您永远活在学生的心中！

董老师——您的品格永存我心

田　源

董老师不幸逝世的消息从大洋彼岸传来，震惊了我们这些望眼欲穿的学生，谁也没有想到，一向健康、达观、充满活力的董老师竟然身患不治之症，更没有想到，病魔竟如此之快地把敬爱的老师从我们身边夺走。悲痛漫过了我们大家的心际，往事一幕幕展开，定格为永久的思念。

一　难忘 1978 年那个夏天

1978 年，我刚刚大学毕业，就考上了文化大革命后第一届研究生。武汉的夏天，闷热难过之极，而当时中国经济学界的沉闷，不亚于武汉的天气。一同走过从前的朋友们或许记得，在那个时代，"四人帮"和"左"的路线已经统治多年，经济学的理论几乎浸透了苏联模式的影响，国家所有制、计划经济都属正统观念，处于无可动摇的地位。

开学之后，有一天学校通知我们，毕业于武汉大学、留学莫斯科、现在中国科学院经济所工作的董辅礽老师将有一次重要讲演。同学们争先恐后地来到南 4 区大教室，把整个教室挤得满满的。在这次演讲中，董老师高屋建瓴，全面分析了中国经济体制、特别是国家所有制的弊端，提出了进行所有制改革的目标和任务。

董老师的这次大胆而精彩的演讲，犹如巨石击水，立即掀起波澜。有人认为讲话存在问题、违背马列主义经济学的原则；而对我这样的年轻学子来说，则产生了如磁石般的吸引力，一次校准了我终生分析经济体制问题的坐标。从此开始，无论我在武汉还是北京工作，无论在学校还是在政府机关，我的社会立场都立足于改革。我今天十分庆幸自己，从接受董老师的思想开始，我始终站在历史的进步一边。带着这种改革的理念，我先后完成了硕士论文和博士论文，并亲身参与了改革与保守针锋相对的大改革年代的一些重大事件，为中国的经济改革事业贡献了微薄之力。所有这一切，都源于1978年那个难忘的夏天，源于董老师创造的思想之火。

二　难忘的《期货法》起草小组

董老师曾经担任过全国人大财经委副主任，在他任职期间，作为一名经济学家，他亲自领导了《期货法》的起草工作。当时，董老师为了起草新中国第一部《期货法》，组织了一大批专家参与工作，给我特别深的印象是：董老师特别谦虚，真正做到不耻下问，他主持召开了多次座谈会，征求期货行业许多专家和管理者的意见。为了使立法具有时代性，他亲自组织人大财经委的同志到国外考察，广泛吸收国际经验。据起草小组的同志讲，这次起草工作，是中国历史上第一次全面研究和吸收国际期货法规用于制订中国的《期货法》。

全国的期货界人士都热切希望一部适应时代要求的《期货法》出台，来规范中国的期货市场，开辟期货市场的新纪元。然而，由于当时的期货市场试点工作出现曲折，不规范的事件时有发生，引发了高层对期货市场的关注和负面认识。在《期货法》数易其稿，即将进入立法程序之前，被有关方面以条件不成熟为由束之高阁。然而，董老师的辛苦和努力并没有白费，《期货法》起草过程中一系列立法思想和法律制订原则得以普及，其中许多有价值的观点直接进入了后来国务院颁布的《期货交易暂行条例》。而董老师本人则作为全国人大代表、全国政协委员，不断地呼吁发展中国期货市场，尖锐地批评那种把"婴儿和洗澡水一同泼掉"的不正确观点，推动了期货市场相关政策的调整，赢得了整个期货行业的尊敬。在董老师生前，中国期货业协会专门设立了"董辅初期货基金"，用于奖励为中国期货市场发展研究做出突出贡献的中青年学者。董老师去世之后，《期货日报》发表了一整版的悼念文章《难以磨灭的记忆》，追述了董老师对中国期货行业发展做出的巨大贡献。

三　难忘的至尊至敬的老师

有人说，董老师不仅是经济学家，还是教育家，我真是感同身受。1992年，我从美国留学回来，见到董老师之后，他十分关切地问我博士论文的准备情况，我向他汇报了在美国芝加哥期货交易所学习及研究的情况，表示已经胸有成竹。他马上鼓励我立即动手，尽快成文。此后三个月，我闭门不出，集中整理资料，撰写论文，每写出一部分，总要到他家里请教，听取意见。董老师每每认真看完我的文稿，都及时提出意见，启发我的思路。在我的论文完稿之后，他给予了很中肯的评价。为了提高学术水平，他邀请了厉以宁、萧灼基、李裕宜等老师作为论文评阅人。在得到各位经济学大家指点的基础上，我修改并完成了我的博士论文《中国期货市场研究》。这篇论文后来由出版社正式出版，董老师欣然为之作序。也许是因此缘故，这本由博士论文形成的我的处女作，不意成为《经济日报》评选的 1993 年全国十大畅销书之一。

董老师作为一代宗师，用他的思想和一言一行教育了无数的后来人，作为他的学生，我们终生都要学习董老师为人处事"守身为大"的品格。没有董老师，我不会取得今天的成就；有了董老师，我将终生拥有他在天之灵的保护，更加勇敢的面对充满激情和挑战的人生。

预　感

——为悼念董辅礽老师而作

王忠明

　　人之为精灵，其最典型的特征莫过于有预感。预感，作为人类感知外部世界、感知社会与自然，特别是感知未来的一个重要方式，往往是对不确定的一种确定，虽伴有风险，但极具创造力。完全可以想像，假如没了预感，人类在智性上不知要逊色多少、愚钝多少！

　　然而，预感也有其狰狞的一面、残酷的一面。这是我先前在有限阅历中未曾"预感"过的。遗憾的是，这个体验竟与我敬爱的董辅礽老师相关联。

　　那是在董老师辞世前约半个月，我拨通了越洋电话，像是师母接的，很快便转给了董老师。一如以往，我照例先自报家门并问好，但出乎意料的是迟迟不见大洋彼岸那熟悉、健朗、底气很足的声音出现，这很使我感到有点反常或异样；纳闷间，不禁又重复了一遍，那一端才缓缓地传来极其无力的三个字："知道了"。这声音听来是如此遥远、如此冷冽、如此微弱、如此黯然失色、如此闻所未闻，完全陌生，完全没有一丝昔日非常熟识和习惯的那种高亢、峻利和激越的音影，因而也使我完全愕然。尽管前些天已知"近况不是太好"的消息，但也不曾或不敢想到竟会一下子突变、衰竭到这等地步。莫非真的……止不住心头一紧，根本就不知道该再说些什么。于是，两头沉默——一反常态的沉默、十分压抑甚至令人窒息的沉默。停顿了好几秒钟后，终于又受不了这种生死对峙般的难捱沉默的围困，居然脱口冲出一句："董老师，您一定要坚强啊。"这算什么话？是劝勉，是恳求，是晚辈对导师原本不该有的强制性口吻，还是情急之中以最笨拙的方式道出的全部心愿？说不清，反正就这么说了，而听到的回应则是在断断续续地重复了两遍"坚强"后怆然言之："很难受噢"。熟悉董老师的人几乎都知道，他向来是以抗冻、抗寒（而且不只是自然界的冻寒）而受人钦崇的，表现在学术风格上更是坚如磐石、"离经叛道"、旷朗无尘、奇峰突起，真个是"秋水空明无俗虑，夏云变幻有奇峰"！在他给予我们的诸多记忆中，何曾有过百般无奈的印迹？有过孱弱不堪的印迹？若非身逢绝处，着实苦厄难挡，想来他也绝不会轻易对一个弟子如此直白、喟叹的。这或许也正是老师的率真本性使然。此后，我便没再多说什么，也无法再多说什么，只是下意识地"搜索"到了一个好消息，无非想多给点宽慰而已。果然，这比一般的问候之类更有些"激活"作用。我明显感觉到董老师有所关注，似乎打起了一点精神，声音仍旧低弱，但他内心深处素有的对人、对他人的善待与关怀又不可遏制地从语速语调的细微变化中流露出来，让我有幸在他病故之前又一次直抵其宽天阔地的大善情怀并深受感染。他甚至问及那位刚刚重获自由的朋友"现在做什么"，最后还说"祝贺他"。寥寥数语，不过几句家常，于我却是庄重无比、刻骨铭心的"最后一课"，如同当年给我授课或精心批改博士论文那样令我永生难忘。这就是我们的董老师！即便已置身生与死的严峻拉锯之际，在对自己弥留人世、来日无多的终局不免有所预知的状态下，也依然没有放弃作为一位终生以研究和推进民生改善为己任的著名经济学家对人、对他人的真正彻底的"终极关怀"。这难道不正是我们作为其弟子更应细加体会与师承的吗？

电话挂了，什么声音也听不着了，而我则完全跌入茫然之中，以前与老师通话后的那种高兴劲儿不复再有，心头空空的，什么也不想做，只是发愣。最可怕的是，打那以后，一个阴影、一个不祥的阴影，死死地无法摆脱地追逐着我、笼罩着我，不让我有任何希望。它异常狠毒地捆绑住我的思维，逼着我朝最坏的方向走。尤其是那声音，那完全陌生并遥远得不知来自何处的声音，被无情地放大着临终气息，其直接后果就是在董老师病逝当天获知其不幸讯息时不再感到特别的意外。这便是预感的狰狞与残酷。它再一次从一个侧面验证了生命之脆弱，莫过于无任何回天之力可阻雪崩之倾。分明已见那阴森可怖的病魔正在肆无忌惮地大口吞噬着恩师的生命活力与肌体，可你除了陡生些预感，还有什么？还能做什么？而且，即使是预感，你也只能独自扛着（只是当晚回家说给夫人听，也给关敬如打了电话——他一直在等我与董老师通话的消息，但都无法和盘托出说尽道白）。这种无奈、这种孤弱、这种苦涩（典型的"有苦说不出"），则完全源自那被预感者病入膏肓的悲难处境。难道说，这莫非正是一个弟子对尊师巨大痛苦煎熬的一种分担？或者说最后一段生命里程的应有相伴与护送吗？

不，敬爱的董老师！我宁可那预感是不真实、不确定的，哪怕只能听到您完全陌生、遥远的声音，因为毕竟还一息尚存；我宁可再看到您在指导我们做学术研究时的那种严肃神情，甚至再严厉些也愿意；宁可再看到您是那样的不服老、那样真切乃至偏执地展示自己完全可"独立自主"——比如陪您去《中外名家系列讲座》外地分场演讲，从不要我们扶助，致使下飞机后您总是自己紧紧地手提那只行李袋在双膝前左躲右闪，以示谢绝他人照顾；我甚至宁可再看到您"不近人情"——有一次入住外省某饭店，门口有人献花，进房间又见摆着花，您不由分说，硬是让接待方把花挪走，真让我有点下不了台。可我深知，那绝非是您不领情，而是骨子里痛恨讲排场、不务实的形式主义等，是对过分的一种"过分"……

多少往事，多少有意思的记忆，无不在那凶残的预感中一一翻过。而接续它们的是什么？是首都机场声泪俱下、撕心裂肺的接灵场面，是八宝山阴雨绵绵下的哀情悼念，是弟子和亲友们心心相印的烛光追思以及中秋之夜与师母簇拥而聚……人仙去，如飞鹤杳渺。然而，一个高洁的灵魂，也终于摆脱了病体以及人事乘除的沉重束缚，显得更加纯粹、更加本真、更加直逼并永远占有着我们一切怀念者、敬仰者的心灵！

或许，这才是真正可以预感（预知、预期）的：董老师作为改革开放以来在经济理论研究中一路领先的标志性或标杆性重鼎人物，因其去世而带来的缺位与空白有可能使中国经济学界特别是现有经济学家队伍与格局在相当一段时间内出现失重或失衡；今后的中国经济学教程或有关史论中必将公正而庄重地反复书写到董老师的英名，从而成为永久的领悟与解读，而一代又一代年轻学者会在研究"所有制改革"、"政企分开"、"政社分开"等富有特定时代色彩的概念及理论中了解到董老师是如何以其独异的创新思想经常扮演着"先觉者"或"预言家"的角色的。当然，铭记师恩的各地弟子们也将因痛失导师而更快地学会相互呵护，凝聚成一个颇有成长性、呼应性的实力型团队——他们将无数次在清明时节或其他纪念性日子到绿阴环抱的陵墓前瞻仰一代宗师，于静幽深处重现或再续那一幕幕纯净至极的师生晤对；他们永远护佑在至敬至爱的导师周围，从导师的炯炯目光以及总是紧抿着的双唇间悉心悟读到高贵与睿智的真正内涵以及"守身为大"和气贯长虹的人格操守……

好一个"走不完的前程停一停从容步出，急不来的心事想一想暂且丢开"！

待整顿乾坤了事，为先生寿！

师乘白鹤去　爱化为永恒

邢莹莹

　　每个学生都不愿意老师离开我们，但是他却真的离开了我们；每个学生都不相信这是事实，但是这却真是事实；每个学生都想再叫声老师，但老师却掩映在我们记忆的鲜花丛中；每个学生都想再握老师的手，他却在异乡他国与我们轻轻地挥别。

　　眼泪，成了惟一剩下的东西，共着檐前雨，隔了窗，点滴到天亮。

一　成为他的学生

　　我成为董老师学生时，他75岁，从事学术研究已经55年。

　　在成为他的学生前，听过很多关于他的故事。学术上、生活上的，心中描述了无数个他的形象：思想深邃的思想者？满腹经纶的学者？侃侃而谈的经济学家？经济改革的斗士？历经沧桑岁月的中国知识分子？到底哪个是他，我不知道，却渴望知道，心中却又一丝惶恐。

　　第一次上课，是2002年9月。我和几位同门早早到了教室，教室在云龙师兄的十九层会议室。到那里去坐电梯只能到十八层，然后再爬一层楼梯才能到。先生来的时候提了一个袋子，我正好坐在门后，上前接，先生拒绝了，他说自己拿。坐到位置上后，他从袋子里拿出了12本书，让我们将自己的名字写在一张纸上，然后仔仔细细地签上名送给我们新入室的三个弟子。下课后，我跟上一届的师姐说，"那么厚的书，老师居然自己提过来了，觉得好失礼"。师姐说，"董老师就是这样，他从来不愿意麻烦我们"。

　　先生工作很忙，他却总是按时给我们上课。上课的时候，一连几个小时，他从来不休息，也没有说过累。我们坐在那里听课有时还要动来动去，觉得累，他却不这样，总是专注地给我们上课。上课次数越多，觉得先生越年轻，根本不像是年过七旬的人。

2003 年春节前在先生家里与他聊天，我孩子气地对先生说，"董老师，我还没有坐过飞机，若您再到哪里讲学，我想和您一块去，一是听您的课，二是想坐一次飞机"。先生当时就答应找机会带我去。春节过后，他打电话给我，说有事，让我去。到他家里后，他说 3 月份他要到上海交通大学给 EMBA 上课，可以带一名助手过去，准备带我去，一是听他讲学，二是可以坐飞机去。先生当时就把去交大讲课的提纲给了我，让我看看有什么需要补充的。聊天中他得知我还没有去过上海时，又给了我讲了上海的好多名胜，叮嘱我一定要去看看。

去上海是 2003 年 3 月 27 日，那时北京已有 SARS 病例。临行前的头一天晚上先生和师母打电话给交代我一定要带上口罩。我当时却全不以为然。在去机场的路上，先生得知我没有戴口罩，他让司机周师傅找个商店，要去给我买口罩。任我怎么坚持说不买，老师都不同意。周师傅转了几个地方，最后在华联商厦停下车，下车后，师生两个人在商场门口僵持。董老师坚持要为学生负责，亲自去买；我则认为哪有让老师为学生跑腿的道理，坚持自己去。最后，老师取得了胜利。"可怜"平时都很少散步的老师，不知怎样在偌大一个华联商店里转来转去的买口罩，二十分钟过后，他回来，急匆匆地对我说："这里已经卖完了，到别处再看看。"后来，在机场医疗服务部，他买到了口罩给我。

在候机厅，老师告诉我如何安检，如何入关。上了飞机，老师关照我系好安全带。飞机起飞，经过每一地，老师都告诉要看那里的风景。

情景历历在目，却人去楼空。

SARS 期间，先生难得有那么长的休息时间，我们都很为师母高兴，因为老师终于可以有时间陪她。以前，只要先生有较大块的时间，他都给了我们，从来也不休息，但这一次却不得不在家休息。SARS 期间与老师通电话，他说自己在家正好可以看些材料，关注一些自己感兴趣的问题。并关照我一定不要出门，我对他说您也不要会客。他那时给我的感觉是一个热爱生命的长者。

二 老师患病

SARS 过后，师兄们顺利通过了毕业论文答辩，我们也放了暑假，先生就抽时间到美国去探亲。我们都为他高兴，原因是先生 2002 年有了孙子，小家伙可爱聪明，到美国去，他可能会完全放松，享受天伦之乐。在去美国前，他仍忘不了老师的职责，将我们的实习安排好了才走。本想老师到那里会完全放松，但没有想到的是，这期间他仍写了三万多字的文章。

"十一"前老师回国，他是下午三点钟左右到了首都机场，但接着晚上就飞到杭州，连时差都没有倒过来。"十一"放长假的前一天去看他，他精神很好，问了我们论文和实习情况。长假后与老师通电话时，发现他鼻音很重，我以为他感冒，他说没有。其实后来从他的文章中才知道老师那时已经在等待检查的结果，但他有那么多学生，他却没有告诉我们其中的任何一人。这常常让我想起2003年我有一段时间压力特别大，老师似乎觉察到了我的情绪变化，我到他家里，他与师母讲了自己的经历，那种开导和关心像父亲一样，他希望我能快乐。但老师在等待有关自己病情的时候，却选择了独自承担。

"十一"后，知道先生住院了，给他打电话，他说没有什么事，只是例行体验。给师母打电话，她也说没有事。我始终有点放心不下，可几次打电话，先生和师母都说没事。我内心有些莫名的恐惧和不安，但并没有深想。在刘伟老师探视他后，才知道他得了癌症。我马上给老师通电话，话没有出口却泣不成声，老师没有说任何关于病的情况，只是嘱咐我要坚强，说他没事，并告诉了对我们几个学习的安排和论文的安排。想去看先生，但又害怕影响他的治疗，后来还是忍不住去看他。

第一次到医院的时候，忐忑不安，不知道见到先生该怎样说，也不知道会出现什么情形。去了，病房里站了十五六人，老师坐在那里，他精神很好，我怎么样也不相信他是一个癌症患者。他给我们讲了对我们的安排，并感谢我们来看他，并鼓励我们说，不要为他担心，他还想为社会做事，为我们做事。

那一刻的神态，定格为我们心中永久的回忆。

先生一向身体很好。我们学生在一起聊天的时候经常说他活到一百岁没有问题，甚至我们还说如何给老师庆祝百年寿辰。老师突然出现这种变故，我们很意外。看到先生那么的镇静，我们却不能平静。得知国外的儿女们要求他去美国治疗，我们每个人都想去机场送他。当时说不清心里是何感受，难舍其去，难劝其留；期望老师能接受最先进的治疗，又害怕他在异国他乡会孤独。因为知道老师的性情，我们要大师兄打电话向他表明了我们要去机场送行的想法。一向和蔼的老师却发了火，他坚决不让我们送。先生就这样像以前一样离开了北京。

遗憾与自责，掏空了心。

先生到了美国之后，我们却更紧张。他在国内我们可以经常看到他，知道他的状态。但到了美国，我们却不能随时知道他的情况。先生到了美国，为了相互传达老师的情况，我们几个学生聚到一起的次数多了起来。清楚记得我们第一次聚会的时候，我们几个都到齐了。我们举起酒杯不约而同地想到给远在美国的老师祝福，祝愿他能早日恢复健康。以后每一次聚会，这都是我们的第一道且必不可少的仪式。仿佛冥冥之中有安排，这时先生从美国打了电话过来，为一个学生的论文。当我们与老师一一通话时，我们每个人都表达了自己最美好的祝愿，但是我们每个人都心情沉重。

老师第一个疗程期间，我们每次聚会都会与远在大洋彼岸的老师通话。老师病情的任何进展都牵动了我们每个人的神经，师生之间的鼓励是我们选择坚强的最好理由。2003 年 12 月 22 日是先生第一个治疗疗程结束的日子。大家都想知道结果，却都不敢与老师通电话。我们谁也没有勇气听到万一不好的情况，那种压力是无形的，那种期待也是无限的。我们给周师傅打电话让他有好消息通知我们。当接到周师傅电话的时候，我们所有的人都松了一口气：50% 左右的癌细胞都在消失或正在消失。

老师的《赴美就医记》鼓舞了我们大家，但他客观冷静的分析却让我们心存一丝忧虑。

后来由于治疗的副作用，老师的生活起居受到了很大挑战。但这期间，他坚持看完学生的开题报告和论文提纲，并提出了自己的意见。直到最后离开，他仍挂念着我们几个没有毕业的学生。

爱戴，心中升起，却不知该再飘向何方。

三　我心中的老师

在世人眼里，他是位著名的经济学家。这是他承担的社会角色，也是他奉献一生的事业，更是他放弃常人娱乐、休息，甚至与家人共聚的收获。当他从苏联学成回国后，他关于中国经济的核算理论震动了世界。历史的原因阻断了他的研究，却没有使他放弃对中国经济问题的思索。"拨乱反正"之后他率先提出了"政企分离"、"政社分离"，对中国经济的洞察震惊国人。改革开放之后，他全身心地投入到了中国经济研究中。丰富的实践是他理论的源泉。20 世纪 80 年代初，他敏锐地洞察到西欧社会主义国家改革失败的原因是仅仅进行了经济运行机制的改革，没有进行所有制改革，大胆地提出社会主义国家只有对所有制进行改革，才能取得经济体制改革的成功。当时，他因为这个理论提的太早而受到了批判，但中国改革的实践却验证了他理论的深邃和洞察。他形象地用"八宝饭"解释中国所有制结构，并从理论上论证了为什么要发展市场经济就要进行所有制改革。在外国学者对社会主义市场经济这一提法困惑时，他用自己的公式"社会主义市场经济＝社会主义＋市场经济＝社会公平＋市场效率"使他们茅塞顿开。他从理论上分析了"温州模式"与"苏南模式"的优劣，他的目光从来没有离开江浙这块中国经济最活跃的沃土。对"公共所有制与公众所有制"的论述凸显他思维的缜密和逻辑的自洽。在中国工业化与城市化问题面前他陷入了深思，对比的分析呈现学者对自己祖国的深情，对弱势群体的人文关怀。即使硕果累累，他却不放松自己。对新兴工业化道路的关注，中小企业融资问题的解决，创业板的建立，证券、期货市场的发展，他都倾注了自己的心血。他不怕与人争论，总是鲜明地表明自己的观点。他曾经对我说："理论是个大问题，马虎不得。"

这就是董老师，大家心目中的中国著名的经济学家。

成为他的学生后，课堂上我们师生相互交流，老师或解惑答疑，或静静听学生发言。他关心我们每个学生的成长、工作及学习情况。课堂下，我们像一家人一样谈天说地。许多事情堆积在一起，"淡化"了他在我们心中著名经济学家的形象，感动我们的却是我们与他相处交流的那些生活和学习中的"小事"。他如父亲般的关心是他的离去刺痛我们心扉的理由。无法忘记他对我们如自己孩子般的喜欢和爱护。

先生是一个"谜"，他学术深邃厚重，对人却清澈如水。

所有的学生在低低传吟着他对我们的关怀和我们对他的思念，但却再也听不到到老师亲如父亲的深切教诲，再也看不到他那充满慈爱的脸庞。本来以为 77 岁的生日问候是他回归故土的前奏，他却带着问候……

夕阳，映照在人身上，叫人断肠。

将来的相见，更是断肠。

四　勾起新的回忆

看到杨继小师姐的文章，2002 年"十一"您带我们出游的情景历历在目。"十一"前我们说想让您带我们出去玩，不知您有没有时间。您说可以。本来我们以为您可能忘记了，却没有想到 9 月 30 日接到杨继的电话，说 10 月 2 号老师带我们出去玩。去前，您和师母给我们备好了饮料、饼干及其他小食品，害怕我们没有吃早饭。在游玩的路上，我们师生谈了对当前货币政策的看法，有争执，有共识。您在旅游景点看到柿子，买了给我们吃。拿了相机，给我们一一拍照。我们说要给您照，您说您照相的机会多，还是您给我们照。"十一"后上课，您又将洗好的照片交给我，嘱咐发给大家。老师，不知您记不记得，在游玩中，到了一处好景致，我说："董老师，这个地方挺好的，在屋里看完书，可以在院子里的树下打打牌，放松放松。"您回答说："我是扑克、麻将不进家门，我从来不玩，时间多宝贵呀。""身教胜过言传。"从这以后，才知道您是将学问看成是天大的事的人。

后来，我和杨继在一起，常常会"报怨"您。我常说："杨继，下一次我们给师母讲，给董老师买条新的裤子，看那条裤子裤角都破了，都不能穿了。要不，我们去给老师买一条送给他算了。"杨继说："行，你去说吧，没用。你去买吧，咋拿去的咋拿回来。"后来在交大上课，课间休息时，我还是忍不住说了一声："董老师，您这条裤子不能穿了，破成什么样了，该换掉了。"您认真地给我说："怎么不能穿了，不挺好的吗？"我说："什么呀！裤脚都破了。要不我现在到街上给您买一条。"您一本正经地说："我觉得挺好。你在这里只管听课，别的什么事也别管！"到2003年9月30日见到您，您穿的仍是那条被我称为"裤角破了"的裤子。再有就是您的夹克。见到您第一次穿夹克时，我说："董老师，您穿的夹克颜色太年轻了，得换一件。"我当时还坚持给您推荐了一款夹克，说很适合您。您说："这个挺好，穿了好多年。我也不怎么穿夹克，除非特别冷。"后来，在2004年2月《环球时报》生命周刊看到您的照片，那是您到美国后第一次"看到"您，依旧是那件夹克。今天网站上悼念您的照片，除了您穿正装的照片，还是那件夹克。真的不明白，学术上、教学上严肃认真的您为什么在生活却要求那么简单，我为此常"说"您，您都以清脆的笑声连声说着"看，莹莹又给我提意见了"，回应我的"不满"。

您去美国治病后，不知有多少个晚上，我和杨继坐在床头，回忆和您在一起的点点滴滴。谈到高兴的地方，开怀大笑；说到伤心的地方，泪眼朦胧；特别有关您的那个小玩笑，成为我和杨继最温馨的回忆。电话、手机短信、电子邮件传递着对您的思念和您治疗的进展。时而高兴，时而忧伤，盼您回来，可您却……

五　无以表达感激，只有思念

2003年3月的一天，我到您那里去。离开时，您坚持和师母送我到干休所门外，说是要散步。在路上，您问起我的论文是否有想法，我谈了我自己的想法。您肯定了之后，问我是不是对研究期货感兴趣，说中国商品期货肯定要向金融期货发展，这些问题很值得研究。并特意关照我说："不要紧，你可以再考虑，不一定我说您就研究，首先要有兴趣。"我说我回去后再想一想。

SARS 期间，我们通话，您问我考虑得怎样，我说可以试试。想到我对期货行业并不熟悉，您就安排我到大连商品交易所实习。2003 年 6 月份，您去美国前，打电话说要我到您那里去一趟。到您那里后，您拿出两封信给我，一封是给大连商品交易所朱玉辰总经理的，另一封是给研究部朱丽虹总监的，并关照说已经给他们打过电话，他们很欢迎我和小孙到那里去。并将田源的《中国期货市场》、李经谋的《期货交易必读》以及《中国期货市场理论问题研究》等书及媒体对田源师兄的宣传照片和材料送给我，让我好好读一读。感动于您对学生细致如微的关怀的同时也感受到您是怎样自豪于学生的成就。7 月份到大连商品交易所后，您在美国又给我发电子邮件，关照我一是向大连商品交易所表示感谢，二是要好好学习，不要浪费宝贵的机会，并问我们有没有收获。当得知我们收获很大时，您高兴的回信说："有收获就好，有收获就好。"欣慰与满足鼓励着我们。

2003 年"十一"前，您从美国回来后，我和几个同门到您那里去，您见面就问我们在那里学的怎样，我说很好，并问我们在大连生活的怎么样，我高兴地给您说："董老师，很好，真的，您不知道，特别好，最重要的是我学了打网球，我真是太高兴了。"您说："这很好，但论文有想法没有。"那时我还没有下决心研究期货问题，因此也就没有给您肯定的答复。您住院后，在后来看您的几次中，您又提到我的论文，要我快定下来，说否则时间来不及。在您离开国内我们俩通的最后一个电话中，您还提起论文，还是要我赶快定下来，否则时间来不及。

2003 年我们进行综合考试，您回不来，在进行综合考试前，电话中您关照我说："莹莹，你回答问题我不担心，但就是语速太快，到时要放慢。因为参加答辩的老师有些年龄大，你要顾及他们，也是对他们的尊重。"那时的感动，现在还历历在目，我不知道为什么您总会对我们不同的学生，关照不同的事情，不仅语重深长，又入情入理。那天，顺利通过综合考试，我们又聚在一起向您汇报考试情况。您一一问我们老师给我们提的问题及我们如何作答，并指出了我们回答不足地方。当您知道我们都得取了"优"的成绩后，说："这就好，这就好。只是我不能去，老师失职呀。"

去美国后，您一直关心着我的论文情况。综合考试后，我将自己的想法通过电子邮件的方式告诉您。您回信说若是想做收入分配与公平方面的问题，您与赵人伟老师很熟悉，您可以给他打电话，我可以向他请教。若是对银行贷款问题感兴趣，您有几个学生在银行工作，可以联系，若需要，可以将联系方式告诉我。对于我对期货问题的想法，您觉得很好，可以深入，但前提必须是我感兴趣，而不是因为是您说的。后来几次电话中，我们师生又就我的论文探讨了多次，最后我将自己的论文方向定下来后，您的一句"这我就放心了"，让我知道此前您对我的论文有多么的担心。

2004年3月，我将开题报告通过电子邮件发给您。您看后，说："国内从这个角度研究的期货市场，据我所知，还没有，很好……我担心的是实证的部分，国内市场不完善，干扰因素很多。另外要加一部分，就是如何发展中国期货市场。"在信中，您还让我与其他几个期货市场的前辈联系，说你与他们打过电话请他们给我指导。那份感动，无以言语，却永存心中。这期间每次通话，您都说5月份要回来参加杨继他们几个的答辩，到时候我们就可以见面了，没有想到，这却成为惟一一次您对我们的失约。

开题前，与您通过电话，您再次关照我的语速问题，并说其他老师对期货市场可能不是很了解，开始要对期货市场做一些简单介绍。开题后，我通过电话和电子邮件向您汇报情况后，您不放心，又给刘伟老师打电话问情况。并打电话将你们两个交流的情况转告给我，让我坚持自己的思路去写。

老师，即使您在国外，有病在身，您仍然审阅杨继、小马、向东和越涛的论文，给出了自己的意见。在不能回来参加他们的答辩时，您又尽自己的可能安排了他们的答辩，还不忘交代我们代您向参加答辩的老师表达感谢，向刘伟老师表示感谢。清晰地记得您关照我和杨继在去参加小马的答辩，害怕她紧张。虽然没有成行，但您的"恪守师责"却让我们永远难忘。

2004年6月，您几次催促陈东他们几个人的论文，我当时不明白您为什么催得那么急，还劝您不要着急。现在才知道，您是要尽到自己所有可能尽到的老师责任，给自己的教学生涯画上一个圆满的句号。

六　追　忆

回忆起2002年春节前我们几个去给您拜年，您拿出花生米等许多小食品招待我们，我们从下午2点一直谈到晚上近乎6点，要不是您要参加一个社会活动，真的不知那天我们还谈到何时。

记得 2003 年冬天我和杨继见到陆昂师姐，我们坐下，没有开口，陆昂师姐明眸中闪动着泪花，她忆起了在珈珞山的岁月，向我俩讲了她怎样成为您的第一个女弟子，又如何在"十三妹"的角色中度过她那段难忘的时光。我俩深切地感受到您的疾病给她柔柔的回忆中浸润了多大的伤痛，但她仍坚信您会回来，因为有那么多的学生爱您。今天，读到她《并不如烟的往事》，怎能让人不想念您?!

董老师，再平师兄的"让我们共同求菩萨保护我师，祈上帝佑我师：战胜顽疾，闯过劫难，早日康复"，表达了他怎样盼您康复回来的情愫。记得第一次见他并与他讨论您的书稿时，他就告诉我："董老师是我们大家取之不尽的宝藏，他对中国的经济问题有很深刻的认识。""董老师的文章都自己写，即使给别人写序，他也坚持自己写。因此，这个录音一定要保持老师的风格，不能动。"他看完第一部分后，说："写得太好了。老师现在没有什么顾忌，更敢说了。真是一针见血，直击问题痛处。"在您决定可能回来的那段日子，再平师兄交代我，要加快工作，将书稿整理好，力争在董老师回来时，我们两本书都能出来，作为献给他的礼物，愿他早日康复。却没有想到，他的苦心却无法阻止您离去的步伐，他怎能不"悲痛之极"，怎能不发出"我师爱我，我爱我师"的悲怆。

董老师，您在美国时，我告诉您我在学车，您要我小心。您去世的前一天，我学车回来，到超市。一向不爱买零食的我突然看到"老奶奶"花生米，想起 2002 年在家里您拿这个牌子的花生米招待我们，买了一包回来吃，并想晚上给您打个电话，问您想不想吃，若想吃，买些寄给您。后来想，也不知老师回来了没有，明天再打吧。结果，电话没有打，噩耗却传来。

董老师，知道您放不下的人除了我们学生，还有师母，您放心，我们会照顾好师母，一如您在一样。

老师，您去天堂的路并不孤单，因为有我们的思念为伴。

博大精深的经济学思想，
光芒永存的人格魅力

——怀念敬爱的董辅礽老师

徐忠平

公元 2004 年 7 月 30 日下午 3 点零 3 分，我敬爱的导师——董辅礽教授永远地离开了他始终眷恋的家人，离开了他时时牵挂的学生，离开了他孜孜以求的经济学研究。

当获悉董老师不幸病逝的噩耗时，我愕然了!! 这是真的吗？董老师的身体一直很好，且听师兄们说，董老师在美国的治疗情况曾一度十分乐观，因此，当接到武汉大学博士研究生录取通知书时，我更多地沉浸在喜悦之中，时时憧憬的是以后能经常聆听经济学大师的教诲，得到大师的真传。然而，这一切已变成不可能了，敬爱的董辅礽老师已永远地离开了我们!!!

虽然我早就知道董老师是一位学贯中西的经济学大家，虽然也曾拜读过董老师的文章，但真正了解董老师渊博的学问并被他那富有前瞻性和开拓性的学术思想所折服却是在 1997 年。那时我正在中南大学商学院读书，学校邀请董老师等三位著名经济学家作报告，董老师主要讲的是所有制问题，他在演讲一开始，就鲜明地提出了自己的观点，即社会主义市场经济是以公有制为主导的多种所有制的混合经济，非公有制经济是社会主义市场经济的有机组成部分。围绕这一论断，董老师旁征博引，从多角度不同层面展开论证，他那严密的逻辑推理，生动诙谐的语言不时博得全场听众的热烈掌声。尤其令我印象深刻的是董老师非常善于用浅显但形象贴切的比喻来帮助普通听众理解十分专业、深奥的经济学现象和观点，他用"八宝饭"来比喻社会主义市场经济，指出非公有制经济不只是"辅助"、"补充"，而是不可缺少的"重要有机组成部分"，这正像在八宝饭中，红枣、莲子等东西是有机组成部分而不是饭做好之后掺进去的"补充"材料一样。听了董老师这一形象的比喻，全场响起了长时间的掌声，这掌声不仅代表了同学们已听懂、理解并接受了董老师的观点，而且还代表着同学们对董老师作为一代经济学大师用深入浅出的比喻来阐述艰深的经济学理论和观点的高超技巧的由衷钦佩。也正是在听了董老师的那次演讲后，我才开始有意识地搜集并阅读董老师的有关文章和专著，对他的学术思想和观点有所了解。渐渐地，我终于明白，董老师的学术思想是那么的博大精深！那么的高屋建瓴！那么的石破惊天！！！

董老师不仅治学严谨，在经济学研究领域卓有成就，而且具有崇高的人格魅力，"公平、公开、公正"的做人原则永远是我们学习的楷模。当我决定报考董老师的博士研究生时，周围的许多人都劝我不要白费劲，更有好友直言："听说像董老师这么大名气的教授招的学生要么有钱，要么有位，你都不具备，何必为一个注定不能实现的目标而浪费精力呢？"也有过来人为我指点迷津："先想办法托关系与董老师联系上，看看他的态度，了解一下招生指标是否早已内定。"经过认真的考虑，我并未采纳朋友的建议，而是专心致志地复习备考，我想：如果董老师招博士生真的如传言那样，以我的背景，找也没用，与其费精力、耗时间去"挖掘"所谓的各种关系，还不如沉下心来，认认真真、踏踏实实地复习。之所以决定报考董老师的博士研究生，一方面是仰慕董老师渊博的学问，希冀得到大师的教诲，另一方面也是潜意识里认为董老师绝不是那种"惟财惟位是举"的人，如果因为考试成绩不理想而未能如愿，只能说明自己技不如人，今后更需加倍努力学习。正是抱着这样的想法，我专心于复习之中，甚至从未与董老师联系过。当我去武汉大学参加复试时，见到负责复试工作的武汉大学商学院伍新木老师（注：董老师当时正在美国治病），并谈及此事时，伍老师告诉我说："董老师向来如此，'公平、公开、公正'不仅是董老师招学生的原则，也是他做人的原则。"

不知是否是巧合，就在董老师去世的前半个小时，我家客厅的落地窗帘突然整体掉了下来，当时的我有一种莫名的不详预感：该不会发生什么事吧？可是，几个小时之后，我就得到了董老师去世的噩耗！当得知董老师在患病甚至弥留之际仍牵挂着他的学生们时，我的眼泪夺眶而出，窗帘无私地用它的身躯为我们遮挡住太阳的灼烤，为我们抵挡暴雨的肆虐，为我们抵御灰尘的侵蚀，而它自己却在岁月的流逝中，在我们逐渐能独自面对太阳的灼烤、暴雨的肆虐和灰尘的侵蚀时，慢慢地褪色、慢慢地发白！！董老师何尝不像窗帘一样对待我们这些弟子们呢？"春蚕到死丝方尽，蜡炬成灰泪始干"——这是董老师作为一名教授、作为一名育人者的真实写照！！！

　　董老师走了，永远地离开了他的家人，但他的家人永远眷恋着他；董老师走了，永远地离开了他的学生们，但他的学生们永远都会怀念他，铭记导师的谆谆教诲；董老师走了，永远地离开了他一生孜孜以求的经济学研究，但他那博大精深的经济学思想永存！！！

音容宛在　师恩永存

——怀念我的导师董辅礽教授

杨　继

2004 年 7 月 30 日下午 4 点 40 分，师妹的电话：老师已经永远离开了我们，1 小时前的 3 点 03 分，安详的，尊严的，去了……

泪眼朦胧中，浮现起老师拉起裤角和师弟比谁穿得少的冬日，向师母献花的生日，指点江山的出游以及让我们关心师妹的"终身大事"的欢聚……点点滴滴的欢笑与温馨，无微不至的关怀与感动，如涓涓溪流，绵绵不绝，当时只道是寻常，如今，却随着老师的逝去，永不再现。

我是 2001 年进入北京大学攻读博士学位开始跟随老师的，三年时光，对老师从陌生到熟悉，感受的不仅是大师的睿智和深刻以及经济学者的为国为民和兼济天下，更是老师的高尚的人格与无私的品行。我们接触的老师，不是出世逍遥的仙人，也不长于圆滑之道，不擅炒作自己。他的一生，更多是忧国忧民，爱憎分明，具有大侠风范；他的为人，正直、善良、热心，言行一致；他的生活，简单、朴实、淡泊，却充盈着心满意足的幸福。

老师被称为经济学泰斗并非偶然，他的学术之路，由勤奋与勇气打造，计划体制下主张乡镇企业、民营经济发展的是他，适度从紧时提议防范通缩的是他，股市大跌后呼吁正确对待股市还是他，甚至在很多关键时刻仗义执言受到牵连的也有他……老师的言行是那么不合"时宜"，却显示着他的真知灼见、正直无私、无上的勇气和深深的人文关怀。

2002 年某些媒体别有用心的歪曲对老师伤害很大，那么一个爱护名誉如同生命的长者，却把不平与愤怒深埋心中，以表里如一的言行继续对真理的追求、对中国发展的思索。直面人生，净言或许得罪了一些人，或许众口铄金，积毁销骨，但他心是正的，浩气凌空。此时的老师，是寂寞的，却依然是充实的，无愧于天地。

老师为人真诚，无论对亲人、朋友还是晚辈均热心相待、倾力支持，对我们这些弟子更像自己的孩子一样爱护。我的每一篇文章他都仔细阅读，毕业论文他抱病修改，并从美国打来国际长途不厌其烦的和我讨论，论文答辩他不在场，焦急地等待我们的结果，老师出国后的每一次通话都是询问我的学业和找工作的情况，为我操足了心。我劝老师不要为此分神，老师却说，"这是我当老师的责任"。有一次我未能及时上网，老师大早打来国际长途催，各个信箱中共有 6 封未读邮件，都是老师写给我的推荐信。综合考试问题难时间紧，老师着急地给我提示，担心我们几个在校生生活困难，忙着给我们找课题找兼职找实习的机会……是的，老师并非完人，对他所关心之人极端爱护，甚至"护短"，但谁能责怪这份关爱的不加掩饰？谁能抹杀老人对小辈的无微不至？

老师逝去之后，才从老师的孩子处陆续了解到老师的病情，原来，一次次治疗反复折磨着我们老师的肉体；原来，一次次药物失效打击着老师的精神；可是，展现在我们面前的永远是老师乐观向上的声音，是老师永不气馁的气概，是老师一次一次帮我们修改论文找工作的心血，是老师一直地一直地为我们所有人的付出！因此，我们这些少不经事的孩子才一直保持着充分的信心和良好的心态。我们的老师，独自承受痛苦，却依然默默付出，如蜡炬一般燃烧自己照亮别人，直至生命的终结。

然而，我们给予老师了什么？我们能给予他什么？老师对生活要求不高，师妹就"腹诽"过老师破旧的瓷盆、烧水的铝壶、千年不变的夹克和皱巴巴的裤子；老师也不要求我们物质上的付出，乔迁之时去看望老师，带些生活日用品都被老师斥责，反而带回去更多老师的馈赠。

我们所能做到的，就是力所能及的学业出色、工作顺利，是效仿老师的热心助人，同门一心，是打电话的报喜不报忧。还记得综合考试我总结个人学业成绩时老师眼中的欣慰与自豪，还记得同门聚会给老师打电话时老师的开怀大笑，还记得病房门口的花海、于老前辈的轮椅、厉老师走廊上的默默落泪以及韩老师孩子般的哇哇大哭。老师要求我们的，也是他最为骄傲的，就是我们的成绩斐然，是同门的亲密无间，是所有他关心和爱护的人对他的关心与爱护。我们的老师，不是一无所求，可是他所追求和执著的，却仅仅是人海茫茫中的脉脉温情，是世态炎凉中的永恒真情。

一直都想写些什么，在 2003 年 10 月初闻老师患病的时候，在医院探病的时候，在老师飞往另一半球的时候，总以为会有时间回顾这段岁月，在老师病好之后细细道来，共同感念隐于风中的欢笑和泪水。然而，再也没有可以拖延的时间了，再也没有聆听教诲的日子了，再也没有共同回忆往事的机会了，老师的岁月到了尽头。

通讯录上依然有老师手书的地址与号码，抽屉里依然存放着一叠IP电话卡，2004年7月26日，老师生日时刚发给他的贺卡想必他还没有来得及看，电脑中存着同门聚会的照片还没有给老师发过去，以后的日子里，纵有千言万语，又该向何人倾诉？

可是，不甘心啊，真的不甘心！

老师身体一直那么好，老师的病情有所好转，老师的思想依然火花不断，老师还没有看到我们几个人走向社会，老师还没有实现带80个学生过80大寿的愿望，老师多年居无定所，刚刚乔迁新居，还没有安心住下。记得2002年年底老师兴致勃勃带我们参观他的新家——师母分的房子——时说的话，"我终于有了自己的书房"，言犹在耳人已渺，怎么不令人心痛，令人不甘这样的结局！

噩耗传来，仿佛被打了一记闷棍，上苍何等残酷，连抗争的机会都不给，连选择的余地都不留，连告别的可能都不予以，就这样夺走了老师，决然的，无声的。

多希望这只是一场噩梦，多希望世间从此没有2004年7月30日这一天，多希望时光可以重来，医生没有误诊，早些发现病情，多希望一切希望都不仅仅只是希望……如果可以用一切来交换这份希望，我情愿放弃一切！

至今不能面对老师的照片，写这样的文字更是鼓足了勇气去正视心中的伤痛。可是，即使不写只言片语，不去刻意回首往事，那分分秒秒、日日夜夜的感动就会削弱于时光的流逝？那宽厚善良的心灵与高贵的人格魅力就会湮没在浮世中？

至今不能相信老师已经永远离去，多少次自然地提及老师，仿佛老师依然就在身边，用他慈爱的目光凝视着我们。耳边时常飘过熟悉的声音，仿佛老师还在给我们上课，用他深邃的思想启发着我们，和老师在一起的日子鲜活地就如昨日，历历在目。人间虽无老师，内心深处老师永生！

老师的一生，波澜壮阔，可歌可泣；是学术泰斗，是人间楷模，是万世师表。老师留给我们的，是他的学术巨著，是他的深邃思想，是他的勇气，是他的正直，是他的雪中送炭，是他的无私关怀。是的，老师将是我一生的榜样，漫漫长路，伴随着我进行对真理的追求和对道德的探索，经历风吹雨打日晒，鼓励着我，督导着我，教诲我为人的真谛，丰富着我的人生，告诉我，这样的执著，总会见到云开月明！

心中无限思量，不需想起，此生难忘！

学问比天大

杨云龙

　　先生辞世的噩耗传来，同门的师兄弟姐妹们一起深深悲痛哀悼之时，大家都想写一篇文章以寄托我们的哀思和怀念。此时，"学问比天大"这五个字就像花开日出一样极其自然而强烈地出现在我的脑海里。这五个字要传达的信息并不是说我们导师的学问比天还要大，而是说在董老师的一生中，做学问、追求真理比世界一切事物乃至于生命都重要得多。他是这么想这么做的，也是这样教育我们的。为了避免没来由的歧见和误解，先赘言几句，且做题解。

　　细算起来，从第一次听先生作报告距今已经有 27 年之久了。那是1979 年夏天，在中国社会科学院经济研究所的大会议室里，先生主讲对"四人帮"的政治经济学体系的批判。当时的首都经济理论界很活跃，能经常有幸听到许多位大师级的经济学家的讲演。那时我还是一个大学二年级的学生，真正的初生牛犊不怕虎。一方面对先生当时深邃的见解，犀利的语言深深敬佩，另一方面又仗着仅有的一知半解向先生提问。至今仍记得提的问题是关于马克思的社会必要劳动时间，我固执地认为商品世界中存在三种社会必要劳动时间，即除了单件商品中和部门平均意义上的社会必要劳动时间之外，还存在一种作为共同计量单位意义上的整个社会平均的社会必要劳动时间。先生见一时半会儿不能说服我，便鼓励我将想法详细地写出来寄给他。尔后经由这个问题先生用通信的方式将我引进了经济理论研究的大门。先生将英国经济学家皮罗·斯拉法（1898～1983）1960年出版的《用商品生产商品》（当时被各国经济学家称为"一部划时代的著作"）一书介绍给我，并随之将米塞斯的《社会主义制度下的经济计算》和哈耶克的评论以及兰格模式介绍给我去学习。在读完这些经典性的文献之后，我终于明白我所固执的那种社会必要劳动时间，正是斯拉法用数学模型求解，兰格用大型电子计算机模拟计算的东西。先生在指导我学习弄懂这个问题的过程中，真正地让我开了"天目"。真切地感受到经济理论研究只有用之于实践，证之于实践，才能摒弃各种"乌托邦式"的（包括"电子计算机乌托邦"）偏执和迂腐。

由这一个具体的学术问题的解惑过程，我不仅感受到了先生对晚辈学子春风化雨般的教育指导方式，更深切地领会到先生深厚的学问功底和广博的研究领域。也正是20世纪70年代末至现在的二十多年里，先生对中国的经济改革和发展发表了许多超前的极具穿透力的著述和见解。这些观点和理论虽然曲尽波折，但事实上都成为中国经济改革和发展过程中的主流理论和实践依据。我相信，中华人民共和国的这一段经济史和经济思想史将承载这一切。

先生除了博学多识多思之外，尤其强调深入实践调查研究，他曾说过"行万里路胜读万卷书"。正是在他的倡导和组织之下，在20世纪80年代中后期，中国经济学界开展了过去没有过，现在也还没再见过的长达数年之久的大样本国有企业改革调查，并在此基础上形成了被学者们认为是"世界上最富有成效的工业数据库"。先生不仅详细审阅调查提纲、调查问卷的设计，而且还亲自带队深入到具体的企业做调查了解。当时先生在担任社科院经济研究所所长和20世纪90年代初担任中信国际研究所所长期间，我有幸恭逢其盛，得以亲身体会到先生对调查实证的重视和敏锐地抓住现实经济现象寻求其内在规律性东西的理论洞察力。至今我还记得一个鲜明的例子，1986年初，先生带队去浙江温州考察，在调查研究过程中，他一方面组织大家尽可能占有各方面资料数据，掌握详实的第一手资料，以此为据写出《浙江温州农村调查研究报告》，详细介绍、分析和肯定了"温州模式"。另一方面，他又敏锐地捕捉住个别的、对当时全国其他地方而言算是新的经济现象，由此去思考更深刻的理论问题和政策实践问题。比如他看到在当时的温州有许多七八岁的孩子不上学在街上摆摊卖烟卷，每天都能赚好几块钱。先生马上想到内地尤其是北方农村（80年代中期），十八九岁的大小伙子没活干在村头闲逛的巨大发展反差，以及商品经济发达之后的教育改革问题。正是对诸如此类问题的思考和积累，先生在尔后的十多年里，对中国经济发展过程中的二元结构问题、发展战略问题、可持续发展问题、生态环境问题、小城镇问题、人口问题、教育问题，乃至于城市户籍改革问题都提出了许多精辟见解。

由此我想到，经济学家对现实的把握基点，应该是深藏一颗天下忧乐的仁心，将现实材料，包括各种经济现象作为客观的研究对象去分析、比较，尔后产生相应的观点和见解。简而言之，我们要做的是科学实证研究，千万不能是哗众取宠性质的访贫问苦秀。

追思董老师一生，他除了工作就是工作，除了学问还是学问。没有烟酒嗜好，没有棋牌消遣，现代的各种享乐对他更是相距十万八千里。即使是在出差的飞机上，他仍在思考、在写作，许多篇反响强烈的文章都是他在飞机上完成的。追随在董老师身边的这二十多年里，给我和同门师兄弟姐妹们的最强烈感受是，董老师对学问、对他作为经济学家的职责真正是一种敬畏般的忠诚和奉献！我想，所有董老师的学生们都有这样共同的心愿：不敢妄想成就达于先生之万一，但我们都会像先生言传身教那样，敬畏真理、恪守节操，对社会、对我们各自所从事的工作尽职尽责，尽心尽力。

感 受 师 爱

——回忆师从董辅礽教授的日子

杨再平

　　2004 年 7 月 30 日，是一个多么伤心的日子哟！下午 3 点多，噩耗从美国传来：我们敬爱的导师董辅礽教授与世长辞了。不要说再见一面，就连电话中那熟悉的声音也听不到了。我悲痛万分，禁不住独自在办公室泪如雨下。我一直觉得自己是坚强的，此时却怎么也控制不住内心深处涌出的泪。我们师生之间的感情，似乎只能用泪来表达：我师爱我，我爱我师！

　　伴着泪水，种种情景一幕又一幕地在脑海浮现……

一　走近名家

　　我第一次直接面见董辅礽教授是 1984 年 9 月在苏州，那是他主持召开的"社会主义政治经济学理论体系研讨会"期间。参加会议的有 60 多位全国知名的一流经济学家。我当时是武汉大学的硕士研究生。导师曾启贤教授特地带我去参加那样一个高级别的学术会议，叫我尽量多地与经济学名流接触，走近他们，请教他们。

　　记得我随曾启贤教授一到会议报到点，就听到一声清亮的招呼："启贤兄，你好哇！"接着是一位干练敏捷的学者出现在我们面前。曾老师低声告诉我："这就是董辅礽！"

　　20 世纪 80 年代初期，经济学界谁不知道董辅礽！1978 年 9 月，中国的政治气候还是乍暖还寒的时候，中国科学院在北京召开了哲学社会科学规划会。就在这次会议上，董辅礽提出了经济体制改革的方向：改革国家所有制，实现政企分离；改革人民公社所有制，实现政社分离。这就是著名的"两个分离"。这在当时简直是投向旧体制的重磅炸弹，由此引起的"董辅礽冲击波"可想而知。

我看董老师应接不暇，也未敢上前去跟他打招呼。第二天上午研讨会开始，作为中国社会科学院经济研究所负责人的董辅礽教授致开幕辞。这是我第一次聆听董辅礽教授发表演说。那篇论点新颖、逻辑严密、语言简练的演说辞，通过董辅礽那清亮的声音讲出来，似乎具有一种很特别的感召力。在董老师的主持下，那次会议开得非常活跃，其成果对推动中国经济研究起了很大作用。所以，如果说在苏州会议之前，我对董辅礽还只是因其文而崇其名，那么此次苏州会议则让我一睹了他那经济学大家的风采和崇高。

也就在苏州会议期间，在与他的几次接触中，我亲身感到他是那样崇高、又是那样亲切和平易见人。有一天，我随曾老师和他等几位经济学前辈去游览苏州园林，每次总是他们几位前辈争着买门票，到了一个地方我要去买票，他却把我叫住，说："这是我们之间的事，你一个晚辈跟我们争什么！"听他这样一说，我当然也不好意思去"争"了。董老师这句不经意的话，顿时使我感到离他很近了：我是他们的晚辈！这话对于一个刚入学的经济学专业的研究生来说，是多么亲切！还有一次我随曾老师和他上街游览，为了让我的朋友分享我在苏州的所见所闻，我写了很多明信片顺便到一个邮局去发，要他们在外面等一会儿，没想到他们俩并没有在外面等，而是跟着我进去，帮我贴邮票。这似乎是一件小事，但此情此景却永远留在弟子心中：一位国内外知名的大经济学家那样亲切和平易见人地对待一个入学不久的研究生，怎不令人受宠若惊！

二　师从大师

1987 年 9 月，我在武汉大学考上了曾启贤教授的博士研究生。不幸的是，在我完成博士研究生学业之前，曾老师离我们而去了。经协商，我和宋宁转由董辅礽教授指导。这样，我们就成了董辅礽教授的博士研究生。这就使得我们有幸以学生的身份接近这位经济学大师，了解他的思想、人格和事业，得到他的指点和关怀。正因为有了这样的机会，我个人以后的思想、人格和事业，无不深受这位导师的影响。

1989 年，作为曾启贤教授的至交好友，董辅礽教授就像收养他的遗孤一样地收养了我和宋宁。自此以后，他便常去武汉对我们进行指导，我也常给他写信汇报自己的学习情况和请教有关问题，对每封信他都给予很认真的回答。在他的指导下，我的博士论文选题定为《中国经济运行中的政府行为分析》。这是一篇很有意义但很难做的博士论文。围绕这篇论文，董老师约我谈了好几次，向我推荐了许多文献资料，并将一位德国学者送给他的《德国社会市场经济理论》一书借给我参阅。而我当时由于种种原因，写了几稿自己都不满意，有时甚至丧失了信心，所以拖了很久才将自己比较满意的论文交给董老师。在那段时间，董老师仍是不厌其烦地悉心指导我，鼓励我做好那篇论文。不过，功夫不负有心人，我最后提交的博士论文可以说是高质量的。董老师请了几位在中国很有影响的经济学家如杨坚白、胡乃武、胡代光、卫兴华等教授作为我的博士论文的评阅人和答辩委员会成员，他们均对我的论文给予很高评价。当时我捧着那些评语，不知品尝了多少遍！在我品尝这一劳动果实时，我当然不能忘记，在这一成果中，凝聚着我的两位导师精心培育和悉心指导的心血。

在北京论文答辩后，我即将论文送到经济科学出版社，该社金梅同志（当时我还不认识她）很热情地接待了我，并表示愿意申请立项出版我那篇论文。这样，我的博士论文便得以在经济科学出版社出版。进入编审程序时，我正在加拿大，我从国外写信请董老师为我的书写一个序，他欣然答应，并很快写出了一篇序。他在序中写道："在我国的经济学著作中很少研究政府的经济行为，或者说把政府作为经济主体来研究……本书把政府作为一种经济主体纳入于经济学的研究对象之中，这在我国的经济学研究中是具有突破性意义的。"他还肯定我在一些方面"有相当出色的论述"，"颇有理论勇气和理论创新"，最后鼓励我"继续研究下去，建立关于作为经济主体的政府的经济行为的系统理论"。看到我所崇敬的导师对我的作品给予如此高的评价和鼓励，心中的喜悦和信心自是油然而生！

在成为董老师的学生之前，我只知道他作为经济学家崇高的一面，在成为他的学生之后，我又日渐深切地感受到他作为导师对自己学生的成长和事业所倾注的那种崇高的关怀。

我1993年10月从加拿大回国后不久，跟董老师说我想申请到中国人民大学做经济学博士后，他当即表示支持，并很快给我写了推荐信，还给中国人民大学经济研究所所长胡乃武教授打电话，积极向他推荐。由于他的积极推荐，我很快进入了中国人民大学经济学博士后流动站。这是我人生事业发展的一个重大转折点。

记得刚到北京时，董老师对我说："北京人才云集，竞争激烈，你来打码头不容易啊！"还说："我会尽力帮助你，给你提供一些机会。"他说到做到，好几次"首都经济学家论坛"他都让组织者正式邀请我去参加，有一次论坛还安排我发言，使我有机会与首都经济学界的前辈和同辈们接触和交朋友；欧盟请他作为中国经济学专家去海南开会，他也推荐我去，让我在会上发言大出风头……正是他所提供的那些机会，使我很快在北京"打下了自己的码头"。

在我博士后即将出站时，我先请董老师推荐我去国家经贸委工作，他很认真地为我写了一封推荐信，还慎重地盖上他的私章，让我交给当时的一位经贸委常务副主任。该主任很欢迎我去那里工作，让经济运行局的局长打电话到我家通知我先去工作体验一段时间。我去经贸委工作了一段时间，觉得人民银行的工作可能更适合我，于是又请董老师推荐我去人民银行，董老师也答应了，还借一次开会的时机亲自交给戴相龙行长一封推荐信。这样我便比较顺利地进入了人民银行，开始了我所喜欢的中央银行工作。到人民银行以后，董老师仍经常过问和关心我的成长和发展，并提供指导和帮助。

1997年，从武汉大学来北京工作的刘双平同志让我请董老师为他题写一个条幅，当我和双平去取条幅时，没想到他给我也写了一幅："治学艰辛事，有成靠攀登。"这正是我的导师对我的殷切期望！我把这个条幅挂在墙壁，作为我的座右铭。

三　另类亲情

自师从董老师以来，我还深切地感受到了他作为导师对学生的那种特殊的亲情。那种师生亲情胜过血缘亲情，我师爱我胜过父爱！

记得1990年夏天的一个中午，他在武汉一亲戚家约见我，谈完后我让我爱人在外面等我，他赶紧说："怎么不让她进来？我看看去！"说着便跟我出去，硬是冒着武汉那酷热的暑天，走了一里多地去请我爱人到他亲戚家坐一坐。

我从人民大学到人民银行以后，爱人的工作需要自己重新找。我又一次开口请董老师帮忙，没想到董老师很快就给有关人士打招呼，说好了让我爱人去一家证券公司工作。这不仅使我爱人有了一份较稳定的工作，还有了较好的收入来源。这对我的事业和家庭的发展都是至关重要的。

由于董老师那样可亲可近，我爱人和我孩子都很喜欢到他家做客和谈心。记得有一个春节，我们一家三口去给董老师拜年，董老师专门为我们煮了三碗他家乡带来的宁波汤圆，他在一旁边看我们儿子吃边问："好吃吗？"我儿子含着汤圆说："好吃！好吃！"董老师听了哈哈大笑，用他那特有的高声调说："听他说，好吃！好吃！"

在电脑方面，我儿子是董老师的"老师"，他电脑有什么问题，喜欢找我儿子。就这样，我儿子和他董爷爷成了电脑方面的"忘年之交"。2003年他去美国治病之前，还把别人送给他的一个多功能掌上电脑送给了我儿子，我儿子常常拿出来摆弄，不知有多高兴。

来北京以后，董老师和他夫人刘阿姨早把我们全家当做他们的亲生子女了。他们对我们全家的关爱真是无微不至。甚至有什么好吃的，也时常要给我们带一点，别人送给他的水仙花也要给我们分一点……

当然，作为导师，他更关心的是我的事业和我的前途。2003年以来，他最关心的是我去中国银监会工作的事。他认定这个地方能充分发挥我的专业特长，所以非常希望我能去。他去美国治病期间，几乎每次通电话和发电子邮件，都要问我去了银监会没有。2004年2月18日，我去银监会有希望了，就马上写了封电子邮件给他，他19日给我回信写道："很好。我高兴你能去银监会！"以后又拖延了几个月，他又着急，几乎每次打电话、发邮件都要问我："你的工作为何仍不解决？怕夜长梦多！"我说快了，他说你这"快了"都说多少遍了！直到7月19日，我去银监会的事最终确定了，我20日去北戴河回来给他发了一个邮件，但一直未收到他的回信。这成了一封永远也不会有回信的电子邮件。7月26日他生日那天，我给他去电话，他不在家，刘阿姨接电话，才知道他已经住医院了。刘阿姨说他总在念叨我去银监会的事。当刘阿姨把我去银监会报到的消息告诉病危中的董老师时，他欣慰地笑了，用微弱的声音连说："这就好，这就好！"

四　高德楷模

2003年7月26日董老师76岁生日那天，我填了一首《诉衷情·为董老师生日而作》的词，表达了我何以如此深爱我师："先生先觉觉后觉，求真传高德。执著刨根清底，道破金桥症结。育桃李，倾关爱，亲情切。师恩浩荡，寸草春晖，冰心玉洁。"

确实，董老师传给我们、深刻影响我们这些弟子的，远不止他的学识，也不止他的关爱，而更在于他高尚的品德。他执著求真，仗义执言；勤于钻研，想国之想；热衷事业，关爱学生；待人诚恳，乐于助人；藐视疾病，刚毅顽强，等等，都是我们的典范。

就在他生命的最后阶段，2004年4月25日，在美治病的董老师写了一篇后来发表在国内《金融时报》和《经济界》的《守身为大》一文，对自己的道德操守做了深刻阐述。他写道："守身"在不同的人和不同的情况会有不同的内涵。例如说，在白色恐怖下，"守身"就是勇于斗争，不能在白色恐怖的压力下退缩，更不能卖身自保，卖身求荣……中国的改革开放经历了曲折的道路，改革与保守或反对改革的斗争异常激烈，每前进一步都有斗争，有时甚至转变成政治斗争。面对这种斗争，理论工作者是否敢于坚持真理，坚持改革的方向，就是是否能坚持学术节操的考验……由此可见，即使在理论研究上，遵行"守身为大"也是很必要的。"守身为大"固然是要求每个人必须时刻注意自己的思想品德的修养，注意遵守制度和法律以及社会的道德，但又不是提倡"明哲保身"。因为"保身"与"守身"是不同的两个概念……让我们大家都记住并实行"守身为大"这个警句和格言。这就是董老师作为学者的道德准则。

董老师自己怎么也没想到，这篇文章竟然是他的封笔之作。"守身为大"是他的最高境界，也是他留给我们的最宝贵的精神遗产！

就在美国治病期间，他仍关注中国经济问题，撰写了多篇论文。比如，看了温总理的《政府工作报告》，他写了《提高消费率问题》，对该问题进行了透彻分析。《中共中央国务院关于促进农民增加收入的若干政策的意见》发布后，他写了《发挥市场机制作用——读中央1号文件》，提出了自己独到的见解。

在学术研究上，他还有两大遗愿：一是将他过去的学术思想系统化，弄一本专著，书名暂定为《追求公平与效率的统一》。他在去美国之前就带领我们弄出了初稿，去美国以后又多次打电话和写电子邮件指导我们修改补充。二是将他2003年在上海交通大学EMBA班的演讲整理出版。我和他在北京大学的博士研究生邢莹莹等在整理他讲稿时发现，这个讲稿在很大程度上是他学术思想的集大成。演讲针对中国经济改革和发展的一系列前沿问题，深刻透彻地进行分析，毫无顾忌地直言他认定的真理，语言又那样风趣幽默，真是非董辅礽莫属啊！难怪当时课堂上掌声不断，难怪许多学生在作业中自发写下感慨。他让我们整理这个讲稿，其实又给了我们一次吸收他最新思想的机会。所以，我在整理讲稿时情不自禁地自言自语：董老师真是我取之不尽的老师啊！

在得知自己身患重症之后，厉以宁、韩志国等教授和学生去看他，都黯然神伤，忍不住怆然涕下，而我们的董老师却表现得异常豁达，说："我又没死，你们哭什么！"到美国治疗了一段时间之后，他还写了一篇《赴美就医记》在国内《环球时报》上发表，文中详细介绍了他的治疗经验，并写道："我到美国去治病，是想抓住难得的机会，不仅把病治好，而且想把美国的新的治疗方法介绍到国内，供国内参考。"

有一段时间，他疗效见好，我填过两首词，对他对待疾病的豁达态度表示崇敬。一首为《如梦令·听董老师越洋来电》，词云："昨夜越洋来电，谈叙依然刚劲。倒是用药人，减我沉重心情。崇敬，崇敬，强者何惧疾病！"一首为《清平乐·悉董老师疗效见好》，词云："颇感欣慰，聆听好消息。好药不负好性情，豁达藐退顽疾。无数桃李敬爱，化作强劲功力。好人一生平安，完全康复可期。"尽管他最终没能"完全康复"，但他对待疾病的豁达坦然的态度，永远是我们的楷模。

董老师走了，但他永远是我学之不尽、取之不尽和给我无穷力量的导师！

董老师万古！

痛悼恩师董辅礽教授

叶辅靖

自 2004 年 7 月 8 日收到董老师最后的只有一句话的 E-mail 后,我对董老师病情就有一种不祥的感觉,但绝没有想到来得这么快。2004 年 7 月 30 日下午 4 点多我因要外出刚离开办公室,电话响了,我赶紧折回接电话,是小周师傅打来的。他沉痛地告诉我董老师刚在医院里走了。我一下子懵了,连续词不达意说,"怎么是这样,怎么是这样?为什么呀,为什么呀?"。小周师傅说,"是药的副作用太大,导致肾衰竭。"我也不知道是怎么挂的电话,一下子瘫坐到椅子上,一个多小时都无法接受这个噩耗。

一

我信奉唯物主义,不迷信,但有些感应和预兆却常常应验。2003 年 10 月国庆节长假期间,我连续有三次在凌晨 3 点不到的时候突然惊醒,醒后心里莫名的别扭,再也无法入睡。我想,"糟了,哪位亲人又要出事"。因为对睡眠一向很好的我来说,每次出现这种情况,接下来总有亲人或病或灾的消息传来,而且结果不好。因此,10 月 8 日我赶快给家里的人打电话,询问情况,家人都挺好,是我过虑了。哪想到,10 月 9 日下午,我就接到师弟李刚的电话,说董老师查出了不好的病,昨天到协和医院住院了。听到这个消息,一方面感到极为突然,另一方面暗暗叫苦。说突然,是因为董老师身体一向很好,几天前我还去看过他一次,一点也看不出生病的迹象;之所以暗暗叫苦,是没有想到这不祥的征兆应到了董老师这个至亲的亲人身上,而且凶多吉少。但我当时多么希望董老师病情有个吉祥的结局啊!当我在协和医院病房里看他谈笑风生、极有逻辑地安慰一波又一波的探望者时,我怎么也不相信最后胜利者竟是病魔!

大约在半个月前,我梦到过董老师。梦中的对话,醒后大部分都忘了,只是场景还历历在目。当时是一条小河,董老师在河的一边,我在河的另一边，河水很清澈，河的两岸都是绿油油的。他隔着河很坦然地笑着跟我说了许多话，突然河里开始涨水，我急忙伸手去拉他过河，他也试着伸了几次手，但一直没拉到，随后，他就说，我不回去了。那天早上起床后，以为是个普通的梦，也没有多想。现在看来，大概也是一种预兆。我小时候老人常给我们讲，人死前常常通过托梦的形式向不在身边的亲戚或亲人"辞路"。董老师大概也是在永别前"辞路"吧。愿董老师走好。

二

我在成为他的学生前见过他，在见到他之前的许多年就一直崇拜他。我是 20 世纪 80 年代早期上的大学。那时，董老师就是大名鼎鼎的著名经济学家了。当时，在我们这些学习经济学的同学中，如果不知道董老师的名字是很没有面子的事，因此，他当时发表在报刊上的许多文章我都读过。他的文章给我最突出的印象是超前、观点鲜明，让人豁然开朗。比如，他关于所有制改革、市场机制与公有制不兼容、非公有制经济、混合经济、多种所有制并存的原因、指令性计划与市场机制不能有机结合的原因等问题的论述，甚至超出了我们这些年轻人的承受力，认为冲击力太大，对我们头脑里的传统观念有颠覆性的影响。但是，我们也认为，董老师与有些同样著名的学者相比，观点虽然"激进"，但是，第一，有观点，不像有些人那样模棱两可、圆滑、左右摇摆；第二，论证透彻，比如，关于多种经济成分共存原因，当时流行的解释是，生产力的多层次性和发展的不平衡性，公有制适应社会化大生产和先进生产力，非公有制与低水平的生产力相适应。但是，这种解释，总使人觉得有点隔靴搔痒，没有说到点子上。而董老师的解释就彻底的多。他认为多种经济成分之所以共存是因为各种经济成分各有强点和弱点，多种所有制共存，有助于使得它们的强点和弱点互补，并使各自的强点强化，弱点弱化，可以保证市场的有效运行，使公平和效率紧密结合。对照发达国家的现实，就可以发现，公有与非公有的区别不在于它们包容的生产力水平有高低之分，非公有企业完全可以适应最先进最高水平的生产力。

董老师的上述观点，登在 20 世纪 80 年代中期的《世界经济导报》上，我认为比较新颖，曾将全文抄录在笔记上。

三

毕业到北京工作后，听别人谈到董老师时，最常听到的一句话是，

"董辅礽的文章都是自己动笔写，从来不让别人替他写文章。"刚听到时，还感到奇怪，后来听多了，才知道是怎么回事。我对董老师的治学和为人就更加敬重，于是就生出了拜访他的念头。1993年9月份，我给董老师写了一封信，表达了拜访他的愿望。信寄出去后，并没有抱太大的希望，因为他那么大的名气，又在全国人大财经委任职，而我只不过是北京煤炭管理干部学院的一个最最普通的教师，他能让我去见他吗？没想到，不到一个星期，就收到了他的回信，他在信上写了他家的详细地址和电话号码，说是在西城区三里河二区某楼某单元二楼。怕我找不着，还特意说，在燕京饭店后面。接到回信，我非常激动，在第二天就跟他约了个时间，结果，到约定时间，我自己临时有事，没有去成，隔了一天才给他解释，他很宽容地说，没关系，你有时间再来。过了几天，我终于在他家见到了他，他没有客套，让我坐下后直接问我想跟他谈什么问题。对我的第一个问题，他说我问的题太大，他把那个问题分解成几个小问题，问我是否是我想问的问题，我说是的，他就一个一个解答。至今记忆犹新的有这样几点，他说，"研究经济学，一是脑袋里时常要装几个问题，有些问题一时想不清楚，但不断的思考就会触发灵感，并增强逻辑性；二是要多写，他说，写作是强迫思考，只有写的时候，才真正知道你是否把问题真正想清楚了"。现在看来，这仍然是非常重要的经验之谈。那次，他还说，他一直在向于光远和薛暮桥学习。他说，于光远同志总是不停地写，还能边开会边写，他自己却做不到，而薛暮桥先生对现实经济实践很熟悉，且勤于思考。

这次见面之后，因怕打扰他，很久没再与他联系。到1995年时，我自己遇到了一个困难，我又斗胆给他打电话，请求他的帮助。一来我第一次见他时可能没有给他留下任何印象，二来时间间隔太长，当我说出自己姓名的时候，他似乎很陌生，但他得知需要帮助的是正当的事情后，他毫不犹豫地答应了。当时，他家正在装修房子，很吵，只记下了我的电话号码，没有记住名字，随后他又把电话打过来问我的名字。在他的帮助下，我顺利地克服了困难。

从这次事情之后，我就想，要是能成为他的学生该多好啊！1996年刚好他招博士，我没有跟他打招呼就报了名。但报名之后，我给他打电话报上姓名，从他的反应听得出来，他根本就不记得我曾拜访过他，更不记得，就在一年前，他还帮过我的忙。我问他，能否去见他，指不指定参考书？他以非常不热情的口气回答说，不要去见他，也不指定任何参考书，凭本事考。幸运的是，那年因为加考了高等数学，而英语考试又很难，过线的人很少，我是其中之一，我就这样侥幸投到了他的门下。事后得知，当时，有很多故交和大人物给他打招呼，希望他录取谁谁，但他说，没有过分数线他不能录。现在有人污蔑董老师只招大官和大款，我可以作证，我的绝大多数师兄师弟，在成为董老师学生之前都是一没有钱、二没有权的最普通的劳动人民的子弟。

试想，当时，如果邓小平同志不恢复高考，那么又有几个劳动人民的子弟能够上大学，改变自己的命运？诚然依靠推荐，依靠主观印象也能够发现优秀人才，虽然考试成绩好的人也并非各个优秀，但是，作为一种选拔机制，哪一个更客观、更公正、更可靠，还有争议吗？

四

在电视剧《康熙王朝》里，伍次友预测孝庄将来必然"誉满天下、谤满天下"。确实，凡是誉满天下的人，往往也谤满天下，古今中外的伟大人物概莫能外。董老师誉满天下，但是，也不是没有人误解他、恨他甚至骂他。董老师挨骂的最主要原因是，他"不识时务"，看得比别人远，老是超前，喜欢从国家和人民的根本利益和长远发展方向出发考虑问题，"不懂得"媚俗，不愿意随波逐流地起哄，坚持独立思考、不甘愿盲目做部分群众情绪的尾巴，不懂得迎合某些大人物的需要。

1978年他率先闯入所有制禁区就是一个典型例证。虽然那时已经开始酝酿改革开放，但是，社会主义公有制理论仍被看做是马克思主义的金科玉律，不能有丝毫怀疑。董老师当然熟悉这些理论，但是他发现中国原有经济体制的弊病大多发源于所有制方面，人们视为当然前提的东西恰恰是问题的根源。他也知道提出这个问题的风险，但他还是决定挺身一试。1978年9月中国科学院的哲学社会科学规划会为他提供了一个机会。会议邀请他作报告，但没有限定报告的内容，他决定把关于社会主义所有制问题的思考作为报告的内容。当他当着全国各地代表的面，提出要改革国家所有制，实行政企分开，改革人民公社所有制，实行政社分开时，几乎所有在场的人都被他的大胆陈词震惊了。会后徐雪寒老先生怀着一片好心，找到他说，"老董，你的胆子可真大，政企合一、人民公社是毛主席提出来的，你这样提是要冒风险的"。徐老先生是早期参加革命的老干部，曾任外贸部副部长，因受"潘汉年反革命集团"案牵连蒙冤受屈，被贬为《经济研究》杂志编辑。董老师十分感激徐老的好意，但他并未因此胆怯，而是很快整理成文公开发表。为这件事没少受批判和攻击。以后多次被逼着做检讨，他说没有错误，拒不检讨，这些人提出，没有错误，片面性总有吧？他倔强地回答，也没有片面性。有趣的是，几年之后，所有制改革成了时髦话题，当时逼他检讨者，当着他的面对外国朋友说，"改革所有制问题是他最早提出来的，但他提得太早了"。

在市场问题上也同样表现了他的勇气。早在 1980 年董老师就主张取消指令性计划，反对计划调节与市场调节相结合的提法。1981 年上半年，《关于建国以来党的若干历史问题的决议》在中国社会科学院征求意见时，他直言反对"必须在公有制基础上实行计划经济，同时发挥市场调节的辅助作用"这一提法，他说，"这个文件是一个历史性文件，应该为今后的改革留更大的余地，这样提将来就不好推进改革了，建议把发挥市场调节的辅助作用改为发挥市场调节的积极作用"。须知，"计划经济为主，市场调节为辅"的提法，在当时已经是一个大的进步，而且，是中国伟大的无产阶级革命家、新中国经济体制奠基人和卓越领导人、德高望重的陈云同志坚持的观点，董老师居然要指出它的局限性，自然给一些媚上的人提供了批判他的把柄。但是，实践最终迫使人们不断接近真理、服从真理，党的十四大最终弃了"计划经济为主、市场调节为辅"的提法。

为"温州模式"辩护是另一个例子。改革开放后，温州个体私营经济蓬勃发展。到 20 世纪 80 年代中期，甚至出现了产值过亿元的首富村。温州小商品已卖遍全国。个体私营经济的发展很自然使许多人产生了担忧。担心这种所有制形式的发展和蔓延会削弱社会主义的力量，从而引起了关于非公有制经济的发展是否意味着资本主义复辟的激烈争论。当时从中央到地方，从经济学家到普通百姓，多数人都对温州模式持反对态度，认为这是资本主义复辟。舆论更是一片讨伐声，温州就像过街老鼠一样，大有人人喊打之势，就连浙江省有些官员也躲避瘟疫一样，害怕与温州发生牵连。董老师却"冒天下之大不韪"，毅然率队到温州实地考察。他从改革开放的发展趋势方面为温州个体私营经济的发展打气，他希望能把温州模式坚持下去，理直气壮地发展个体私营经济。他说，"公有制占主体是就全国而言的，并不是每个地方都要如此，所以温州人大可不必神经紧张地发展以个体私营经济为主的农村非农企业，他们可以昂然地走自己的路"。

现在回过头来看，浙江因为民营经济的健康发展，而使其就业形势和发展潜力都走在了全国的前列。董老师当时可以加入到对温州口诛笔伐人的行列，大骂非公有制经济，从而赢得喝彩，但是，他却选择了当时可能挨骂，但最终有利于老百姓道路。这两种做法，哪一种更能维护人民群众的利益，不是很清楚了吗?！经济学家揭露和痛斥丑恶现象是完全正确和必要的，但是，仅仅表达愤怒是不够的，更重要的是顺应历史的发展，理性地对制度建设进行引导，对丑恶现象釜底抽薪。否则，出发点是为人民大众谋利益，但结果却更深地损害人民的利益。

董老师敢于直言还表现在许多问题上。例如，他在上一轮宏观调控和粮食流通体制改革上都提出了与主流意见相反的看法，而最后证明他的意见是正确的。

在上一轮宏观调控中，即1996年4月的全国人大财经委的经济形势分析会上，他就指出已经出现了有效需求不足，要增加流动资金，增加基础设施建设投资，防止经济惯性下滑。有人当场批评他，说这是实行罗斯福的"新政"，这样做，加强宏观调控就会前功尽弃，价格又会重新上涨。他说不要紧，涨不到哪里去，生产资料已经大量积压了，就是有点上涨也没有关系，如果不这样做，经济会一步一步往下滑，再要拉动起来，所付的代价就太大了。到1998年2月，全国人大财经委审查1998年的经济计划、财政预算和货币计划时，当时经济下滑的势头已经相当严重了，但当时的计划、预算和货币政策仍是从紧的取向。这是他作为财经委员会副主任的最后一次会议，他明确指出政策取向不对。他说应该加大投资的增长率，计划投资增长10%保证不了8%的GDP的增长率，投资起码应增长15%。以后政府向全国人大报告经济计划时加了"以上"两个字，即固定资产投资增长10%以上。实际上投资是不足的，这从1998年上半年经济增速下滑反映出来。当时规定，1998年的财政预算计划减少100亿元的赤字。他指出，预算的方向不对，为了增加有效需求，应实行扩张性的预算，而不应实行紧缩性预算，应增加财政赤字，而不应减少100亿元财政赤字。他的意见未被采纳，全国人大通过的预算仍继续实行紧缩的财政政策。结果经济迅速下滑。到了8月份不得不修改预算，全年增加了500亿元财政赤字，增加发行1000亿元的特别国债。对金融计划他也提了意见，他说不要再提适度从紧了，应该实行松的货币政策，他的意见也未被接受。

一直到1998年下半年许多人才承认有效需求不足，宏观调节政策才开始放松，但时间已经耽误了。由于经济已经在惯性下滑，要想再把它拉动起来就要费九牛二虎之力，付出的代价很大。他认为，这里当然有亚洲金融风暴对出口的影响问题，也有过去重复建设造成的问题，但是"这些都是次要的，主要问题是政策上没有及时调整，长期坚持实行紧缩的政策，必定会导致这样的结果"。

针对上一届政府的粮食流通体制改革方案，董老师做了认真的调查研究和理论思考。他认为，该方案要想达到目的，必须具备四个条件，而这些条件实际上是不具备的，因此，行不通。话虽说的委婉，但点出的要害却极为到位，因此，经济学消息报在"粮食流通体制改革——著名经济学家董辅礽有话要说"的预报打出以后，文章迟迟不让见报。后来，该方案果然无法在实际中运行，只好废止。

董老师作为一代经济学大师，不仅在微观经济（如所有制、国有企业改革、市场经济的微观基础等）方面有独树一帜的理论，而且对宏观经济（如宏观调控、经济发展战略、发展的要素、可持续发展等）也有新的贡献。他不仅能够紧跟时代前进的步伐，而且在许多方面常常是走在时代的前列。许多人只是在人生的某个阶段有创新，而董老师除了文化大革命时期以外在他人生每个阶段都有创新。现代有人说董老师没有提出自己的数学模型。须知，每个国家的每个时代要解决的紧迫问题是根本不同的，发达国家由于市场经济制度已经定型，他们的经济学家的主要任务是在既定制度前提下揭示变量间的关系。而我们国家特别是董老师这代人所处的这个历史阶段的我们国家，他们要解决的首要问题是制度前提问题，是要如何建立促进中国生产力发展的制度和体制，没有这种前提数学模型就是无本之木。如果他们把注意力放在后者，只能是舍本逐末。试想，如果邓小平同志要通过模型来提出市场经济，那么中国不仅现在无法走向市场经济，恐怕几十年后也仍然无法达成建立市场经济的共识。

五

近几年，我本人与董老师联系比较多，对他有了更深、更多的了解，他的言行使我从内心里更加敬爱他。董老师虽然给人的印象有点严肃，但同他的接触中，我感觉他对弱者有天然的同情心。无论是与他平常的交谈，还是从他的书中，都给我这样强烈的印象。每次与他说到社会上以强欺弱的事情，他都非常气愤。1998 年在抗洪最紧张的时刻，他看到围困在洪水中的农民，心情非常焦急，总是念叨，该怎么办。近年来，在私下谈到教育问题的时候，他总是对成绩优秀但因为家贫而上不起学的现象愤愤不平。他说："在中国由于以往人们的收入相当平均，人们对贫穷家庭出身者很少有歧视。但近来这种情况已开始变化，值得注意。例如，有的大学在录取学生时采取双重标准，考试分数达不到录取标准者可在交钱后被录取，这样等于剥夺了交不起钱的学生上大学的权利，是非常不公平的。"再如，近年的西部大开发，他一再提醒有关部门要处理好利益关系，特别提到西部少数民族的利益。他说，不要使少数民族同志觉得被冷落，民族问题一定要处理好，开发大西北本来是件好事，如果处理不好可能会破坏民族团结，所以一定要使当地的少数民族得到利益，领他们成就一番事业等。

董老师对我本人在各方面要求很严格，但主要不是体现在说教上，而是他以自己的行为做表率。我从来没有听到他私下里攻击别人，更没有像有些人那样唆使自己的弟子去咬自己的对手。实际上，过去他很少跟学生谈学问以外的话题。近年来他明显比过去慈祥和随和，不时也与我开开玩笑，说些轻松的事情，但从没有听到他涉及别人的是非。他对我的生活也一直非常关心。有一段时间，他看我经济比较困难，多次主动说，"我借给你点钱吧"，我说，"我不借您的钱"，他说，"那有什么关系呀"！他还多次让我带孩子去他家，我想来日方长，没想到成了永远的遗憾。本人也总以为他身体健康，没有急于与他一起照相，仅有的一张合影还是2003年首都经济学界春节团拜会上别人抓拍的，非常模糊。这也是我再也无法弥补的损失。

董老师，您太累了，确实也该休息了，您安息吧！您走了，但是，您永远活在我们的心里。

小事难以忘怀

于力杰

我是武汉大学经济系 1983 年毕业的本科生，董辅礽先生那时就是武大的兼职教授，但他并没有给我们这个本科班上过课，不算他直接教授的学生。只是后来我所在的公司聘请董先生做了专家委员会成员，才与先生有了不多的一些来往，尽管来往不多，却从来往中的点滴小事上，见识了一位学者治学为人的严谨认真的风范。

2002 年，公司准备出版该年度的《上市公司基本分析》一书，按惯例，需请著名专家、学者或政府官员撰写"序言"。过去 8 年间，请江平老师、厉以宁老师写过"序言"，也请过周正庆先生，那段时间，股市成了争论的焦点，董先生又是焦点人物，自然想请他写。

经过一番周折总算找到他，知道他非常忙，我随身除了带的前一年的《上市公司基本分析》一书，还特意带上一份事先草拟好的"序言"，打算供其参考，到他家一坐下，我急匆匆地讲明来意，将样书和写好的"序言"呈上，没曾想董先生看也没看，说"我不用你们代写，你把稿子拿回去，书可以留这里"，我正不知该说什么好时，董先生平缓地问了句"什么时候交稿？"我急忙回答"当然越快越好"，"一周之内"担心被他拒绝，又赶紧补了一句。董先生想了想，有些为难，又不好回绝，低沉地重复着"好吧，好吧"，没过两天，听说他去了新疆，我心想这下坏了，这书可不像其他书，是有时效的，况且印刷的时间都已定好了，正当我着急的时候，董先生打来了电话，询问"ST"的准确解释是什么，随后，就接到他传来的"序言"，文后的落款写着"于北京飞往乌鲁木齐的途中"。此文论述了股市中政府、上市公司和投资者的行为短期化问题，这是我第一次见到董先生的手稿，尽管在飞机上拟就，字迹有些潦草，但段落清晰，甚至每个标点符号都清楚准确，给我这个做过 8 年编辑工作的晚辈着实上了一课。

2003 年，我有幸参加了武汉大学商学院 EMBA 班的学习，按要求，需请两位人士填表推荐，董先生正好是武大 EMBA 中心的中方执行主任，我当然希望他给予推荐，在 EMBA 中心主任见面会中间休息时，我向他提出这一要求，他欣然同意，我迅速将推荐表递了上去，因为推荐表上有许多被推荐人各方面能力、水平的评价意见，担心董先生对我不是很了解，也不一定有时间和耐心填写，我自己就先填上了，但又担心董先生对学生要求严格，只得按较严的标准，在大部分选项上都选了中等水平填报。董先生接过推荐表，坐下来，先填上推荐人姓名，然后按工作单位、职务等事项栏，逐一填写，这时，铃声响了，中间休息时间已过，先生不得不又走上讲台，我随即从他手上接过已签过名的推荐表，并顺手交给了 EMBA 中心的工作人员，心里自然十分喜悦，过了很长一段时间，董先生给 EMBA 班的学生上社会主义市场经济专题课，课前我向他问候时，他突然对我说"小于，你的那张推荐表我还没填完呢！"我忽然想起了什么，赶忙应道"评价项目我都是按中等水平填的，很保守地做了自我评价，我想您会同意我的自我评价的"，先生却马上说"可那是你自己的评价"。我只好赶紧说"等董老师下次来上课，我带来再给老师看"，可不久，就听说董老师患了癌症，再也没能给他看那张推荐表，每每想起此事，遗憾与愧疚间，却生出对先生的无限崇敬之情。

不知这些事在先生那里会是多大的事情，但对我来说却终生难以忘怀。

别　恩　师

袁增霆

　　噩耗传来，心在失落中已经变得疲惫，有些木然。

　　作为先生仍在武汉大学就读的弟子，刚来北京实习不久，便惊闻先生病情陡变，竟始未料及会有此凶险。在最后一年的交流中，已经习惯了淡忘治疗，习惯了当做先生在美国杜克大学正常的生活，在写作毕业论文的过程中，还有很多想法在期盼着先生的指点。在印象中，先生依然是寒风中单薄衣衫，交谈中依然挥洒着严肃和诙谐。

　　往日情境，在心间混搅了温热的泪水，那是苦涩。

　　第一次拜见先生是 2002 年夏在武汉白玫瑰酒店举行武汉大学 EMBA 培训中心成立的新闻发布会前夕。当时虽然博士生入学已经一年了，但我还在邹恒甫老师创立的高级研究中心修习金融计量经济学。自从武大数学系概率统计专业读完硕士研究生，我很适应在高级研究中心接受强调数理分析的、国外高级经济学课程的严格训练。按照最初的安排，我很荣幸能得到两位在国内外都非常有影响的导师联合指导，但我也认识到他们在学术背景和兴趣上的差异，为将来的发展方向感到矛盾。初次见到先生，还混合着仰慕的拘谨和心底的矛盾。这些很快被先生的悉心关怀所打消，让我感到是和一个朴实无华而又思维敏捷的长辈谈心，也开始直率地表达我的学习情况和今后的想法，甚至在一种呵护下张扬。遵照先生教诲，我不再徘徊于学习上的困惑，带着一股被激励起来的热情，专注于国外学术理论在国内现实问题中的应用研究。随后，为了得到实践经验和数据，先生特地安排我去实习锻炼。受聘为 EMBA 培训中心的中方联合主任期间，先生还在专注于审阅弟子们传真过来的论文，为几元钱的传真费用而固执地坚持自己付款，为我们身边没有带纸和笔而再三叮嘱要养成好的习惯，往事历历在目，无法释怀。

　　正如后来随行先生来武汉的一位阿姨所说，做先生的弟子是莫大的荣幸。对于每一个在高校苦读多年的学生来说，能够师从治学严谨的大学问家和爱徒如子的大教育家，都只能用缘分来表达这种珍贵的机遇。先生不仅在学问上拥有极深的功底，对现实问题的分析总是体现出战略角度上的睿智，让学生的领悟犹如醍醐灌顶；而且在教育弟子时，都是事无巨细，严谨中襟怀浓浓亲情。虽然短短三年，仅仅几次见面，但受到先生的影响就已经刻骨铭心。在北京的家中，我看到了先生的简朴；在探讨论文思路的时候，我体会到了先生的严谨；在武汉大学颁发董辅礽奖学金时连续两个多小时的讲话，我感触到了先生超人的学识和勇气。作为先生的弟子，会有一个坚实的树枝，对于将来有一种试飞的冲动。

记忆又回到了武汉冬天的一个晚上，空气中有一种让人难耐的湿冷。当我随同武大 EMBA 培训中心的工作人员到天河机场迎接先生的时候，怎么也不相信身着单裤、衬衣和夹克就可以信步寒风。路上先生很关心我对证券市场的经验认识，耐心地询问当前市场的特点、变化和自己的认识。那时，我很有股冲动，想表达自己的见解，也在心底埋下一个愿望，就要埋头用功，等待得到先生的赏识，那将会是多么骄傲的事情啊！同时，我也没有抑制住疑惑，问先生衣着单薄到底冷不冷，回答是只要不认为冷也就不会感到冷。看到他若无其事的样子，我想，在先生的心中，严冬与初秋的交替，不过是季节多情，辗转变幻，泰然处之者则自若。追思曲折的人生历程，先生的学问以及做事与做人，又何尝不是如此。

永远不能释怀的是长久的期待。在武汉大学秀丽如画的珞珈山上，依然珍藏着先生的足迹与音容，但记忆已经无法弥补久违的谆谆教导。在先生治疗期间，我一直迷信那么好的体格可以挺得过去。特别是病情转好的时候，我更相信只要按照正常人那样生活，意志会最终战胜癌魔。连同当时先生对我的开题报告比较满意，我的心里自信得充满了光明，觉得一切难关都可以渡过。当我开始埋头准备毕业论文的内容，看到先生在《宏观经济研究》上发表的《提高消费率问题》一文，还在准备把它联系到我在毕业论文中对个人金融资产配置与金融服务的研究，把相通的地方拿出来与先生探讨，还有一些过去积累的想法准备一起提出来。然而，很快就得到先生病情恶化的消息，预感很不好，一切都搁置起来。

当我再次来到北京，两年前碧蓝的天空已经不再硬朗，变得阴雨连绵。带着已经湿透的心情，我把过去所有的愿望都暂时束缚起来。近些天，跟随大师兄们的引导，我对先生过去的学术有了更多更深的理解，为了传承先生衣钵，欲飞的小鸟不会再贪恋窝巢。先生安排的实习事宜都非常顺利，在天之灵安息！

先生永存。

师恩永在　师教长存

——怀念恩师董辅礽

张敬国

　　总是不能相信，老师已经离我们而去，总是不能接受，老师再不能和我们相见。一段时间来，我处于时而恍惚的状态，总似又听到，老师理清句明的讲话，总似又看到，老师慈祥温和的目光，总是要想起，老师和我们一起谈笑风生……我不时又从这种幻想中惊觉：老师已经悄然远去，不再回来了。得知老师逝去的消息，我处于无比沉痛之中，每每见到同学、同事、朋友，我都很想说些什么，但是实际上说得很少，沉默越来越多。更多的悲伤、怀念埋藏在心底，更多的思绪萦绕在心头。

　　1999 年 9 月我成为董老师在北京大学带的第一批博士生之一。第一次面见老师是在 1999 年的教师节。当敲响老师在三里河的家门时，我心里还是禁不住有几分紧张。老师亲自开门迎学生，面上的表情似乎我们已经认识多久，随和自如。老师先让我们自我介绍一下，随后直入主题，让我们早思考论文的研究方向，早做准备。从老师家中出来，我很有意犹未尽之感。继而又想，向董老师请教，当然要经年累月，循序渐进。转眼几年时间过去，直到今天，我仍然觉得还有太多太多的事情没有听老师讲述，太多太多的道理还没有向老师请教，可是老师却猝然离去。

　　老师带学生非常认真，每个月都会给我们上一二次课，也不安排假期。课程的名称是"当代中国经济问题"，主要包括两方面：一是中国经济改革的理论演进和政策推进，二是当前中国经济运行。老师在本次课布置下次课的题目，上课后老师带领我们研习。老师非常开明、宽和，上课基本都是和学生探讨，罕有指教的态度。2001 年夏，当我以请示的口气对老师说，我有个机会到英国读一年书时，老师马上说，这是好事情，我支持。我在英国期间经常和老师发邮件，老师嘱咐我：读书，长见识，练外语。当我回国后第一次见到老师和几位师弟、师妹时，我很兴奋，老师也很高兴。师弟说，老师曾经对大家表扬过你，说你上课非常认真。听到此话，我心中欣喜。在老师不甚宽敞的客厅中，师生相聚，其乐融融，其暖融融，今日想起，欣慰乎！心痛乎！

老师对于我们的学位论文写作非常重视，我也多次独自到老师家中求教论文，汇报学习。老师会耐心地听我讲述，同时细细教诲。记得一天黄昏，我在老师书房中汇报在英国学习和论文写作的情况，讲述我自以为体会到的英国这个资源并不丰富、多阴多雨国家的理性态度和对科学的崇尚精神，老师耐心听来，微笑中时而点头，时而插入评论；当我讲起论文写作时，老师则逐章逐节和我商讨逻辑线索和内容安排。我感受到老师对于学生思想活跃时的开明点拨，也认识到老师对于我们行文作学的严格要求。此情此语，印记心中。

老师对学生非常关爱，老师和我们谈话，除了谈学习，谈论文，还问工作，问发展，并常常提出建议。老师对于每个学生的问题或困难都记得非常清楚，亲力帮助解决，我们深切体会到老师平和话语中的关怀。老师和师母对于广大老百姓也有很深的爱护之情。一次在老师家中，有人敲门，老师去开门，我听到一位南方口音的妇女在大声询问，我听不清是什么意思，老师似乎也不太明白，直到师母从里屋走出，和那位妇女打招呼，我和老师才明白：这位妇女是外地在北京卖菜的，师母早上买菜时认识的，该妇女眼睛不好，而师母是海军总医院眼科的主任医师，告诉她家庭住址，她摸索着来找师母看眼病。我知道老师、师母一向平易热心，但是把一个陌生的外地在京卖菜妇女约到家里来看眼病，我还是有几分惊讶。师母带着该妇女走进里屋，我扫过一眼，看到一位面色黝红、表情憨厚的妇女，我不由感到，老师、师母的平实和劳动人民的朴实如此相应，老师、师母的心和老百姓是那么贴近。

2003 年 6 月 14 日，我在北京大学的博士学位论文答辩是董老师参加的最后一个门生答辩会。当时北京还是"非典"刚刚过后，时间安排非常紧张，老师 6 月 16 日还要飞赴美国探亲。在博士学位论文写作中，我主要思考了金融市场效率、市场竞争、利率结构和货币政策调控几方面的关系问题。上午我比较圆满地回答了答辩委员的提问，自己很高兴，老师也比较满意。我由于下午要加班，答辩后和老师请假道别，老师十分和气地让我先走，还请周师傅开车送我到单位；而老师自己中午没有休息，下午又继续参加其他学生的答辩会了。为此我心中总是有一些歉意：没能让老师在出国前好好休息，却让老师为我的答辩操劳忙碌。实际上，老师总是在为学生操心操劳，直至离去。

我最后见老师是 2003 年 10 月 15 日在协和医院，这一天也是中国神舟飞船第一次实现载人飞行的日子。我们走进病房，老师正在看电视转播，老师一面招呼我们，一面邀我们一起先看转播。之后老师详细向我们介绍了查出疾病的经过，当时有人默默掉眼泪，老师劝导大家不要难过。老师谈了三点：一是早晚要见马克思的，要达观；二是治疗很有希望，很有信心；三是大家要借鉴，安排好工作和休息，注意身体。本来我是怀着比较沉重的心情去探望老师的，听了老师积极、豁达的话语，我深受鼓舞，深受教育，深感生命之宝贵，生命之坚强。

老师到美国治疗后，我们经常和老师联系。我有时写信劝老师要注意休息，有时介绍国内经济情况，老师也把写的一些文章传给我读。起初老师治疗见效的消息让我们很高兴，2004年3月，我们已经开始盼望老师回国了。4月底，老师所用药物失效的消息传来，大家又开始忐忑不安，而老师病情恶化的消息让大家心情日益沉重。老师去世，大家不是没有一点心里准备，但是都还感到突然，更不愿意相信。两个多月前，老师还有文章发表，两个星期前，老师还在修改学生的论文并考虑学生的工作。在沉痛的怀念中，我们感受着一种无奈：天行有常人无常，天行无情人有情。我们想像，老师又是何等之无奈呵，老师有多少想做的事还没有做。我们接过老师的衣钵，不敢说有老师的智慧、勇气、仁爱与执著，但是，心切系之，心向往之。

2004年8月7日，老师回国了。叩拜在老师灵前，仰望老师的画像，老师的音容笑貌，历历浮现，我们泪如雨下，恨苍天无眼，慨人生无奈。望着像中老师恬淡、深邃的目光，我又感觉，老师一生直言无悔，鞠躬尽瘁，生逝豁然，去亦恬然。师恩永在，师教长存！

相比于很多师兄，我求教于董老师门下的时间不算很长，作为较晚、较年小的入门弟子，我也没能像很多师兄们那样能较多地和老师一起分享创立经济成长模型、首倡所有制改革和推进市场经济体制建设等工作的大智大勇、甘苦艰辛，但是我一直在细细体会老师的思想和为人，努力理解老师关于所有制、民营经济、股份制、证券市场等问题的理论拓进和逻辑推演，认真研习老师关于社会再生产、经济发展战略、经济增长方式等方面的模型解释和综合阐述，逐步领会老师研究中国经济问题的积极创新、求真务实、相信民众和宽容发展的态度和角度，同时也深切感受老师对于亲友、学生、百姓的眷眷爱心，从学术大业和生活点滴各个方面体会智者、仁者、勇者、真者的精神风范，我相信这些将令我终生思考，终生感悟，终生受益。

在怀念老师的思绪中，我常常想起泰戈尔的一句话：生如夏花之灿烂，逝如秋夜之静美。老师逝去时，正是北京盛夏入秋季节。傍晚，我仰望今夏以来北京少有的夕阳彩霞，漫天红遍，映透校园。我感觉老师就像这漫天红霞，光辉灿烂却是倏然逝去。在平静的夜晚，我凝视遥远的夜空，犹觉老师驾鹤西去天边，老师淡淡的笑容依然现在眼前，老师专注、柔和的目光，依然关怀着众多学生，依然关注着论讨学坛，依然关心着芸芸平民，依然观视着蓬勃河山。

吾土吾民，吾师吾心。老师，您安息吧！

追忆仪形悲逝水　亲承音旨念师恩

——怀念我的导师董辅礽先生

张立洲

　　每年的教师节，无论我身在何处，都会给敬爱的老师发一份贺卡，祝福的内容都是一个：祝愿老师健康长寿，永远年轻！现在，北京的天气又开始凉起来，秋天来了，又一个教师节快要到了，而我却不知道今年这份贺卡再寄往何方。对于我这个刚过而立之年的人来说，第一次体会到人生中最深切的伤感和无限的惆怅！也许，天堂的邮差能帮我把这份满含思念和伤感的贺卡带给我敬爱的老师，告诉他，五年前那个怀着无限崇敬走近他的学生对他深深的怀念！

　　也许是北京这个城市历史太过厚重的缘故，这里的秋天总是容易让人怀念往事！五年前的这个季节，我来到这个当时对我来说还很陌生的城市，因为我获得了跟一位仰慕已久、却从来没有机会直接聆听他深邃思想的老人读博士的机会。那时，我的心中充满了期待与忐忑，期待着聆听一位睿智学者的教诲，忐忑于自己会为因学识浅薄而见老师时的窘迫。

　　那是 1999 年 9 月初，一个与今日晴朗的天气如此相似的午后，与其他三位考取老师博士生的同学一起，在三里河老师的家里第一次见到了老师——一位头发有些花白、精神矍铄的老人。他亲切的神态与和蔼的谈话驱走了我第一次登师门时的忐忑，感受到在这个尚陌生的城市里有一位亲切的长者的关心。我们是老师在北大带的第一批博士生，老师仔细地了解了我们每一个人的情况，说他是第一次在北大带博士生，对北大的一些规定不是很熟悉，让我们有事情要及时与他联系，那情景就像家长对子女的叮咛。后来，随着新的师弟师妹们陆续进入师门，逐渐知道老师从教几十载如一日，一直是如此对待每一个学生的。其实，老师对学生的关怀已经远远超出了学业的范畴，在生活上、事业上老师对每一个学生都是关心备至，我也更深刻地理解了"师徒如父子"的深意！

　　老师在治学上是一个勇敢的人，一个严谨的人，他以自己深邃的思想、巨大的理论勇气和高尚的人品赢得了社会的尊敬。我们这些弟子对老师当然也是十分的尊敬和景仰，按常理，可能这会造成师生之间的距离感。但是，老师却全然没有一个经济学大家的架子，他以自己的言行让弟子们感受到彼此在思想上的平等。还清楚地记得第一次听老师讲课的情景，那时，北大的教室比较紧张，老师给我们上的第一次课是在北大西南门北大资源宾馆的一个会议室里，讲课的内容是分析当时的宏观经济形势。记得老师认真、完整地谈完自己的观点后，让我们也谈谈自己的看法。现在回想起来，当时自己的思想真的是很稚嫩，但老师却非常认真地倾听我们的意见，并平等地与我们讨论。这是我第一次认识老师的教学风范—— 一个在学问上对后辈如此平等的人。

老师是一个责任感很强的人。他一生在中国学术界和政府层面都承担了很多工作，晚年依然特别地忙，有时我跟他说，"您工作量已经超过了现在的年轻人"，他总说，忙总比闲着好，就是因太忙，所以很少有时间陪伴师母，对她有些愧疚。弟子们都知道，虽然老师一生担任过很多职务，但他一直特别地珍视在北大的教授职位。作为老师在北大培养出的第一个博士生，我深深地体会到老师对这份工作的尽心尽责。我的博士论文从选题到最后定稿，老师都付出了艰辛的劳动。论文动笔之前，老师除了跟我讨论并帮助我修改提纲，还指导我如何查到相关的资料。论文第一稿出来后，我把它送到亚运村老师的家中，没过几天，老师就给我打电话，让我去他家讨论论文，还给我的是一份每页都已经认真修改过的厚厚的稿件。问起老师这么忙，怎么这么快就改完近20万字的初稿，老师说他出差带着我的论文稿，有几章是在飞机上看的。听完老师的话，心中又是感激，又是心疼，毕竟，老师已经是70多岁的人了。论文快要答辩时，正赶上老师要去美国，2002年是北大经济学院第一次进行论文匿名评审，我早早地就把论文送到了院里，但匿名评审的结果始终没有出来。尽管学校新的答辩制度规定，导师不能作为答辩委员，但我知道，老师心里很希望参加自己在北大带出来第一个博士生的论文答辩，除了觉得是他的责任之外，也是收获一份欣慰。但是，老师等了一个月，评审结果始终没有出来，老师最后只好把我的论文答辩委托给萧灼基老师。老师到美国后，一直特别着急我论文答辩的事情，不断通过打越洋电话和发电子邮件进行安排，并一再跟我说歉意的话。其实，真正应该表示歉意和感激的是让老师付出如此心血的我。后来，我的论文答辩获得了答辩委员会的很高评价，我在心底里感到高兴，因为这也许是我对老师辛勤劳动的最好报答吧！

生活中的老师是一个坚强而又乐观的人，并把这种人格传递给他周围的人。我爱人至今仍常常提起当初她遇到困难时，老师对她说的一句话："一切事情都会水到渠成。"现在，每当我们在生活或工作上遇到困难时，我爱人总会回忆起当时老师在北京饭店和蔼地跟她说这句话的情景，我们用老师的话鼓励自己，保持乐观与坚强，努力去克服困难。老师自己对待生活和事业的坚强和乐观也是所有熟悉他的人都知道的。2003年国庆节期间，我和爱人去看他，那时他和师母刚从美国回来不久，看到他气色不是很好，就问他身体怎么样，他说没事，可能是出国呆的时间太长。交谈中，老师还跟我们谈起杨小凯老师患癌症之后的坚强，之后没过几天，老师就确诊患癌症并住进了协和医院。去医院看望他的时候才知道，我们去看他时，他已经从医院知道了自己的病可能比较严重，只是在等待国庆之后医院的确诊结果。回想老师当时的话，其实他是在鼓励正在等待确诊结果的自己。老师住院后，很多的学生、朋友都去看他，在协和医院的病房里，反而是他去安慰那些前去探视他的人，甚至批评痛哭流涕的后辈不够坚强。看着病房里穿着病号服的坚强的老师，我们只能在心里默默流泪，祈祷他早日康复！

　　然而，天不随我愿，现在，老师已经远在天国了！但是，我深深地相信，一个虽然已经离开了我们的慈爱、高尚的灵魂，会仍然存在于空气、原野、森林和每个怀念他的人的心中，他在天国会继续注视着这个世界，以及他所关爱的人。我们曾经领受的百般关怀、千番教诲，如缤纷的花雨，如和煦的阳光，是我们刻骨铭心的忆念！

泪眼忆恩师　怀念到永远

朱全涛

2004 年 7 月中旬，师兄来看我们，谈到董老师。师兄沉沉地说："董老师已经尝试了两种疗法，但都失败了，现正在试验第三种，医生说，如果失败，董老师的生命将不到 6 个月。"我不敢相信！我所知道的不是这样。从 2004 年 2 月初开始，在我看到他那篇文章《我在美国治直肠癌》以后，我跟他 E - mail 不断，有一阵子，我们甚至每天一封，直到 7 月初我来北京之前，他还亲自给我回 E - mail。一个好好的人怎么可能会这样？然而，我只能努力接受这个现实。同时，我也祈祷有奇迹发生！

前两天，师兄打电话给我：董老师逝世了！我懵了：怎么这么快？生命难道如此脆弱？莫非网上发布错误消息？当我在搜索中看到"中国当代著名经济学家董辅礽教授因病医治无效……"时，我再也忍不住了，泪水浸满眼眶……

一　初次见面

那是 2002 年夏天，董老师和法国著名经济学家让－雅克·拉丰（拉丰教授也于 2004 年 5 月 1 日去世）联合出任武汉大学 EMBA 中心主任仪式前。当时，我刚刚考取他的博士生，他通知我和袁增霆到白玫瑰大酒店见他。这次见面主要谈论我们的博士论文选题方向的问题。我们提到做证券市场制度方面的研究，他说范围太广，这样博士论文研究不会很深入、有创新。接着，他结合市场热点——"国企改革"（大家知道，稍后成立了国资委），让我们谈谈对国企改革的看法。我们扯了一通后，董老师评论说，你们对国企了解不够，国企问题太复杂，而且研究的人也太多，你们很难有所创新。你们选择研究其他问题也一样，要注意这方面的问题。

董老师在了解我们的情况以后，感叹道，如果我们在北京就好了，可以每周到北大听他讲课，这样可以有更多的交流。尽管我们提出各种解决这一问题的方案，但都因成本太高而无法实行。不过董老师强调，一定要保持通讯联系。

二　第二次见面

2002 年秋天，我去北大听一门课，顺便去看他。在他家里到处摆满了书和报纸，他边收拾边感叹道："要看的东西太多了。"那一次见面我谈起我的一篇在 2000 年写的论文《中国计划生育市场化改革的制度安排》。我跟他讲述对当前中国人口问题的看法、观点，他静静地听，并不时地提出疑问，要我解释。那一次见面，我们就这个问题谈了一个多小时。总的来看，我说服了董老师认同我对中国计划生育改革的看法。随后，他问起我这篇文章是否公开发表了？我说，没有，我曾把它投往一家经济学报纸，起初，该报表示愿意发表，可是后来不久，该报来信说，本报以后不发表这方面问题的文章。我也曾将它投往其他杂志，但是都被委婉拒绝了，可能这个问题太敏感了。他说："我看不出这篇文章有什么敏感的地方。"他说给我联系一家杂志社，同时让我自己再努力多投几家杂志，但终究因说不出的原因，这篇文章未见诸正规杂志。最终，我只好在网上发表了它，但正如他所言，并没有引起什么政治后果。相反，中国目前刚刚进行的人口改革试点政策如"只有一个子女或两个女孩的农村计划生育家庭，将得到政府的奖励扶助"最早在我那篇论文里得到能提高人口配置效率的理论证明。

三　又一次见面

2002 年冬天，董老师来武汉大学做一场关于"十六大"精神的报告。在报告中他谈到国企改革时忧心忡忡地说，根据"十六大"精神，尽管下一届全国人大会议以后可能会成立一家专门管理国有资产的机构（即现在的国资委），但是中央对国有企业人和事的管理依然由不同部门负责，依然处在分割状态，而这是国企困难的一个关键。接着，他幽默地说，现在"十六大"已经结束了，我们只有批判"十六大"，才有"十七大"的进步。要知道，这正是全国各地掀起学习"十六大"精神高潮是董老师最坦率的表白。

四　最后一次见面

那是 2003 年 1 月，春节前不久的一个晚上，在武大珞珈山庄，当时他刚结束给武汉大学 EMBA 学员的讲课。我记得他说第二天早上六点他就要走了。在见面中我谈到我准备申报一项基金的事宜，他说，你最好一心一意把博士论文做好，这是你一生学术生涯最重要的事情，当然，如果你的确想申请，我可以写推荐信。当我离开的时候，已经是晚上 11 点了。不想那次见面之后竟然成永别。

2003 年夏天，我跟他打电话，他高兴地告诉我，他不久要来武汉，我也充满着期待，期待着见面时能把自己的博士论文题目定下来。由于我忙着翻译一本书，这期间我们没有太多的联系。有一天，妻子告诉我："有人说，董老师患了癌症，去美国治病了。"我说那是谣言，董老师身体很好，我上次见他时，他还穿衬衣呢！结果妻子也很纳闷。但是，"谣言"得到了证实，我不知所措——我是否该与董老师联系？

到 2004 年初，在袁增霆的博士论文开题报告会上，伍新木老师问我看到董老师最近发表在《环球时报》上的那篇《我在美国治直肠癌》的文章没有，我说没有。伍老师说，董老师现在不像以前那么忙，你们现在应该跟他多联系，同时也帮助他忘记病痛。看了那篇文章以后，我为董老师的病情好转而高兴，同时也祝愿他早日康复。于是，透过 E - mail，我告诉他，我的博士论文准备研究评级机构，并把我的研究安排告诉了他。他很快给我回信："论文题目可行。关于信用评级，很少有博士论文。一般文章也不多。我写过一点，很浅薄。信用评级实际上是为投资者（还有贷款者等）提供投资（贷款等）的风险信息。在市场经济中，非常重要。在我国，这项事业开展不久，发展不顺利，因为市场太不规范，评级者本身就不讲信用，你要评高等级就多给钱，地方保护主义更使正规的规范的评级机构不能进入本地市场，使得评级机构间不能开展公平竞争。"

在此之后，他还建议我到评级机构去看看；告诉我穆迪给中国政府评级时，专门把他约到钓鱼台，问起过他有关中国政府的一些事情，其中包括士兵的待遇问题；他反复强调，评级机构应该客观公正，只有这样，市场才能健康发展。当我告诉他，我妻子获得到北大光华管理学院做博士后的资格并且将来研究卫生经济学时，他很高兴，连连祝贺，并说，卫生经济学在中国将大有发展前途。尽管自己在国内卫生经济学发展方面做了开拓性努力，但遗憾的是，自己只在这个领域做了点滴贡献，期望她将来能在这一领域为中国人的健康做一点贡献。

当我来到北京满怀信心地为博士论文继续做准备时，不幸噩耗传来，老师从此永远离我们而去。尽管我们见面次数有限，但他对创新的推崇敦促我孜孜求索，他的真知灼见引导我认识中国经济现实，他的治学态度让我明白专心致志的价值，他的勇气与良知让我知道客观公正的意义，他的勤奋不倦将鞭策我严谨治学，他的人格——"守身为大"——将成为我做人的楷模。

致恩师董老的信

董老：

　　惊悉您的噩耗，我们不相信这是真的！

　　就在 2003 年年底，您还专程为我们 EMBA 班的学生做了两天讲座。那时武汉已有深深的寒意，大家早就穿上了羊毛衫，裹着厚实的外套。而您却依然是那身简朴清爽的夹克套衬衫，在满满的两天课程中，始终精神矍铄，声音洪亮，妙语连珠，毫无倦意。那时，我们还由衷赞叹您的硬朗，为您的健康感到高兴。

　　董老，您竟然不辞而别了？我们不相信这是真的！

　　从进入武汉大学求学之日起，您在长达半个世纪的经济研究生涯中，勤学不止，笔耕不辍，在多个领域都有非常重要的建树。尤其是改革开放 20 多年来，您在中国一些重大的现实经济问题上都提出了自己独到的见解，对中国改革的推进、市场经济体制的建立做出了重大理论贡献，成为享誉中外的一代宗师，更赢得了广泛的尊敬。这不仅因为您的丰硕研究成果，更源于您坚持真理、敢于直言的人格魅力。既有过人的见地、又有超常的勇气——中国太需要董老这样的经济学家！

　　董老，您就这样离我们而去了？我们希望这永远不是真的！

　　2002 年前，您亲手创办了武汉大学 EMBA 中心，并为之付出了满腔心血。您利用自己在国际经济学术界的广泛影响，邀请了众多著名学者前来讲学，使我们有机会聆听经济研究领域最前沿的思想；您不辞辛苦，亲自为学员上课，领我们用理性的目光审视中国 20 多年改革发展的思路变迁；您坦诚相见，虚心听取 EMBA 工作人员和学员对教学工作和班级建设的各种意见，切实提升师资力量和确保教学质量。在您的悉心关怀和直接指导下，武汉大学 EMBA 的生源不断扩大，声誉如日中天。如今，EMBA 已经办到第六期了。我们还期待着再次聆听您的教诲呢。

　　董老，毕竟岁月不饶人哪！您已经 77 岁高龄了吧？为了中国经济的改革发展，您已经操劳了半个多世纪，您太需要好好休息一会儿了。

　　您就好好休息一会儿吧。

　　顺问刘老夫人好。

武汉大学 EMBA 一班全体同学

二〇〇四年七月三十一日

第 五 篇

学界追思

董辅礽先生：闪耀在
我们上空的云层之上

巴曙松

2004 年 7 月 30 日，我正在深圳参加福布斯中文版的基金年会，忽然先后接到北京经济界几位朋友不约而同的电话，告知董辅礽先生在美国逝世。尽管我凭直觉相信这可能是真的，但是我还是不相信地马上通过电话向其他几位朋友求证，希望得到否定的答复。第二天早上遇到一起来参加会议的刘纪鹏教授和曹远征教授，再次向他们问及此事，直到董老师的学生、我的朋友杨再平博士电话通知我 8 月 7 日在北京参与厉以宁教授召集的董老师的追思会，我才真的相信，董老师终于离我们而去了。

在会议的间隙，几位媒体的朋友邀请我就董老师的逝世做一个采访，我说，我现在思绪很乱，也不打算应付式的说几句，等我理理头绪，我这两天一定要专门写一篇文章。

西谚云：死亡是伟大的平等，也是伟大的自由。人到中年，开始经历一些刻骨铭心的生离死别，心灵开始有撕裂的伤痛，开始变得沉静，变得恬淡，知道命运的无常。即使如此，在知悉董老师逝世的噩耗之后，我还是悲从中来。

在见到了越来越多的事情之后，我开始告诫自己，也经常告诫朋友，对于自己尊敬的人、热爱的人，要多主动的将这种尊敬和热爱向他们表示出来，命运的无常，往往并不给你足够多的机会，因为一个人有所尊重、有所热爱，生命才变得有些意义；与这些生命的真实意义相比，虚荣和喧嚣变得无足轻重。

在积累了这样的人生阅历和认识之后，在与董老师的交往中，我开始寻找机会，向董老师表达我的感谢和尊重；现在想来，在伤感之余，我觉得幸亏当时有了这样的认识，至少董老师知道，我对于他的尊敬，对于他的感谢。

从师承渊源上说，董老师可以说是我的大师兄，我的导师张培刚教授从美国回国之后进入高校任教，董老师是他指导的第一批学生；从学术造诣和学术影响看，董老师事实上是我的老师。多年来与董老师断断续续的往来，现在提笔，宛如眼前。

当年在武汉读书时，我了解到，董老师到武汉，基本上都要去拜望张培刚老师，一次董老师拜访张老师之后，到东湖附近的一座宾馆开会，学校派我给董老师送一份材料，算是我第一次单独接触董老师。当时正在读载有不同经济学家主要学术观点的一本文集，我向董老师提及此书，说读后觉得有收获，能够比较简洁的了解不同学者的看法，董老师则不以为然，反问我说：那本书真的好吗？还是直接看一些经典的原著更好吧。我第一次领教了董老师的率直，也记住了这个让我印象深刻的治学原则。直到现在，我还以"好为人师"的导师身份提醒我的研究生：要读经典原著。

随后，在读书期间，在不同的会议上，能够比较经常地见到董老师，聆听董老师的指教。在张培刚教授80寿辰庆贺会上，董老师作为张培刚教授指导的最为得意的弟子之一，结合张老师的治学与人生，做了激情洋溢的发言，以董老师当时的学术地位和学术造诣，其尊师之情，让我印象深刻。

平静的读书生活很快结束了，开始要走上社会，面临的第一步就是求职。我喜欢北京包容、平静、开放的氛围，希望到北京工作。张培刚老师基于我的求职愿望，提笔向在北京的董老师和厉以宁老师写信，希望他们能够帮助我在北京求职。我首先通过我的同学李佐军博士，找到董老师在三里河的家中，董老师十分热情的接待了我们，并且亲笔为我写了两份推荐信给他的两位事业上卓有成效的学生，希望他们能够帮助我。厉以宁老师也十分热情的接待了我，在厉老师当时十分狭窄的住所中，厉老师提笔为我写了推荐信，并且积极为我提出建议和帮助。当时的我一方面是面临就业压力，另一方面也有些年少无知，在他们两位老师的推荐遇到一些操作性的难题之后，就忙乱地转而报考其他机构。当时董老师和厉老师都是异常忙碌的大师级经济学家，如此细致地为我设想，除了张培刚教授的影响之外，两位老师关爱年轻人的胸怀，由此可见一斑。前一阶段北京大学光华管理学院与日本的有关金融机构主办一个关于中日金融合作的论坛，北京大学方面给我寄来了一份有厉老师签名的邀请函，感于当年厉老师的热情帮助之德，我推辞了另外一个已经安排好的会议，专门参加了这个会议，并且毕恭毕敬地向厉老师呈送了我刚刚出版的一本书，会议上十分忙乱，来不及与厉老师细谈，出门的时候，在拥挤的人群中，我对厉老师说，我是张培刚老师的学生，厉老师拿起我的书，指着封底上张老师的名字说："我已经知道了，这不是张培刚老师吗？"然后就被拥挤的人群挤开了。董老师的博士生杨再平博士告诉我，厉老师会出面召集董老师的追思会，无论是道德文章，还是其他厉老师和董老师在我看来都是令人敬仰的学者，厉老师来召集，真是再合适不过了。

到北京工作之后，尽管与董老师同住一个城市，但是考虑到董老师异常繁忙，同时也觉得自己一无所成，无颜去打搅董老师，愧对董老师当年对我的关心，所以反而联系不多。但是对于董老师的文章、观点和动向，一直十分关注，读的时候觉得十分亲切，只是不好意思说董老师是我的师兄，以免被视为通过攀附来自抬身价，反而始终没有与董老师主动联系；期间曾经有一次联系过报考董老师在社科院的博士，董老师答复说，刚好那一年没有轮到他招生，后来就没有再联系，并且转而报考中央财经大学了。在此期间的见面，就基本上是在有些论坛上，董老师通常是在讲坛上侃侃而谈，我则是台下认真记录并且在内心向董老师表示深深祝福的听众。现在想起来，当时的这种内向的、甚至有些羞涩的想法是多么天真。

在这段时间里，我开始写一点粗浅的文章，并且参加一些机构不同形式的征文，经常获得各种奖励，在许多这样的征文中，董老师经常是评委。所以我在获奖之后就会在心里嘀咕，不知道董老师是不是还记得我就是当年东湖之畔以无比崇敬之心去见他的那位莽撞的青涩少年。

时间如白驹过隙，一晃我也步入中年，生活也开始忙碌起来。碰到董老师的机会反而少了，倒是在图书馆查阅资料的时候，经常看到董老师还是保持旺盛的研究热情，让我印象深刻的是，他的文章经常在文末注明"写于从北京到某地的途中"，或者是"写于某机场的候机室"；碰到董老师的学生，我依然会习惯性的打听董老师的身体生活状况，听说董老师还始终坚持冬天洗凉水澡，冬天再冷也只需一件夹克，心中十分高兴，暗暗祝福董老师。研究中也经常遇到一些难题，这个时候我常常会想到董老师，董老师经常说，中国有研究经济学的最为肥沃的土壤，要面对中国的经济现实，进行深入扎根的研究。

我在香港工作的时候，有时候从深圳坐飞机返京，一次我正在办理登机手续，看到董老师一个人提着一个手提包，匆匆走过安全检查门，等到我追过去找他，他已经走的不知去向，让我在人来人往的深圳机场颇有一些怅惘。不过看到董老师还像一个独行侠似的自如的奔走各地，还是让人感到高兴。

回到北京工作之后，经过一些转换，在经历了多年的实际工作之后，开始进入研究机构工作，时间自由支配的余地大了许多。一天，杨再平博士打电话给我，说董老师打算找几个学生，帮忙把他的一些相对零散的文章条理化，整理为一本逻辑结构更为紧密的专著，问我是否可以帮忙整理金融部分的内容。我十分高兴的答应了。杨再平博士在读完董老师的博士之后，又到中国人民大学做了博士后，师从胡乃武教授；我本来也是打算跟随胡乃武教授做博士后的，后来因为学校手续办理等方面的技术原因，转而到北京大学中国经济研究中心做博士后研究，所以我差一点与杨再平博士成为同门的师兄弟。有了这个渊源，我经常通过杨再平博士了解董老师的一些状况，所以也许与董老师的直接交往不多，但是对于董老师的学术观点一直是十分熟悉的。杨再平博士邀请我参与这个小组，在董老师的指导下做一点文献的整理工作，对我而言真是难得的学习机会。

在与杨再平博士等的谈论中，我提及过多次董老师为他的学友、张培刚教授的得意门生、英年早逝的曾启贤教授写的追思文章，字里行间透露出董老师对曾老师去世的无限哀恸。我依稀记得，董老师在追思曾老师的文章中提及，有一段时间，每当他看到曾老师以前的文章，就禁不住伤心不已。现在，这种伤心的心情轮到我们这些董老师的学生辈体会了，真所谓"欲说还休，欲说还休，却道天凉好个秋"。

为董老师整理文献的小组，由杨再平博士、叶辅靖博士和我组成。杨再平博士和叶辅靖博士都是董老师的博士生，对董老师的经济思想更为熟悉，所以在第一次在董老师的新家中讨论提纲时，董老师特地赠送给我他的一套比较完整的著作供我参阅，这使得我有机会更为全面系统地了解董老师的经济思想和演变框架。在讨论间隙，我向已经退休的董老师真诚地表示感谢和敬意，感谢他当年为我找工作付出的关心，董老师一脸茫然，好像已经忘记了当年对我的这段帮助；同时我又问董老师，有一段时间我经常在各种征文中获奖，经常在评委中有他，是不是照顾我了，董老师哈哈笑着说，各种评选基本都是匿名的，只是在评选结果出来之后才知道是谁获奖，不过经常见到我获奖，才从我的简介中知悉我也是张培刚老师的学生。我又说，我其实一直希望有机会多拜访董老师，向董老师学习，但是担心自己打搅了他，并且自己一无所成，经常拜访董老师反而有攀龙附凤之嫌，现在董老师退休了，连政协委员也不当了，所以现在很高兴有机会聆听董老师指教了。现在想来，幸亏我当时抓住机会，向董老师表示了我的感激，不然现在就更为后悔了。

书稿的整理在紧张进行，但是，在进行当中，忽然获知，董老师身体检查时查出患有直肠癌，因为他的女婿在美国从事的正是这个方面的研究，是这个领域的顶尖专家之一，目前也有一个有关的新药在试验中，所以董老师决定去美国治疗。在美国治疗期间，董老师还经常通过电邮、或者电话指导书稿中整理工作。一次，杨再平博士还告诉我，董老师人在美国，十分关心国内的经济走势，专门就当前的宏观调控写了一篇文章，发表在国内的《金融时报》上。现在看来，这篇文章算是董老师最后的遗作了。

董老师检查出直肠癌、准备去美国治疗期间，不少友人去董老师家中送别，我考虑到董老师已经检查出重病、人来人往可能不利于身体的恢复，所以不应当有过多的应酬、而应当多静养，于是专门给董老师写了一份电邮，解释了我为什么没有去送他去美国的原因，同时祝福他顽强的生命力再次激发活力，尽早康复。董老师很快就回复了我的电邮，情绪也十分稳定乐观，我心中稍感宽慰。

后来，我听说韩志国在去送董老师去美国治疗时，七尺男儿，在董老师家中，当着董老师泪流满面。我对韩志国一度表示不满，并且在一次会议上遇到他时专门置疑他，批评他不该在董老师本来患病时还当面流泪，影响董老师的情绪，可能反而不利于他的康复，一向善辩的韩志国听到我的好意的指责，竟然也只是诺诺而已，没有多说。现在看来，韩志国先生真的有先见之明乎？真的预感到当时送别董老师就是最后的诀别乎？果如是，则韩志国是对的，我则是大大的错了，错了。

伟大的法国作家雨果在巴尔扎克葬礼上说："今天，他安息了。他在同一天步入了光荣，也步入坟墓。从今而后，他和祖国的星星在一起，闪耀于我们上空的云层之上。"雨果在纪念伏尔泰的聚会上说："他不仅仅是一个人，他是整整一个时代。他曾尽己任，完成了一项使命。"雨果真的是伟大的作家，他把我们对于自己尊敬的人的追思表达得如此典雅、灿烂、平静。

董老师，从今而后，他从美国归来之后，他和祖国的星星在一起，闪耀于我们上空的云层之上，他代表了中国经济学发展的一个激动人心的时代，他完成的是一项伟大的使命。

悼念董辅礽同志

杜润生

解读马克思：重建个人所有制涵义。《共产主义宣言》明白宣布，共产党奋斗的宗旨是消灭私有制。但与此同时，马克思又提出重建个人所有制，二者之间似乎存在语义上的矛盾。

我商之于辅礽同志，他说，按德文原意，"消灭"二字应译为"扬弃"，"扬弃"有保存的意思，即中止、停止、中截，没有中文"消灭"之义。

我是同意：消灭和扬弃是事物的两个不同的运动形式。顺着这个理解思考，体会马克思对社会的描述，科学技术高度发达，财富源泉不断涌现，劳动不再成为人们的谋生手段，而是生活中的愉快；此时，社会财富分配，由按劳分配变为按需分配，雇佣劳动制和赖以产生的剥削被剥削关系将转变为平等、互助合作社会契约关系；人的全面发展，使劳动者取得更多的选择职业的自由，冲破分工的束缚；社会生产的目的，以人为本，为了满足人的需要而不是为了资本增位；土地的垄断完全废除，成为社会共享的自然资源。

所有这些变化，都是"扬弃"一词所表达的经济制度演变过程：有存有去，有消失有保留，个人所有制也推陈出新。有别于过去我们据此可理解，重建个人所有制的涵义。

和辅礽同志那次讨论没有结束，说好再次交谈，他却先我而去。他留给我们很多值得学习的东西，也留下终身不懈的追求和严谨求实治学精神。

无独有偶，最近得知另一青年经济学家杨小凯也不幸去世。杨与董都拥有破除迷信的批判精神，人才难得。

英年早逝，缺乏医学保护，这是政府、社会应当关注的事情。此外自我保护，也不可少。

中国正处在伟大历史时代，时代需要理论家，它必然会涌现理论家这是毫无疑问的。

念董辅礽老师

樊　纲

董辅礽老师走了，带着他还没有写完的经济论著，带着他对中国经济改革与发展时时的关切。

我可以说是读着董老师的文章走进经济学的殿堂的。在大学二年级学习"社会主义政治经济学"的时候，就开始读他在 20 世纪 60 年代初期写的关于国民收入平衡的系列论文。在那时充斥着许多政治八股的理论刊物中，董老师的文章却可以说是真正的经济理论论文，内容丰富，言之有物，逻辑严谨，也堂堂正正，毫无政治媚俗的下作，后来读起来也丝毫没有过时的感觉，使我们真正感觉到经济学的"理论之美"。

第一次见到董老师，是在 1980 年大学二年级的时候，董老师到河北大学作报告。那一次对我来说可以说是第一次亲眼见到、亲耳听到一位自己仰慕已久的全国著名的经济学家作报告，而且讲的是当时十分前卫的话题：国有企业改革。董老师的大家风范，睿智深刻，不仅给了我们理论上和思想上的启迪，也为我们今后的学习与研究树立了一个榜样，使我们知道应该怎样做一名经济学者。

我考入中国社会科学院研究生院以后，接触董老师的机会就多起来，因为那时他亲自兼任我们经济系的主任。他虽然不是常给我们开会，但每一次座谈，从他不多的谈话中，我们都可以学到不少东西。

而我直接"受惠"于董老师，是在 1995 年考上博士研究生之后。那时，董老师是经济研究所的所长。1995 年下半年，是他做出的决定，把当年经济研究所惟一的一个公派去美国著名学府研究学习的名额给了我。我当时还是一名学生，还不是经济所的工作人员，而当时一个出国学习的名额是多么的稀缺，有多少人在争取，可想而知。我与董老师非亲非故，也不是他的学生，而他却力排众议，把这一宝贵的机会给了我这个所外的人。据说当时他提出的理由就是因为我西方经济学的功底较好、外语好，出去学能学到更多的东西，回来更有用。不知我有没有辜负董老师的殷切希望，但无论如何，从他做出的这一决定中，我们可以看出他无私的胸怀，甚至不从一个研究所的局部利益出发考虑问题（我以后是否会留在经济研究所工作是一件不一定的事），而是以国家的人才培养、以经济学学科建设的角度思考问题，来"配置"这一份资源。我走之前和回来之后都没有专门去拜见他一下、感谢他一下（后来想想有点后悔），但我潜意识里知道他所在乎的绝不是我的一点客套，而是在乎我以后的表现。应该说，后来我做出不违反国家规定超时滞留国外学习、也不留在美国工作，而是抓紧利用一年多的宝贵机会多读书、多听课、多学些东西尽快回国工作的一系列决定的时候，都有"不能让董老师失望"、"不能让经济研究所失望"这个因素所起的作用，都有那种"知恩图报"心理所起的作用。

以后多年，董老师学术之树常青，思想一直十分敏锐，总能站在理论和政策研讨的前沿，勤奋刻苦，写出大量有价值的论文，直到他被疾病击倒，也没有放弃写作。

中国经济学的一位巨人去了。而巨人之所以是巨人，原因之一就在于他能言传身教，培养起后一代的新人。我们这些董老师的学生，怀念董老师，更重要的还是要好好想一想，我们怎么才能不辜负他的期望？

怀念辅礽

冯兰瑞

辅礽同志不幸逝世，我又一次深深感受到知友凋零的伤痛！

改革开放二十余年间，在那理论风云诡谲多变的年代，我们曾并肩战斗，由相识至相知。

无论是在于光远同志任组长的理论方法组我们同任副组长（1978 年）的时候，还是在中国经济学团体联合会艰苦创业的岁月，我们都是风雨同舟、忧乐与共。正是由于我们和经团联本部的同志们以及全国四百多个团体会员的团结合作，才铸就了中国经团联的十年辉煌。

虽然中国经团联在某种压力下已经夭折，但是总算还有个经济科学出版社保留下来了，为中国经济学界保存了一块重要的园地，今已发展壮大。这是中国经团联多项事业中之硕果仅存者，而经济科学出版社的创办人和第一任总编辑就是中国经团联首届秘书长之一的辅礽同志，这是辅礽对中国经济科学事业留下的具体贡献。

谈谈辅礽同志在经济理论方面的贡献。

我觉得在我们这一代经济学人中，至少同我比起来，他的知识结构比较全面。解放前在武汉大学接受过西方经济学的教育，以后又留学苏联学社会主义经济理论，有条件进行比较研究，加上他不断关注中国经济生活的实践和勤奋钻研，在经济学同人中留下了良好的印象。就在"文化大革命"结束、中国社会科学院成立前后，原中国科学院哲学社会科学学部副主任吴亮平同志（《反杜张论》的译者）曾在经济研究所做过一次选举的试验（选的什么已记不起），辅礽得票最多。这是我第一次听到董辅礽的名字，我这时还在国务院政治研究室。

1978 年 9 月中国科学院讨论哲学社会科学规划，辅礽在会上提出所有制改革问题，主张实行"两个分开"，即政企分开，政社分开。这个观点在 1979 年《经济研究》第一期谈所有制改革的文章中发表了。我曾在中办研究室（这时政研室已与中办研究室合并）全体会上听到室主任对辅礽同志这个观点的批评。

对于这个批评辅礽是顶住了的。他仍然继续关注所有制改革问题，不断提出一些新的观点，有些被接受并吸收进党的文件中，他起到了政府"智囊"的作用。

关于社会主义经济制度的设想，辅礽同志给出了一个公式：社会主义市场经济＝社会主义＋市场经济＝社会公平＋市场效率。如何建立社会主义市场经济？他认为"建立以公有制为主体，多种所有制共同发展的所有制结构则是建立社会主义市场经济体制的要求和前提条件"（《走向市场化的中国经济》第53页）。这里，他将公有制区分为两大类：一类是共同所有制，另一类是公众所有制。他对这两种公有制做了具体的分析。他论证说：这种社会主义市场经济是一种混合所有制（所谓"八宝饭理论"）；社会主义经济所有制结构必须是"混合经济"。

这是辅礽同志所坚持的理论观点，他对中国为何要进行以市场经济为取向的改革，对发展非公经济的必要性等的论述比较彻底，对我都有启发。辅礽提出的这些观点，为后来者的研究积累了宝贵的理论资源，是重要的贡献。

我觉得，在关于社会主义市场经济的理论研究中，有一个最根本的问题没有得到解决，即究竟什么是社会主义？

当然，不能要求在社会实践还在曲折发展不断变化的过程中对社会主义给出一个新的定义。但我们还应继续不断地进行研究。这是历史给我们年轻的经济学者提出的一个严肃而重大的任务。

下面谈谈在纪念辅礽同志时，我对自己的一点反思。

关于社会发展阶段问题的研究，在1979年的理论工作务虚会上，我和马列所副所长做过一个联合发言。时任经济所副所长兼《经济研究》主编的辅礽同志在征得我们同意后予以公开发表（见1979年第5期）。这篇文章中我们提出中国当时处于不发达的社会主义阶段。不料发表后引起轩然大波，理论权威说我们否认中国是社会主义。这个罪名如果成立，那就是违背了四项基本原则的第一项，我和我的合作者就要成为大批判对象。在此风波中辅礽是同情我们的。以后，1981年有人要将对我们这篇文章的批判写进《建国以来若干历史问题的决议》中去，也是起草人之一于光远同志的坚决反对、据理力争，提出"我国至少还处在社会主义初级阶段"。最后此意见被接受，写进了历史决议第三十三条。此后"社会主义初级阶段"就成为党中央"制定和执行正确路线和改革的根本依据"，十五大再次论述了社会主义初级阶段理论。尽管如此，我并不认为"初级阶段"的提法解决了中国前进的方向问题。以市场经济为取向的改革目标既定，劳动力必然成为商品。这就涉及什么是社会主义的问题；在市场经济发展取得显著成果，生产力水平极大提高，经济获得迅速发展以后，是否初级阶段或不发达的社会主义就要向中级、高级阶段过渡，就要向发达的社会主义过渡？那时候是否我们又要回到排除商品没有市场经济的计划经济体制的社会主义呢？我认为那是根本不可能的。

必须承认，25年前，我自己的理论研究全都是在社会主义的前提下进行的，都是适应着当时实践的需要。当年我们研究社会发展阶段问题，主要是针对毛泽东同志的"大过渡"论，旨在寻求多种经济成分存在的合理性，避免不断进行的阶级斗争（参见拙作《阶段风波的前前后后》，载《风光合是鹧鸪天》）。当时还没有市场经济这一说，而且讲商品经济都是犯忌的，只能讲商品生产和商品交换。勿需否认，究竟什么是社会主义，我至今还是不清楚。邓小平同志十几年前提出的问题，还没有答案。我不认为社会主义就是发展生产力。辅礽同志的公式我也还需要学习和研究。

联系到当前的情况，辅礽公式中的社会公平问题日愈严重。中国已成为世界上贫富悬殊最严重和城乡差距最大的国家之一。在非均衡发展战略的制度安排下，形成了全社会补贴工业化和城市化的利益格局。在持续二十多年经济高速增长的同时，造成几千万失地农民，城乡贫困人口的绝对数甚至出现反弹，社会稳定受到威胁。究其原因，仍是体制改革不彻底，市场经济体制远没有完善，政府介入经济活动过多，干预和管制造成大量的寻租机会和腐败可能。少数人在这种体制下受益，已形成了并正在制造更多的权贵资产阶级。

现在提出警惕"拉美化"，我们要认真思考。拉美国家的弊端表现在恶性通货膨胀、经济大幅波动、债务危机和金融危机频频、高失业率、社会两极分化以及政府不断更换。有人将此归结为"新自由主义"的恶果。实际上，中国的情况与拉美国家不同，而比较相似的社会公平问题，其根源恰恰是市场机制还没有在经济活动中占据绝对的优势，行政权力还在资源配置和利益分配中起决定性的作用。要改变这种情况，就必须反省非均衡发展战略，打破垄断，减少行政干预，改变利益向少数人倾斜的制度安排。特别要警惕有人借反"新自由主义"之名，否定市场经济的改革方向，维护权贵资产阶级的既得利益。

现在看来，中国要实现现代化，必须循着市场经济的路子前进。要彻底进行经济改革，建立健全市场经济体制；抓紧开展政治体制改革，切实实行党政分开，排除特权，清除腐败；积极建设宪政民主，实行分权制衡，加强舆论监督；积极振兴社会道德，促进中华文明的现代化。现在经济体制改革还不彻底，国家行政干预仍然过多，各级政府和部门"嵌入"市场经济，既当裁判员又当运动员的情况尚待改变。此种情况下，就有人借口批判什么"新自由主义"，强调坚持以公有制为主体，将社会上出现的一些不健康现象归咎于市场经济，是打错了板子。

当前正是改革前进的关键时刻，这种主张不利于经济体制改革的推进，不利于非公有经济的发展，不利于社会生产力的提高，不利于解决失业以及社会稳定，不利于增强综合国力，从而不利于把中国建设成为一个具有现代文明、民主、自由和富强的国家。

中国往何处去？这还是一个没有解决并值得严肃对待深入探索的大问题。

辅礽同志的为人，正如他的绝笔之作《守身为大》一文所阐发的，是一贯坚持原则，钻研理论，追求真理，毫不动摇的。也正因此，他才能在自己的观点思想受到批评时不屈服，一往直前，才能在纷繁的社会经济现象和并不宽松的理论环境中，提出并坚持自己的理论观点，并且不断关心社会的公平、公正问题，表现了当代知识分子应有的良知和独立人格。

在我们的接触中，我感到他的性格里具有不同于某些人的特点。

在改革开放初期，存在多种不同的观点是自然的。有的同志发表文章，不论自己是否真的错了，领导一批评，就赶紧转弯子，做检讨，从支持改革转向维护计划经济体制。待后来市场经济的改革方向确立，又转而主张改革。当然，后来这一转应是受欢迎的，但因此而谋得一官半职之后，就要威风，压制别人。这种言行为正直的人所不齿。辅礽在1985年受到某些人的压制，无法兼任中国经团联的秘书长一事，给我印象很深。

辅礽坚守自己的节操还表现在1987年"于光远生活会"上，当时让他参加这个会，是要他揭发批判光远同志的，因为在那段时间，他们接触很多。辅礽参加了会议，但他顶住了压力，没有发言。顺便说一句，我则是两次听传达时两次提了抗议。

我很同意辅礽同志讲的，古人所谓"守身为大"，不仅仅指一个人能在社会道德沦丧、浊流滚滚的环境中不同流合污以及洁身自好，而且还要能够坚持真理，力所能及地去积极推进社会前进，在现在就是要完善经济体制改革，促进政治体制改革。这才是作为一个知识分子的本分。我赞成辅礽说的"让我们大家都记住并实行'守身为大'这个警句和格言"。我认为这也是当前建立市场经济伦理道德、重振人文精神保证改革成功所迫切需要的。

不是同窗　胜似同窗

——悼念董辅礽教授

谷书堂

　　董辅礽教授不幸逝世的消息，我是在温州考察时从一份报纸上看到的。消息很简短，无法知道临终时的详情，只知他是在美国逝世，也不知道向哪里表达我的悼念之情。现在这篇回忆文章就算是我对他的怀念和追思吧！

　　董辅礽教授和我可以说是老相识了，我们虽然没有同过学，但后来的接触和交往却不亚于一般的同窗之谊，而且我们在经济学特别是经济体制改革方面的观点有很大的一致性。

　　我们第一次接触大约是在 1956 年前后，那一次是他和刘国光教授来天津考察，当时他们是在中国科学院哲学社会科学工部下属的经济研究所工作，而且是该所综合平衡研究室任正副主任。天津市由社科联出面接待，请他们对政治经济学界做一次学术报告。报告会本应由市经济学会会长季陶达教授主持，因他身体欠佳改由我来主持，那是我们第一次会面，他很年轻，显得神采奕奕，给我留下了深刻的印象。

　　自那次认识之后，我们时常有机会在一些学术活动中会面，但较为频繁和深入的接触则是在改革开放后的 20 世纪 80 ~ 90 年代。我记得那时他已担任了经济研究所的所长，当时由该所筹办的围绕着改革开放问题的研讨会有若干次，每次会议都先安排几位思想比较解放、观念比较新的专家发言，这样一来对后来的研讨就可以起启迪和先导的作用，所以每次会后大家都觉得颇有收获，我也不例外，因此每次开会我都是积极的参加者。

　　我们之间更进一步的联系实在 20 世纪 80 年代后期和 90 年代我邀请他来学校参加研究生的论文答辩。按规定每次答辩都要请校外两位专家参加。那个时候我们都从北京请人，而且大部分都是从中国社科院经济研究所聘请，如张卓元、戴园晨、周叔莲等研究员，董辅礽教授更是每请必到，给我们很大支持。在每次答辩完，我们都挤时间请他向我们所的研究生和青年教师就当时一些经济热点谈谈他的看法。说起来很惭愧，那时所里经费紧缺，每次对他们的微薄酬金几乎都拿不出手，而他却从不计较，这一点也使我很受感动。至于他的讲座则可以说是言简意赅，观念鲜明，给人以很清晰的感觉。

董辅礽不仅在做学问方面很执著，而且在组织和领导学术活动方面也表现出很高的热情和才能。在这里我只举亲身参与过的两次活动为例。

一次是1986年在北京召开的制订"八五"社会科学研究规划、评审"八五"重点科研项目的会议。我参加的是政治经济学组，这一组有一项重点课题是"社会主义社会的体制、运行和发展"。根据评审的惯例，一项重点课题至多中选的不超过两个单位或个人，但是当时申报这个项目的很多，远远超过了预计数，这当然对会议的组织者造成了不小的困难。会议组织单位是中国社会科学院，董辅礽可能就负责政治经济学组的评审，后来他提出一个解决办法并获得大家的认可。办法就是突破常规，把名额增加到四个。他在会上解释说，鉴于这个课题的重要性，同时也考虑申报单位之踊跃，特别是许多"大家"都愿意在这个课题上贡献力量，所以应该突破常规，发挥大家的积极性。中标的所谓"四大家"包括中央党校的王珏课题组、吉林大学关梦觉的研究队伍、上海社科院以雍文远研究员为首的课题组和南开大学由我主持的研究组。这大大振奋了大家的情绪，使这个课题的进展很顺利，四个单位的研究成果先后都以专著的形式面世，最先拿出来的是我以《社会主义经济学通论》的书名和以本课题名称为副标题的专著，在上海人民出版社1989年4月出版，后由高教出版社再版，并被国务院学科评议组推荐为研究生教材，先后获得天津市社科一等奖和国家优秀教学成果二等奖（一等奖缺），目前正在组织力量修订，准备出第三版。追根溯源，这个专著之所以能顺利问世并获得社会的认可，可以说与董辅礽教授敢于突破常规，支持更多单位参与重点课题研究的做法是有一定关系的。

另一件事是1987年编写中国大百科全书的活动，我参加的是《经济卷》（社会主义部分分册）。参加这一部分工作的是七个人，组长是苏星教授，成员还有刘诗白、吴树青、恽希良、任维忠和我，不难想象，要完成这个任务对我们的压力、特别是苏星教授的压力有多么大。当时董辅礽教授是负责这一部分工作的编委，他考虑到这个情况，于是在编委核心组会上提出了这个问题，经研究决定增加刘诗白和我担任副组长，帮助苏星教授共同完成这项任务。这对组长来说有了分担任务和压力的力量，对于我们来说也有了更大发挥主动性的机会。全组正是在这种条件下齐心协力按时保证质量地完成了编写任务。从这里也不难看出，董辅礽教授在组织和发挥研究力量的作用方面考虑是很周密的。

说来也巧，我和他最初的一次会面是我在天津接待他和刘国光同志来津讲演，我和他最后的一次会面也是在天津，我同天津日报社的领导同志一起接待他到报社讲演。报社的领导都比较年轻，他们知道我和董辅礽教授比较熟，特约我和他们一齐来接待他。那次他来做宏观经济形势报告，演讲内容精练，观点鲜明，听众的反应也比较热烈，我也从中了解到一些新的信息。当天我因肠胃不适不能陪他吃饭。那时我想来日方长，这次虽不能充分交谈，后来的机会还多着呢！没想到这次分别竟成了诀别，每想及此，便有一股酸楚的感觉涌上心来。

安息吧！我的老朋友，我相信有相当一批年轻的经济学者会沿着你走过的研究道路继续而又坚定的走下去！

董辅礽——一个真正的经济学家

何炼成

昨天（2004年8月1日）晚上9点，我正在看电视，接到我的恩师张培刚教授转来的电话，惊悉董辅礽同志不幸去世，使我一下惊呆了，眼泪夺眶而出，心情久久不能平静，往事历历如在目前。

回忆在1947年8月底，我考上武汉大学经济系，刚进校不久，就见到董辅礽，他当时已是经济系二年级，比我高一班，大概是负责我们班的迎新工作，因此他是我到武大认识的第一人。我清楚地记得是他带我们去注册报到，给我们安排宿舍，在迎新会上给我们介绍学校的情况，特别是国民党制造的"六一惨案"的经过。从此开始了我们的友谊交往。

到1948年，国统区的学生运动进入高潮，武大是华中地区学运的中心，我们经济系又是武大学运的一支生力军，董辅礽是当时学运的骨干分子。他在经济系组织进步的读书会、歌咏队、出壁报等，我都积极参加了。我还记得他组织我们学习过从延安传过来的《新民主主义论》油印本，还学习过王亚南先生的《中国经济原论》一书，并鼓励我们看《资本论》。他虽然唱歌不内行，但为了斗争的需要，自任歌咏队长，组织学唱解放区的歌（如"黄河颂"等）。我们经济系还演"老母刺瞎亲子目"等揭露国民党反动统治的节目，在全校引起巨大反响。特别是后来他参加竞选学生自治会主席，在地下党团组织的策划下耳义得巨大胜利，使武大学运进到一个新阶段。

1949年5月16日武汉解放，地下党团组织公开，我才知道他早已是个地下党员，这时已调到学校党政领导岗位，但联系我们经济系党团组织的工作，我也兼任校团委宣传委员，兼管经济系团支部的部分工作，因此与董辅礽同志常有联系，在他的指导和帮助下，经济系团的工作搞得有声有色，受到校党领导的表扬。

1951年7月，我在武大经济系毕业，服从国家统一分配来到西北大学任教。我记得在离开母校前一天，我同他告别辞行，并谈了自己一些想法，他对我进行了安慰和鼓励，使我愉快地踏上了新的征途。1953 年，他由国家派往苏联留学，我们曾一度断绝了联系。1957 年春，他从苏联留学归来，我们又通信联系上了，从来信可以看出，他已减少了职业革命家的色彩而成为一个文质彬彬的学者了。他被留在中国科学院经济研究所，研究社会主义再生产、国民收入和国民经济平衡等问题，在当时的老所长孙冶方同志的领导和指导下，取得了突出的研究成果，后编辑成《社会主义再生产和国民收入问题》一书，于 1980 年由三联书店出版。其中的突出贡献是：将马克思的再生产公式加以具体化，设计了一个新的部门联系平衡表，从而大大发展了马克思的再生产理论，被称之为"董式模型"，他被誉为"中国经济成长论"的杰出代表人。我有幸拜读了他的这一大作，使我深受启发，大大促进了我对社会主义生产劳动理论的研究。

从 1964～1976 年，是中国学术界遭受苦难的十几年，中科院首当其冲，经济所的所谓孙冶方的"八大干将"被康生、陈伯达的爪牙们作为"反动学术权威"进行批斗，后下放到"五七"干校劳动改造，直到"四人帮"垮台后才回到中科院。在这十年中，我也被造反派安上"孙冶方在西北的代理人"的帽子，受到重点批判、残酷斗争，下放农村劳动改造三年。因此，在这十几年中，我们完全断绝了联系。

粉碎"四人帮"以后，他积极参加并组织了对"四人帮"经济理论的批判，从 1977～1979 年，在于光远同志的指导下，他主持和组织了对"四人帮"在上海组织编写的《社会主义政治经济学》的批判，接着又组织全国经济学界开展了关于社会主义生产的目的和按劳分配问题的讨论，坚决批判了"四人帮"在这些问题上散布的谬论。

特别应当指出的是，他第一个提出改革中国国有企业的体制问题（1978 年），强调要实行"政企分离"和"政社分离"，进行"所有制改革"和"运行机制改革"，并提出要改变"分灶吃饭"的财政包干制，实行分税制的建议（1980 年）。为此他被某些人诬之为"宣传私有化"的指责，一直到邓公南巡讲话后才承认他当时观点的正确。正是在他的这些观点的启示下，我在 1987 年春全国社会主义经济理论研讨会上，提出改革中国当时生产资料所有制结构的"飞机模式"，即国有企业压缩为 30%，集体合作企业扩大为 40%，个体私营企业扩展为 30%。此论一出，当即受到与会代表的批判，只有一位学者（宋养琰教授）公开支持我的观点，为此"私有化"的帽子给我戴上了 10 年，直到党的十五大文献出来后才被摆脱。正是由于董辅礽同志的支持，我才一直坚持到最后胜利。

1984 年春夏之交，许涤新同志在桂林主持召开了中国大百科全书经济学卷政治经济学词条的编写会议，由董辅礽同志具体组织安排。承蒙他的邀请我也参加了。在编写过程中，曾启贤教授提出斯密关于"经济人"的假设对中国经济体制改革的适用性问题，实际上也就是实行市场经济体制问题，董辅礽同志非常同意这一观点，不久就引发了中国学术界关于计划与市场问题的大讨论，直到党的十四大明确提出建立社会主义市场经济体制问题，董辅礽同志也参与了这一英明决策。

20世纪90年代初，董辅礽同志提出应从国有企业的功能出发，分别不同类型来改革国有企业的体制问题。他论述了市场经济的有序与无序的问题，指出了市场经济有效运作的条件与不能有效动作的原因。1993年，他根据自己的国有制理论和市场经济理论，分析当时中国的证券市场问题，极力主张国有股和法人股进入流通，明确提出培育机构投资者的主张，并参与了中国《期货交易法》的起草工作。1997年，他进一步提出了共同所有制和公众所有制的概念，认为这些都是公有制的实现形式；为此，他明确提出"国有企业要有所为有所不为"，"应从竞争性领域退出来"，"非公有制是社会主义市场经济不可分割的组成部分"。这些观点，当时虽然受到一些人的非议和责难，但后来不断为改革的实证证明，并为党的一些文献所采纳。

特别应当强调的是，董辅礽同志"尊师重道"的美德，他非常崇敬我们大学时代的恩师——张培刚教授，非常信奉张老的"发展经济学"思想和理论。他先后参加张老80大寿和90大寿的纪念会，在会上代表我们这些老校友发表了热情洋溢的祝寿词，特别是高度赞扬了张老的博士论文《农业工业化》的伟大意义，指出这是国际发展经济学的奠基之作，张老是国际发展经济学的创始人，这是中国经济学界的骄傲，也是全中国人民的骄傲。

纵观董辅礽教授的一生，是不断追求真理的一生，是寻求强国富民之道的一生，是历尽磨难而坚持真理的一生，是光明磊落、无怨无悔的一生。他不愧为一个真正的共产党员，一位真正的经济学家。

董老死去何所道　托体山阿亦雄峨

侯　宁

2004 年 7 月 31 日从女儿发来的短信中，知道董辅礽老师逝世的消息，非常悲痛。20 年来董老师教导、关心、帮助我的情景顿时一幕幕地浮现在眼前。

一　董辅礽是一位有杰出理论贡献的经济学家

我和董老师相识于 1984 年。当时，中国社会科学院接受国务院的下达的 "七五时期国力预测" 的研究课题，组成由董辅礽和乌家培领导、张曙光等研究人员参加的课题组，在短短的 3 ~ 4 个月期间完成了这一课题。我作为课题组的一个成员，参加了研究并执笔起草了报告。从此，开始了与董老师 20 年的交往。

马克思经济学说的两大核心是：剩余价值学说和扩大再生产的公式。其扩大再生产公式论述了经济发展中生产资料部门和生活资料部门间的数量比例关系，成为后来计划经济国家制定国民经济计划的理论基础。诺贝尔经济学奖金获得者列昂节夫在苏联国民经济计划理论基础之上，建立了他著名的投入产出学说。

董老师青年时代在苏联学习时，在其副博士论文中对马克思扩大再生产公式进行了深入的研究，做出了十个方面的推论，为马克思扩大再生产理论的发展做出了杰出的贡献。因此，他还没有毕业他的这篇论文就在苏联出版了。反映他这一方面思想的著作《社会主义再生产和国民收入问题》，也在 1980 年和 1983 年在国内出版和再版发行。

与众多的对国外经济学说照搬照抄、没有自己理论的中国经济学家相比，董辅礽是一位有杰出理论贡献的经济学家，而且是世界范围内的理论贡献。尽管这一贡献由于计划经济的失败而被人淡忘，但在经济思想史仍有其地位，因为这是十几个国家千百万人几十年实践经验（尽管是失败的实践）的理论总结。

因我后来离开经济学界，我对董老师多方面的理论成就知道的甚少。这里所说的仅仅是我所知道和领悟的。

二　董辅礽是一位有理论良知和
政治良知的经济学家

1978 年，在人们为中国经济的落后、人民生活的困苦而痛心，为中国经济发展的坎坷而反思，为未来的改革和发展而思考时，董辅礽和其他一些经济学家敏锐地觉察到：中国经济问题的核心是国有经济制度有问题。因此，他极力推进关于集体经济的研究（在当时的政治环境下还不可能提出发展私营经济），并筹办了江苏经济体制改革和集体经济的研讨会（名称可能不准确）。

他告诉我当时办这个会议的压力很大。当时意识形态的总管和"理论权威"曾要求他取消这个会议，他以会议通知已发为由拒绝了。这一拒绝对他的"仕途"产生了影响。按照他的学术水平和资历，他完全可以得到比中国社会科学院经济研究所所长更高的行政职位和待遇。但他宁可因坚持自己的理论观点而放弃这些，而不愿违背自己的理论良知做一个"庙堂"经济学家。塞翁失马，焉知非福。正是由于他这种只服从真理、不随风摇摆的理论良知和勇气，造就了其理论上的成就和贡献。

他在 1989 年事件中的表现，更令人敬佩。他不愧为是一个有政治良知的中国知识分子，不愧为是"中国的良心"。

三　董辅礽是一位充满爱心的师长

参加董老师领导的课题组后，我还曾为我写的一篇讨论农业、轻工业和重工业最佳比例的论文找过董老师一次。此后，我就去美国芝加哥大学进修了。就这仅仅两次的交往，使董老师关心和帮助了我 20 年。

1986 年他去美国访问，路经芝加哥。他和他的女儿特地约我出来见面，详细地询问我学习和生活的情况，嘘寒问暖，关怀备至。

1989 年我从海南辞职返回北京，没有工作，没有住所（寄居在岳父家），处境非常困难。他在得知我的情况后，在参加全国大代会的一个晚上，特地到我岳父家拿走我的简历，并在开会时将我的简历亲自找一位部长批示（后由于其他原因未成）。他还曾为我联系中信公司等工作单位。

1994 年我到深圳工作后，他每次来深圳只要有时间他都会找我去谈谈，将他的著作赠送与我。每当我工作上有什么事情需要帮助时，他都会毫不犹豫地尽其所能地帮助我。最使我感动的是有一次，他听说我遇到了困难，焦急地搓着手，喃喃自语地说，怎么办呢，怎么办呢。

我与董老师非亲非故，也不是他正式的学生。仅仅由于两次工作上的交往，他就对我这样的关怀和帮助。听说他对于他的学生，也是非常关心和爱护。我曾向他介绍过一位研究生，后来他曾多次给我打电话，询问其学习的情况。

孔子说，仁者爱人。董老师就是这样一位充满爱心的长者，一位深受其学生和同事爱戴的师长。

斯人已逝，精神长存。

董老师为之贡献毕生心血的中国经济学和中国经济在发展、在前进，并将随中华民族的伟大复兴而走向辉煌。

安息吧！敬爱的董老师！

深切悼念董辅礽教授

胡乃武

董辅礽教授是我的良师益友，我与他在长达28年的学术交往中建立了深厚的友谊。他的逝世，使我悲痛万分。

董辅礽教授是中国著名的、在国际上很有影响的经济学家，他为推动中国的改革开放和促进国际学术交流做出了杰出的贡献。他的逝世，是中国经济学界的一大损失。

董辅礽教授是一位被誉为"一身正气、一身锐气、一身骨气"、品质高尚的经济学家，是永远值得我们学习的楷模。

我们深切悼念董辅礽教授，就要继承他的遗志，完成他未竟的事业，锐意改革，勇于创新，为中华民族的伟大复兴而努力奋斗。

董辅礽教授千古！

我的良师益友

江　平

董辅礽教授表现出一位有独立人格的学者风范，不说违心话，不做违心事。我对他的这一精神尤为敬佩。

董辅礽教授离开我们走了，我心中怅然若失。

我和董辅礽教授的交往和友谊始自 1988 年，以前只听说过他的名字，也读过他的文章，但始终不得谋面。1988 年第七届全国人大选举时，我和他同时被选为全国人大常委会委员，他同时被选为全国人大财经委员会副主任，我则是法律委员会副主任，而且只有我们两人是学者型的不脱产的副主任。

尤为凑巧的是我们两人都是浙江的代表，籍贯又都是宁波人，五年期间又都是在宁波组一起讨论。当时代表都是两人一室，五年间我们两人总是在一室，又都常回家乡了解情况，视察工作。更令我惊奇的是我们两人又都是留学的同学。我是 1951 年派去的，读本科，他晚四年去，读研究生。我在莫斯科大学，他在国民经济学院，都在莫斯科市内。回忆起当年意气风发的留学生活，浮想联翩，感慨万端。

法学家和经济学家联盟的想法，我是从与董辅礽教授一起参加一些活动时开始的。的确，我从他的身上学到很多东西。他每到宁波都要进行实地调查，掌握一些宁波经济发展的数据和材料，然后根据一些数据来说明宁波经济发展中应注意的问题。正是这样，他的意见就很中肯，既不是夸夸其谈，也不是领导人的原则指示，体现了一个经济学家的务实精神，也表现出他捕捉问题及其本质的敏锐性。

在浙江，一度把温州模式与宁波模式对立起来，似乎温州是走私营经济为主的资本主义道路。当时的政治气氛紧张，温州人的压力很大。董辅礽教授一贯主张发展并保护私有经济，给温州经济以很大支持。即使在政治气氛变化时，他也是旗帜鲜明地不改变自己的立场，我曾为他捏一把汗。

他对国有企业股份制改组新上市也很关心。他曾约厉以宁教授和我作为三人专家组赴山西对山西汾酒厂的上市进行调查并把关。我的一些经济学知识是从他那里学到的。我常对他说，你们是经济基础，我们是上层建筑，没有经济基础，哪有上层建筑！

　　董辅礽教授对法律的制订与法制建设也给予了很大的关注。当时，财经委员会要起草一些法律，有些法律的专门性很强，需要由学者来牵头。其中《证券法》由厉以宁教授牵头，《信托法》由我牵头，《破产法》则由董辅礽教授牵头。

　　董辅礽教授很重视破产法，他强调市场要有自由的准入机制，也要有合法的退出机制，《破产法》应该是符合市场规律的企业退出机制。《破产法》起草过程中最初召开的一些国际研讨会他都亲自参加。法律方面的一些专业术语他也问我。新的《破产法》不久前已经提交到全国人大常委会，其实，这部法律的基本轮廓在五六年前就已形成，其中也有董辅礽教授付出的辛劳和智慧。

　　在七届全国人大常委会中，董辅礽教授、厉以宁教授和我是三位不脱离自己工作岗位的学者型常委。学者型常委在常委会上的发言往往具有独立性，其观点也不尽然与主流观点一致。董辅礽教授的发言很鲜明的一个特点就是从不人云亦云，从不亦步亦趋。他的观点具有独立性，论据充分，令人信服，这反而会给领导决策时多一重思考角度，体现出一位有责任感的经济学家对国家、对人民高度负责的良知。那一届全国人大常委会成立一年多就遇到了一场政治风波，当时常委会会议上形成了压力很大的批判风、讨伐风。但董辅礽教授表现出一位有独立人格的学者风范，不说违心话，不做违心事。我对他的这一精神尤为敬佩。

　　董辅礽教授身体一直很好，冬天他也只穿一件衬衫，从未见过他穿毛衣。他说，这是在苏联学习时养成的习惯。我曾对他说，以他的身体状况，虽然比我大几岁，肯定是要比我长寿的。没想到他竟身患重症，客死异国。悲哉！中国学术界失去了一颗巨星！谨以此文悼念我这位经济学界朋友！

不尽的思念

金　梅

"去的尽管去了，来的尽管来着；去来的中间，又怎样地匆匆呢？"当年朱自清倾吐的是对时光的感叹；而此时，我们感叹，为什么这么多爱他的人却无法把他再呼唤来着。不！对于他爱的人和爱他的人来说，去来的中间是没有距离的。他——亲爱的董辅礽老师不曾去了。

2004年7月30日那天，我在悉尼大学图书馆上网，打开我的邮件箱，盼望看到熟悉的电子邮件回复。但是，任凭我不断地刷新，却没能看到"dongfureng@……"。些许的失落而没有多想。8月2日回到北京，传来的消息是那么突然，那么沉重，那么残酷；一切的一切都转为了不尽的思念。

在董老身边常常受到他的关爱，似乎习以为常。但是，有一种震撼人心的爱却永远深刻在脑海里，无法用任何文字表达出来。2003年10月20日，令我终生难忘——一位最懂得爱、全身心付出爱的人——诠释着爱。

这一天，董老在夫人刘蔼年的陪同下将去美国治病。他谢绝了人们希望送行的要求，那"下命令"的口吻不曾有过。只有我，第一次不听他的话，执意来到家中，与其前往机场。

不到12点，我们准备离开家。在小小的门厅，董老坐在矮鞋柜上穿好鞋，轻轻地、深情地说，"就要离开我们温暖的家了，再看看我们温暖的家"，那依恋的神情令人不忍打断。我说："治好病就回来了，到时候，我还要到机场接您和刘阿姨，还要买一个花篮放在家中，迎接您回家。"要知道，董老从不愿让人为他做什么，而这一刻，他用几乎听不到的声音说："好。"

司机小周特意把车开得很慢，董老一直侧身从后车窗凝视"温暖的家"，柔而极有磁性的声音"再看看我们温暖的家，再看看我们温暖的家"，深深的眷恋和厚重的爱意如巨浪冲撞而来，使人再也无法控制住泪水。片刻的沉寂，董老问："金梅，你怎么啦？"我不敢看他，悄悄地抹去泪水，"没什么，董老"。感动、心痛，说不出心情。

机场出关口，萧灼基老师也来送行。萧老师和董老话别；我与刘阿姨相拥，相同的泪水承载了所有的语言。目送着董老出关，他两步一回头，两步一回头……出关的路那么长，又那么短，虽然泪水模糊了双眼，但我努力地去读懂他：面对病魔是坦然的，即使预料到最糟糕的结果；深爱着他的祖国，眷恋着这片土地；珍爱着他的挚友，此时无声胜有声；关爱着他的学生，期望长成茂密的森林；疼爱着他的妻女儿孙，珍视合家团聚的时光……他用坚强承受一切压力，用豁达把希望传达给我们。他像大写的"人"字，永远向上而脚踏实地。

我和小周在停车场坐了许久，这时的心情非常复杂。希望出关的手续办得顺利，董老和刘阿姨可以早一点休息；又希望董老有什么事需要我们做，这样就可以再见到董老，和他多呆一会儿。

小周的手机响了，董老告诉我们已经在贵宾室休息了，催促我们回去，并再三嘱咐小周："一定送金梅回去，要回办公室就送到办公室，回家就送到家。"以往，开会也好，聚会也罢，结束时董老经常问的一句话就是"你怎么回家"？每当我的"专车"或"搭便车"安排好时，他会满意地点头："好，好！"那时，我总是带着"优越感"得意的回家。这时，这份关爱我甚至不想拥有，宁愿把它换成等待——多么希望这是接他康复后回国的等待。

大约10分钟后，我的手机响了，这是董老赴美前打给我的最后一个电话："金梅，对不起，我今天对你发脾气了，我不想让人来送我，你理解吗？"（对于我的不听话，在家时挨了"批评"）"我理解，是我惹您生气了。我想陪陪阿姨。""我知道，谢谢你！"其实，我有一肚子的话要对董老说，这时却什么也说不出来。

我怎么会不理解——董老爱我们大家，他也知道我们大家爱他，他非常珍惜这份爱，他最不愿意看到的就是我们的眼泪，他不忍大家处于伤感；我怎么会不理解——董老总是为别人着想，他记不住为别人做过的事，却在意别人付出的点滴；我怎么会不理解——他是最懂得爱的人，爱的博大，爱的深沉，爱的奉献……

我怎么也没有想到，2004年8月7日在机场等候的是不尽的思念。在与董老交往的日子里，一切是那么愉快，他以高尚的人格吸引着人们。他有一颗智慧的大脑，有一腔赤诚的热血；他有一位才貌双全的伴侣，有一对品学兼优的儿女；他有众多志同道合的朋友，有一批批勤奋上进的学生——他有丰富的人生，他是精神的富翁。他好像拥有世间一切美好，而我们也享受着他的美好。

　　亲爱的董辅礽老师，您付出一生的爱给予自己的祖国、亲人和朋友，您用智慧和勇气承担着中国经济学的责任，您是精神浩瀚并用思想生活的人。

　　思念，思念，不尽的思念。

董老去世是经济学界乃至
国家的巨大损失

郎咸平

今天早上我到达办公室，惊悉董辅礽先生去世。谨以此文表达我的痛惜钦佩之情。

董先生是我们这个时代中国伟大的经济学家，是我最尊重的老一辈学者之一。他的去世，无疑是中国经济学界乃至国家的巨大损失。

董辅礽先生始终以自己所学致力于国家的富强。他的学识、他的洞察力、他的勇气都是我们学习的榜样。他的最大贡献，在于为过去20多年中国经济和社会发展找到了理论基础。后文化大革命时代，他与其他老一辈经济学家一起，提出了崭新的经济发展理念，破除了长期禁锢人们思想的陈旧观点，重新诠释了社会主义与市场经济的关系以及公有制经济的实现形式。年轻的一代可能很难想像到在当时的政治社会背景下，要突破这个藩篱需要何等勇气！

董先生不仅是一个理论上的先行者，更是一个积极的实践者。他作为全国政协经济委员会副主任，他对国家经济生活中的很多大事都恭身入局。例如，在对宏观经济的诊断和政策制定、国有企业的改革方式、证券市场的规范与发展等方面，董先生都发挥了重要和积极的作用。

董先生等老一代经济学家的贡献深刻地影响着我们当今的日常生活。毫不夸张地说，如果没有他们的努力，我们的生活也许不是今天这个样子。

逝者已去。作为新一代的中青年经济学家，我们又要如何继承他们未竟的事业呢？董先生等前辈已经在理念上做出了突破，而且也完成了历史使命。但我们这一代大部分的经济学家则停滞不前，不能与时俱进，也没有致力于前辈经济学家理念引导下的严谨的科学研究，而仍然在理念性的层次上打转，以拍脑袋而非科学性的方式从事研究，难免误导了国家现行经济政策。

我期待新一代的中青年经济学家真正继承和发扬前辈的探索精神，必须坚持透过研究而发言的理念。惟有如此，中国的经济学才能取得实质性的进步。

怀念董老师

刘　黄

在记者参加的论坛上，有人幽幽地说，"今年召学者"。

也许是吧。2004 年，上天真有意要"召"回人间不多的有造诣有品德亲和谦逊的学者？从春到夏，三个月间，区区如我，竟然再三再四地写悼念的文章。

说实话，我已经从心里不想再做这样的东西了。生者犹生，逝者已矣。有海外的朋友打电话来，嘱我替他向董夫人表示慰问。我思忖再三，仍不敢拿起话筒，面对刘阿姨，我该说什么？怎样说？苍白的语言，既不能回天，也不能减轻亲人的悲痛。

但是对于董先生，我不得不写。

最后一次见到董老师，是在他被发现有病前不久。我打电话希望他为报纸谈谈政府职能改革问题，他很忙，但痛快地答应了，并约了时间——在他出差前的一个下午。他忙我当然知道，他会接受采访我当然也知道——因为每次他都会给我们挤出时间。那天，他的情绪很好。谈完正事，他快乐地邀我参观他的新家。这是刘阿姨单位新盖的房子，很大，向阳，窗明几净，一切都新鲜亮堂。外边通体的大阳台上，有绿色植物和花卉，离休的刘阿姨拿了水壶浇花，一派充满生机的宁静。

"终于有了专门的书房了。"说这话的时候，董老师带着满足的微笑。那之前，他在三里河的老房子要重建，董老师借住在亚运村汇园公寓别人的房子里。春节去看他，房间正中一盆硕大鲜艳的蝴蝶兰被随意堆积起来的家具环绕，很多行李打着包。他说："你看，我的很多书都没法打开，现在就没办法做研究。"

终于，董老师搬进西翠路的家。他打电话告诉我时，我恰好不在。那天回来，我在办公桌上发现了同事留的小纸条：写着"董辅礽"三个字，下面是他新的电话号码。看到小纸条，我很感动。我能想像得到，他带着眼镜在电话机前把新号码一个个通知别人时的认真。

这大概不仅仅是细心周到所能解释的。多年来，我经常接触各种各样的大学者，由于各种各样的原因，他们中的很多人尽量表现得矜持，像董老师这样为人很真的并不太多。董老师在经济学界是公认的德高望重者，不只缘于他的学识，更缘于这些由细节组成的他的人品。董老师再一次让我确信，大师风范不是做出来的，它只能融于一举一动中。

以后，有一段时间我没和他联系，只是偶尔打个电话，再后来不久，听到了董老师患病的消息，紧接着又听到董老师赴美治疗的消息。又紧接着是董老师写信过来给刘伟，告诉大家正在用一种最新的药物进行治疗……关注着董老师这一切消息的我，觉得很欣慰，想，能有这么好的医疗条件，董老师也会出现奇迹的。

但他还是走了，在刚满77岁时，对于当代人的普遍寿命来说，董老师尚在英年。

网上有人痛悼董老师，把他称为私营经济的"守护神"。可能由于早在改革之初，1978～1979年间，他就深刻地指出：国有企业必须改革。那时，这种观点的提出要有勇气。即使到了20世纪90年代，他仍然由于在本报（《中华工商时报》）发表的私营经济理论需要发展的文章受到批评。他在文章中提出，在市场经济条件下，国有经济、集体经济、私营经济都是市场主体，在市场上是平等的，不能说以谁为主，谁是补充。

但事实上，董老师是个有很高理论修养的学者，他对于中国改革的贡献遍布经济理论的各个侧面，深入各个层次，对私营经济的研究仅仅是其中一个方面。多年来，他读书、写作、调研的范畴从计划经济和市场经济的基本理论，到农村、国企、股市、金融、政府改革等一系列的具体理论和实践，并且一直强调机制改革。深厚的理论素养支持他在这些领域都有深刻和犀利的见地。

搜狐首席经济顾问郎咸平说："他的最大贡献，在于为过去20多年中国经济和社会发展找到了理论基础。后文化大革命时代，他与其他老一辈经济学家一起，提出了崭新的经济发展理念，破除了长期禁锢人们思想的陈旧观点，重新诠释了社会主义与市场经济的关系以及公有制经济的实现形式。年轻的一代可能很难想像到在当时的政治社会背景下，要突破这个藩篱需要何等勇气！"

中国经济理论界走了一位这样的学者，谁能估价出其损失？

在仰止与近观之间

—— 惊鸿一瞥忆董辅礽先生

刘建锋

"他以阅尽沧桑的脸,展示着一幅认真而又略带一点淡漠的表情,这是近来他生活中的表情……" 1999 年,我曾在文中这样描述董辅礽的油画像,这幅画像,当时挂在他位于北京三里河简陋旧室的书房南墙上。

我对董辅礽先生由"高山仰止"的景仰情怀,进一步发展到由"近观"而带来的亲近感,得益于 1999 年 8 月 26 日中国经济时报编委会下达的一次采访任务。

那时正值新中国建国 50 周年,报社编委会决定组织一组 50 年经济与科技发展回顾的文章,给我下达的任务是采访当时九届全国人大常委会副委员长周光召和著名经济学家董辅礽、厉以宁。

接到编委电话通知的时候,我正在人民大会堂里,在九届全国人大常委会第十一次会议上采访。三位计划的采访对象中,周光召是"两弹一星元勋"之一,全球著名的物理学家、中国科协主席,又身居国家领导人的高位,我对能否顺利采访到他不免有点把握不足;厉以宁当时身为全国人大常委、全国人大财经委副主任委员,也在会上,而此前我曾对他有过一次采访,于是自以为把握很大;而董辅礽,此前并未近距离接触过,又是与吴敬琏、刘国光、厉以宁同样名震华夏的经济学家,偶尔远望见他,他的表情颇有些令人不能轻易接触的淡漠之意,遂对采访他感觉最没有把握。

次日的事实,却将我的感觉颠覆了过来。周光召蔼然应允一天后在人民大会堂接受我的专访;常委会小组会议间歇,见厉以宁从会场出来到走廊活动筋骨,我不失时机地上前约访,却意外地遭到"棒喝"——"今天不接受采访!"厉以宁当时疾言厉声,令无辜的我莫名其妙,但联想起前次对他的采访中,他突然提到南方某家报纸做了个"厉以宁与朱镕基对着干"的标题,突然为这家报纸对着我和中新社、中国日报记者拍桌子大发雷霆，想到这里，我既为约访厉以宁时"逢彼之怒"而自认倒霉，更为著名经济学家的脾气而担忧是否会在董辅礽那里再次碰壁，何况远望他的神情如此淡漠；怀着忐忑的心，我贸然拨通了他位于三里河家中的电话，但董辅礽慨然应允了，采访地点定在三里河他的家中。

对于董辅礽、吴敬琏、刘国光、厉以宁这一代的著名经济学家，对于其学术的成就与在国内的影响力，对于其推动改革所做出的贡献，作为一个经济记者，此前更多的是"高山仰止"的景仰之情。与厉以宁固然在人民大会堂会场上多次见面接触，却因为其于媒体的敏感意识，我并不以为自己能做到"近观"，正如古人所说，是白头如新。而董辅礽先生虽表情淡漠，心思却平和，于是给了我"近观"的可能，使我在采访他数年之后回顾起来，有"倾盖如故"的感觉。

1999 年 8 月 31 日下午，炎炎酷日，我提前一个小时来到三里河，找寻到他居住的那栋楼房，发现名满天下的他，居然住在几十年的老单元房里。我在这一个小时里，将他住的小区周游几遍，这里的居民房，都是红砖外墙，因为老旧而褪色，苏式的结构，楼道狭小，屋里过道狭窄。除了小区还算是安静，住在这种房子里，绝对算不上舒适。

进入他的家，没有厅，过道窄得只容一人，要是两个人碰面而行，就得侧身，而且屋子里相当的暗。家里很安静，似乎只有他一人。他将我径直带到书房，这里有扇靠西的窗，光线稍好，但房间很小，只是放了一排书柜、两张沙发椅和一个小茶几，便满了。他安置我在靠西墙的沙发上坐下，便去厨房取开水。这时我注意到他靠东墙的书柜上摆放着几幅照片，上面是西装革履的翩翩青年，南墙上挂着一幅他自己的半身油画，画得相当逼真，油画上的他，以阅尽沧桑的脸，展示着一幅认真而又略带一点淡漠的表情，我以为照片上是青年时期的他。

身子略弯，他已经显出老态来了，看着他提水壶进来，我过意不去，站起来，他却坚持要亲自给我泡茶。我于他，不过是一个陌生的无名的年轻记者，而他于我而言，却是了不起的大人物，是名声震耳的著名经济学家。受惠于他亲手泡的这杯茶，我的紧张渐消，平添出亲近的感觉来。他自己不喝茶，看着我，眼睛平静得如池水，回答我说，"这几张照片，哦，那是我的孩子，现在在美国"。

今日回想起来，他的谦逊和平和的人生态度，在对待我这样一个丝毫无足轻重的陌生青年上，淋漓尽致地展现出来，对我也曾颇多提携帮助的全国人大财经委法案室主任朱绍平，与他有多年的接触，想必对他的谦逊和平和有更多的感受，他在获知董辅礽先生去世的消息时，从深圳通过搜狐财经表达哀思说："董老是我非常尊敬的老一代经济学家之一，他治学严谨，为人谦虚，对于他的去世我表示沉痛的悼念。"

当日的采访十分顺利，对于中国经济学和中国经济五十年的发展历程，董辅礽先生胸中早已烂熟，而在于我一介后学青年看来，有太多的不明白之处，采访进行中的无知的提问，他总是尽心地解释。不过，囿于这个主题牵涉的一些问题的敏感，我提到的一些问题和董辅礽先生的回答，并不能悉数公开，比如，我所看到的经济学界的一些有争议的现象，对一些著名经济学家究竟应该如何评价，对中国的经济学术是否已成熟为体系和对经济学著作应该作何评价等。而对于我的一些在他人看来不免有些唐突的问题，董辅礽先生都平心静气，一一作答，当然，我们也有君子约定，凡董辅礽先生认为不宜公开的地方，我绝不写入文章。

文章在1999年10月27日发表，题作《董辅礽谈中国经济五十年与中国经济学五十年》，一年后，《书屋》杂志主编周实在编书收录该文并在其文章《槛外人谈》说："董辅礽先生是中国老一代经济学家中至今还很活跃的一位。《中国经济时报》记者刘建锋对他的采访反映了这位老学者实在的一面。他回顾了五十年来中国经济与中国经济学的发展历程，他的叙述虽然充满了一种不得已的隐藏与无奈，但还是显示了学术发展在中国的艰难性与曲折性。他的自我审视在其同代学者中很有代表性。"

此前我曾接触采访多位高层人士，而此次采访，我的自我感觉最佳，过程中董辅礽先生如同老师之教授学生！

采访完成后，我很快将文章整理出来，传真给董辅礽先生。董老当时虽说已经年逾七旬，仍担任多所大学和研究机构的教授、博导，还担任一些公司的独立董事，时间多不是自己的，而他这些年依旧著述不断，在报纸上也不断发表文章，即便如此，他还是很快给我打来电话，与我约定到一个财经论坛的会场，将修改好的文章交到我手里。

当日他从武汉飞回北京，随即便来到会场做了发言。歇场时我从他手中接过改定稿，稿末他写了一句话——原来他最后改定是在从武汉回京的飞机上！

我与董辅礽先生的近距离接触，并不多，在人生的漫长而言，仅如同惊鸿之一瞥，然而人生之中，固然以新闻工作者接触之广，又有几次能有深刻如此的印象的？不久前我因身患重病，在北京协和医院的监护病房住了一个月，其间耳闻目睹病死者近10人，对于人生，不觉感触良多，不料出院一周之后，在2004年7月30日听到了董辅礽先生的死讯，当时掩不住感怀，在中国经济时报的内部电子论坛上，写下了这样一段："著名经济学家董辅礽今天在美国因病医治无效去世，年 77 岁——'古人云，死生亦大矣'。1999 年，董老在书房，曾对我口述《中国经济五十年与中国经济学五十年》，不料我今在从重症病房出院一周后，听到了这个消息。"并且将《董辅礽谈中国经济五十年与中国经济学五十年》和周实先生的《槛外人谈》贴在论坛上。

今日再读《董辅礽谈中国经济五十年与中国经济学五十年》，相信仍有不菲的价值，而当年董辅礽先生将有关其自我审视的部分，删到很短，在先生而言，是出于谦逊，而对于经济学界而言，今天看来则是大损失！

先生的逝去，又是何其大的损失呢！谨以此悼念董辅礽先生。

深切悼念我们的老所长——董辅礽同志

刘树成

　　董辅礽同志于 1985～1988 年期间，担任中国社会科学院经济研究所第七任所长。随后，一直任经济所名誉所长。董辅礽同志的去世，使我们失去了一位在经济学界享有极高威望的老所长，失去了一位极受尊敬的良师益友。2003 年 10 月 8 日，董辅礽同志不得不暂时舍弃几十年如一日的、呕心沥血的研究工作，住进协和医院，检查已经延误了的病情；10 月 20 日，他赴美国继续检查和治疗。令人万万想不到的是，他这一去，竟是与我们的永别！就在他去美国的前几天，国务院领导同志邀请他参加一个座谈会。国务院领导同志在百忙中得知他生病后，立即给予了亲切的慰问。这个座谈会就是 2003 年 10 月 20 日国务院召开的经济形势专家座谈会。董辅礽同志因病没能出席。正当大家等着他回来后，就中国经济改革和发展问题继续发表深思熟虑的见解时，他却离我们而去了！在他住院期间，所党委书记吴太昌同志和我去医院看望他，经济所的许多同志去医院看望他。正当我们等着他回来后，就经济所的研究和发展继续聆听他那诲人不倦的教导时，他却离我们而去了！董辅礽同志去世后，他夫人和子女在发给经济所的传真中写道："董先生在经济研究所任职数十年，对经济研究所充满感情，生病期间十分关心经济所的发展，十分惦念所内的同事。请转达董先生生前对所内全体同事的良好祝愿。"董辅礽同志深情地惦念着经济研究所，经济研究所的全体同志也将永远深情地怀念他！

　　今天，首都经济学界的各位老前辈、各位朋友们聚集在一起，召开"董辅礽学术思想研讨会"，深切悼念他对中国经济改革和发展所做出的重大理论贡献。在此，我代表经济所的全体同志，向大家表示深深的感谢！我们将和首都经济学界各位老前辈、各位朋友们一道，学习和发扬董辅礽同志那"敢为天下先"、不屈不挠探求真理，笔耕不辍、一腔热血为国为民的崇高精神，进一步推进我们的经济研究，为 21 世纪中华民族的振兴继续做出我们的努力。

大师辞世　思想永存

罗知颂

　　惊悉中国著名经济学家董辅礽教授于 2004 年 7 月 30 日在美国病逝，我们无法掩饰内心极度的震惊和悲痛，谨借搜狐财经悼念网页表达对逝者的深切怀念，并向董老家人致以亲切的慰问。

　　董辅礽教授是享誉海内外的经济思想家，是中国改革开放和社会主义市场经济理论的创造者之一，同时也是著名的经济学教育家。董老是中国现代经济史上少有的创立了自己的学术思想体系的经济思想家之一。大师辞世，毫无疑问是中国思想理论界的重大损失。然而，让人欣慰的是，董先生留下的等身著作和他的经济思想，将永远伴随着中国改革开放和社会主义现代化的伟大历史进程。

　　我和董辅礽教授相识于 1983 年冬，承蒙我校原副校长、著名历史学家陈伟芳教授和原桂林市政协秘书长刘开泰先生的引荐，由我校经济研究所承办于 1984 年春天在桂林举行的《中国大百科全书·经济学卷》基本理论部分审稿会。在董辅礽教授的辛勤张罗下，不仅许涤新老先生亲临会议并在我校讲学，而且曾启贤、张友仁、卫兴华、何炼成、熊映梧等一批著名经济学家都能欢聚桂林，畅谈学术思想，那是一个洋溢着智慧和创造的春天。如今已过了 20 年，每每忆及此事，我们都深深地感激董辅礽教授的精心安排。也就是在那次讲学活动中，董辅礽教授不仅系统介绍了孙冶方先生的经济思想，而且详尽的阐释了他自己对社会主义经济中的所有制结构创新理论。董辅礽教授还慨然应允，担任我校客座教授。

　　在 20 个世纪 80 年代末和 90 年代中期，活跃在中国经济理论研究前沿的董辅礽教授又曾两次来到桂林。在武大校友和老朋友们的聚会中，他向学术界的朋友们介绍了苏联、东欧，特别是两德统一后出现的经济变化，介绍了他到温州考察的感受，还详细介绍了他在社会主义市场经济理论、资本市场建立与完善、民营经济发展等方面的新的研究成果。每一次和董辅礽教授的见面与交谈，都能感受到大师的睿智和不断创新的精神。

1998 年以后，由于在北大光华管理学院的学术交流，我和董辅礽先生在各种活动和学术论坛上见面的机会更多，但每次他都被提问和采访的人群所包围，我们坐下来细谈的时间并不长。2000 年桂林市城市改造和环境保护工程初见成效时，董辅礽先生一行应时任桂林市长的李金早先生邀请，在桂林考察了重点工程。繁忙的行程之中，董辅礽教授还抽空同经济理论界与企业家们座谈，就加快国有经济的重组改造、民营经济的发展和政府职能的转变等问题发表了十分中肯的意见。

几年前，当我们以学术交流的方式为董辅礽教授 70 诞辰祝贺之时，还一直感慨董老的学术品质正直率真，如同他的学术思想一样永远走在年轻一代的前面。我们还在心底里期盼为他的 80、90 和百年诞辰祝贺，未曾想到，董老竟默然谢世，万里之遥，只能托互联网寄去哀思。董辅礽先生的大师风范和学术思想，宛如美丽的桂林山水永世长存，一定会继续影响着我们不断探索前进，董辅礽先生永远活在我们心中。

辅礽的高尚人品

万典武

2004 年 7 月 30 日，辅礽在美因癌变病逝的噩耗传到我耳，我顿时极为悲痛，数日茫然。随即打电话给与他同班的武大一位校友，共同惋惜不已。当时我感叹地说：真是一位好人、好朋友、好同志。这是我真情的自然流露。关于他的学术成就，多位发言和著文已有定论，我完全赞同。我在这里只说说辅礽的人品，淡一些实际的事例吧！

一　武大的进步学生

1946 年，董辅礽考入武汉大学经济系，那时我是经济系研究生的第二年，与他还不相识。1947 年，在反内战、反饥饿的学运高潮中，我担任过大游行的副总指挥，四名同学被枪杀的"六一"惨案后，我是赴南京请愿代表团成员，抛头露面较多。他那时追求进步，当然认识我。我离校后他继续追求进步，并参加了地下党，成为一名勇敢的战士，并做了许多工作。几十年后，我们偶尔谈起过这一段往事，但我更多地是从他的传记看到了他当年的革命事迹。

由于他长期追求真理和卓越的学术成就，前些年他被选为武大的优秀校友和北京武大校友会会长。

二　我俩的学术交往

1979 年以前，我长期在党政机关做宏观经济管理上作，只是业余写点文章和代报纸写社论。1979 年，我主动要求参加商业部商业经济研究所的筹建，参加经济学界的一些活动，从此同辅礽有了密切的学术交往。

20 世纪 80 年代初，有一次，一位日本学者要了解中同商业改革进程，辅礽邀我去接待。他向客人介绍说，万先生是他的老师，我当即说，董先生说得太客气，准确地说我是他的学长而不是老师。大体是那次以后不久，辅礽主持一个研讨会，邀请著名的匈牙利改革派经济学家做客，他向客人介绍了部分中国学者，但没有介绍我，这本是很正常的事，事后他向我致谦说："当时急急忙忙，没有介绍你，真对不起。"我和辅礽在学术活动上有良好的合作。他带的部分博士生的论文答辩都邀我参加，我主持的多项重大课题也请他任评审委员。我参加了他的学术活动50周年纪念，他参加了我从事研究工作55周年座谈会，我们互相支持配合。

我和辅礽在学术观点上常有沟通，彼此基本看法很一致。但20世纪90年代初，有一次我们在车上争论很大。当时议论"有进有退，有所为有所不为"的产权改革，他说你们商业是竞争性行业，国有资本应全部退出。我说这不能绝对化，有的国有或国有控股大型商业企业办的比较好，管理水平高，纳税和交利都比较大，不一定也要全部退出。近十来年的事实证明，国有或国有控股的大型商业企业进步不大，多数是微利甚至亏损，我根据事实也在不断调整我的看法，辅礽比我看的深远。

前几年一次经济学界的新年团聚会，辅礽十分激动地离开座位站在会场中间严肃地批评有人用他的名字做主编，并出了一本经济学史的书。他说，办的人既没有给他看过书稿，也没有跟他打招呼，我们经济学界要树立良好的学风，抵制和揭露这类不正之风。这件事给我震动很大，我敬佩辅礽敢于同歪风邪气作斗争的严肃认真精神。

三　十几年的亲密邻居

我们两家都住在三里河二区，前后只隔两排房子，彼此过从较密。他任全国人大常委以后，中国社科院给他配了专车，我俩有共同的活动，他总是打电话约我同行，散会后也主动找我同归。那几年他的信息面广，我们多在车上随意交谈，真诚而广泛。他常亲自买菜，并自己做家务（因他夫人刘大夫是眼科主任，常为患者做手术，需要保护手指的灵敏性）。我劝他雇个钟点工，他说难得找到合适的。我就把用了多年的一位安徽老太太介绍给他，这位老太太病逝后，我们两家仍然共用这位老太太的大女儿。过春节时钟点工回家过年了，老董总是急着多次打电话问我。就是2003年他去美国治病，上飞机前还给我打电话，除了谈病情外，还说要我转告钟点工，当他回国后一定要继续到他家干活。我劝他安心治病，钟点工一定保证他用，时间排不开就挤在我家的时间。当时他声音洪亮，情绪很好。哪知这段平常的家常话，竟成了我们的最后诀别，真令我揪心。

1989 年的那场风波中，他极为压抑，我因大女婿爱看"热闹"而右眼受重伤，还请刘大夫看过眼，我们老两口十分痛苦，在院中散步时见到辅初老两口还互致特殊的问候，短短数语在那样的大背景下传达着真挚的同志关怀。

四　遵师重道的模范

世界发展经济学的奠基人张培刚教授，是哈佛大学的优秀博士，1946年毕业后，回母校武汉大学任经济系主任。我们研究生论文是他主持的答辩，辅初更直接接受他多年的教诲。1992 年，张老 80 大寿和 2002 年 90华诞，我和辅初均亲自到武汉祝贺。1992 年那次，有的校友当着辅初和我几位老校友说辅初算是张老的大弟子了。辅初谦让地说那还要数典武同志。我开玩笑说，论官职当然是你大，但论毕业年级我应该是最大的弟子。散会后我们二人为了给办会的单位省钱，同时坐的火车回北京。辅初病逝后，张老的夫人谭老两次在电话里谈及辅初，无不深深叹启。第一次通电话时，因为我深深懂得张老对辅初的钟爱，我一再要求谭老要尽量瞒着 92 岁高龄的张老。第二次通电话时，谭老说报上都登了，再也瞒不住了。张、谭二老特地委托辅初的同班同学孙鸿敞教授从武汉专程到北京参加辅初的告别仪式。谭老说，老董真是尊师重道的模范，值得我们现在中青年学子认真学习！

英才突逝，天人同悲，草此短文，以悼挚友，聊寄哀思！

怀念董辅礽老师

王伟东

记得是 2004 年 7 月底的一个日子里，我正在位于金融街的金融街开发股份公司的总部会议室参加由萧灼基、何伟、邱兆祥等老师主办的开达经济研究中心举办的金融街中国经济形势论坛会，会上传来消息，说中国著名经济学家、董辅礽教授在美国逝世了，大家全体起立为董教授默哀。我默默地在那里长久伫立，后面许多的专家的精彩发言不能再拢住我的思绪……

当时我的心绪一下子乱了，只记得耳边想起 2003 年 8 月份给董老师打电话，他用他那很有特色的语音语调说，"没什么问题，你放心吧，过几天我就去美国"——而在此之前（2003 年初和后来的非典时期），我到董老的家里去过几次，因为搬了新家，董老师和刘师母都显得比较高兴，刚好我参与筹备一个关于中国城镇化研究的讨论会，我向董老请教了几个问题，董老给予我许多的建议；还有一次是非典期间，我去他那要董老给我写一封推荐信，他欣然提笔，给我写了一封有许多溢美的信，并郑重除签名外，还专门盖上了他的印；刚好这时师母从海军医院下班回来，反复嘱咐我要注意身体，管好孩子，他们两个总是那么关心和爱护他的学生……体会着董老师和师母的关心，我非常感动。由于董老师书法优美，后来我没舍得把这封信具有书法收藏价值的原件交出，我给主办单位只给了一份复印件……

得知董老故去的消息已经两个月了，董老师的声音总是在我的耳边回响，我真的不愿意相信董老去了，不愿意想到这是真的；因为他的音容笑貌离我太近了，仿佛我伸手可触，仿佛我随时还会与他交谈对话，仿佛我仍在聆听着他睿智的教诲……

回想起来，我与董老相识是 1992 年的事，当时我还刚从北京大学毕业，从原来的地质矿产部现国土资源部出来到中国证券市场研究设计中心工作；在国务院决定成立中国证监会后，我跟随刘鸿儒、朱利、李清原等参与了中国证监会的筹备设立股份公司发行上市的审核委员会的工作，刘主席希望仿照国际上一些做法聘请会外专家，因此中国最早提出私有制改革的厉以宁教授和董辅教授是当然的第一选择。由于我是北京大学国民经济管理系毕业的，厉以宁教授是我的系主任，又是我们湖南沅陵一中（湖南辰郡中学）的校友，所以在大学期间与厉教授就比较熟悉，厉老师也介绍我与董老师认识。之后我们后来在中国证监会一系列的法律法规的起草中，我经常向董老师请教问题，当时就有许多的来往，特别是我后来去武汉大学经济学院读博士，与董老师也就成了比较亲密的师生关系了，所以经常去董老家聆听教诲。由于师母刘蔼年教授是著名的眼科大夫，我看眼睛也是专门找她，1999 年 9 月 9 日，我与我爱人在北京友谊宾馆友谊宫举办结婚典礼，董老师专门抽出时间与夫人作为证婚人参加了我的婚礼；我后来出版的著作《经济全球化中的金融风险管理》由董老师题写了书名……

董老师与我们学生辈的交往中，他作为我们的精神领袖和一代理论宗师，总体现出一种雍容大度、包容万象和鼓舞奋斗的精神魅力和气质。董老师是国内最早提出所有制改革的理论家，也是大力倡导发展资本市场推动中国经济体制改革的享有世界声誉的经济学家。与董老师谈问题，他总是简单明了地启发你接近于实际和真理。他的研究与理论见地总是处在时代和改革需求的前列。记得 1998 年 3 月我在武汉大学与董老师交谈关于资本市场发展的深化问题，他明确地提出上市公司的健康发展才是中国股市健康发展的基石，而当时在一片浮躁的股票价格操作中，曾几何时有经济学家真正深入去考虑中国资本市场未来几年甚至十年的事情呢……

董老师除了几十年兢兢业业耕耘于经济学研究外，更可贵的是他勇于在实践中探索，记得他参与《期货法》、《证券法》、《基金法等》的起草，他夜以继日，阅读各方面的资料，向从事实践工作的人员不耻下问，我后来离开证监会，在证券公司担任主要管理人员，与他通电话，他总是要问我市场中普通投资人对现行政策的反映，对证监会的一些政策和交易规则的变更的细节进行了解，所以我们都很吃惊于他年逾古稀的董老师的学习能力和奋发精神。后来，董老师对有些洋专家在并不了解中国的证券市场实际情况的情况下，对中国股市采取一棍子打死、对中国股市在理论与实践上都采取否定态度的说法甚嚣尘上时，果断地发表了他历练多年的理论远见卓识时，对中国资本市场的长期稳定发展起到了挽救的作用，使我们备感欢欣鼓舞；而与此同时董老师以他一贯惊人的高效率很快就领导几个工作小组完成了相关的法律法规的起草工作。

董老师在理论与学术上教诲我们，在为人做事方面他也循循善诱，记得还早在董老师还住在三里河那排老房子时，有次我去他家，他教诲我讲到要做成事情必须要刻苦，他以自己为例说他写许多的文章，都是在火车、飞机上的旅途中挡板上写的，"人关键是要有恒心和毅力"，他如是教诲。董老对人总是平易关心，他有段时间由于拆迁，借住在亚运村，我和爱人带孩子去看他，由于满屋子是书，他念念叨叨地说，"我这没有什么好玩的东西"，然后到处找玩具，他与师母逗孩子玩那忘怀的情景至今深刻地刻印在我的脑海中……

每每我从思绪中回到现实，我也清楚地知道我们尊敬的董老师真的永远离开我们了，我就情不自禁泪意阑珊，惆怅满怀。人的一生总是有许多坎坷与挫折，人的一生总有许多痛苦与失意，活着的人仍应该为理想而生活、而拼搏、而进取，而把像董老师这样的人，他们过去带给你关怀、快乐、关爱、把他启迪教诲的真理和追求，把这一切的一切记忆与无限绵延的纪念和缅怀带上，去为我们自己和我们的亲人、朋友，为我们的祖国和民族认认真真地生活着，去做你认为正确的事情……

深切怀念董老师

魏　杰

　　董老师虽然已经离开了我们，但是他的音容笑貌却不时地出现在我的脑海中，仿佛他仍然生活在我们中间，这足以显示出他的学术和人格的魅力之大。关于董老师的学术贡献乃至他的为人处事，人们可以写出不少的大部头专著，我这里只写几件在与董老师交往中的"小事"，以追忆我所崇敬的董老师。

　　我第一次见到董老师，并面对面地单独聆听董老师的教诲，是在1980年，离今虽然已有24年之遥，但我总是感到好像就发生在昨天。当时董老师已经是学界的领军人物，可以说名震中华，而我这样一个刚刚进入经济学界的无名小卒，之所以能见到他，完全是因为有点"特殊"关系：我当时的研究生导师何炼成先生，与董老师曾同窗于武汉大学，而且关系甚好。我是1979年考取何先生的研究生的，当时已开始写毕业论文，何老师认为我必须要向董老师当面请教，所以给我写了封亲笔信，让我当面向董老师请教。虽然有何老师的亲笔信，但见像董老师这样的名师大家，我仍然诚惶诚恐，心中有些不安，生怕董老师拒见，或者应付一下了事。没有想到见到董老师之后，董老师是那样的热情与和蔼可亲，没有一点点架子，完全是大家风范，就我向他请教的问题，与我谈了整整两个小时。在那次请教中，我第一次面对面地亲身听到了董老师关于所有制制度和国家所有制的改革问题，其中有这样几个要点给我留下了深刻的印象：第一，中国经济体制改革的关键是对所有制体制的改革，要充分认识和发挥非国有经济及非公有经济的作用，形成混合经济体制；第二，国有企业改革并不仅仅是管理体制的改革，关键是要对国家所有制进行改革，形成良好的产权制度；第三，应该以所有制改革为中心，设计市场体制和宏观经济体制。大家知道，当时中国的拨乱反正的重点还主要是在政治领域，并没有深化到经济体制及经济学领域，经济领域及经济学领域的"左"的传统思想仍然很大，而董老师却极其敏锐地看到和点到了中国传统经济体制的

"死穴"，可见其学术功底之深和思想之超前。据说董老师当时因为这些思想而受到打压和不公正的待遇，但董老师毫不动摇，将自己的名利和地位升迁置之度外，而将国家及民族的兴盛看得比什么都高。我想，中国经济体制改革如果没有像董老师这样的名师的奋不顾身的努力，是不可能有今天这样的成绩的。

在认识董老师之后，我经常向董老师请教，几乎成了他的"编外"学生。1987年我博士论文答辩时，董老师是我的博士论文的主要评阅人。董老师在看完论文后，并没有简单地写一个评语完事，而是专门约我谈了整整一个下午。董老师在总体肯定论文的基础上，就论文中所涉及的一些观点及引文谈了他自己的想法。主要谈了两个问题，一个是市场经济问题，董老师针对当时有人反对中国搞市场经济的问题，反复强调市场经济是一个资源配置方式问题，并不涉及社会经济制度的性质，而且在现有生产力条件下市场经济是最佳的资源配置方式，因而董老师要求我不要对中国搞市场经济的问题发生动摇。另一个问题是关于对董老师观点的引用问题，因为我在论文中引用了董老师的一些观点，并注明这些观点是董老师第一次提出来的，董老师说不用这么写，有些观点是西方经济学家早就提出来的，我不过是强调了要在中国实行的问题，我们不用去争什么"发明权"，要把精力放在如何推进中国经济体制改革上。董老师反复对我强调：我并不希望你们完全承认我的观点，而是希望你们能超越我，你们在学术上超越我，是我最大的心愿。董老师这样的教诲，对于我这样一个已为人师的人来说，真是终身享受不尽，我们应该用董老师这样的胸怀去关怀和对待自己的学生。

董老师不仅在学术上令我们敬仰，而且其人格魅力也应该成为我们的榜样。在这方面，有一件"小事"另我终身难忘。那是在1997年的10月，当时江苏省国资局请董老师去做一场关于国资管理体制改革的学术报告，因为我当时在国家国资局工作，因而江苏省国资局就让我负责派人将董老师送到首都机场，是早上7：30的飞机，需要早上6点到董老师家里去接董老师，我安排了局里的一位司机，早上6点准时接董老师去机场。这位司机送完董老师之后到局里，心情非常激动地告诉我说：我原以为董老师是大名人，又是人大常委会常委，肯定有些架子，没有想到董老师那样的可亲可敬，董老师上我车的时候，不仅和蔼可亲地对我说"对不起，让你起了个大早，影响你休息了"，而且还竟然从家中给我带了一个面包加火腿肠和一袋牛奶给我，说你肯定没有吃早点，先吃一点。这位司机对我讲的时候，我看到他的眼中有泪花，而且反复地感动地说，我们政府的官员要是如果都能像董老师那样对待我们这些人，那就肯定会善待人民，那中国就有希望了。董老师对于这样一个自己并不认识的司机，都能这样关心和爱护，可见其善良的人格有多么令人敬仰。

董老师虽然离开了我们，但是他永远活在我们心中！

忆 老 董

乌家培

辅礽同志和我都是宁波老乡。我有幸见过他的父母，尤其是他的父亲一口地道的宁波话，听起来格外亲切。他的夫人刘蔼年同志是著名的眼科医师，曾给我诊断和治疗过眼疾，对她的帮助至今难忘。

我和老董的共事关系是在中国科学院（后为中国社会科学院）经济研究所国民经济平衡组那段岁月里，大概有10年多时间。1959年我因受中苏关系破裂的影响留苏未成，就从中国科学院哲学社会科学部团委回到经济研究所，即到平衡组工作。当时我们的组长为杨坚白同志，老董是副组长，在他之后还有一位副组长，那就是刘国光同志。老董在全组10多位同志的心目中，不仅是业务领导，而且还是政治领导，我们多称他为平衡组的"政委"。我和他的关系是比较密切的，经常交换对国内外学术动态的一些看法，合写过论文，合译过书，合作过课题。

记得1962年，我们为《经济研究》合写《关于居民购买力同消费品供应之间平衡关系的几个问题》（1962年第10期）一文时，事先两人稍加商议后，由我负责撰写"生产与需要的一般关系"、"需求、有支付能力需求、居民购买力三个范畴的差别"、"居民购买力同消费品供应之间的平衡关系"这前三个部分的基本概念和定性分析，老董负责撰写该文的"重头戏"即第四部分"保持居民购买力同消费品供应间平衡的几个问题"。我当时花了好长时间才写出来，而他拿过去我写的那部分后不到两三天就完成了，篇幅比我的多了一倍，充满了数值分析。这使我对他非常佩服，特别是佩服他擅长于用假设的数值分析来把马克思再生产公式具体化。

那时平衡组大多数同志俄译汉的水平都不低，老董组织我们集体翻译苏联学者（如诺特京等人）有关社会主义再生产和国民经济平衡几部著作，每本都由一个人主译，其他人参加，各译一章或几章，最后交老董或老刘去统校。我记得这些书翻译得相当快，每本书用不了太长时间就出版了。

"四人帮"倒台后，老董积极组织经济研究所的研究人员参加揭批"四人帮"的理论斗争，当时以中国科学院经济研究所的名义出版的《"四人帮"对马克思主义政治经济学的篡改》（山西人民出版社，1978），从我参与写作以及同老董的联系中体察到他是该书真正的主编，该书在经济理论的拨乱反正中起到了重大作用。

1980年我赴美做访问学者，在研究工作上同老董没法合作了，但访问美国的两年间，我向经济研究所反映在国外的学习、工作、生活情况，还是用书信向老董还有老刘桑报的。

1983年我回国后离开经济研究所去了数量经济技术经济研究所，这段时间同老董还有过一次合作，那就是根据万里同志（时为国务院副总理）的要求，完成一个关于"七五"国力预测的研究课题，老董是课题组组长，而我是副组长。成员有来自两个研究所的几位同志。在老董的正确领导下，我们课题组按时胜利地完成了上级交下来的重要任务。

在我同老董的交往中，他那敏锐的洞察力、超群的分析能力和快捷的写作能力，给我留下了深刻的印象。曾有人告诉我，他在苏联答辩通过的副博士学位论文《苏联和中国的国民收入》（其中前一半以《苏联国民收入动态分析》的专著形式于1959年由湖北人民出版社在国内出版），颇获导师好评，并认为他在此基础上还可争得博士学位。据悉在当时苏联对博士的要求高于一般国家。由此不难窥见老董学成归国时真实的学术水平了。老董在平衡组工作时经常给大家讲，做研究工作需具备两个必要条件：一个是"屁股"，即敢于坐"冷板凳"，另一个是"脑袋"，即勇于"创造性思维"。对老董提出的"屁股加脑袋"的说法，一直铭刻在我心里，我有时还引用他的话告诫青年学子要戒浮躁而勤于探索。

老董看问题尖锐，又爱发表己见，这是他的一大优点，但有时也给他自己带来某些不必要的麻烦，甚至遭到不公正的待遇。我却很喜欢他这种真诚、坦荡、直率而不世故的个性。

现在，老董已离我们而去。然而，老董为人正直的高尚品德和孜孜以求的治学精神，将永远留在我们心中，成为我们学习的榜样。

值此首都经济学界研讨董辅礽学术思想之际，谨以片断回忆，来悼念老董。

怀念董辅礽

薛永应

一 董辅礽学识渊博、德艺双馨

2000 年还在董辅礽教授文思泉涌的时候，我写了一本《董辅礽评传》，不成想今天竟成了我追思董辅礽教授的"悼词"！

董辅礽是我的同事，共事 40 年，但我始终认为他是我的导师和兄长。我写的这本《董辅礽评传》中就记录着我怎样从他那里学习的许多片断。我原本没有足够的资格写世界级的大经济学家董辅礽的评传，但我素来知道董辅礽在经济学方面学识渊博，甚至可以说"博大精深"，因此我愿把为他写传看成是我重新系统地学习董辅礽的经济学著作的大好机会。同时我还认为，把董辅礽这样的德艺双馨的经济学家推荐给国内外的人士，是社会的需要，也是我为中国人民做的一件好事。

我总认为，这本"评传"不是我独自的理论创作，它采用了经济学界的大量共识，因此，也可以说是经济学界对董辅礽的全面评论。

二 他不是普通的理论家，他是 极具革命色彩的理论家

以前，我仅仅把董辅礽看成是理论家。虽然我也承认他是经济学界中的"第一号种子选手"（著名经济学家萧灼基语），但通过为他写传，通过搜集材料和调查访问，我得出一个进一步的结论：他不是普通的理论家，而是极具革命色彩的理论家。

中学时代，他就接近革命，同进步工人关系密切，与同窗好友针砭时弊，指摘国民党当局腐败误国；大学时代，他参加反对国民党当局发动内战、镇压学生的革命斗争，后来成为学生领袖，带领战友同反动军警进行殊死的拼搏。他的英勇献身精神和出色战果，使当时尚处于地下状态的中

共组织毫不犹豫地吸收他为中共党员。

董辅礽的这种革命精神在他的理论生涯中也得到了发扬光大。我感受最深的是三个方面：批判"四人帮"；爆破"两个分开"；积极参与中国的"第二次革命"。

从1977年4月开始，在于光远的领导下，董辅礽用了两年多的时间，以经济研究所为基地，组织了一系列批判"四人帮"反动经济理论的"双周批判座谈会"和大会。当时的经济研究所承担着全国经济理论导向的任务。这个系列化的批判会，发生了特别深远的影响。由董辅礽设计和主编的两本专著《"四人帮"对马克思主义政治经济学的篡改》和《社会主义经济制度及其优越性》，曾经牵动了全国，被学术界公认为当时条件下"大破大立"的范本，打破了当时还紧紧地禁锢着许多人头脑的一些理论禁区，后来全国的批判文章的不少关键性论点都是从这些批判会上和这两本著作中流传开来的。

批判"四人帮"的战役刚刚结束，董辅礽立即把自己的理论工作重点转移到剖析社会主义经济制度上来——对不合理的、过时的和落后的经济体制的弊病和弱点进行剖析，对社会主义应有的、合理的和科学的经济体制的本质和形式进行探索。

当时，人民公社仍然被宣传为"通向共产主义的金桥"，"三级所有，队为基础"仍然是束缚生产力的"紧箍咒"。在当时的理论界，在一部分当政大员的心目中，全民所有制"无比优越"，只能说好，不能说坏。

董辅礽却看到，全民所有制的国家所有制实际上存在着"实质"与"形式"这样两个既相联系又相区别的问题，当时被奉为神明的"国家所有制形式"和"三级所有队为基础的所有制形式"，给中国经济带来了许多严重的问题。

1978年9月，全国哲学社会科学规划会议请董辅礽作报告，董辅礽在报告中第一次发出了"政企分开"和"政社分开"的历史性呼吁，后来又形成文字，发表在《经济研究》上。这是一篇经典性的文献。理论界的人士对多年前那种"思想禁锢"的情况，特别是对"四人帮"时代大兴"思想罪"和"文字狱"的历史背景，应该是没有忘记的。董辅礽以一个革命家的胆识终于发出了历史性的呐喊，赢得了人们的敬佩！

人们把改革和开放看成是中国的"第二次革命"。董辅礽以他的改革理论为武器排列在这次革命的先锋队当中；同时，又以他的经济发展战略理论使自己成为这场革命的突出尖兵。

三 他是中国经济体制改革理论的开拓者之一

中国的经济体制必须改革，这是中国各阶层人士早在 20 世纪 80 年代初期就已经形成的共识。但是，改什么，怎么改，却众说纷纭，没有共识。自从董辅礽的"所有制形式理论"出来以后，这个问题才算基本解决了。因此，人们赞誉董辅礽是"中国经济体制改革理论的开拓者"。

在那个"拜物教"盛行的特殊历史时期，要区分社会主义公有制的"实质"与"形式"，并且要改革曾被赋予神圣光环的"国家所有制"形式，谈何容易！董辅礽却实现了一个历史性的飞跃和根本性的突破。

董辅礽接着提出了公有制有多种实现形式的理论观点。他提出，公有制有两大类，一类是共同所有制，另一类是公众所有制。

总之，所有制形式理论应该被看成是董辅礽的经济体制改革理论的基础和前提，在他的体系中居于"中心"的重要地位。

如果仿照"一个中心，两个基本点"的说法，那么，"非公经济理论"和"国有企业理论"，就是董辅礽的经济体制改革理论的两个基本点。

过去人们一直认为，只有公有制经济才是社会主义经济，非公有制经济则是外在于社会主义的；现阶段之所以还需要保留和发展非公经济，是因为当前中国的经济还不发达，生产力还落后，保留和发展非公经济有助于增加就业、提供某些商品和服务，但它们只能也只应起补充作用，当经济发达了，超过了初级阶段，非公经济就不应再存在了。

董辅礽针对着这些理论和看法提出，以多种公有制为主导、多种所有制共同发展的所有制结构，是建立社会主义市场经济体制的前提条件，多种所有制结构的经济可以在保障社会主义方向的前提下，强化它们各自的强点，互相补充，就可以较好地解决公平与效率的结合；初级阶段如此，初级阶段之后也如此。

董辅礽又说，公有制经济的各个主体之间没有真正意义上的交换，单一的公有制经济不可能形成市场和市场经济，只有在非公有经济的各个主体之间、在非公有制经济主体与公有制经济主体之间，才会有真正的交换，从而才会有市场和市场经济。

董辅礽的这一理论把非公有制经济还原为社会主义经济的有机组成部分，恢复了非公有制经济是社会主义经济"自家人"的角色，其现实意义和长远意义都是难以估量的，它在实现社会持久稳定，促进经济更加繁荣方面，起到了并将会继续起着积极作用。

国有企业的改革，困扰了我们多年，过去我们一直在国有企业的规模上做文章，一直徘徊在"抓大放小"之类的思路上。董辅礽另辟蹊径，彻底改换了人们的思路。

他认为，首先要弄清楚建立和保留国有企业干什么，我们要国有企业发挥什么功能。在市场经济中和在计划经济中，各种国有企业的功能应该是有区别的。

董辅礽的国有企业改革思路同其他思路最关键的区别有两点：

第一，他的思路把着眼点首先放在国有企业宏观布局的战略调整上。他认为并不是所有的经济领域或行业都需要和适合于保留国有企业，除了那些在公益性、政策性、自然垄断性以及关系国家和社会安全的领域，必须保留和发展国有企业之外，其他领域的国有企业都应该退出去。

第二，他认为应该按照国有企业的功能，以国有企业本身所固有的强点和弱点为依据，以竞争性、非竞争性为标准，来决定国有企业在不同领域中的去留，而不应该主要根据国有企业的大小、经营状况的好坏等来决定。

以上这些基本论点，可以合称为如他所说的"八宝饭理论"，它为中国的经济体制改革奠定了最必要的理论基础。

四 他是中国经济发展战略的
一位优秀的理念设计师

中国的经济发展战略的制定及其执行，固然有政治家们和人民群众的历史功劳，但我要强调的是经济学家们，特别是其中的佼佼者的历史功勋。我认为，董辅礽可被称为"中国经济发展战略的一位优秀的理念设计师"。当然，他不是惟一的，但他是极少数佼佼者之一。

董辅礽早在20世纪80年代初就形成了一个看法：中国面临的最重大、最紧迫的课题是两个，一个是改革以指令性计划为特征的经济管理体制，另一个是选择正确的经济发展战略。

他最先提出并引起全国高度重视的真知灼见就是对中国传统的经济发展战略的四大"特点"的揭示：以高速度发展为主要目标；把重工业作为突出而固定的重点；以粗放发展为主；追求经济自给自足和闭关自守。这四点分析，在当时和现在，都发挥了巨大的指导作用。

中国面临的战略问题成百上千，重点是什么？这是中国经济发展的关键。抓住了，一帆风顺，抓不住，事倍功半。董辅礽有理有据地论述了这个重点，即中国农村的二元经济结构的现代化问题。

董辅礽从中国农村经济应选取的"模式"、发展"非农产业"、善待中国农业和中国农民的"传统"、正确认识和承受现代化发展过程中的"代价"等方面，为中国的经济发展战略指出了必由之路。

与农村现代化相对应，中国的经济发展战略面临的另一难题是广袤无垠的中国各地区经济发展极端不平衡问题。中国经济理论界曾经贡献过许多真知灼见，董辅礽的独特贡献是，他最早、最深刻地指出了中国应该实行东西"双向开放"的战略，并为之进行了理论论证。这无疑为当今正在实行的"西部大开发"战略提供了最有力的根据和理论基础。

董辅礽的经济发展战略理论还有其他亮点，都应列为他的经济发展战略理论的根本性思路：

其一，消费战略理论。这其实是他的战略目标理论的拓展。他不仅从政治经济学的角度研究了消费，而且研究了消费在经济体制改革和经济发展战略中重要作用，这无疑更有高度、更有特色。其中一个非常值得重视的论点是，认为在计划经济中和市场经济中生产与消费的联系方式是有根本性差异的。在计划经济中，生产和消费之间没有市场作为纽带；在市场经济中，生产与消费以市场为纽带而紧密联系着，生产与消费的关系表现为消费品、消费性劳务的供给与需求的关系。

其二，生态和环境对经济发展战略的根本性约束理论。不仅要从可持续的生产方式方面，而且要从可持续的消费方式方面来讨论可持续发展；要把环境问题与生态问题区分开来，并探讨二者之间的交互作用；要重视生态平衡和环境保护中的"知"与"行"，即理论与政策，或观念与行为的关系。

其三，增长方式的选择也是一个重要的战略思想。"发展"与"增长"既相联系、又相区别。为使中国的经济增长是一种包含发展的、至少是有利于发展的增长，则中国的经济发展战略必须十分讲究增长方式的选择。

其四，对宏观经济的调控在一定程度上关系着经济发展战略的成败。市场经济仍然需要一只看得见的手，需要中央政府的调控。这里，首先是宏观调控的目标选择。各国通常有四个目标：经济增长、防止通货膨胀、充分就业、国际收支平衡。这几个目标之间往往发生矛盾，政府应该根据经济形势的变化，灵活地进行判断和选择，并及时地进行调整，不能老盯着一个目标。宏观调控政策应该是一种短期政策，而不是长期政策。

五　我们把他看成是知识分子的楷模

我在写完《董辅礽评传》之后，脑子里留下了"他是中国知识分子的楷模"这样一个强烈而鲜明的印象。我和许许多多与我有类似经历和心态的文化界（不只经济理论界）朋友常常聚会，我们还有许多生动的、发人深思的事例来支撑这一印象。也就是说，无数个日常的、细碎的、但感人肺腑的细节，凝聚成了董辅礽"锲而不舍，正道直行，工作勤奋，作风严谨，国人器重，世界瞩目"的鲜明形象。

我们时常感叹：董辅礽有许多为了经济理论的科学性而与之争论的"对手"，但却没有一个只因自己的私利而与之勾心斗角的"敌人"！

我们怀念董辅礽。

我们佩服董辅礽。

我们把董辅礽当成学习的楷模。

缅怀直言无惧的董辅礽先生

于 今

惊悉董辅礽先生去世的那一瞬间，记忆的片断霎时在脑海中闪现。仿佛又退回到 2002 年底，当时我负责西部干部在中央党校的内培工作，多次邀请董先生到校讲课，学员们频繁而热烈的掌声出现在课堂上、交流中，让我深深体会到一种学识与人格的力量感召。

作为全国政协经济委员会副主任，先生得以对国家经济生活中的很多大事发挥影响。

在这个专家泛滥的经济学界，尊董先生为经济学领域的大家，确实名副其实，也是众望所归。

然，先生又岂仅仅只是学院内的学者精英？他的学问探索始终扣紧现实生活中的民众。

回首那曾经闭锁保守的年代，先生提出的经济发展理念，破除了长期禁锢人们思想的陈旧观念，重新诠释了社会主义与市场经济的关系以及公有制经济的实现形式。在所有制改革、工业化与城市化问题、新兴工业化道路问题、中小企业融资问题以及创业板的建立，证券、期货市场发展等诸多方面，先生一如既往关注着国泰民生，倾注了自己毕生心血。

回顾先生在过去几十年中孜孜以求的探索与实践，我愈发清晰的感觉到先生不曾明言的理论实践核心，那正是几代中华儿女所共同梦想的国家富强。

因此先生以毕生所学致力于建立寻找中国经济和社会发展的理论基础，并在现实中不畏毁誉流言坚持不懈的鼓吹实践。

面对举世滔滔不理解的批判，中国改革的历史实践证明了先生深邃超前的洞察力与见识独到的理论关怀。

如果没有董先生的坚持，今天我们的某些规则也许会有所不同。从这种意义上讲，他影响了一个国家、一个时代、一群人。

人的一生，形而上归结为理论表述，形而下则是一种感性描述。

先生的一生刚正不阿、爱憎分明。

在亲炙受教的那段日子里，既是严师，更像一位慈父。尽管我们相处的时间并不多，但先生简单朴素的生活作风，一丝不苟的处事原则，言传身教历历在目，于我生命里烙下深刻的印记。

先生治学严谨、为人谦逊。

终其一生所展现的正直无私，解构出老一辈知识分子的高尚人格。这种道德良知的伸展及厚重使命的传承正是今天经济学界的财富所在。董先生的言传身教，无论在过去、现在或未来，都将成为激励着我以及其他学界晚辈探索前行的力量。

这段日子里我常常想：

如果少了先生尽心尽职的工作，则区域发展和改革研究院的建立，将是更为艰巨的任务；

如果先生不曾对产权变革极力的呼吁，现在中国广大投资者和资本市场的情况，恐怕会是另一番景象；

如果不是先生不畏毁誉站在前列，为市场经济的发展摇旗呐喊，改革开放的进程是否能够这般成果辉煌……

记起 2003 年 1 月，董先生在谈到资本市场价值时所说的一段话，很能代表性他的行事风格："有人说我是代表既得利益集团的……说我有什么利益在股市里面，想封我的口。他们封不住的，我还是要说……证券市场能够创造价值。"

忽然，莫名感慨。一种神圣感在心中升腾翻滚。

现在，先生不说了，而且是永远不再说了。

但是，先生精神风范所创造的价值，却是封不住的。

对于先生的离开，除了悲痛和怀念，哀思萦绕中，作为经济学界的后辈，我们更应该思考的是，如何将先生未曾讲完的话继续讲下去。我仿佛看到先生在天堂中充满信任和期待的注视。

"生死亦大矣！"

董辅礽先生的精神将长存于我们心中！

追忆董辅礽老师

袁钢明

2004 年 7 月 30 日下午 5 点多钟，在上海虹桥机场的候机室里，我感到透身冰凉。两个小时前，我正欲动身前往机场，忽然天降一场倾盆大雨。我和北京家中通了电话，得知董辅礽老师病情恶化，陷入昏迷。

董老师夫人从美国打来电话说，说这一次不知道能不能挺过来。这是董辅礽病重以来，第一次听到这样的说法。董辅礽于 2003 年 10 月查出患有癌症，到美国治病。我一直认为董辅礽的癌症很可能是误诊。董辅礽在北京刚住进医院检查的时候，吃饭狼吞虎咽，和一个虎虎生风的年轻人一样。可是到美国那边后传来消息，董辅礽身上多处转移的癌瘤已被确诊。

初期一段，疗效很好，听说肿瘤得到抑制，萎缩了一半左右，肝功能等指标恢复正常。董辅礽走的时候对我说，我会回来的。我本来想和他讨论一下几件收尾性的工作，以及我们俩酝酿已久一直以为有时间将来做而没有做的一件较为宏大的研究计划。董辅礽没有和我讨论的意思，他没有把这次去美国治病看做是他最后一次旅程，他去美国治病这段时间，不会是他生命的最后一段时光。我们俩都认为，他这次去美国就和他此前不久去美国一样，去一段时间就会回来。

按照本来的设想，董辅礽去美国诊查一下病情，用他女婿所在的美国杜克大学医院刚试制出来的一种新药试验一下，不管效果怎样都不会在美国待很久。

董辅礽是该医院试用新药的 11 个患者中疗效最好的一个。他是个极为特殊的人，冬天从来不穿毛衣、棉衣，再冷的天只穿一件外套和衬衣，从来没有得过病，哪怕是感冒之类的小病。他在学术上做成过很多只有他一个人才能做成的事。他创造任何常人不可能有的奇迹都用不着惊讶。在董辅礽之前试用新药的患者全都治愈出院，董辅礽治愈的成功概率当然比其他普通人更高。但最近一段时间，董辅礽医治过程出现波折，在他身上出现了以前试用新药患者没有出现过的抗药性。医生对董辅礽使用了一种新的药剂，并出现强烈反应。医生对董辅礽停止用药，进行调整。我们都说相信董辅礽一定可以创造奇迹，一定可以挺过来。

我坐在虹桥机场候机室里，寒冷彻骨。我现在所在的登机口，是不久前我和董辅礽在此候机的同一个登机口。我们谈论我们赶赴机场上不到高架路上差点儿误机的惊险。到机场后我们才知道一位高官和我们同一时间赶飞机，高架路封闭为他一人所用。普通车辆被堵在高架路下。我们原本40分钟的路程用了两个小时，幸亏我们出门很早。董辅礽愤慨地说，那么多普通老百姓为一个高官让道，误了飞机没有人会理睬，这种制度这种做法到底什么时候才能改掉。当一群人前呼后拥威风而来时，我们才知道这位高官居然和我们同乘一架飞机——他的官阶还没有达到坐专机的程度。董辅礽笑着说，他和我们同坐一架飞机，不是我们的幸运，是他的幸运，这种人没有资格和我们同坐一架飞机。我忽然发现，那一次和董辅礽候机与今天几乎是同一个时间。我穿过登机长廊，外面冷雨飘洒。这一段长廊，我和董辅礽一起走过，以后再也不可能了。我和董辅礽一同乘过很多次飞机，一直以为还会再和董辅礽同机飞翔，一起笑谈粪土万户侯。这一次不会再有奇迹，以后再也没有可能了。

回到北京家中，听到的第一句话就是董辅礽已经离去。北京时间2004年7月30日下午3:03分，他去世了。当时，我在上海，倾盆大雨从天而泻，也就是说，我在虹桥机场候机的时候，董辅礽已经静静地告别了我们。

证券立法功不可没

王连洲

"以制定'投资基金法'立案，以'证券投资基金法'出台，种瓜得豆，董教授的预见，可谓不幸而言中。"

我虽不是董教授的门下学人，但董教授在全国人大财经委曾任副主任委员长达十年，在其领导下工作，足有就读两个大学本科的时间，也着实获教益匪浅。

董教授对人的真诚与坦荡，对客观事物的认识和把握，对所负工作的认真和执著，对实事求是原则的忠贞和坚持，无不给我留下深刻难忘的印象。特别是他在《证券法》、《投资基金法》起草工作中所发挥的独特作用，至今都使我记忆犹新，以至于在笔者的不少公开文字中，都难以回避对董教授名字的回忆和提起。

难忘的事情之一，就是董教授对推动证券立法的健康进行有过独特的努力。那是 1994 年 4 月间，有关方面就《证券法》中要不要保留"证券发行"一章，要不要将"证券发行"作为《证券法》的调整内容和对象发生过一场激烈的争论。

需要指出，牵头领导和组织起草《证券法》的七届全国人大财经委委员厉以宁教授，已选任八届全国人大法律委副主任委员。而在 1993 ~ 1998 年的八届全国人大任期内，专责代表人大财经委负责推动证券立法工作的是董教授。

鉴于当时有关方面对证券立法观点的分歧以及立法习惯体制的限制。如果人大财经委不及时申辩意见，适应市场需求的证券立法工作将遇到困难。为了坚持和维护在《证券法》中"应当规范证券发行"的立法理念，并为此据理力争而赢得一定的思想准备时间，力促证券立法朝着市场客观需要的航向发展，董教授是做出了巨大努力的。他当时的态度异常坚决，观点异常明确：缺少对作为证券市场基石的"证券发行"市场的规范规定，制定这样的《证券法》还有什么意义和作用？可以说，董教授以及时任主任委员的已故去的柳随年同志对证券市场法制需求的深刻理解及其对立法理念坚持的毅力和韧性，对于推动以后证券立法朝着基本适应证券市场需求的方向顺利发展，功不可没。

目前的《证券法》，蕴涵着多方面的努力和共识，其中包括已故董辅礽教授和柳随年主任。

难忘的事情之二，就是董教授对制定《投资基金法》惊人而有独到的预见。《投资基金法》起草工作的前期，始终围绕着是制定一部涵盖风险投资基金、产业投资基金和证券投资基金的综合基金法，还是分别单项立法或者只制定一部证券投资基金法，争论来争论去，各有各的道理。但无法回避的是，主张统一立法的思想在很长一段时间始终处于主流思路。

记得 2001 年 1 月，在一次多数起草领导小组成员都参加的会议上，绝大多数的与会人员，有部长、有专家，认真议论的多是如何对投资基金综合立法的结构内容安排以及立法技术处理问题。惟独董教授经过多时沉默，在他人发言后说："证券投资基金、产业投资基金、风险投资基金，只有在保护投资者利益上有其一致性，其他都不好统一规定。"在董教授的心目中，似乎主要是首先制定《证券投资基金法》。因为《证券法》草案第一次审议稿中专列的"投资基金"一章，就是遵照董教授意见写的。

基金立法的实际进程说明，以制定《投资基金法》立案，以《证券投资基全法》出台，种瓜得豆，董教授的预见，可谓不幸而言中。

我与辅礽四十年

赵人伟

董辅礽跟我相处了四十多年。在十分钟时间内，我不可能把所有问题都讲完，只能非常概括地讲一些我的看法。他临走之前，在电话里面跟我讲了两句话：第一，我回来以后跟你们一起干。他觉得还可以干很多事情。但是很遗憾，到美国以后他就没有再回来。第二，他说我们过去受过很多冲击，别放在心上。我觉得他对我的劝告是很真诚的。

我跟他相处四十多年，他一直是我们学术上的带头人，一直是改革开放的领路人。我们是同事、朋友。下面讲到他的一些学术上的贡献，我想不必讲很多，后来他着重研究的资本市场问题，这也不是我的专长。

第一，关于再生产问题的研究，我认为他有突出的贡献。20 世纪 60 年代初期，他写了一系列关于再生产问题的文章，当时我是《经济研究》杂志的责任编辑，是第一个读者。我读他的文章的时候，感到逻辑性特别强，原创性特别好。20 世纪 80 年代，一位加拿大的华人经济学家到北京来，他一再提到，董辅礽同志在 60 年代的文章给他很大的启发。这些问题的讨论，是很理论化的，但是前提是要有实际的经验。

董辅礽同志在所有制改革上是领先的，我记得 1986 年在温州调研的时候，董辅礽能够看清哪些适合发展，哪些不适合发展。他坚决肯定温州的主要改革路子。我觉得董辅礽同志除了所有制改革上的贡献以外，在市场改革方面的贡献也应该高度肯定。

还有一条，他在经济所当所长以后，就把研究室的调整逐步引向与国际接轨的道路上，这一点非常好。形成了比较、发展、宏观、微观四个研究室，我认为这是向国际接轨方向努力的一个成就。我当所长以后，也是完全继承了老董这个设置，很遗憾的是，后来比较和发展被撤销了，宏观、微观也面临着改名的危险。老董在这方面，作为学术界的领导者，在带一个所、组织课题上的开创精神是非常值得我们学习的。

还有一点是对外开放，我认为老董除了改革以外，开放方面的成就应该加以肯定。就经济所来讲，20 世纪 70 年代后期，他接待的外宾非常多。1979 年他到英国访问，就把布鲁斯请进来，布鲁斯做了一系列长篇的报告。我认为中国改革经验的引进，董辅礽是起了很大的作用的。

我想，对董辅礽同志各个方面的贡献，我们应该很好地总结。有些深层次理论上的贡献，恐怕光是这么一个会也不够，我希望今后大家共同努力，把董辅礽同志一些更深层次的思想挖掘、总结出来。

经济学家已为社会福利
最大化做出大贡献

赵　晓

惊闻董老师逝世的消息，不胜哀悼！

2002 年 3 月 11 日，经济学家詹姆斯·托宾逝世；2004 年 5 月 1 日，经济学家让－雅克·拉丰教授逝世；2004 年 7 月 7 日，经济学家杨小凯逝世；2004 年 7 月 30 日，经济学家董辅礽逝世……

美丽的夏日中，美丽的星空中，分分秒秒都有生命随风而逝……

生命如此美好，可惜人皆有死。上帝说："你本是尘土，仍要归于尘土（since from it you were taken；for dust you are and to dust you will return）。"经济学所全力研究的不确定的世界，生而必死乃惟一确定性事件。

虽然经济学的最后一个通才保罗·萨缪尔森也曾感叹："日子似乎总还是一如既往的美好。然而一如诗句有云与理之所然，9 月已至，残存的美好时光终将消逝。"但人若无死，时间便不稀缺。时间若不稀缺，则一切丰盛有余，经济学也就不会出现。所欣慰者，在稀缺的时间与生命中，经济学家已经恪尽全力为社会福利的最大化做出了应有的贡献。

愿他们的灵魂安息！愿董老师的在天之灵安息！愿上帝可怜在地的卑微、有限的人们！

悼念董辅礽老师

钟朋荣

惊悉董辅礽老师去世，我非常难过。董辅礽老师是我十分尊敬的老一辈经济学家之一。我之所以特别尊敬他，是因为他的学识和人格。从和董老师的几次交往中，我深深感受到他学识之深厚和人格之高尚。

1997年，我所写的《谁为中国人造饭碗》一书第一次再版。在原版中，我请厉以宁老师写的序，第二版自然就想到董老。与厉老一样，董老师的序是他一字一句亲笔写成的，写过以后多次修改。

我与董老交往不多，并无深交。他为此书作序那么认真，绝不是因为交情，完全是出于他对后辈的关爱。

拿到他亲笔写的序，看到那几页改了又改的密密麻麻的手稿，不仅使我深为感动，当我将稿子交给工商时报的编辑时，他也深为感动。

该书第二版出版后，我向董老送去样书和稿费，董老怎么说也不要。他说，《工商时报》已给他寄了稿费（该序在《工商时报》已发表）。我解释说，"报社给稿费是应该的，我另付稿费也是应该的，因为出版社向我付了稿费，这稿费中有您应得的一部分"。但无论我怎么解释，他只收下了样书，就是不收稿费。当时我感到非常难受。因为董老年龄那么大，又那么忙，至少要挤出一天时间为我的书写序（因为他在写序之前还要阅读书稿，从"序"的字里行间看得出其不易，他对书稿读得还很仔细）。他花这么多时间，完全做了义务劳动。

大约是1999年，董老与我、李晓西、樊纲、刘伟、魏杰等一行到海口，参加椰风集团的案例研究。吃饭期间，董老极力地向椰风集团总裁刘杨武推荐我们视野咨询中心，建议刘杨武应请视野咨询中心为他的公司做一做战略咨询，尽管此事并未促成，但让我非常感激。因为我与董老并无深交，也并非他亲自带过的学生，我也从未请他吃过一次饭、送过一份礼，他对我的关心，完全出自于他对一位年轻晚辈的关心。

2003年，我与董老一起去新疆参加研讨会。我们的机票都是由新疆买好寄到北京的。去新疆时，两人都乘头等舱；返回时我有头等舱的机票，因为我的返程票在新疆就已被对方订好，而董老没有订票，返回当天订票，已经没有头等舱。

上飞机后，我坚持要与董老换座，让他坐头等舱。一则，他是老人，是我尊敬的长辈；二则，我当时感到好不容易有一次孝敬董老的机会。但出乎我意料之外的是，董老说什么也不干。在飞机上我再三说服董老，甚至硬拉他坐头等舱，他几乎发火了。最后我毫无办法，只好自己在头等舱坐了4个小时。这4个小时，我坐得非常不安，坐得非常难受。

在我的记忆中，我与董老有三次一起乘飞机参加同一个活动：一次是新疆，一次是西安，一次是海口。每次在飞机上，我都看到董老在不停地写作，几乎没有空闲一分钟。尤其是从北京到乌鲁木齐，以及从乌鲁木齐返回北京，单程4个小时左右，往返8个小时，董老已经是70多岁的老人了。无论去还是回，近8个小时一刻不空，整整写了8个小时，董老的勤奋和严谨，深深感动了我。

虽然董老没有教过我，他和我的交往也不是很多，但他的许多重要文章和观点使我受益，并对我产生过影响，他的行动更是深深地感动和教育了我。他是我的老师和榜样，他是我非常尊敬的长辈，我永远怀念他。

衷心感谢他

周叔莲

董辅礽同志是和我是有 40 多年友谊的老朋友。他为人民做了很多好事。他的去世是国家的巨大损失，使我深感悲痛。

董辅礽同志有突出的优点，在交往中我向他学习了很多东西。首先是在经济理论研究方面，他是走在我们队伍前列的。现在我还保存着他在《中国经济时报》上发表的《重新认识社会主义经济》这份剪报，那是当时剪下来学习的。他在这篇文章中提出"社会主义经济不等于计划经济"、"社会主义经济不等于公有制经济"等观点，是对科学社会主义的探索与发展，不仅适用了中国社会主义初级阶段，也将适用于社会主义中级阶段、高级阶段，能够继续帮助我们解放思想、实事求是，把中国特色社会主义建设事业推向前进。尽管在这些观点上一直有争端，到现在还有争端，但我认为正确是在董辅礽同志这一边的。

董辅礽同志事业上的成就，是同他对党和人民事业的无限忠诚、对工作高度负责分不开的。我记得这样一件事情：1964 年，他在孙冶方被错误批判中受到牵连，以后他和经济研究所全体职工一起到京郊农村搞四清，有点改造的味道。他和我都被分在周口店大队，我在大队四清工作中担任一部分领导工作，他在其中一个小队参加工作，四清后期搞整党，大队的整党工作找不到合适的人负责，决定由他兼任。周口店大队有好几十个党校，整党工作具体而且繁重，他还要继续承担原来小队里的工作。但是他任劳任怨地把所有工作担负起来，努力做好。批判孙冶方是个大冤案，被批判的人有怨气是难免的。但是我没有发现他在工作中表现过任何怨气，而是像改革以后和挨整以前搞研究那样没日没夜地认真工作。我和他在那段时间维持着很好的友谊，他当时对工作高度负责的精神，是他一贯热爱祖国热爱人民的表现，我现在想也深为感动。

董辅礽同志对朋友关怀体贴、乐于帮助人。大概在 1985 年或 1986 年，外交部在香山宴请英国一个高规格的学术代表团，请了董辅礽，也请了我。我和他坐在一桌，同桌的是几位英国有名声地位的官员和经济学家。我不能用英语对话，偏偏英国客人问我工业经济方面的问题。我记得是董辅礽同志主动帮我翻译，他比我年长，我们一起在经济研究所工作时他的职位也比我高，他为我翻译使我很不安。但我看得出他是真心实意帮助我的，还鼓励我多同英国客人对话。他这种对朋友的真诚，我也是永远记着的。

董辅礽同志在我也参加的一次笔谈中写道：新的时代新的实践呼唤着新的理论。董辅礽同志没有辜负时代的呼唤，提出了一系列新的科学论断，推进了改革开放的实践。我们要衷心的感谢董辅礽同志，同时要学习他不怕冒风险、敢于说真话、坚持理论创新的勇气和胆识。

一位不断学习、保持理论
常新的经济学家

朱善利

　　董辅礽先生是我所崇敬经济学家。我之所以崇敬他，是因为在他身上具备了我想要追求的那种品格：直率、敢讲真话，勇于修正错误，不断学习、进取，不断接受知识、新事物。

　　董辅礽先生即将离开北京去美国治病的前一天，我到协和医院去看望他，也是为他送行，没想到那竟是最后一别。我没有想到董先生会那么早的离开我们。当我在协和医院和他聊天时，他很乐观。他说能够在美国治好病后回来参与中国的经济改革事业。我也觉得他那样富有活力，不会那么早的离开我们。没想到他真的永远地走了。

　　我和董辅礽先生认识的比较晚。尽管读大学时就读过他的书，但是真正和他第一次深入交谈是在 1992 年。我打算申报霍英东高校青年教师奖。由于我也是所有制改革的鼓吹者，因此在改革问题上与他有共同的语言。于是，由我的导师厉以宁教授引荐，请他作为两名推荐人之一。另外一名推荐任人是陈岱孙教授。我把我的研究成果送给他审阅，并借机和他讨论了经济学与中国经济改革的一些问题。他对我的研究成果备加赞赏。由于他与陈岱孙教授的大力推荐，我于 1993 年获得霍英东高校青年教师研究类一等奖。我对他非常感激，不是因为当时高达 5000 美元的奖金，而是因为我的学术观点得到他的支持，而在此之前，我的博士学位论文送审时，因为涉及股份制改革问题被另一位经济学家拒绝。

　　董辅礽先生非常直率，他认为不正确的观点，哪怕就是一个概念，他也会毫不留情地予以纠正。记得我 20 世纪 90 年代初的一篇文章中论及劳动市场的均衡问题。鉴于当时的政治气候，文章中凡是应该使用劳动市场的概念我都使用了劳务市场的概念。因为劳动市场的概念会使人联系到劳动力商品的概念，而劳动力商品的概念在当时的条件下是不被接受的。看了这篇文章后，董先生坦率地对我说，劳动市场就是劳动市场，不能用劳务市场的概念来替代劳动市场的概念。劳务市场的概念中带有服务市场的含义。服务市场是相对于有形商品市场而言的。用劳务市场的概念替代劳动市场去论述劳动市场的均衡，会混淆要素市场与商品市场的均衡分析。记得当时他很严肃地说，经济学研究者不应该因为自己的观点不被接受而不敢坚持自己的观点。

董先生的批评令我对他更加崇敬。正是我对他那种直率性格的欣赏，使我喜欢和他交流对经济问题的看法。董先生学问很大，但从不以权威自居。相反，他非常谦虚好学，对于不了解的东西，他总能够不耻下问。

记得在 2000 年初，诺贝尔奖委员会致函董先生，要他为当年的诺贝尔经济学奖推荐人选。他和我一起商量推选人选之事。他谦虚地说，因为他的关注点在中国经济问题和中国的经济改革，对国外主流经济学的前沿理论了解不多，他让我代他推荐诺贝尔经济学奖人选。我建议他推荐当时在伯克利加州大学任教的阿克洛夫作为当年的诺贝尔经济学奖人选。阿克洛夫在信息经济学研究方面造诣很深。在获得诺贝尔经济学奖之前，中国经济学界对于他的了解并不多。20 世纪 90 年代以及之后的大部分时间里，中国经济学界关注的主要焦点是产权经济学、交易成本经济学以及制度经济学。只有少数的学者关注信息经济学的问题，而在国外，信息经学已经在经济学理论中产生了广泛的影响。阿克洛夫是对信息经济学做出重大贡献的其中一位经济学家。阿克洛夫于 1970 年在哈佛大学《经济学季刊》上发表的那篇开创性的论文"'次品市场'：质量不确定性与市场机制"，解释了非对称信息下市场均衡问题。传统经济学中被人们熟知的一个理论是：市场选择的结果会淘汰劣质商品而将优质商品留在市场上，即所谓的"良币驱逐劣币"。但是，现实中一些市场出现的情况却是"劣币驱逐良币"，即劣质商品充斥市场，而优质商品则退出市场。阿克洛夫构造了一个非对称信息下次品淘汰优质品的旧车市场模型。旧车市场上买卖双方的信息是不对称的，卖方确切知道车的质量，买方不确切知道车的质量，只知道劣质车与优质车的概率分布。假定旧车市场上优质车与劣质车的比例各占一半。这意味着买者只愿意出劣质车与优质车的平均价格在旧车市场买车。但是如果卖者知道买者只愿意出平均的价格买车，优质车的车主就不愿意参与市场交易，只有劣质车的车主会参与市场交易，因而导致劣质车充斥市场。虽然阿克洛夫的模型讨论的是旧车市场，但是可以将该模型推广到任何具有不对称信息的市场中去，例如保险市场、医药市场、股票市场等。这个模型的意义在于它解释了在非对称信息下，市场可能会失灵。例如，老年人的健康保险市场上，由于买保险者知道自己的健康状况，保险公司不知道购买者的健康状况，而只知道老年人的平均健康状况。假定老年人的健康状况分为健康、基本健康、不太健康、非常糟糕四种情况；假定保险公司按照老年人平均健康状况的水平确定保费，这一平均水平低于基本健康和健康的水平，高于不太健康和非常糟糕的水平。那么只有不太健康和非常糟糕这两种类型的老年人会购买保险，而处于健康和基本健康水平的老年人不会购买保险。这将导致保险公司亏本。考虑到这种结果，保险公司将提高保费。提高的保费水平是按照不太健康和非常糟糕这两种类型的平均水平来确定。其结果是只有健康状况非常糟糕的老年人才会购买保险，而不太健康类型的老人则不会购买。这又将导致保险公司的亏损……这种推理结果是不对称信息会导致老年人健康保险市场的消失。董先生对中国股市的发展非常关心。他发现利用阿克洛夫的模型也可以解释股票市场上不对称信息会导致劣质的公司充斥股市的现象。因此，董先生感觉到阿克洛夫模型确实具有非常重大的理论意义。他毫无保留地向诺贝尔奖委员会推荐了阿克洛夫。尽管阿克洛夫 2000 年并没有获奖，而只到 2001 年才获奖，但离董先生推荐也只是一年之隔。我们知道，阿克洛夫获奖是多位经济学家推荐的结果，而不仅仅是董先生一封推荐信的功劳。但是我们也知道，一位把身心全部投入到中国经济问题研究中的老一代学者，能对当代信息经济学家的贡献有如此深刻的认识，这是不多见的。

尽管董辅礽先生曾经为诺贝尔奖推荐过合适的人选，而他本人则与诺贝尔经济学奖无缘，但是与那些获得诺贝尔经济学奖学者对于经济理论的贡献相比，董先生对于中国经济的贡献绝不逊色。董先生的最大贡献是他的所有制改革理论。

在文化大革命刚刚结束的时候，在计划经济的观念在社会中还非常根深蒂固的条件下，董先生就较早地提出在中国进行所有制改革的思想。1978 年在中国率先提出改革国家所有制和人民公社所有制；1985 年提出社会主义经济是以多种公有制为主导多种所有制的混合经济思想，提出非公有经济是社会主义经济不可分割有机组成部分。并在以后相当长一段时间鼓吹大力发展民营经济，并对温州民营经济的发展给予高度的赞赏。现在看这些思想简单而又朴素，但是，在当时提出这些思想是需要多么大的勇气。我们可以设想一下，如果中国还是保持国家所有制和人民公社所有制，今天的中国将会是什么一番情景？我们能够有今天超过 10 万亿元的国内生产总值和人均 1000 美元的国内生产总值吗？中国恐怕还是处于那种票证和配给经济状况之中。如果没有董先生那样一批有影响的经济学家的推动，中国的所有制改革到今天可能仍旧是个禁区。董先生在改革之初就反复强调的所有制改革在今天看来依然是中国经济改革的难点和重点。国有经济如何从竞争性领域退出，如何在观念上、行动上、立法上、政策上真正把民营经济看做是中国国民经济的重要组成部分，并非是一件容易的事。如果不能很好地解决所有制改革问题，中国的经济转型就不可能最终完成。

与他的所有制改革的思想相呼应，董辅礽先生对于中国经济的另外一个重要的问题——经济运行问题也提出了许多独特的见解。

经济运行问题长期以来一直是中国许多经济学家关注的重要问题。市场经济的运行机制与计划经济的运行机制完全不同。这两种不同运行机制下却有可能产生一些共同的特征。如果不能够深入思考两种不同体制的特征，而仅仅从一些表象上看问题，就有可能产生错误的结论。在经济运行机制问题上，董辅礽教授的过人之处是他总能够透过现象看本质，通过深思熟虑而得出正确结论。这里，我想列举一个简单的例子来说明这一点。关于经济运行中的重复建设问题，流行的观点是政府要对重复建设进行强制性干预。但是强行干预的方式并不能奏效。关于重复建设问题，董辅礽教授有自己独到的见解。他的基本观点是有两种不同的重复建设：一种是计划经济中重复建设，另外一种市场经济中的重复建设。在市场经济体制中，除非是自然垄断行业，否则重复建设是不可避免的。这种重复建设往往能够起到优胜劣汰的作用。在市场经济体制中，企业自主经营并承担经营不善的财产责任。企业的自由进入和退出会使得高成本企业被淘汰，保留生产成本比较低的企业，达到优化资源配置得作用。当然市场经济体制下重复建设也有可能造成资源的浪费。但是市场经济体制下的重复建设问题完全不同与计划经济下的重复建设问题。不能用计划经济体制下"重复建设"来看待市场经济下的"重复建设"。计划经济下的"重复建设"是一个难以医治的痼疾。其根本原因在于政府，尤其是中央政府对于企业经营行为的直接干预。企业的投资由政府决定，但是政府并不承担决策的风险；企业没有经营的自主权，也不承担经营失败的财产责任。企业经营亏本也不会被淘汰，导致资源的浪费。因此，真正需要解决的问题是国有经济的重复建设问题而不是民营经济的重复建设问题。更不能以消除重复建设为借口而限制民营企业与国有企业竞争，甚至保护那些亏损的国有企业而砍掉有效率的私营企业。这些论述中肯而又深刻。

除了所有制改革理论与经济运行理论外，董辅礽先生对于中国的企业改革、政府宏观经济调节、证券市场、金融和财政等问题等都有自己独到的见解。综观他的经济学著作，我们可以看到，董先生一生不断学习、不断进取。他敢于坚持真理、勇于修正错误。

董辅礽先生在中国改革开放前的大部分时间里都是和计划经济的体制打交道。他留学苏联，回国后又长期从事与计划经济体制相关的国民收入和国民经济平衡问题。对于这样长时间深受计划经济思想的熏陶并从事计划经济研究的学者来讲，彻底摆脱计划经济观念的束缚绝非一件易事。董先生不仅摆脱了，而且摆脱的是那样早。他是国内最早主张废除计划经济、建立市场经济体制的经济学家之一。一个学者的伟大不在于他能否坚持正确，还在于他能否敢于修正错误的东西。在我看来，董先生最值得尊敬之处，是他敢于摈弃长期支配自己的陈旧观念，更新自己已经用了几十年的陈旧知识；不端学习新的知识、接受新的观念；保持自己的知识、思想、理论常新。顺便说一下，董先生是留学苏联的，但是他的英文阅读与会话都很好。中国，甚至在外国，70 岁以上年龄的人会用计算机并上网的人算是凤毛麟角，他便是属于这凤毛麟角之中。可以想像，没有一种不断学习、进取的精神能够做到这一点吗？

激情讲述与董辅礽有关的故事

邹恒甫

　　一代经济学大师董辅礽先生 2004 年 7 月 30 日在美国病逝后，记者在武汉大学有幸见到了与董辅礽先生身前有过长期密切交往、目前在国内讲学、埋头办教育的著名经济学家邹恒甫教授。一向低调的邹恒甫教授这次并没有回避媒体，他欣然接受了记者专访。我们听他娓娓讲述董辅礽先生和与之相关的鲜为人知的故事，听他激情畅谈他们之间的深厚友谊，听他深情缅怀经济学界三颗巨星的先后陨落，听他慨叹人生的聚散离合与无常。

一　在武汉大学浓厚的学术氛围里
加深了解董辅礽先生

　　记者：邹教授，您和董辅礽先生的深厚友谊外界早有传闻，请问，您是什么时候认识董辅礽先生的？他最初给您留下了什么样的印象？

　　邹恒甫：1978 年，董老师到我就读的武汉大学做一场学术报告，我听了他的报告后，当时就有这么一种感觉：这个人与别的人不一样，有思想，很了不起。我在那个学术报告上第一次听董老师讲了许多新奇的理论观点。在当时的情况下，我们不能谈论社会主义的利润，不能谈社会主义的生产价格，而董老师给我们讲述如此离经叛道的学术观点是要冒巨大的政治和学术风险的。对于那个时代，那是多么伟大的思想！

　　他给我的印象是有雄辩的口才，有鲜明的思想，有学者的风度，是很征服人的教授。他当时对我们年轻人讲了三句印象深刻的话，令我至今不忘。他说："你们学经济学一定要学好三样东西，一是要学好数学，二是要学好形式逻辑和哲学，三是要学好英语。"

　　多年后，我对我的学生也说这同样的话，当然，我又加了一句，要学好中文。

记者：您后来对董辅礽先生又有一些什么新的了解呢？

邹恒甫：1978 年至 1983 年 8 月，我在武汉大学学习期间，正是中国经济学大变革的时期，当时的中国有两件事情让人无法忘记，一是对社会主义经济理论的大反思，第二是西方经济理论的大量引进。前者就是以董老师为首的，当然，中间还包括了于光远、薛暮桥等一批前辈人物，他们大胆深刻地反思社会主义经济理论和实践，勇敢尖锐地提出了自己的理论主张。那时的董老师还只有 50 多岁，但观点鲜明、锐气逼人。后者是以张培刚、陈岱孙、吴纪光、谭崇台、厉以宁等为代表的一批人，他们大力引进西方主流派经济学理论。中西冲撞，真可谓文明的大冲撞。

当时中国经济学界的许多重量级人物都与我就读的武汉大学产生关联，我把他们称做"武大学派"。他们的学术理论走到了最前面。董老师是武大的校友，这不用说，他与我的老师曾启贤是挚友，他们都是原先在武大任教的张培刚的学生。因为曾启贤老师，我对董老师有了更多的了解。我这里要谈到我尊敬的老师曾启贤，他 1989 年过世了，可以说他是武汉大学经济学里最伟大的人，他懂西方经济学，也懂中国，还懂得尊重他人。董老师与曾老师交流很多。曾老师把董老师、于光远、薛暮桥等人的一些最新思想带到了武汉大学。还有从哈佛回国的以张培刚、谭崇台为首的研究西方经济学的教授，以及同是从哈佛回国的吴纪先老师、刘涤源老师，从耶鲁回国的李崇淮、周新民，从威斯康新回国的朱景尧等一大批了解西方经济学的人物。他们齐聚武大、真可谓群星灿烂，光华四溢。我就在这种良好的学术环境里成长。尤其是董老师能够把东欧社会主义改革的一些最前沿的理论及时带给我们，我们还能够亲眼目睹他提出一系列的新思想，这对我的启发很大。我认为我当时很好地把握了时代的脉搏，加上得到西方经济学的熏陶，使我在同辈人中有很强的优越感。

在这里，我们要简单地介绍一下著名经济学家邹恒甫教授。邹恒甫教授 1962 年出生于湖南华容县，恢复高考后，他顺利考取了武汉大学，入校那年他只有 15 岁。他在武汉大学读了四年经济学，毕业后进入哈佛大学攻读经济学博士学位。他成了新中国成立以来第一个进入哈佛大学经济系的中国学生，也是建国以来中国第一个哈佛经济学博士。他现为世界银行研究部终身高级经济学家，在那里研究发展中国家的储蓄和增长、收入分配和地方财政。他已经发表论文 60 余篇，其中 40 多篇发表在国外权威经济学杂志上。他在国际经济学领域的排名十分靠前。邹恒甫教授在中西方经济学界可谓一位传奇性人物。世界银行丰厚的年薪足以让他过上极为优越的生活，但他毅然游走于东西方文化和经济学与教育之间，在中国的诸多经历依然让他痴心不改，决然要为自己的祖国、为母校武汉大学做点事情。

在世界经济学领域奋斗的邹恒甫教授，怀着一颗报国的赤子之心，投身中国的经济学教育领域。他在武汉大学、北京大学悄悄地进行着全新的经济学教育改革实验，全套引进西方最先进的教育模式，使这两所著名高校尤其是武汉大学的数理金融经济学教育为世界瞩目。十年来，仅武汉大学，他把那里的上百位优秀学生先后送往美国和欧洲的一流大学深造。他还在武汉大学办起了国学、历史、哲学等实验班，至今硕果累累。有评论说，中国的经济学和与其相关的教育在邹恒甫教授的带动下，其历史必定重写。

他现在是武汉大学高级研究中心主任，武汉大学 EMBA 和高级培训中心学术指导委员会主任，武汉大学经济学教授、博士生导师；北京大学一级教授、北京大学董辅礽经济学讲座教授；中山大学岭南学院学术委员会联合主席、中山大学岭南学院岭南讲座教授；浙江大学特聘顾问教授；《经济研究》杂志特约联合主编。他一个人就参与了两个国家一级重点学科。他与厉以宁教授同是北京大学国民经济管理学国家一级重点学科学术带头人，与谭崇台教授同是武汉大学西方经济学国家一级重点学科学术带头人。

二　董辅礽先生是我从哈佛回来后
交到的最好的师友

记者：邹教授，我们了解到，您从哈佛回来后，才真正开始了同董辅礽先生的学术交往，你们是如何成为朋友的？您能为我们回顾一下这段时期的一些经历吗？

邹恒甫：1987 年我从哈佛回来，带着西方经济学回到武大，回到中国，我那时年轻癫狂，目中无人。我认为当时中国的一批经济学家的思想不新不旧，我走在他们的前面已经很远，他们在我的后面爬行。我甚至在董老师和曾启贤老师面前说些让他们难受的话。我提出对中国的现有经济学理论和实践进行全盘重新思考。董老师却以非常平易的态度对待我，认真听我高谈阔论，在老师看来，这些东西不是那么好评价的。他们还不断地鼓励我多思考，充分表现出了大学者的高风亮节。我后来才知道，老师的那种胸怀是一般人很难企及的。董老师那时才57岁，名声显赫，风光无限，能有那样谦和的胸怀是多么的不容易啊。越往前走，越令我感动不已。这个时期，谭崇台和张培刚老师也给了我很多关怀。

1989年，我的老师曾启贤去世。董老师先后写了一系列文章纪念曾老师，并阐释曾老师的一些理论主张和思想。1999年，在曾老师去世10年之际，董老师又重新写文章纪念曾老师，写他的为人，写他的学术，表现出了一个学者的高尚情操，给我印象极深。曾老师作为我的最好的老师之一，我至今也没有为他写过一篇文章，这令我惭愧。我是1989年5月从哈佛毕业的，曾老师此前过世了。我曾答应过曾老师，我要以儿子的身份把曾老师接到美国，把他安排在一个十分舒适、幽静的地方，让他研究，让他思考。然而，这已成了一种巨大的遗憾，常常让我愧疚万分。1989年8月，在我进入世界银行研究部的前后，我在学术上与中国联系最多的是董老师、张培刚老师和谭崇台老师，许多学术交流都是在这三人之间进行的。

可以这样说，董老师是我回到中国后交到的最好的师友。1991年，是我人生的一个很大的转折点，董老师和厉以宁老师联合推荐我到北京大学就职，北京大学给我副教授职务，但我没有接受。从那个时候开始，我就动了一个很大的心愿，想在国内组建一个先进的经济科学高级研究中心。当时的政治环境还很紧张，直到1993年这件事情才有了眉目。1994年，武汉大学经济科学高级研究中心正式挂牌。董老师一开始就对我要做的事情全力支持并倾注了很多心血。中心的第一台空调就是董老师捐钱买的，那时的空调是很贵的，一台要8000多元人民币。董老师还号召他的学生们都来支持我，鼓动他所有能赚钱的学生给中心捐钱。董老师在有很多领导参加的中心揭牌仪式上说了这样的话："在武汉大学的历史上，经济学的革命有两次，一次是1947年张培刚先生从哈佛回到了武大，第二次就是现在，邹恒甫从哈佛回来了。"董老师的话在当时给了我巨大的鼓舞和鞭策，震撼心灵，终身难忘。

三　乐意助人、敢于直言，我觉得
他更像我们湖南老乡

记者：您和董辅礽先生在不断的交往中产生了珍贵的友谊，他虚怀若谷，奖掖后学，乐意助人，您还能为我们讲述更多的关于他的故事吗？

邹恒甫：在那时，在人们的眼里，他是中国经济学的第一高手，但他从不以老师、专家自居。与他谈话很轻松，遇到什么问题，他总是说："恒甫，你怎么看待这个问题？"

由于我了解一些世界经济学前沿的知识，当时从国外带回了一些最新的经济学研究成果，还有很先进的教材，我把这些资料都送给董老师。董老师态度谦虚，总想着别人。这些书籍看过后，他希望通过我送给新一代的人，他总是说，这些好东西不能浪费了。他把那些国外最好的论文和教材都留给了后一代人。

我在国内创办了第一份全英文版的《经济金融年刊》，在一次记者招待会上，董老师发表讲话："我在中国社科院任经济所所长的时候，想做的第一件事情，就是想办一份这样的刊物，我没有办成，邹恒甫现在办成了。"如此谦虚的胸怀，多年过去了，现在想起来，仍然令我汗颜。

这些年来，我一直在北京大学、武汉大学进行经济学的现代化教育的全面探索和改革，尤其在武汉大学，从始至终，董老师都在关注我实施的改革计划，他不停地鼓励我，尽全力支持我。

在一次有国家教育部和省教育厅有关领导参加的视察武汉大学高级研究中心的座谈会上，董老师直言不讳："当高级研究中心还是一棵幼苗时，国内有人想把她扼杀在摇篮中，现在有成绩了，许多人又来摘桃子。"董老师振聋发聩的话语，敢于直言的精神，令我无比钦佩。从许多方面看，我觉得他更像我们湖南老乡。

记者：由您组建的、由董辅礽先生出任联合主任的武汉大学 EMBA 中心在国内乃至世界上都有了很大的影响，董辅礽先生和您一起办 EMBA 教育，这中间一定有很多的故事？

邹恒甫：2002 年，我在武汉大学组建 EMBA 中心，董老师应我的邀请，欣然同意出任该中心的联合主任，另一个联合主任是前不久去世的法国著名经济学家让－雅克·拉丰。短短两年，我们共同见证、亲历了创办 EMBA 中心的全部艰辛。这中间的许多曲折故事是无法在短时间里讲完的。我，董老师，还有前不久去世的法国著名经济学家、任 EMBA 中心联合主任的拉丰，我们共同努力，从无到有，全部聘请世界一流大学的包括多名诺贝尔经济学奖得主在内的著名教授为学员授课，被业界和媒体认为是中国 EMBA 教育的奇迹。这中间，董老师付出了很多心血。

董老师是 2002 年 8 月就任中心联合主任的。上任后，他就和让－雅克·拉丰在北京、武汉、长沙、深圳、苏州等地为之奔走呼号。最令我感动的是 2003 年 8 月下旬的一天，下午 4 点，董老师从美国回到北京，一刻也没停留，便转飞苏州。由于飞机延误，他到苏州时已是凌晨 3 点。董老师休息了 3 个小时便匆匆奔赴苏州大学做学术报告。他的时差还没有调整过来就一口气做了两场报告。我记得他那次报告讲的是所有制问题。因为他是著名的"董所有"，他从马克思的德文版《共产党宣言》谈起，特别是说到书中关于消灭私有制的中文翻译，他强调那个"消灭"在德文里不是消灭，而是扬弃。

我们一起在艰难和快乐中创办、探索中国的 EMBA 教育，刚刚有了一个良好的开端，不幸的是两位 EMBA 的联合主任都先后患癌症离开了我们。拉丰是 2004 年的 5 月 1 日去世的，董老师在拉丰去世后不到 3 个月的时间里也离开了我们。加上我的好朋友、著名经济学家杨小凯，在董老师之前也在国外患癌症去世了。

四　三星同陨，我在今年夏天深刻地感悟生命的脆弱和无常

记者：几乎在一个夏天里，与您相知甚深的三位著名经济学家让 - 雅克·拉丰、杨小凯和董辅礽先生都先后离开了这个世界。你在这三个人中间，目睹了什么？见证了什么？我们相信您一定有太多的人生感悟。

邹恒甫：是的，他们都离开了我们。这种人生的变故和损失，对中国、对欧洲、乃至对世界的经济学的影响无疑都是巨大的。一个夏天，三星同陨，这使我在很短的时间里深刻地感悟到了生命的脆弱和无常。我与董辅礽老师、拉丰和杨小凯之间，仿佛只有小说和电影里才有的许多故事，却真实地发生在我的生活中。

在董老师得病之前，拉丰已身患肺癌。拉丰才 57 岁，他是欧洲经济学会的主席，被公认为是诺贝尔经济学奖最有力的竞争者之一。最初，当我知道拉丰患有癌症的时候，拉丰在精神上正处于全面崩溃的边缘。我记得在电话里他这样对我说："恒甫，我再也不能帮助你了，我再也不能帮助武汉大学 EMBA 了，我再也不能帮助中国了。"这是一种何等绝望的心情啊！

在这种情况下，最先伸出援手的是杨小凯。杨小凯与肺癌斗争了将近三年，表现出了超人的勇气和信心。他认为癌症病人都是被吓死的。他还举了芝加哥大学经济学系主任谢尔文·罗松为例，谢尔文·罗松知道自己患了癌症后，精神很快就崩溃了，很快就死去了。杨小凯认为，癌症是可以征服的。杨小凯给我发来了无数封电子邮件，还打来了许多电话，他的那些与癌症斗争的经验和故事通过我转发给拉丰。我成了他们之间的传声

简。杨小凯与拉丰并不相识，我把这些邮件和电话里的故事转告给拉丰，拉丰得到了巨大的鼓舞。杨小凯非常坚强，那时，我们还真的以为杨小凯的病已经完全好了，其实，杨小凯离自己生命的尽头已近在咫尺。杨小凯在他生命的最后时刻，用自己全部的生命激情和对人类的无限关怀让拉丰产生了生活的希望和求生的勇气。

2004年4月18日，我到洛杉矶去看望拉丰，看见他70磅都没有了，他原来有190多磅啊。那个时候，杨小凯已经处于癌症晚期，他已经不会说话了，只能用手写字。杨小凯比拉丰晚了一个多月离开这个世界。杨小凯皈依了上帝，55岁的杨小凯带着期待和欣慰进了他的天堂。我相信他一定是进了天堂。57岁的拉丰在5月1日的那天也离开了我们，拉丰是带着对法国经济学和中国经济学的关注与爱以及无尽的遗憾离开这个世界的。拉丰在患病期间曾对我说过这样的话："如果我能像董辅礽老师那样活到70多岁，那该多么好啊，哪怕就是70岁也很好，那样我就可以更多地照顾我的孩子和家人，我还可以为经济学事业做更多的事情啊。"如今，每当我记起这些话，就禁不住潸然泪下。

早在2003年9月，董老师就确诊为癌症，董老师得知这个消息后，我们通了电话，他在电话里几乎说了和当时拉丰对我所说的同样的话。他说："恒甫，我不能再帮助你了。"

我在震惊的同时，马上给他鼓励。我同样用杨小凯和拉丰的例子鼓励他，他精神为之一振，我的话还真的发生了作用。董老师跟家里人说："恒甫告诉我了，这是有希望的，癌症是可以战胜的。"董老师的女儿和女婿都是研究癌症和生物方面的专家，他们都在美国杜克大学任终身教授。他们也认为董老师再活三五年是没有问题的。

董老师非常关注拉丰和杨小凯的情况。我又把杨小凯的故事转述给董老师听，他听了很高兴。他要与癌症作斗争，他对生命充满了希望和信心。2004年3月，我去美国杜克大学看望董老师，发现他像往常一样，他说，除了手心有点痒，其他都很正常。我回到华盛顿，我给拉丰打了电话，告诉他我所见到的关于董老师的一些事情。拉丰在电话里骂了一句，他抱怨地说："我们的事业怎么这么艰难啊！我们怎么这么倒霉啊！"

他们患病的三人中董老师年岁最高，77岁了，是最乐观的人。5月1日，拉丰去世后，我没有告诉董老师。董老师喜欢上网，他不久就知道了这个消息。5月下旬，他对我说，"拉丰是不是走了"？我说："我自欺欺人，我一直不敢把这个消息告诉您。"当时，我感到董老师的心情非常沉重。后来不久他开始发低烧，癌细胞可能又发作了，我也知道关于董老师的治疗不是很乐观，死亡阴影正悄悄地向他袭来。

又过了不久，我邀请诺贝尔经济学奖得主卢卡斯来武汉大学进行学术交流。7月17日，我给董老师打电话，第一件事他就说，杨小凯是不是也走了。他说，他在网上已经看到了。我如实地告诉了他，我先前没有告诉他的原因是怕对他的精神打击太大。他说，没有关系，他说自己的情况有所好转。我听了还非常高兴。

2004年7月30日下午3点零3分，董老师在美国的杜克大学医疗中心永远地离开了这个世界。我很快就和他的女儿通了电话。我当时在中国，董老师去世的时候，我没有在他的身边陪伴他，这是我终身的遗憾。我现在惟一能够做的事情是继续他的事业，为中国、为武汉大学能够多做一些事情，以告慰他的在天之灵。

五　我相信历史一定会给董辅礽先生
以恰当公正的评价

记者：我们发现，董辅礽先生去世后，网上有对董辅礽先生正反两方许多不同的评价。对此您有何看法？

邹恒甫：董老师去世后，许多人向我提到网上有一些人对他有非议。我认为，在改革开放的中国，出现这样的现象很正常，也符合学术的发展规律。我相信历史一定会给董辅礽老师以恰当公正的评价。

记者：最后，您有什么话要向大家说吗？

邹恒甫：我的朋友董辅礽老师、拉丰和杨小凯，他们三个人都是对学术有着崇高追求并影响世界和中国经济学的巨人。这些年来，他们没有给我一点点癌症的迹象。我想对所有人说，我们不仅要锻炼身体，还要经常检查身体。我相信，这也是我的好朋友、我最尊敬的老师董辅礽以及拉丰和杨小凯共同要向大家说的心里话。

第 六 篇

思想评论

求实　求真　求新

—— "首都经济学界董辅礽学术思想研讨会" 综述

人民日报　2004 - 10 - 22　杨再平

　　中国经济体制改革研究会、中国社会科学院经济研究所、北京开达经济学家咨询中心等单位主办的 "首都经济学界董辅礽学术思想研讨会" 日前在京举行。与会者高度评价董辅礽的治学态度和学术贡献，认为董辅礽在 50 多年的学术生涯中，紧扣中国现实经济问题，执著求实、求真、求新，在不同历史时期提出许多独到的见解，对中国经济改革和发展进程产生了较大影响。

　　与会者认为，董辅礽最重要的理论贡献是早在 20 世纪 70 年代就以巨大的理论勇气，提出了所有制改革问题。随着实践的发展，他在所有制改革问题上形成了自己的理论体系。他深入研究了经济运行机制与所有制的关系，提出 "不改革所有制，经济运行机制的改革不会成功" 的观点，确立了所有制改革的地位；透彻分析了经济体制改革的目标是通向市场经济，提出了改革所有制的依据。此外，他还提出了不少有新意的观点，比如：单一的公有制只能成为计划经济的微观基础，因此必须变单一的公有制为多种公有制，让多种公有制和市场机制能够兼容；社会主义初级阶段的经济是多种所有制的混合经济；非公有制经济是社会主义市场经济不可分割的有机组成部分，等等。他关于包括证券、期货在内的资本市场建设等方面的观点，都是围绕其所有制改革理论展开的。

　　联系市场取向的改革，董辅礽在经济发展理论方面也做出了重要贡献。20 世纪 80 年代，作为中国经济发展战略研究的主要发起组织者之一，他对中国经济发展战略做出了精辟的理论阐述：国家因大小不同而在经济发展取向上也应有所差异；农村非公有制的非农产业的发展是改变中国二元经济结构的有效途径；把经济增长方式的转变提到战略的高度，并指出，不能把外延的增长与内涵的增长看做相互排斥的，外延的增长可以包含内涵增长的因素，内涵的增长也往往伴随着外延的增长；在区域经济发展方面，从中国经济改革发展阶段变化的角度提出了超越梯度发展的思想。进入 90 年代，他对可持续发展理论做了独到阐述，例如，对可持续的生产方式和消费方式的论证，对如何发挥市场作用来推进环保事业发展等，都提出了新颖的观点。

守身为大当自励

——首都经济学家举办研讨会纪念董辅礽先生

中国改革报　2004－9－6　王淼

2004 年 8 月 29 日，首都经济学界在京隆重举行董辅礽学术思想研讨会，对其学术思想进行了认真的研讨。著名经济学家杜润生、于光远、高尚全、杨启先、萧灼基、厉以宁、万典武、冯兰瑞、刘伟、何伟等老中青经济学家 100 多人汇聚一堂，共同以学术研讨的形式纪念这位对中国经济改革理论做出重要贡献的经济学家。专家认为，董辅礽先生勇于探索，提出了许多有建树的理论，在学术上最大的贡献是在中国最早提出的所有制改革理论以及最早提出的公共所有制概念。

1978 年 9 月，中国的政治气候还是乍暖还寒的时候，董辅礽就提出改革国家所有制，实现政企分离；改革人民公社所有制，实现政社分离，这就是著名的"两个分离"。1985 年，董辅礽明确提出社会主义经济是以公有制为主导的多种所有制的混合经济，非公有制经济是社会主义经济的不可分割的有机组成部分。这就是著名的"董氏八宝饭理论"。董辅礽具有国际影响的理论贡献当属他的经济增长论，主要包括三个方面，即社会主义再生产模型（又称董氏再生产模型）、国民经济平衡理论、国民收入理论。尤以他的名字命名的"董氏再生产模型"最为著名。该模型参照部门联系平衡表表式，并吸收美国经济学家列昂惕夫投入产出分析法的一些优点，设计了别具一格的平衡表，是当今世界和中国流行的许多再生产模型中最符合马克思主义再生产原理的一种。专家认为，董辅礽对中国资本市场的发展也做出了很大贡献。第一，他积极地提出要发展资本市场，提出要发展资本市场促进企业改革。第二，他主张用法律来规范中国的资本市场。第三，他主张正确处理发展与规范的关系，要爱护这个市场，保护这个市场。他认为中国资本市场中出现的一些问题是发展中的问题，是前进中的问题，他反对"赌场论"，反对推倒重来。第四，他主张保护投资者的合法权益，尤其是中小投资者的权益。第五，他不仅非常关心主板市场，而且关心支持二板市场和创业板市场的建立。董辅礽曾经指出，政府职能不改变，在市场经济条件下，权力就会变成一种获利的资源，使官员权钱交易，出现腐败。而腐败的结果是市场失效，不能优化资源配置，不能形成公平竞争；政府自办公司、自办企业，更会造成市场扭曲。与会经济学家认为，作为经济学家，纪念董先生，就应该继续为推进中国的市场化改革而努力奋斗。目前，中国的改革正处在一个非常关键的阶段。体制改革的不彻底、政府的过多干预，造成寻租机会增多，一些地方已经形成了所谓的权贵资产阶级。我们要警惕"拉美化"问题在中国出现，但同时要认识到，虽然我们出现了与拉美国家类似的收入差距拉大，社会不公正加剧现象，但本质上并不相同，恰恰是我们市场化改革不彻底造成的，因此必须坚持市场经济的改革主导方向，坚持政企分开，坚持反对垄断，反对有人以反对新自由主义为名，反对市场经济，维护既得利益。在董辅礽先生的封笔之作"守身为大"中，他写道："守身"在不同的人和不同的情况会有不同的内涵。例如说，在白色恐怖下，"守身"就是不在白色恐怖的压力下退缩，更不能卖身自保，卖身求荣。中国的改革开放经历了曲折的道路，改革与保守或反对改革的斗争异常激烈，每前进一步都有斗争。面对这种斗争，理论工作者是否敢于坚持真理，坚持改革的方向，就是是否能坚持学术节操的考验。与会专家指出，这正是董辅礽坚持独立思考，坚持钻研学术，勇于探索真理，治学严谨，不惟上、不惟书的良好学术品格的体现。董辅礽中一生经常修正自己的学术观点，但从不为名利而进行妥协。

董辅礽——中国经济体制
改革的开路先锋

曹凤岐

董辅礽这位当代著名经济学家的去世，是中国经济理论界的重大损失，我们应该悼念他、追思他，并沿着他开拓的道路继续发展中国的经济改革。

我认识董辅礽教授已有很多年，早在 20 世纪 80 年代中期的一次讨论股份制和承包制的会议上，我们就认识了，我们还就股份制改革的问题进行讨论。

自从 20 世纪 80 年代的那次偶遇后，我和董辅礽先生便有了不解之缘。在 80 年代末的时候，他还担任过中信集团下面的一个经济研究所所长，我做过他的一些项目。1996 年，我发起成立了北大金融证券研究中心，成立当天他来了。后来，中心每两周举行一次"湘财证券论坛"，董辅礽教授是我这个论坛第一讲的讲座专家，现在已进行了 40 讲。共同参加了多次研讨会，为我写的书作序，参加我主持的项目评审。2003 年 10 月我曾邀请董辅礽教授出席我主办的一个资本市场国际化研讨会并讲演，他爽快地答应了。但很遗憾，开会那时他已经病了，并到美国进行治疗，未能参加研讨会。他与我有忘年之交，他是我的良师益友。

董辅礽教授在学术上思维敏捷，能坚持真理，做人刚直不阿，但他又不是盛气凌人，是很亲和的。董辅礽教授坚持真理、守身为大的精神是值得我们学习的。

在 20 世纪 90 年代起草《证券法》时，董辅礽时任人大财经委副主任，而我是《证券法》起草小组的成员。在 1994 年的一次内部会议上，各界对《证券法》争论剧烈，当时董辅礽也参加会议。那次会议上，董辅礽毅然站出来讲话，力挽狂澜。现在来看，他当时坚持的很多观点都是正确的。

董辅礽教授在经济体制改革方面，勇于探索，提出了很有建树的理论，他是中国经济体制改革的开路先锋。董辅礽对学术界的最大贡献，是在中国最早提出所有制改革理论，他首先提出了公众股份制的概念，认为公众股份制并非私有制，大家都来入股参股。他积极支持民营经济的发展在 2000 年的一场资本市场论战中，他也是积极参与者，积极讨论如何保护投资者合法权益、如何完善资本市场等问题。应该说，董辅礽对中国经济理论发展起到非常大的贡献，是为数不多的坚持所有制改革的专家学者。

追忆董辅礽老师对中国农村改革的贡献

曹　阳

又到了一年一度的教师节，应该给我的博士生导师董辅礽教授寄一张贺师卡，但是，恩师已仙逝，他在天国能否收得到弟子的思念之情……

于光远先生在悼念他的后辈、我的导师董辅礽教授的文章中说，纪念故人无非是"殡、葬、传"，其中"传"最为重要。将导师的思想传扬于社会，使导师的思想传承于后世，这是弟子义不容辞的责任。秉承这一信念，本文将追忆导师对中国农村改革的贡献。

一　"政社分开"的最早呐喊者

中国的经济体制改革是从农村起步的。家庭承包责任制的推行使农户开始替代生产队成为农村微观经济的最基本主体；但是，仅限于家庭承包责任制还不足以使人民公社体制彻底解体。众所周知，人民公社不仅是"一大二公"，而且县"政社合一"，这意味着它不仅是一个经济组织，而且是国家的基层政权，是一个行政组织。从人民公社建立的过程看，是国家政权、行政组织推动了经济组织制度的变革，是一种强制性的制度变迁。很显然，如果"政社合一"的体制框架不改变，那么人民公社体制就不可能从根本上解体。因此，"政社分开"是人民公社体制彻底解体必不可少的制度性前提。

董辅礽教授以经济大家的敏锐眼光，早在1978年就看到了人民公社"政社合一"的种种弊端，因而提出了"农村的基层政权同人民公社集体所有制经济组织分开，重新建立乡镇政权"的"石破天惊"的建议。之所以"石破天惊"，是因为这是中国在粉碎"四人帮"以后最早出现的"政社分开"的呐喊。我们知道，"政社合一"是毛泽东主席亲自提出、并充分肯定的。在当时"两个凡是"的背景下，提出"政社分开"需要多么大无畏的理论勇气和"敢为天下先"的理论气魄！如果没有一颗忧国忧民的拳拳赤子之心，没有深邃的历史眼光，谁敢在当时冒天下之大不韪!?

好在后来中国农村改革的实践证明了董辅礽教授的远见卓识。1984年，时隔六年之后，全国范围普遍建立了新的乡镇政府，人民公社"政社合一"体制宣告彻底解体。

当然，无须讳言，以今天的眼光看，董辅礽教授当时对人民公社集体所有制这一经济组织的分析还有欠缺，这表明人们的认识总是要受到历史与时代的局限。董辅礽教授也不例外。但是，即便如此，董辅礽教授也有其独到的眼光。例如，对当时公社体制的一些问题：生产队自主权遭侵犯，生产资料、资金和劳动力被任意无偿调用，某些干部的宗法式、家长式统治等，董辅礽教授就没有就事论事，而是一针见血地指出，"都要从所有制的高度去把握，去研究。如果把它们仅仅看做是一个管理方法问题（如通常所说的行政方法还是经济方法问题），那就不能揭示问题的实质"。这一认识与董辅礽教授所有制改革的思想无疑是一脉相承的。

遗憾的是，理论界对"政社分开"在中国农村经济改革中的意义还缺乏应有的重视。事实上，人民公社有两大支柱，"政社合一"就是其一，而且是最基本的支柱。"大包干"的家庭承包制要在广大的农村地区占主导地位，就必须以"政社分开"为基本的制度保证。因此，"大包干"的家庭承包制在全国农村占主导地位之时，也是全国范围的"政社分开"之时。

二 "温州模式"的坚定辩护者

1978年以后，浙江温州的民营经济发展迅速，促进了农村分工分业的发展，改变了各种社会经济关系和生活方式，推动了温州的工业化、市场化的进程，"把温州农村引上了现代化的发展道路"。所谓"温州模式"，其本质就是民营化推动工业化、城市化的道路。民营化是"温州模式"的精髓所在。然而，也正是"温州模式"的民营化特征，在20世纪掀起了一阵有关"姓社姓资"的轩然大波。这场大辩论不仅关系到温州的经济发展，而且也关系到中国农村经济，乃至整个国民经济未来发展的走向。

董辅礽教授在这场关系到民营经济命运的大辩论中，旗帜鲜明，是"温州模式"的坚定辩护者。用董老师自己的话说，"这些调查给我以很大启示，我先后写出了十多万字的文章，在温州、在北京大学等地和单位做过多次报告。我结合发展经济学的理论，研究了其中的一些重要问题，对争论激烈的问题做了明确的回答，给温州等地遭受巨大政治压力的干部以积极的支持，同时解除其疑虑"。他通过对温州多次的实地考察，深切感受到"农村正在发生的异常迅速和异常深刻的变化"，指出"温州模式"也是中国农村发展商品经济可供选择的一条道路。不仅如此，董辅礽教授还进一步通过"温州模式"与当时颇受推崇的"苏南模式"的比较，指出以温州为代表的民营化推动工业化、市场化道路在如下几个方面要优越于以苏南为代表的集体化推动工业化、市场化道路。董辅礽教授指出："以温州为代表的道路同以苏南为代表的道路相比，又有一些优点。"这就是：(1) 更易于筹集发展工业和其他非农业产业的资金；(2) 更迅速地使农业中的剩余劳动力转移到非农业部门；(3) 更迅速地使工业生产技术普及到农村；(4) 更迅速更普遍地使农民收入提高；(5) 更易于在中国更多的农村地区实行。这五个"更"表明"温州模式"不仅是"一条可供选择的道路"，而且是一条更具普遍性、适应性更强、发展前景更光明的道路。后来中国农村经济的发展，尤其是苏南集体企业大面积的民营化改制更加证明了这一点。

从"温州模式"的争论中，董辅礽教授还进一步深化了对发展经济理论的认识，使中国的经济发展研究在理论层面上了一个新的台阶。在 1986 年发表的《对发展经济理论的若干思考——温州农村商品经济考察》（《北京社会科学》1986 年第 3 期）的这篇论文里，董老师谈了六个问题：发展的制度因素；改革二元经济结构的途径；"创新活动"在发展中的作用；传统在发展中的意义；发展的代价；发展的突破口。这些问题在今天当然已不是新的问题，但在 1986 年，制度经济学对中国的理论界还相当陌生，发展经济学也只是刚刚引进，董老师在当时提出的这六个前沿性问题，一下子就把人们对经济发展的认识带入了一个新的天地。例如，在谈到发展的制度因素时，董老师明确指出"需要我们对国家的整个经济格局（包括所有制的形式和结构），做出通盘的筹划"。董老师还谈到了农村的土地问题，"能人"的"创新活动"，传统对发展的影响，雇工问题，如何找到发展的突破口，等等。对这些问题的论述，董老师都有一些十分精辟的见解。在此不在一一赘述。

"温州模式"的争论，从广义的角度看，至今仍未平息，它不过改变了争辩的方式和语言。例如，国有企业的民营化改制最近又引起了激烈的争辩。争辩的焦点已不是改制的"方法"，而是改制的"方向"。因此，我认为董老师下面的判断过于乐观："自从确定以建立社会主义市场经济体制为改革的目标以后，关于温州发展农村非农产业的道路问题，才没有了争议。我为温州争辩的论点想必也不会有争议了。"

三 农业劳动力转移的积极倡导者

农业劳动力转移是中国从二元经济结构向现代一元经济结构转换的关键。没有这种转移，大量的劳动力沉淀于土地，农业劳动生产率难以提高，农业和农村的现代化也难以实现。因此，"农业和农村的现代化必定要伴随农业人口向非农业人口的转移、农村人口向城市人口的转移，即人口的非农化、城市化（或城镇化）"。董辅礽教授曾经写道："农村非农产业的兴起，从一开始就引起了我的兴趣和关注。"早在 1980 年，董辅礽教授为参加墨西哥的第七届世界经济学家大会，就提供了一篇《中国农村工业发展与农村劳动力就业》的英文论文，积极倡导农村工业化与农业劳动力的转移。更为值得注意的是，1978 年以来，董辅礽教授一些有影响的英文论著，几乎都是有关农村经济发展、农村工业化和农业劳动力转移这一主题的。例如，1986 年应世界银行经济发展学院之约而写的《中国农村改革、非农产业的发展和农村现代化》；1992 年在英国出版的专著《工业化与中国农村现代化》等。

如何才能加快中国农业劳动力的转移？董辅礽教授认为有三条道路：在城市发展大工业和其他产业吸收农业剩余劳动力的道路；在农村发展农民私有制非农业企业的道路；发展乡镇公有制非农业企业的道路。董老师特别推崇以"温州模式"为代表的在农村发展农民私有制非农企业的道路，因为它能够使农业中的剩余劳动力更迅速地转移到非农业部门，因而也就能更迅速更普遍地使农民收入提高。对于农村居民大规模地进入城市，尤其是大城市，董老师持比较谨慎的观点。这是因为"我在印度和墨西哥就看到了极其可怕的景象：大片的贫民窟、大量的城市中的失业者、城市卫生恶化、疾病流行、交通堵塞、犯罪率高等"。因此，董老师希望有条件地放开城市户籍管理，既有利于城市化（城镇化），又有利于防止农村人口大量涌入城市而引发各种"城市病"。

在董老师指导的博士生中，有几位的博士学位论文就是围绕农业劳动力转移这一主题的。例如，辜胜阻教授的博士论文《非农化、城镇化的理论与实践》；我的博士学位论文《中国现代化进程中农业劳动力转移对宏观经济结构的影响研究》也是这一主题。我至今仍然清楚地记得，当我第一次将论文写作提纲送给老师征求意见时，董老师对这一选题给予了充分的肯定，同时也提出了许多高屋建瓴的指导性意见。在博士论文的基础上，我扩充完成了《中国农业劳动力转移：宏观经济结构变动》一书，当我请董老师为拙著写一篇序时，董老师慨然应诺，很快就寄来了一份热情洋溢的序言。这篇手稿我至今仍然保存，睹物思人，不禁潸然泪下。后来，这篇序言董老师还把它收入了《走向市场化的中国经济》（经济科学出版社，2001）一书，并发表于《经济学动态》2001年第2期。在拙著的后记里，我曾写了如下一段话，它确实是我的肺腑之言："我的博士论文能够以全优顺利地通过答辩，凝结了董辅礽教授的一片心血。读者也会从董辅礽教授为本书写的序言中切实地感到以上之说绝非溢美之词。我感到惭愧的是，无论是博士论文，还是现今奉献给读者的这本论著，可能最终仍未达到导师的期望。"

与辅礽探讨"重建个人所有制"

杜润生

现在开会纪念辅礽同志，这使我想起我们两个曾就马克思"重建个人所有制"涵义所做的讨论。《共产主义宣言》明白宣布，共产党奋斗的宗旨是消灭私有制；但与此同时，马克思又提出重建个人所有制，二者之间似乎存在语义上的矛盾。

我商之于辅礽同志，他说，按德文原意，"消灭"二字应译为"扬弃"，扬弃有保存、中止、停止的意思，没有中文消灭之义。

我就此认为，消灭和扬弃是事物的两个不同的运动形式。顺着这个理解思考，可以体会马恩对未来社会的描述：科学技术高度发达，财富源泉不断涌现，劳动不再成为人们的谋生手段，而是生活中的愉快。此时社会财富分配，由按劳分配变为按需分配，雇佣劳动制和赖以产生的剥削、被剥削关系转变为平等、互助合作的社会契约关系。人的全面发展，使劳动者取得更多的选择职业的自由，冲破分工的束缚。土地的垄断完全废除，成为社会共享的自然资源。

所有这些变化，都是"扬弃"一词所表达的经济制度演变过程：有存有去，有消失有保留，个人所有制也是推陈出新的。有别于过去我们的解释，据此可以理解重建个人所有制的涵义。

和辅礽同志的那次讨论结束后，我们说好还要再次交流的，可他却先我而去。他留给我们很多值得学习的东西，也留下了他终身不懈的追求。

无独有偶，最近得知另一青年经济学家杨小凯也不幸去世。杨与董都拥有破除迷信的批判精神，人才难得。中国正处在伟大的历史时代，时代需要创新的理论家。

他们英年早逝，一方面是缺乏医疗上的保护，这是政府、社会应当关注的事情；另一方面，学者的自我保护意识也是不可少的。

论董辅礽的民营经济思想

高尚全

董辅礽教授是中国著名的经济学家，他在理论和实践上为推动中国经济改革与经济发展做出过重要的贡献，如在改革开放初期，他就提出了企业改革的方向应该是"政企分离"、"政社分开"；他最早提出并一直坚持所有制改革是中国经济改革的关键，并称之为"八宝饭理论"，他在这方面的研究和理论使他享誉海内外。此外，他力主发展民营经济，被称为"中国民营经济的护航人"。下面主要讨论他的民营经济思想。

一 八宝饭理论和市场经济模式是其民营经济思想的理论基础

传统的社会主义理论认为：社会主义＝公有制＋计划经济，董辅礽对这两个内容分别提出了不同的观点。1978年9月，中共十一届三中全会之前不久，董辅礽便率先提出了社会主义所有制改革的问题。他提出了有关经济体制改革的"两个分离"，即改革国家所有制，实现政企分离；改革人民公社所有制，实现政社分离。1985年，他在牛津大学作访问教授的时候提出了"以公有制为主导的多种所有制共同发展的所有制结构是建立社会主义市场经济的前提条件"这一论断。他认为，社会主义经济中，不仅有公有制经济，而且必须有非公有制经济，非公有制经济不只是"辅助"、"补充"，而是不可缺少的"重要组成部分"，并以"八宝饭"比喻作为混合经济的社会主义所有制结构。这就是著名的"八宝饭理论"。非公有制经济必然要求市场经济，董先生认为：公有制经济着眼于社会公平；而非公有制经济则与市场竞争相联系，着眼于市场效率。1981年，在《关于建国以来党的若干历史问题的决议》征求意见时，他建议把"发挥市场调节的辅助作用"改为"发挥市场调节的积极作用"。这样，他提出又一个理论：社会主义市场经济＝社会公平＋市场效率。这两个理论成为其民营经济思想的理论基石。和其他非公有制经济的支持者相比，董辅礽理论的创新之处在于，他认为发展非公有制经济不是社会主义初级阶段的权宜之计。他不是以生产力的多层次来解释非公有制的原因，他认为非公有制经济不仅能够容纳非常落后的生产方式，而且可以容纳非常现代化的生产方式，中国经济发达了，非公有制也不会寿终正寝。这是社会主义理论的一个重要创新。

二 温州模式是董辅礽教授民营经济思想的直接来源

董辅礽教授关于民营经济思想是与他对民营经济发展的典型模式——"温州模式"——研究相联系的。20 世纪 80 年代，国内对"温州模式"与"苏南模式"孰是孰非曾经有过激烈的争论。争论的一个关键问题就是，如何看待发展民营经济。董辅礽坚持实事求是的作风，于 1986 年亲赴温州考察，后来发表《温州农村商品经济考察与中国农村现代化道路探索》、《温州模式与中国民营经济的发展》、《温州模式的继承与提高》等一系列文章，称赞温州模式为治穷致富的"一条可供选择的路子"。他从理论上对旧温州模式与苏南模式进行了比较分析，进而概括了温州模式的实质，提炼了温州精神和提出了温州模式发展演进的方向。他认为，温州精神是温州模式成功的重要原因。温州人都有想当老板的创业观念，有百折不挠的吃苦耐劳精神，有敢于冒险的创新和冒险精神。在当时的情况下对"温州模式"的一片非难声中，董辅礽先生顶住了压力，积极为温州个体私营经济的发展打气，希望能把温州模式坚持下去。他说："公有制占主体是就全国而言的，并不是每个地方都要如此，温州人可以昂然地走自己的路。"经历了激烈的争论和曲折的过程，"温州模式"终于被全国上下所认同，成为各地发展民营经济的学习对象，在各地移植和推广。"温州模式"对转变人们的观念，对促进全国民营经济的发展，对促进市场经济的发展起了不可估量的作用。

回顾董辅礽经济思想的发展，一个重要的结论是：在中国经济转型过程中，要进行理论创新不仅要有惟实精神，要有洞察力和预见性，更重要的是要有理论勇气，要勇于创新，不拘泥于旧有的观念和理论。正像民营经济一直在"夹缝"中成长一样，董先生的民营经济思想也一直在逆境中发展，在发展中创新。董辅礽关于所有制改革和提倡市场经济的思路和中国经济体制改革是吻合的，中国的改革正处在关键阶段，需要更多像董辅礽那样坚持改革、勇于创新的经济学家。

董辅礽的民营经济思想

辜胜阻

2004 年 7 月 30 日，当代中国杰出的经济学家、著名的社会活动家、全国工商联学术顾问董辅礽先生与世长辞了。我和董先生第一次近距离的接触是 1989 年 6 月 9 日陪他和张培刚先生出席在联邦德国杜伊斯堡召开的关于中国经济改革与发展的国际学术会议。在这次会上，董先生学贯中西的大师风范、高屋建瓴的学术视野和刚正不阿的人格个性给我留下了极其深刻的印象。我和他最后一次讨论学术问题是 2003 年 9 月 29 日上午在人民大会堂举行的全国工商联 50 周年庆祝大会会议正式开始前。我们讨论的问题是"为什么湖北和浙江在民营经济的发展上有很大的差异"。董先生认为，浙江民营经济高度发达与浙江的地域文化和人文精神有很大的关联。他认为，湖北发展民营经济必须改变不适应市场经济发展的文化影响，武汉有很厚重的商业文化底蕴，但要进一步壮大民营经济，必须学习温州人"重合作、不取巧、百折不挠"的市场意识，政府部门要端正为企业服务的态度。我万万没想到，在这次会面后的第八天他就被诊断为癌症，十个月后就和我们永别了。董先生虽然离开了我们，但他的民营经济思想是永垂不朽的。董先生在理论上有许多建树。我认为，他最重要、对实践影响最大的建树是所有制改革理论和民营经济思想，这是他留给我们的非常宝贵的精神财富，董先生的民营经济思想体系由以下六个方面组成：

1. 关于混合所有制经济的"董氏八宝饭理论"和"董氏市场经济公式"是董辅礽民营经济思想的理论基石

所有制结构问题直接关系到民营经济的定位和"正名"。传统的社会主义理论认为：社会主义 = 公有制 + 按劳分配，这里的公有制是纯而又纯的"大一统"的国家所有制。在那样的思想指导下，连农民在家庭庭院养一只鸡都会被视为"资本主义尾巴"。董辅礽教授是最早关注所有制改革的经济学家。早在 1978 年，在中国科学院的哲学社会科学规划会上，董辅初便率先提出了社会主义所有制改革的问题，他的"离经叛道"的陈词震惊了当时几乎所有在场的人。1985年董先生在牛津大学作访问教授的时候提出了"以公有制为主导的多种所有制共同发展的所有制结构是建立社会主义市场经济的前提条件"这一论断。他认为，社会主义经济中，不仅有公有制经济，而且必须有非公有制经济，并以"八宝饭"比喻作为混合经济的社会主义所有制结构。当时可捅了"马蜂窝"，有关媒体被下令一律不许传播。董辅礽的混合所有制理论不仅提出最早，而且具有鲜明特色，它建立在以下五个理论支点上：（1）非公有制经济不只是"辅助"、"补充"，而是不可缺少的"重要组成部分"。他明确指出：非公有制经济不只是起"辅助"、"补充"作用，而是社会主义市场经济的重要组成部分。这正像在八宝饭中，红枣、莲子等东西是有机组成部分，而不是饭做好之后掺进去的什么"补充材料"一样。（2）不能以生产力的多层次性来解释发展非公有制的原因。非公有制经济不仅能够容纳非常落后的生产形式，而且可以容纳非常现代化的生产形式，国内有很多高科技企业是私营的。（3）发展非公有制经济不是社会主义初级阶段的权宜之计。中国超过社会主义初级阶段以后，经济发达了，非公有制也不会寿终正寝。（4）市场经济天然就是与非公有制经济联系在一起。市场经济发达的地方一定是非公有制经济发达的地方，市场经济不发达的地方一定是国有经济比重很大的地方。（5）社会主义市场经济要靠公有制维护社会公平，又要靠非公有制经济提高经济效率。与传统的"社会主义＝公有制＋按劳分配"公式不一样，董先生认为：社会主义市场经济＝社会公平＋市场效率。公有制经济是计划经济的惟一的微观基础，着眼于社会公平；而非公有制经济则与市场竞争相联系，着眼于市场效率。

2. 新资本观、新财富观、新财产权观是董辅礽民营经济思想的创新特色

与"抱住昨天的理论不放"的思想家不同，他不满足传统的老教条，勇于探索新思路，开拓新境界，既继承前人，又突破陈规。要毫不动摇地发展民营经济，需要对诸如资本、财富和私有财产权这类理论问题重新认识，进行理论创新。传统理论认为：资本是"每一个毛孔都充满了血污"，私有制是"万恶之源"，消灭私有制是社会主义的主要目标。虽然董辅礽接受的是苏式教育，但他没有充当传统苏联社会主义模式的卫道士，他在传统社会主义问题上闯一个又一个理论禁区，提出一个又一个突破传统经济理论教条的观点，引起世人瞩目。（1）资本不仅参与财富的创造，而且参与价值的创造，现代社会出现了社会资本取代私有资本的趋势。董先

生指出，马克思根据他所处时代的情况，在《资本论》第一卷中得出了一个结论：资本的积累一头是财富的积累，另一头是贫困的积累，即随着社会的发展，财富只可能会越来越集中在少数人手中，资本是每一个毛孔都充满了"血污"。这个判断在当时是有道理的，但后来当资本社会化以后，财富的分配就已经发生了很大的变化，出现了社会资本取代私有资本的资本社会化趋势。（2）私有制只能扬弃，不能消灭。长期以来，在发展私营经济的问题上，人们受《共产党宣言》中消灭私有制思想的禁锢，董辅礽在认真核对"消灭"这个字中文翻译和黑格尔思想后认为：《共产党宣言》德文版德文字"消灭"既有保留、保存的意思，也有废除的意思。在这一德文字上，就是否定里面有肯定，肯定中间有否定。（3）财富是中性的，追求财富是社会进步的动力。过去所谓的"私有财产是一切罪恶的源泉"这一说法应当坚决摒弃，财富本身并不具备什么罪恶的属性，关键要看财富怎么取得、如何使用的。市场经济条件下必须允许私有财产的存在，因为没有私有财产，不切实保护私有的各种有形和无形的财富，就没有追求财富的动力，而没有对财富的追求就没有竞争，也就没有市场经济。（4）实现小康目标，就是要不断增加家庭财产和中等收入者的比重，使社会结构朝"纺锤形结构"方向发展。（5）私有财产是私营经济的基础，没有私营经济就没有市场经济。私有财产是私营经济的基础，没有私有财产就没有私营经济，不保护私有财产就是不保护私营经济，更谈不上促进其发展。（6）要承认私有财产的合法性，将私有财产保护提到法律层面上。

3. 让民企、国企共同与"重量级拳手"的外企比赛是董辅礽民营经济思想的竞争构想

董辅礽教授不仅主张民企、国企和外企要并存、要混合，而且要相互竞争，在竞争中"共舞"，在竞争中提高效率。（1）民企与国企要相互配合，优势互补，使长处更长，短处更短。非公有制经济的特点是：产权明晰、机制灵活、机动性强、决策快、利益的激励和约束强，短处是许多企业的规模太小、实力弱、技术落后、管理差、信息不灵。（2）要允许民企收购、兼并、参资国企，增强国企活力。民营经济的发展与国企的改革关系密切。民营经济高质量、快速的发展将会大量吸纳国企结构调整中的富余人员，减轻社会就业压力。（3）凡允许外企进入的部门也应允许民企进入。加入 WTO 后，中国将给外国企业以国民待遇，既然如此，就没有理由不给中国自己的非公有制经济以国民待遇。而且首先应给予其国民待遇，那就是，除了涉及国家安全等极少数国家必须控制和垄断的部门外，其余部门应向非公有制经济开放。只有这样才能使民企与国企共同应对外

国企业的竞争。（4）重要的不是给民企优惠，而是营造好的环境。董辅礽认为，要发展民营经济，最重要的不是给民企优惠，而是为民营经济的发展创造宽松的环境，让人们去闯、去创业、去克服困难、去承担风险。现在，许多地方民营经济发展的环境并不好，政府管得太多，步步设卡，处处干预；或者是把民营经济当做"唐僧肉"，谁都想"咬"上一口。（5）民企应对WTO，需要扬长避短、有进有退，要积极发挥商会的作用。民企在应对加入WTO后面临的形势时必须主动退出没有竞争力的部门，积极进入适合其发展的竞争性领域。非公有制经济的从业人员必须了解和学习WTO的基本规则，规范自己的行为，不致违规；懂得如何用规则来保护自己的权益。为应对加入WTO后的形势，单凭非公有制企业的个体实力要对付庞大的国际企业是困难的，应该团结起来，发挥商会的作用。

4. 把放开民间资本对金融领域的市场准入看做是民营经济发展壮大和金融改革的突破口是董辅礽民营经济思想的改革基点

董辅礽从整个市场经济大厦建设和市场准入出发，认为新一轮的市场经济体制改革应该通过放开民间资本对金融的市场准入作为突破口。（1）仅有经济的民营化而没有金融的民营化是一种不对称的"跛脚"格局。金融业的国有垄断的格局，阻碍了民营经济的发展，因此最重要的还是金融业如何民营化的问题。如果没有金融业的民营化，那么民营经济的发展就是跛脚的，一只脚是民营的，另一只脚是国有的，这两只脚不配合。（2）通过三个途径放开民间资本对银行业的市场准入：一是允许民间资本自己投资新建民营银行；二是鼓励民营资本充分进入现在由国有控股的城市商业银行；三是国有商业银行的改制，通过股份制改革，引进民间资本。（3）允许民间资本从四个方面进入资本市场：一是主板市场的上市公司层面；二是证券公司层面；三是机构投资者；四是创业投资。（4）三管齐下，解决民营企业融资难问题：一是发展民营银行，大大拓宽民企的融资渠道；二是发展风险投资，支持中小型民企融资；三是发展多层次的资本市场，特别是创业板市场。

5. 政府营造环境和企业加强自律是董辅礽民营经济思想的辩证性思维

董辅礽不仅强调发展民营经济需要放宽市场准入、给民营企业"国民待遇"、为民营经济营造良好的发展环境，而且也呼吁民营企业要加强自律和不断进行制度创新。（1）民营企业必须重信誉、守信誉，形成公平的竞争秩序。董辅礽指出：市场活动中的各种经济关系要靠信誉来维系。种种破坏市场经济秩序的不守信誉的行为，严重地破坏了市场经济赖以正常运行的基础，使得市场活动不能进行，交易的链条被折断，交易的成本增加。资源遭到浪费和损失，违法者侵害了守法者的利益，侵权者吞食了创新者的成果。（2）家族企业有其优越性，但需在一定的历史阶段要进行制度创新。他认为，对家族企业不能全盘否定，家族企业甚至有其优越的地方，信息容易沟通，决策快，管理成本低，不易发生内部人控制，容易保护商业秘密等。家族企业自然也有其局限性，例如，如果家族主要成员的能力不随企业的发展而提高，就会成为企业发展的障碍；如果形成了家长式的领导就容易发生决策失误；家族企业是靠亲缘关系来维系的"人和"的企业，一旦家族成员间的利益冲突超过了亲缘的维系力，企业就会分裂甚至倒台。虽然家族企业不能全盘否定，但家族企业制度仍需要创新。可以考虑，在有些企业的最上层保留家族控股，而将其属下的企业改制为公司制的企业。（3）温州民营经济充满活力，但温州模式需要有新发展和提升。产品结构和产业结构需要随市场的变化和自身经济力量的增强而升级、提高。有条件的企业按现代企业制度改制，并按现代企业制度来管理企业。企业应努力于研究和开发，致力于管理、技术和产品的创新，要学会利用资本市场和通过资本运作使自己做大做强。

6. 对温州模式的比较和温州精神的总结是董辅礽教授民营经济思想的实践基础

董辅礽是植根于中国经济"土壤"的经济学家，他经常指出，中国是研究经济学的最肥沃的土壤，只要勤于耕耘，善于耕耘，就一定会结出丰硕之果，产生出世界性的大经济学家和经济学著作。董辅礽教授关于民营经济思想是与他对民营经济发展的经典模式——"温州模式"研究相联系的。他是第一个对温州模式进行比较和最早站出来为"温州模式"辩护的经济学家。长期以来，他的目光从来没有离开苏浙这块中国经济最活跃的沃土，他不但从理论上对旧温州模式与苏南模式进行了比较分析，而且从比较分析中概括了温州模式的实质，提炼了温州精神和提出了温州模式发展演进的方向。1986年他赴温州考察后发表《温州农村商品经济考察与中国农村现代化道路探索》一文，称赞温州模式为治穷致富的"一条可供选择的路子"。这是经济学界最早站出来为"温州模式"辩护的论著之一。董辅礽不仅在所有制改革问题上有过人的见地，而且在捍卫"温州模式"的问题上有超常的胆略和石破天惊的理论勇气。在对"温州模式"的一片非难声中，董辅礽教授积极为温州个体私营经济的发展打气，希望能把温州模式坚持下去。

他说："公有制占主体是就全国而言的，并不是每个地方都要如此，温州人可以昂然地走自己的路。"他又连续撰写《温州模式与中国民营经济的发展》、《温州模式的继承与提高》等系列文章，来解读温州经济。他认为，温州精神是温州模式的重要精神财富。温州人有人人都想当老板的强烈的致富欲望，有能屈能伸、百折不挠、破釜沉舟的吃苦耐劳精神，有敢于冒险、敢于闯荡的创新和冒险机制和"商海苍茫自试航"的创业观念。

追思董辅礽的民营经济思想，一个重要的发现是：在中国经济转型过程中，要进行理论创新不仅要有惟实精神，要有洞察力和预见性，更重要的是要有超常的胆略和非凡的理论勇气。正像民营经济一直在"夹缝"中成长一样，董先生的民营经济思想也一直在"逆境"中发展，在冒犯"天条（教条）"的过程中创新。

追思董辅礽的民营经济思想，一个深刻的体会是：经济理论之树要常青关键在于它对经济实践的影响力。中国市场经济之父邓小平的最伟大之处在于他把现代市场经济的"基因"植入了中国特色社会主义的"躯体"之中，从而为中国社会主义现代化的苗壮成长提供了更有效率的经济体制，而建设这种体制的关键是如何对待非公有制经济。作为邓小平改革开放战略的坚定的拥护者和实践家的董辅礽则是从理论上为此不遗余力。关于混合所有制经济的"董氏八宝饭"理论极大地影响着我们对非公有制经济的认识和决策。1978 年以来，中国对非公有制经济的认识经历了四个大的阶段：第一阶段是从 1978～1987 年中共十三大前，允许个体经济的发展和一部分人先富起来。这一阶段的突破是强调"适当发展"劳动者个体经济，把个体经济作为公有制经济的"必要的、有益的补充"。第二阶段从 1987 年中共十三大到 1997 年中共十五大前，将包括私营经济和"三资"企业在内的非公有制经济定位为公有制经济的"必要的和有益的补充"。第三阶段从 1997 年中共十五大到中共十六大前，将非公有制经济定位为中国社会主义市场经济的"重要组成部分"。第四阶段是从 2002 年中共十六大开始的现阶段，明确提出要"完善保护私人财产的法律制度"。这一发展变化除了与经济实践相联系外，在很大程度上深受混合所有制改革理论研究的影响。

董辅礽：中国经济改革的理论先驱

何　伟　韩志国

　　如果把中国的经济体制改革比做一艘乘风破浪的航船，那么，有一位智慧的长者就一直挺立在船头为这艘航船的远行而殚心竭力地探索着航线与路径。是他，最早闯入了所有制改革的理论禁区，为社会主义市场经济理论的建立呕心沥血；也是他，最早为私营经济的发展而奔走呼号，为保护私有财产的入宪做出了突出的贡献；还是他，最早对中国经济发展战略及其实现条件进行了概括和论述，成为中国新经济发展理论的倡导者与探索者。这位令人尊敬的老人，就是中国著名经济学家、刚刚仙逝的董辅礽教授。

一　中国所有制改革理论的开拓者

　　董辅礽教授对中国经济改革的最重大贡献是他的所有制改革理论。1978 年 9 月，中国的经济体制改革还处于极为朦胧的酝酿阶段。当时，党的十一届三中全会还没有召开，经济体制改革的总体任务还没有提出；东欧国家的改革大都局限于经济管理方式或其体制的改革，所有制改革不但没有进行，而且这方面的理论研究也还没有破题；中国经济学界虽然已经有了融融暖意，但计划经济的思想与理论还处于绝对的统治地位。正是在这样的社会背景下，经济理论研究处于巨大的困惑与停滞状态，中国经济体制改革究竟向何处去，中国经济理论研究究竟向何处去就成为一个重大的理论与实践问题。也正是在这个时刻，在中国科学院的哲学社会科学规划会议上所做的报告中，董辅礽教授石破天惊地提出了他的所有制改革理论：改革国家所有制，实行政企分开；改革人民公社制度，实行政社分开。随后，他把这个报告整理成文，并在 1979 年 1 月的《经济研究》上发表。这篇文章的发表，在当时具有破冰意义，并在中国经济学界产生了重大的和持续的影响，对推动中国经济学界的思想解放运动起了重要的推动作用。

董辅礽教授的所有制改革理论是一个严密的理论体系，在这个体系中，包含着相互关联的三个方面内容：

一是所有制改革的地位理论。董辅礽认为，经济体制改革不只是运行机制的改革，还要包括所有制改革，而且所有制改革是更为根本的改革。不改革所有制，经济运行机制的改革就不可能取得成功。所有制改革的最根本的理论依据，是社会主义经济必须否定计划经济而走向现代市场经济。

二是所有制改革的内容理论。董辅礽认为，所有制改革的内容，主要包括国有企业改革与多种所有制共同发展的问题。国有企业改革理论是董辅礽经济理论的精髓。他把国有企业改革分为宏观与微观两个层次。在宏观层次上，要解决国有企业的战略布局问题，有所为，有所不为。应只在少数领域保留国有企业，在竞争性领域包括自然垄断行业，国有企业都可以退出。在微观层次上，要使那些应该从国民经济中退出的国有企业有序退出，使那些应该在一些部门让出垄断和控制地位的国有企业有序地让出，对那些应该保留和发展的国有企业按不同类别（如公益性、政策性、垄断性、国有独资、国有控股等）进行改革。对那些需要先发展然后退出的国有企业，在退出前也须进行改革。宏观层次的改革是微观层次的改革的前提，二者应结合进行。而对于多种所有制的共同发展问题，董辅礽有更为形象的论述，这就是他的著名的"八宝饭"理论。没有糯米不成其为"八宝饭"，只有糯米而没有红枣、莲子也不成其为"八宝饭"，社会主义经济应当像"八宝饭"一样，是多种所有制的混合经济。

三是所有制改革的形式理论。董辅礽认为，所有制改革的核心是多种所有制的混合发展，而对于公有制来说，也要探索其实现形式。公有制与公有制的实现形式是不同的，改变公有制的实现形式并不意味着改变公有制的性质，恰恰相反，正是为了适应它的性质。1997年，他又把公有制划分为共同所有制与公众所有制两大类，共同所有制是指一个国家或一个单位（社区、企业、团体等）的财产，属于这个国家的公民或者各单位的全体成员共同所有，而这些公民或成员并不分别是共同财产中某个份额的所有者。公众所有制是指一个单位（企业、社区、团体等）的财产，是这个单位的公众成员或投资者共同所有的集合财产，同时这个单位的公众成员或投资者又是集合财产中某个特定份额的所有者。由于集合财产是由众多的成员以个人财产集合而形成的，它既是个人所有又是共同所有，因此它既不同于私有制，又不同于共同所有制，它是公众所有制，是另一种公有制。国有、集体、公众共同持股的股份公司则是共同所有制与公众所有制的混合所有制，是公有制的一种实现形式。发展资本市场，使股份公司逐渐发展壮大，是实现多种所有制混合发展的一条重要途径。

董辅礽教授的所有制改革理论是中国经济学界发轫最早的最为彻底、最为一贯、最符合现代市场经济要求、对中国经济体制改革实践影响最大的改革学说。随着经济体制改革的不断深入，董辅礽教授的这些改革理论正逐步地转化为改革的实践，并且成为整个社会和人民的意志。这是董辅礽教授对中国经济体制改革做出的最为重大的理论贡献。

二　中国私营经济发展的护航者

董辅礽教授对中国经济改革所做的另一个重大贡献，是为私营经济的发展保驾护航。与他的所有制改革理论一脉相承，董辅礽教授对私营经济在中国的发展给予了强烈的关注与关爱。早在1986年，他就亲率考察团赴温州考察，对当时备受非议的"温州模式"给予了充分肯定，引起了整个社会的广泛关注。其后，在"温州模式"屡遭非议的关键时刻，他又多次赴温州调查考察，对温州的经济发展给予理论上的指导和对"温州模式"做出进一步的分析与肯定。在中国的经济体制改革过程中，董辅礽教授是对私营经济关注最多、发表意见最多的著名经济学家。也正是由于这个原因，他被公认为私营经济发展的保驾护航者。

董辅礽教授发展私营经济的理论，也有一个比较完善的体系，这个体系的理论核心，是社会主义经济必须走向现代市场经济。在他看来，私营经济与市场经济是一对孪生姐妹，没有私营经济就没有市场经济，反过来说，没有市场经济就没有私营经济。私营经济之所以要存在和发展，最根本的原因不是因为中国现阶段的生产力的多层次发展，而是因为公有经济与私营经济各有其强点与弱点，只能将它们组合在一起，强化各自强点，弱化各自弱点。市场经济的存在与发展是私营经济产生与发展的前提，迄今为止，还没有一种资源配置的方式比市场经济更好，因此市场经济会长期存在下去，长期发展下去，与此相适应，私营经济就要长期存在下去和长期发展下去。私营经济也不仅仅是公有制经济的补充，而是社会主义经济的重要组成部分。如果仅仅是补充，那就会像人的心脏一样，若安了心脏起搏器，它就是人体的重要补充，但不是人体的一部分，这就会降低私营经济的地位与作用，也会使政策走偏方向。从这样的角度来分析私营经济，就使得人们对私营经济的认识进入了更高的视野，也使得中国私营经济的发展有了更为深厚的理论基础与制度基础。

从发展市场经济与私营经济的角度出发，董辅礽教授又进一步提出了发展私营经济的两个重要和重大问题：一是私营经济的市场准入问题。在他看来，私营经济的市场准入必须放宽，除了涉及国家安全的少数领域，其他行业私营企业都应可以进入。二是完善保护私人财产的法律制度问题。在他看来，私营经济是建立在私有财产的基础上的，不保护私有财产，私营经济的发展就会受到影响。财产本身是中性的，无所谓好与不好；私有财产也是中性的，无所谓好与不好。关键是看财产是怎么来的，通过劳动和合法经营获得的私有财产没有什么不好，保护这样的私有财产能够鼓励人们去创业，去发家致富，把自己的企业做好，事业做大。作为两届全国人大常委与全国人大财经委员会的副主任委员和一届全国政协委员与全国政协经济委员会副主任的董辅礽教授，为保护私有财产的入宪做出了巨大的努力，并对宪法的这一修改起了明显的促进作用。

三　中国新发展理论的倡导者

改革与发展是 20 世纪 80 年代以来当代中国面临的两个重大主题。经济体制改革的推进要求经济发展方式的转变，反过来，经济发展方式的转变又会要求经济体制模式的进一步转换。董辅礽教授是中国最早看到改革与发展这种相互关联的经济学家，1980 年，董辅礽教授组织了中国最早的经济发展战略研究，提出了经济发展要由粗放型转向集约型的论点，并把它作为中国经济发展战略转变的主要内容之一。董辅礽认为，经济增长方式的转变取决于众多因素，特别是经济体制与经济发展战略，当这两方面未实现根本转变前，经济增长方式是不可能转变的。中国经济发展战略的转变，要从把高速增长作为经济发展的目标转变到以满足人民的需要为根本目标，从把以重工业作为中心转变到重点与一般相结合的平衡协调发展的经济发展战略，经济增长的途径从以粗放的发展为主逐渐转向集约发展为主的经济发展战略，确立以自力更生为主的对外开放的经济发展战略，从只注意在城市发展各种非农产业转变到同时注意在农村中发展工业和其他非农产业的发展战略，从只允许公有制经济存在和发展转变到在保持公有制经济占主导地位的条件下，鼓励其他各种私有制经济发展和混合所有制经济发展的发展战略。在中国经济体制改革刚刚起步的时期，董辅礽教授就对经济发展战略做了如此深刻与符合实际的研究，确实是难能可贵的。这不仅对中国经济发展模式的转变具有重要的启迪作用，也为他在日后逐渐形成新经济发展理论起了奠基作用。

随着中国经济体制改革的推进，经济体制模式与经济发展模式的摩擦与冲突也越来越剧烈，社会经济发展中的矛盾和问题也越来越复杂。董辅礽教授清醒地看到了这种矛盾和问题，在对经济体制改革继续进行不懈的理论探索的同时，他也把目光更多地投向了对中国新经济发展理论的研究上。他指出，经济体制模式的转变并不会自动地带来经济发展模式的转变，为了提高社会资源的配置效率，降低制度转型所带来的巨大社会成本，中国的经济发展模式必须加快转换，以尽快地走上新经济发展道路。必须消除制度因素对经济发展模式选择的制约；必须发挥市场与市场机制在资源配置中的基础作用与核心作用；必须走可持续的经济发展道路；必须重视中小企业在国民经济中的地位与作用，为中小企业的发展创造适宜的体制环境与市场环境；必须注意解决中国经济的二元结构问题，注意解决经济发展中的失业问题与贫困问题；必须注意解决经济发展中的公平与效率问题，不断协调两者之间的关系。董辅礽教授所提出的新经济发展理论，在当代中国发展经济学的研究中占有重要地位。这不仅在于他最早地提出和进行了这方面的探索，提出了一系列极有价值的理论观点，更为重要的是，他的新经济发展理论是建立在中国双重经济体制转轨的基础上的，因而这种经济理论就更加符合中国实际，从而也就更有实际作用与现实意义。

作为中国经济学的一代宗师，董辅礽教授的最可贵之处是始终保持着作为学者的独立人格与高尚品格，他不趋炎附势，不随波逐流，不说假话空话，成为当代中国经济学家的楷模。这也是董辅礽教授能够赢得社会广泛尊重与尊敬的一个重要原因，也是他留给经济学后人的一个重要启示与启迪。

董辅礽先生对中国特色经济发展理论的杰出贡献

胡乃武

董辅礽先生关于经济发展问题，先后出过三本论文集：一是 1981 年由人民出版社出版的《社会主义再生产和国民收入问题》，这是他 1959～1963 年期间从事社会主义再生产理论研究的主要成果；二是 1988 年由经济科学出版社出版的《经济发展战略研究》，这是他 1980～1988 年在经济发展战略研究方面的主要研究成果；三是 1997 年由经济科学出版社出版的《经济发展研究》，这是他 1989～1997 年关于经济发展问题的主要研究成果。我在 1982 年曾给他的《社会主义再生产和国民收入问题》一书写过一篇书评，发表于《经济研究》1982 年第 5 期；1989 年我与周振华合作又给他的《经济发展战略研究》写过一篇书评，发表于《中国人民大学学报》1989 年第 3 期。这里，仅依据他的前两本著作，谈谈他对中国特色经济发展理论所做出的杰出贡献。

董辅礽先生早在 20 世纪 50 年代留学苏联莫斯科国立经济学院攻读副博士学位期间，就师从著名经济学家布列也夫教授和图列斯基教授专攻国民经济发展问题。留学四年的刻苦钻研，使他在社会再生产和国民收入问题方面打下了坚实的理论功底。他的博士学位论文就是以"国民收入"为题的。这篇论文在答辩过程中受到答辩委员会的一致好评。1959 年，他把自己的博士论文的一部分以《苏联国民收入动态分析》为书名由湖北人民出版社出版。这是他学术论著的处女作。在这本书中，他对国民收入以及积累与消费的理论与方法问题做了系统、深入地研究，提出了诸多创新见解。例如，他在关于影响积累与消费比例的因素分析及其数学模型和关于积累与消费最低限的分析等方面，都做出了原创性的学术贡献。

20 世纪 60 年代初，董辅礽先生潜心研究社会再生产问题，通过系统探索马克思再生产公式的具体化来揭示社会再生产的规律性，以便为实现国民经济的持续、快速、协调发展提供理论依据。

首先，他从社会产品的生产和使用的统一角度，对马克思的再生产公式进行具体化，从而从更多的方面揭示了社会再生产的数量关系。

其次，他把劳动生产率与劳动者平均实际收入之间对比关系的因素以及劳动生产率与劳动者生产基金装备率之间对比关系的因素，纳入马克思的再生产公式，来考察它们对两大部类比例关系的影响，从而更加具体地揭示了社会再生产的规律性。

最后，他把积累基金和消费基金比例的变化这一因素纳入马克思的再生产公式，来考察社会再生产诸比例同积累与消费比例之间的关系，进一步揭示了社会再生产的具体规律性。

董辅礽先生上述关于马克思再生产公式具体化的研究成果，大大拓展了马克思关于社会再生产数量关系的数学模型，被誉为中国经济成长理论的代表作，受到国外学者的高度评价。日本立命馆大学把董辅礽先生的这一组论文珍藏在他们图书馆的学术文库里。法国科学院也将他的论文作为研究国民经济综合平衡问题的杰作而辑入《国民经济平衡问题论文集》一书里珍藏起来。鉴于董辅礽先生在中法经济学学术交流方面做出的突出贡献，1982年法国政府授予他军官级学术勋章。党的十一届三中全会后，为了推动中国的经济体制改革，国务院政研室成立了几个研究组，即"理论与方法组"、"经济结构组"、"农业经济组"等。于光远同志任"理论与方法组"组长，董辅礽先生任副组长。从此，董辅礽先生全力以赴地投身到经济体制改革与经济发展问题的研究工作中来。1988～1997年，他先后出版了《经济发展战略研究》和《经济发展研究》两本论文集。在这两本著作里，董辅礽先生创立了中国特色的经济发展理论。

董辅礽先生对中国特色经济发展理论的一个突出贡献是从中国的具体情况出发，立足于制度因素，把经济发展战略与经济体制改革有机地结合起来。他认为，一种经济发展战略的实施要有相应的经济体制来支撑。中国要实行新的经济发展战略，就必须改变原有的经济体制。不仅如此，他还从实现新的经济发展战略的要求出发，敏锐地抓住了经济体制改革的关键，于1979年率先提出了所有制改革（包括国有企业改革）这一极其重要的问题。这种把经济体制改革与经济发展紧密结合起来，的确是真知灼见，至今仍具有重要的现实意义。

那么，中国所要实行的新的经济发展战略是什么呢？董辅礽先生总结了新中国成立30多年的经济建设经验，对新的经济发展战略的科学内涵做了如下的阐述：

（1）这是一种以满足人民需要（首先是基本需要）为根本目标的经济

发展战略。在这个问题上，董先生强调三点：一是增长速度并不是无条件地越快越好，而是能使人民的生活不仅在目前而且在长远的时期内得到最迅速提高的速度才是最优的速度；二是经济的发展必须以保证建立合理的经济结构为出发点，这种经济结构应能使人民的需要随着经济的增长得到越来越充分的满足；三是只有在经济效果提高的基础上取得经济的迅速发展才能使人民的生活得以迅速改善。

（2）这是一种重点与一般相结合的平衡协调发展的经济发展战略。在这个问题上，西方发展经济学中有两种典型的观点：一是以纳克斯和罗森斯坦—罗丹为代表平衡发展战略，主张平行的大推进；二是以赫希曼为代表的不平衡发展战略，主张以个别重点部门的优先发展带动整个经济发展。这两种观点，都忽略了发展中国家供给短缺、二元经济结构特征显著和基础设施薄弱等特点，因而是不适合的。董辅礽先生提出的"重点与一般相结合的平衡协调发展"的经济发展战略，显然符合发展中国家的实际，优于上述两种观点。

（3）这是一种以提高经济效益为中心的逐渐转向集约发展为主的经济发展战略。在这个问题上，作者考虑到了中国存在庞大就业大军的现实。但他认为，解决就业问题的根本出路在于实行集约化生产，提高劳动生产率。因为，只有这样才能在增加居民收入的同时提供更多的剩余产品用于增加新的生产资料和扩大第三产业的就业人数，吸收更多的劳动就业。

（4）这是一种以自力更生为主的对外开放的经济发展战略。这种战略既不同于单纯的内向发展战略，也不同于一般的外向发展战略，而是一种以内向发展为主的对外开放战略。这种战略，符合中国人口众多，国内市场广阔的国情。

董辅礽先生早在20世纪80年代提出的这种新的经济发展战略，是和我们今天所说的新的发展观一脉相承的。今天重温他的这些论述，深深为他的远见卓识所折服。

董辅礽先生对中国特色经济发展理论的另一个突出贡献是：探索了中国改变二元经济结构的途径，对实现农业现代化和农村非农产业发展的实践进行了理论总结。国际经验表明，二元经济结构的改变，对于发展中国家的经济发展来说是至关重要的，但也是比较困难的。兰尼斯认为，对于大多数发展中国家来说，这一改变目前尚未获得成功。董先生探索中国的经济发展问题，把重点放在中国二元经济结构的改变上，这就抓住了中国现阶段经济发展的关键。

二元经济结构能否顺利改变，关键在于能否找到一条合适的途径。董辅礽先生是从农业现代化和农业工业化的角度来探索二元经济结构改变的途径的。这一研究角度是科学的、富有新意的。国际经验表明，工业的发展固然可以吸收农业中的剩余劳动力，但只有农业生产率的提高才能在农业劳动力减少的情况下为工业提供更多的剩余农产品，如果农业部门所能提供的剩余农产品数额不能与工业部门劳动力的增加相适应，就会出现兰尼斯和费景汉的"粮食短缺点"，从而阻碍现代化的发展。因此，提高农业劳动生产率和农业边际生产率是二元经济结构转变的基础。国际经验还表明，在二元经济结构转变过程中，不仅应通过提高城市化率来吸收农业剩余劳动力，而且还必须实行农村工业化。由此可见，农业现代化和农村工业化对于发展中国家二元经济结构的转变具有重要的作用。董辅礽先生从这两方面入手探索中国二元经济结构的转变，其思路是很正确的。

实现农业现代化，主要取决于两个方面：一是农业经济制度的改革；二是工业化战略选择对农业的影响。董辅礽先生强调指出：农业经济制度如何改革，要从农村的实际出发，要以是否为农民所欢迎，是否能促进农业的发展为标准。对于在总人口中农民比重很大，在国民经济中农业比重很大的国家，所选择的工业化战略，所实行的各项经济改革，都必须有利于农业的发展和现代化，并能使农业与工业以及与其他部门的发展保持协调。

董先生还认为，在农村发展非农产业是改变二元经济结构、推进农村现代化的一条重要途径。国际经验也证明，通过农村发展非农产业，使农村传统农业的单一结构能转变为多元化的经济结构，就可以吸收农业部门的剩余劳动力。在发展非农产业问题上，董先生还有一个重要思想，即把农业现代化和农村非农产业的发展很好地结合起来，使两者保持协调，要防止只重视非农产业的发展而忽视农业的发展，甚至非农产业的发展损害农业的发展。

董辅礽先生对中国特色经济发展理论的第三个突出贡献是通过对中外经济发展的比较研究，提出了一些关于经济发展的理论与政策的卓越见解。

董先生从 1976 年以来，先后到过肯尼亚、埃塞俄比亚、墨西哥、印度、泰国、贝宁等国进行访问和考察，对不同国家和地区、不同社会制度、不同类型的发展中国家的经济发展状况有较多的实际了解，主要是进行了两种类型的比较研究：一是不同社会制度的大国经济的比较研究（中印经济发展比较研究）；二是大国与小国经济的比较研究（中国与贝宁经济的比较研究）。通过这两种比较研究，对经济发展的理论与政策提出了一些具有重要理论和现实意义的见解。

（1）人均国民生产总值的衡量尺度具有局限性。董辅礽先生对中国与贝宁的经济发展水平做了比较研究。从人均国民生产总值来说，1983年贝宁是290美元、中国是300美元，两国均处于同一的低水平，相差无几；但无论从城市到农村、从农业到工业、从生产到生活、从经济到文化科学教育，两国的发展水平都有显著的差距，贝宁的发展无疑比中国要落后许多。由此可以看出，人均国民生产总值指标作为衡量经济发展水平的指标是有局限性的。其一，这一指标只能表明当年的经济发展水平，并不能表明历史积累的经济发展状况；其二，国民生产总值是一个综合指标，不能反映各产业部门的比重，在相同的人均国民生产总值水平下，不同产业部门的比重也反映经济发展状况的差异；其三，在相同的人均国民生产总值水平下，还必须考虑国民收入的分配对经济发展水平的影响。

（2）二元经济结构理论并不是普遍使用的。例如，用二元经济结构的理论来分析贝宁的经济并指导贝宁经济的发展就有困难。

（3）要实现经济在长期内的持续发展，社会基础设施必须先行。董辅礽先生通过对中国与印度发展状况的比较研究，得出如下的结论：1982年中国人均国民生产总值为310美元，印度为260美元，但印度的社会基础设施比中国发达。从交通运输来说，1982年印度航空旅客周转量达133亿人公里，中国为60亿人公里。1982～1983年预计印度政府铁路旅客周转量为2270亿人公里，1983年中国铁路旅客周转量为1776亿人公里。从高等教育来看，印度高等院校学生1982年为4454.6万人，中国1982年为195.4万人。因此，尽管从目前来看，在总体上，中国比印度在经济和文化等方面发展更快些，但从经济发展的后劲来看，恐怕今后未必如此。社会基础设施薄弱，是不可能保持经济持续增长的。

（4）必须在发展农业的基础上实行工业化。董辅礽先生指出，从中、印两国的经济发展来看，都发生过急于发展IT业，使农业的发展遭到挫折，以致给整个经济发展带来不良后果的情况，而印度从1960年开始试点推行"绿色革命"。1964年推广到全国，以后农业生产迅速发展。在此基础上发展工业，效果较好。因此，以农业为主的发展中国家，农业的状况对于工业化的进程有着重大的影响。在农业技术水平没有得到根本改变，农业生产率没有达到"商业化点"，临界水平时，始终都不能对农业掉以轻心。

（5）收入分配不当对经济发展危害极大。董先生分析说：印度和贝宁都存在着收入分配过分悬殊的问题。在人均国民生产总值很低的情况下，收入分配的较大不平均的必然结果是，一部分人享有较高的消费水平，而其他大部分人的消费水平则很低。同时，众多的人收入水平很低，难以扩大和改进生产，而收入多的人则把大部分收入用消费，从而积累率很低。目前，中国的收入分配不当的问题也开始突出了，而且还有一点与印度和贝宁不同，即收入分配悬殊"错位"。例如，脑力、体力劳动者的收入倒挂。这种反常的收入分配悬殊可能对经济发展危害更大。

（6）文化落后给经济发展造成的障碍是无形的，但又是无所不在的。董辅礽先生深刻地指出：文化落后是发展中国家经济落后的结果，同时反过来又阻碍着经济的发展。文化落后给经济发展带来的消极影响是多方面的，这在研究发展中国家的经济发展问题时必须认真考虑的。

今天看来，董辅礽先生的上述分析和论断，说的多么好啊！真是一针见血，切中时弊。

证券市场真诚的呵护人

——董辅礽先生与股市

华　生

中国股市的问题主要不是出在投资者一边，而是出在融资者和裁判员身上。裁判员吹偏哨，向着融资者一边倒，使投资者一损再损，股市价值中心不断下移的根源。裁判员如果一再误判，损害了球赛，他自己也要受到制裁。

一代经济学大师董辅礽先生离我们而去，他走得问心无愧，但他走得并不是了无牵挂。从他患病伊始到弥留之际，他还在研究和探讨中国证券市场面临的诸多问题，不时流露出对证券市场困境和出路的无尽揪心和期待。

一　热情的讴歌

证券市场本来不是董辅礽先生研究的领域，但不料证券市场的争论却给先生带来最纷繁和最矛盾的毁誉，但先生一如既往，正道直行，忧心市场的困境，倾情市场的发展和成长，而毫不在意别人的有意无意的风言和中伤。

先生自己多次说，他是由于后来参加立法的有关工作，才开始涉足于这个领域的研究。"写了一些并不太专门的文章，发表过一些意见。自知研究得不深。但在证券市场和期货市场草创期，特别是对于在我国是否应该建立和发展证券市场和期货市场尚有严重分歧的情况下，有些意见还是应该反复讲的，其中也有我自己的一些主张和见解。"先生就是这样的谦虚、直白、执著和坦荡。

中国的证券市场，是在小平同志"大胆的闯、大胆的干，错了，关了就是了"的精神鼓舞下，产生的一块试验田。先生以其经济学大师的天才直觉，深知证券市场对于推动经济体制改革的重大意义和其在市场经济体系中的核心地位，迅速加入到支持、呵护和扶植者的行列，自告奋勇地为初生的中国股市保驾护航。1992年股票热潮初起，听说深圳市机关办公室里人们谈的都是股票买卖。先生宽容、爱护地说，要"给政府机关公务员一条出路。不然，廉政问题很难办。因为你不让他买，他就会变相地买，还不如开个正常渠道，让大家既买到股票，又安心工作"。先生说，"证券热潮说明，人们的金融意识在增强，这是件好事，但是风险意识却不足，这是缺少一种机制来引导"，需要建立专业的投资机构。先生敏锐地感觉到，"证券，特别是股票是要流通的，不流通就没有生命力，股票市场就不能称其为股票市场，通过股票市场机制优化资源配置的目的就不达，这样也就失去了股份制改革的真正意义……为了解决流通市场滞后的问题，我们应该形成一种机制，让公有股在市场流通"。先生在12年前的真知灼见，今天读起来，仍然不能不让我们动容。

在20世纪90年代初期，在中国这样的经济基础和文化背景发展证券市场，其问题和不规范可想而知。与一些人总是觉得股市搞得太早了，张嘴就教训证券市场从开始就不规范，年复一年喊着要打击投机，跟股市挤泡沫的人不同，先生满心喜悦地关注着中国证券市场每一个学步和成长。他热情讴歌"证券市场是学习市场经济的大学校"。他兴奋地感到，深沪一带的人们"通过这几年的股市实践，对市场经济的知识学得很快，关于股市的运作几乎'妇孺皆知'，过去对股票、证券市场的种种误解、偏见一扫而光，与其他一些地方相比，不啻天壤之别"。在先生看来，嘴上讲着市场经济，但当市场经济最重要的组成部分——证券市场——活生生地走进我们的生活时，反而惊慌失措地一味指责、天天泼冷水，或只要其优点、不要其缺点，是现代版的叶公好龙。他爱屋及乌地说："现在社会上对于证券市场上的一些责怪，实际上就是对市场经济的责怪，对股市信心的动摇，也就是对市场经济信心的动摇。从这个意义上说，爱护股市也是爱护市场经济。"其对证券市场的信念无人企及。这就是先生的个性。

先生对证券市场如此的肯定和高度评价，是源于他认识到证券市场的诞生是中国改革冲破重重障碍和阻力的一项巨大成果，同时作为现代市场经济的核心组成部分，又具有巨大的、不可替代的作用。他说，证券市场在中国，不仅具有其在一般市场经济国家通常的融资和优化资源配置的功能，而且作为改革的产物，又具有反过来大大推动各方面改革的功能。没有证券市场，就没有国有资产的股份化和股份的证券化，现代企业制度的建立就会停留在形式上和口头上，金融体系的改革也会举步维艰。"我国的证券市场还有一种特有的巨大作用，那就是，它是学习市场经济的伟大学校。千千万万的干部和群众在这所伟大的学校里由对市场经济的完全陌生，连债券和股票的区别都不知道，到在短短的十年时间里，学到了市场经济中许许多多的知识，特别是金融、融资、资本运作的知识，懂得许许多多的经济学知识……不管办多少学校也都不可能在如此短的时间里给如此众多的干部和群众以如此广泛而又生动的市场经济和经济学的知识，况且其中的不少知识是从书本上学不到的。关于证券市场的建立和发展对我国经济发展的巨大作用，更是有目共睹的。"

二　疼爱不溺爱

董辅礽先生对证券市场的呵护有加，自有他著名的"婴儿论"为首。先生强调，要像看待和保护婴儿那样看待和保护证券市场。他说，中国证券市场真像婴儿在产妇经历了巨大的阵痛之后才诞生，"它也像婴儿那样，很不成熟，甚至有从母体（计划经济）中带来的胎记"。但我们绝不能因此就认为中国搞证券市场的条件还不成熟，乃至像有人评论的那样到15～20年后才具备条件，因此就对他们认为是"早产儿"的证券市场横挑鼻子、竖挑眼，而是应该满腔热情和充满亲情地鼓励和扶植其嫩稚的发展，"要敢于让证券市场的幼苗从计划经济的板结的土壤中拱出来。那时也不可能有证券市场的规则。虽然以后陆续有一些法规，也往往是被动地遇到什么，解决什么，既不系统，又不完善，而且多变"，只有随着证券市场的发展和成长，才可能逐步完善法规，逐步采取措施和手术去掉它与生俱来的计划经济胎记。在这个过程中，"最为关键的是要保护人气"，因为只有聚集人气，市场才能发展、壮大。

不过，尽管先生对证券市场深情款款，寄予厚望，但他倒确实不是一个护短的"家长"。先生说，对证券市场的各种毛病，"我们不是去否认，更不是去赞美"。早在1999年，先生就看到了有些市场参与者"有意把水搅浑，以便浑水摸鱼，而那些循规蹈矩的'小民'则只能任人摆布，甚至被宰割"，他怒斥庄家坐庄，"精心策划，操纵市场，设下圈套，鱼肉他人，获取暴利"。他主张多管齐下，解决股市的深层矛盾，提出规范上市公司行为，提高上市公司质量，培育机构投资人，健全法规体系和监管体系的综合治理方案，亲自参与了证券立法和推动执法的实践。

对于证券市场的规范与治理，先生一贯反对用搞运动的方式，反对下猛药给婴儿治病，提出"证券监督管理机构在工作中必须排除随意性，不做违背市场运作特点和规则的干预"。他告诫，"在不具备相应条件的情况下，用猛药来治理刚建立不久的证券市场，可能会适得其反，例如，我们原本想打击操纵市场的行为以保护中小投资者的利益，但由于用猛药而导致股市急剧下挫，可能反而使他们的利益受到了损害"，或者使证券市场一蹶不振。因此，先生以治洪为例，主张以疏为主，以堵为辅来解决证券、期货市场的问题。首要的是"开正道，否则邪道难堵"，"不以疏为主，单纯地堵，或者堵不住，或者牺牲了市场的发展。"总而言之，"对中国证券市场在建立和发展过程中发生的种种无序、混乱的现象，不必大惊小怪，更不应对它泼冷水。不管中国证券市场发生过多少问题，它在摧毁计划经济、催生市场经济中的贡献不可磨灭"，而且"前程无量"。可见，先生对中国的证券市场，虽无溺爱，但却十二分的呵护疼爱，而且是绝对的"望子成龙"，盼其早日发挥在中国市场经济发展中的关键作用，则是再明白不过了。只是，先生一家除他之外，全然一个科学之家，而先生自己又从不理财，更未涉猎股市，他对证券市场的爱心绝无半点自利和私情。

以先生对证券市场发展这样的牵肠挂肚和呵护疼爱，在不期而遇的股市大辩论中，先生会打破常规地说什么和做什么，我们已经不难想像了。

三　股市大辩论的是是非非

2000 年底、2001 年初，经济学界出现了一种有很大影响的观点，持这个观点的一位知名经济学家集中抨击中国证券市场的投机炒作和股市泡沫，声援证券监管部门从 2000 年初开始的规范市场、打击坐庄炒作、推行市场化改革的措施，认为"中国股市从一开始就很不规范"，"不规范的股市对我国证券市场发展和整个市场经济制度的危害极大"，"从深层次看，股市上盛行的违规、违法活动，使投资者得不到回报，变成了一个投机的天堂"，"坐庄、炒作、操纵股价这种活动可以说是登峰造极"，像一个可以偷看别人牌的不规范的赌场。他认为，做短线即投机与做长线即投资不同，投机炒作是一种零合博弈，只是钱从一个人口袋流向另一个口袋，并不创造财富。"想要依靠投机使一个国家或全体参与者富起来，那纯粹是一种幻想。"后来，他的观点被人形象的但也并不全面的概括为"赌场论"、"泡沫论"和"全民炒股论"。

先生治学几十年，虽有改革开放伊始就喊出经济改革的实质就是要改革国家所有制形式的石破天惊之举，却从来没有对某一个经济学同仁的观点进行针锋相对批驳的先例。例如，尽管先生是以所有制改革振聋发聩于经济学界，但在 20 世纪 80 年代，厉以宁教授的"所有制改革优先"与这位经济学家的"价格改革优先"的论战中，先生竟稳坐一旁，并未帮腔。80 年代中后期，先生的弟子以双轨制增量渐进改革论与以这位经济学家为代表的综合配套改革论之间的唇枪舌剑，也未撼动先生的修身定力，他依旧隔岸观火，旁若无人。先生生前说起他与这位经济学家从无宿怨，改革前的困难年代相互还帮过一点小忙。尽管在证券市场问题上，先生一贯对股市呵护有加，而这位经济学家一直警告股市泡沫，认为在股市遇到困难时的政策救市，是不当的政府托市行为，不过双方从未正面接触更不用说直接交锋。但是，这次先生如此珍爱和寄予厚望的中国证券市场，不仅像是遭了一大桶污水，而且在他看来简直是要被全盘否定的危急关头，年逾古稀的先生竟像年轻人一样跳出来，对他认为是完全错误和不能接受的"三论"迎头痛击，这恐怕是先生自己也不曾想到的事。

接下来的事情更是出乎先生的意料，当先生有理有据地对股市的"赌场论"、"投机泡沫论"、"全民炒股论"逐一批驳之后，对方指出，他从不否认证券市场的功能和作用，只是反对过度投机炒作，反对庄家黑市，反对股市狂热和股灾，因为其结果只会使小投资者受损，对广大中小投资者，他从来都是"我爱你们，但你们要警惕啊"！因此，先生及他的同道人对证券市场的捍卫和反击，成了以偏概全、找错了对象地与风车作战，而秉性耿直的先生则老来当了回堂吉诃德。更糟糕的是，股市争论从一开始就预设的经济学良心与太黑、改革与既得利益的反抗格局，使得先生一干反击人等上来就大有"既得利益代表"、"庄家代言人"的嫌疑。先生有生以来第一次从理论上和道德上被打上了一个不大不小的问号。以致不久后在两会上记者采访时，先生如孩子般赌气和无忌地说，"我不懂股市，没有什么可说"。这就是毫无心计和童心未泯的先生！

换个角度看，先生实际上是在以沉默做无声的抗议，抗议在中国经济学界争论的过程中，第一次把道德、良心、利益影射和大众情绪带进独立的学术研讨和争论，从而使独立的学术研究和讨论无法正常进行下去。我们后来看到，国有股市价减持的错误政策正是在此之后推出不久又被废止的，给国家、市场和投资者带来无端的损失，而恰好在此之前发生的经济学界股市大争论却没有能发挥它本应有的理论先导作用。这是非常令人惋惜的，也是理论界应当记取的经济研究中的一个深刻教训。

客观地说，股市的批评者抓住了投机泡沫和坐庄炒作这个颇能拨动大众心弦的现象，因而一时引起了广泛的共鸣，而如先生这样的股市捍卫者，呵护心切，又由于不是自己的专门领域，没有抓住中国股市在股权分裂基础上溢价圈钱这个本质，这样对股市投资价值的认定，就缺乏可靠的基础，留下了被人批评的口实。因此，当股市在规范化的口号下打击了炒作、放开了圈钱，市场失衡，通途漫漫时，争论的双方都受到相当多股民的责疑，就不难理解了。

四　领悟和遗愿

股市大辩论之后，面对着节节走低、一泻千里的股市，先生一直在拷问着自己一个沉重的问题：我对股市的判断错了吗？

认错，对先生来说并不是难事。先生从来不赞成自我包装和标榜，说没有一贯正确的经济学家。他自己在编集子出书的序言中，不止一次提到自己曾经有过的错误认识或疏漏。但这次把道德和学术混起来的攻击使先生无论如何不能接受。"有人说我是代表既得利益集团的，说我有什么利益在股市，想封我的口，他们封不住的。我还是要说，证券市场能够创造价值。"先生说，中国股市确实如批评者说从一开始就不规范，实际上就如中国市场经济的发展一样，也不可能从头就很规范，但是，这个不太规范、有待逐步规范的股市绝不是对"市场经济制度的危害极大"，而是对市场经济制度的建立和发展推动极大，这是股市大辩论中双方站位和感情的真正差异。先生后来自己对这个争论的总结是：无名利之争，有是非之辨。

既然先生自信自己的观点在方向上没有错，那么，为什么中国股市后来这样弱不禁风、一路走低，而没有像先生期望的那样，具有很好的投资价值呢？这是先生一直在苦苦思索的问题。

在2003年10月中旬，先生刚刚被宣判为癌症晚期转移后几天，令我们所有去看望他的人惊讶的是，先生躺在协和医院的病榻上，仍然铺着《中国证券报》发表的"破解股市全流通谜局"的整版文章在阅读、思考。后来在美国治病期间用电子邮件答《中国证券报》记者问的时候，先生坦言，关于中国股市股权分裂和全流通的讨论"令人豁然开朗"，使他对中国证券市场许多明确的和若干缺失的认识环节一下子串联起来了。先生说，投机泡沫论、赌场论和全民炒股论，是把股市的全部问题都归结给了投资者一方。在2004年上半年，他身体尚好的时候，还一直对我们念叨，待病情好转后，他要把1998年在日本东京写作发表的那篇"证券市场要为投资者的利益服务"一文的观点，大大发展一步，把股市的问题真正说透。

令人万分惋惜的是，先生的病情后来急转直下，使他的设想无法再实现了。尽管如此，翻开先生"证券市场要为投资者的利益服务"一文，我们依然可以清楚地辨析先生想要表达的思想。

先生在文中鲜明指出，"证券市场究竟为谁服务？这关系到设立和发展证券市场的宗旨"。设立证券市场既是为融资的公司开辟渠道，也是为投资者开辟渠道，那么，"证券市场究竟是为上市公司的利益服务，还是为投资者服务，或者同时为二者服务"？先生的结论是，"证券市场说到底就是为投资者的利益服务……离开了为投资者利益服务，证券市场就脱离了正确的方向"。"如果在投资者利益之外再图什么公司的利益，那必定会损害投资者的利益"，"不恰当地强调证券市场为国有企业改革服务也会有同样的效果"。而且，由于"实际上大小投资者处于不平等的地位，证券市场不强调为小投资者的利益服务，只能导致不公正、不公平"。我们看到，近些年来，正是证券市场一味地强调为大股东融资，变现服务，为上市公司的圈钱和再圈钱服务，而全然不顾中小投资者的损失和利益，立市的宗旨出现了重大的偏差，才导致了市场的极度衰弱和萧条。

先生同时认为，"管理也是一种服务。管理的本意在于制定合适的规则并监督这些规则的遵行"。"如果对证券市场中管理者和被管理者之间实际不理解为服务与被服务的关系，而扭曲为领导和服从的关系，那就会导致证券市场管理中的随意性，或者将这种关系颠倒为被服务与服务的关系。"先生强调，管理者有如球场上的裁判，自己也要受规则的约束。实际上，我们看到，从不顾国情引入市场化发行和增发到国有股市价减持，从支持和纵容大型企业在境内外异价上市到颠倒债权人和债务人关系的以股抵债，裁判员的屁股一再坐歪，这才是中国股市一蹶不振的真正根源。

先生没有来得及发挥他的这些思想就走了，带着他对中国证券市场的无限珍爱，带着他对股市投资者的深深同情，带着他对证券市场发展的诸多牵挂，只给我们留下了他在病中最后的呼吁："证券市场要理直气壮的为投资者服务"，"现在是主管部门下决心的时候了"！

股市真能从为融资者服务转为为投资者服务吗？这将是广大投资者的大幸，是中国证券市场和金融安全的大幸，是中国经济发展与改革的大幸，也最终会是目前资金渠道匮乏的众多融资者的大幸。有过太多挫伤和失望的人们在怀疑中观望，先生在冥冥中祝福和期待……

董辅礽对经济发展战略研究的贡献

李成勋

改革开放 20 多年来，在中国兴起了一股"战略热"。研究战略、制订战略和实施战略成为全国各地区、各部门、各企事业组织经久不衰的重要议题，这股热潮有力地促进着中国的经济发展和社会进步。

于光远教授是中国发展战略研究的首倡者，在他的影响下，中国一大批经济理论工作者不同程度地参与了发展战略问题的研究，刚刚与我们分手的董辅礽教授就是其中一位有突出贡献的代表。我们知道，董辅礽教授是中国著名的有很深造诣的经济学家。他不仅在理论经济学方面、经济体制改革方面有很多高水平的研究成果，他在发展经济学方面、发展战略理论方面同样有很多值得重视的贡献。董辅礽对经济发展战略问题的研究除了文献分析以外，很多成果是他实地调查分析的结果。这是他进行战略研究的一个可贵的特点。本文将董辅礽对中国经济发展战略问题研究的突出贡献做以下简略概括，供大家参考和指正。

一　准确而周密地阐明了中国经济发展战略的转变

董辅礽教授首先对中国 1978 年以前，即党的十一届三中全会以前事实上所形成的经济发展战略做了很好的概括。他认为中国传统的经济发展战略有以下特征：（1）它是一种以高速度为主要目标的发展战略；（2）它是一种把重工业作为突出固定重点的发展战略；（3）它是一种以粗放发展为主的发展战略；（4）它是一种以实现经济自给自足为基本要求的闭关自守的发展战略。

他还对上述传统发展战略形成的原因做了恰如其分的分析。他认为实行这种战略，首先是同中国解放后面临的西方国家对我封锁、"禁运"、"冻结"的国际政治经济环境分不开的；其次是同苏联当年实现工业化的"示范"作用有很大关系；最后是同中国人口众多、幅员辽阔、资源种类齐全而又"一穷二白"的特定经济社会历史条件相关的。

他还对实行传统经济发展战略所取得的成绩和存在的严重问题做了实事求是的评价。他认为实行传统的经济发展战略虽然取得了经济的快速增长，建立了民族工业，维护了中国在政治上和经济上的独立；但这种战略同中国的基本国情之间存在着一系列难以克服的矛盾：第一是同中国落后的农业的矛盾，农业落后又要承担为重工业发展积累资金的任务，就必然使农业发展受到限制；第二是同中国人民贫困生活的矛盾，优先发展重工业就必然大大提高积累率，这就使本来已经很差的人民生活状况得不到改善；第三是同众多的人口和过剩的大量劳动力的矛盾，重工业装备率相对较高而吸收劳动力相对较少，这就使过剩的大量劳动力更难就业；第四是同国内资金短缺的矛盾，国内资金短缺又因闭关自守而无法利用外资，从而使自己陷入困境；第五是同技术落后的矛盾，从优先发展重工业入手，技术要求高，而中国技术落后难以适应；第六是同紧张的国内市场的矛盾，强力推进优先发展重工业，必然使农业、轻工业发展滞后，从而导致人民迫切需要的农副产品和轻工产品的市场供应长期短缺。此外，传统发展战略下的粗放经营，必然造成资源大量浪费，经济效益低下；固定以重工业为重点又必然造成国民经济比例严重失调。所以，总结历史经验，必须断然实行战略转变。

董辅礽认为，中国经济发展战略的转变，虽然在 1956 年毛泽东发表《论十大关系》时就开始酝酿，但真正的转变是从 1978 年 12 月党的十一届三中全会以后才开始的。他认为，1981 年 12 月全国五届人大四次会议适应国内外经济政治形势变化提出的经济建设十条方针，明显地标志着中国经济发展战略的转变。他把这个战略转变精辟地概括为四个方面：第一，从以速度为主要目标的发展战略转变为以满足人民基本需要为主要目标的发展战略；第二，从重点突出的发展战略转变为平衡发展的发展战略；第三，从闭关自守的发展战略转变为对外开放的发展战略；第四，从粗放为主的发展战略转变为集约为主的发展战略。

我认为，董辅礽对中国经济发展战略及其转变的分析是客观和全面的，对于我们今天理解和贯彻中央最近提出的科学发展观也是颇有助益的。他对中国经济发展战略转变的分析，在大量相关的研究文献中是比较突出的、难能可贵的，至今还有很大的现实意义。

二 深刻地阐明了发展战略与经济体制的相关性

董辅礽不是就发展战略论发展战略，也不是就经济体制论经济体制，而是把发展战略的转变同经济体制的改革结合了起来。

早在 1982 年，他就指出，一种经济发展战略必须有相应的经济体制来保证其实行。我们过去实行的高度集权的排斥市场机制的经济体制正是同过去实行的经济发展战略相适应的。固定的优先发展重工业的发展战略，往往需要通过高度集权的经济体制把有限的资金、物资和技术力量集中起来用于优先发展的重点部门。他说，中国开始实行的以满足人民基本需要为主要目标的发展战略，就要求经济体制相应变革，如在计划经济中引入市场机制，以便市场供应能对人民的需求变化做出灵敏反应；企业也应具有相对独立性；还要建立开放的商品流通市场。他还阐明，实行以集约经营为主的发展战略，就要发挥价值规律促进技术进步的作用；实行对外开放的发展战略，就要使国内经济同国外经济发生密切联系，并把国际市场中竞争机制引入到国内经济中来，如果没有使经济运行既统一又灵活的经济体制是不可能在国际竞争中取胜的。

总之，董辅礽认为，中国经济体制的改革必须考虑经济发展战略的转变并同它相适应，否则发展战略的转变是不易顺利实现的。今天看来，他在当时即 1982 年所设想的经济体制，实际上就是国家宏观调控下的市场经济体制。这在当时是相当超前的，因为那时连"有计划商品经济"这一概念还未确立下来；所以，应该说他是有相当预见力的。

三　系统阐述了中国农村改革、非农产业
发展和农村现代化的关系

董辅礽对"三农"问题，包括农村改革、非农产业发展和农村现代化问题较早地给予了很大的关注，并且他到过浙南、苏南和河南进行过实地考察。他说，像发展中国家那样，中国经济有明显的二元经济结构的特征。实现农村现代化，改变二元经济结构是中国实现社会主义现代化的必由之路。为此，需要从两个方面入手，即改革农村的经济体制和实行工业化。

他在 20 世纪 80 年代中期进行农村考察时发现，中国农村的非农产业发展起来了，认为这将加速农村现代化和改变二元经济结构的进程。他还考察了农村发展非农产业的各种模式，有苏南的发展公有制农村非农产业的模式，有浙南的发展私有制农村非农产业的模式，也有公私两种所有制的混合模式。

董辅礽对农村发展进行考察和研究之后，曾经得出了几条有分量的结

论：第一，制度的改革对农村经济的发展起着重要作用，甚至可以说是农村经济能否发展的一个前提，但农村经济体制的选择，要以是否为农民所欢迎、是否有利于农村经济发展为准则；第二，农业现代化要以工业发展为前提，但工业化战略的选择，要以有利于农业的发展和现代化，有利于农民收入增加，有利于农业与工业及其他产业的协调发展为前提：第三，在农村发展非农产业是改变二元经济结构、推进农村现代化的一条重要途径，只是在城市发展非农产业是不行的；第四，发展非农产业模式的选择，可以根据不同农村的具体情况来确定。他还明确提出，在农村发展非农产业是有代价的，并认为收入差距的拉大和出现雇工现象等这些代价是不可避免的；而环境污染的代价是可以逐步减轻的。

四 提出中国面临两种机遇和两种挑战

董辅礽一贯注意从世界经济的角度来观察中国经济问题。了解他的人都知道，这不仅同他的理论素养有关，也同他的经历相关。他认为，研究世界经济的发展已成为制订中国经济发展战略的一项重要课题。

早在 1985 年他曾说过，"新的产业革命，对中国来说，既是一种严重的挑战，又是一个迎头赶上发达国家的好机遇，这一点已经被国家领导人提出来了；现在出现了另一种机遇和另一种挑战"。

他所说的另一种机遇，是指西方发达国家中的传统工业被称为夕阳工业。它们适应新的产业革命的兴起，为了调整产业结构，正在逐渐限制以致削弱这些夕阳工业的发展，想把它们转移到发展中国家去，以便使自己的经济越来越多地集中到新兴的产业部门，如技术密集型和知识密集型的产业部门，这就为我们提供了另一种机遇。为了抓住这个机遇来发展自己，各个发展中国家正在展开一种新的竞争，这对中国来说，就是另一种挑战。

董辅礽指出，上述两种机遇和两种挑战同时存在，而且又都需要我们应对，这就产生了一个很费思考的问题，即如何处理好这两种机遇和挑战。对此，他提出了一种可行的对策。他认为，前一种机遇和挑战是关系到长远的，目前只能有重点地组织新的产业革命；后一种机遇和挑战是更现实的，马上就应该抓住机遇，接受挑战。他还提出了一个把两者妥善地结合起来的运作方式，即把新产业革命的成果运用到传统工业中去，使传统工业更具有竞争力；再用加强传统工业产品的出口来支持新兴产业发展。这样，可以做到两全其美。

此外，董辅礽对中国经济发展战略问题的研究，还涉及"创新"在发展中的作用；"传统"在发展中的作用；发展的"突破口"；经济结构调整与实现发展战略转变的关系；对外开放与保护民族工业的关系，等等。值得提出的是，他在1985年所写的《开展经济发展战略的比较研究》一文中提出的研究提纲里，几乎包括了我们今天提出的五个统筹中的各个方面，并且还提出了人自身的全面发展问题。

　　总括而言，董辅礽20年前对中国经济发展战略问题的研究是比较深刻的，研究的范围涉及经济社会发展的各个方面，许多问题的提出具有超前性。当然由于时间的局限性他对某些问题的判断，今天看来也有不够到位的地方，但从整体上说，他在发展战略方面的研究成果和某些独到见解，对国家的宏观战略决策和区域发展战略方案的研制都会产生具有导向性的积极的有益的影响。虽然他对发展战略问题的研究只限于对中国经济发展战略实践的探讨，并不涉及发展战略学理论的研究和发展战略学学科的建设，但他的许多见解，对发展战略学的建设和发展是十分有益的，是颇为珍贵的。我们还健在的发展战略理论战线的朋友们愿意吸纳董辅礽教授的研究成果，在中国把发展战略学的理论与实践不断向前推进。

富有创见的经济思想家——董辅礽教授

厉以宁　刘鸿儒

董辅礽教授不幸离我们而去。我们不仅失去了一位相知多年的老友，而且也失去了不时有新思想启迪我们的大师。从年龄上说，董辅礽教授只大我们三岁，而从对中国经济改革的认识来说，他却是我们这个队伍中的先行者。他许多年前就已提出的所有制改革的创见，至今仍使我们深受启发。他是当今中国经济学界的大师级人物。称他是富有创见的经济思想家，我们想，经济学界中谁也不会有什么异议。

董辅礽教授在中国经济改革过程中的最大贡献，他独立地提出了所有制改革理论。早在 1979 年，他就率先提出改革国家所有制的设想，认为国家所有制之下，企业不能像独立的商品生产者和经营那样自主经营，政府和企业之间极不正常，这正是阻碍经济正常运行的主要障碍，体制改革必须从这里开始。要知道，在 1979 年提出这样的设想，需要有多大的勇气！今天回想起来，这 25 年的改革不就是循着这样一条道路一步步走过来的吗？

董辅礽教授知识渊博，涉及的研究领域很广，包括资本市场理论、资源配置理论、经济增长理论、收入分配理论、期货理论、可持续发展理论等。而最重要的，也是他费力最多的，仍然是所有制改革理论。归结起来，他在所有制理论中的创见主要反映于以下三方面。

一　公有制实现形式的多样化

董辅礽教授指出，那种以为公有制只有全民（国家）所有制和集体所有制两种形式的理论是从苏联教科书中搬过来的。中国改革的实践已经充分说明公有制实现形式是可以多样化的。董辅礽教授就这个问题提出了如下的看法：一定要为公有制的多种形式正名。

他的核心观点是：以往的全民（国家）所有制和集体所有制可以合称

为"共同所有制","这种公有制的特点是,一个单位(国家、企业、社区、团体等)的财产是这个单位的成员的共同财产,而这些成员却不是共同财产的某个特定份额的所有者"。现在,除"共同所有制"之外,还出现了另一类公有制。董辅礽教授写道:"我称之为公众所有制。公众所有制不同于共同所有制,它是指一个单位(企业、社区、团体等)是这个单位的成员的共同财产,同时每个成员又是共同财产的特定份额的所有者。"那么,究竟有那些企业属于"公众所有制"企业呢?他指出:"除了合作社所有制外,公众所有制还有其他的实现形式。公众持股的股份有限公司、养老基金、投资基金等都是公众所有制的实现形式。"

对于当时已有争议的公众持股的股份有限公司的性质,董辅礽教授认为:"确实,在股份有限公司发展的早期阶段,在公司的股权中,一些家族股东和其他私人股东曾在公司中占有相当大的股份,具有绝对控股的地位,但尽管如此,毕竟有一些社会公众持有一定数量的股份,从而使公司的所有制具有了一些公众性,以后随着生产社会化程度的提高,证券市场的发展,越来越多的公众参与了股票的投资,更有养老基金、投资基金作为实力强大的机构投资者,这样股份有限公司的股权越来越公众化了,股份有限公司逐渐地演变成公众公司,它们的所有制也逐渐演变成为公众所有制。"应当指出,这是一个非常有远见的观点,它告诉人们,要随着经济发展的进程来看待公有制的新的实现形式。如果不是动态地考察公有制形式问题,就会被成见所束缚。

二 国有企业的功能随着体制的耕换而改变

国有企业通过资产重组,上市或耕让等多种途径来进行改革。在国有企业改革过程中,有一种看法是:在社会主义经济中,国有企业的最大功能是保证指令性计划的完成和超额完成,保证社会资源能够集中于中央政府以便通过制订指令性计划来配置,因此,一旦国有企业进行了改革(无论是通过资产重组方式来实现还是通过上市或耕让方式来实现),国有企业还会保持原来的功能吗?可以设想,这种看法在相当大的程度上阻碍了国有企业的真正意义上的改革。

董辅礽教授指出,正由于中国的经济体制要从社会主义计划体制转变为市场经济体制,所以国有企业的改革是谁也阻碍不了的。而国有企业原来的功能将被新的功能所代替,这同样是必然的趋势。他写道:"在计划经济迅速退出历史舞台、社会主义市场经济迅速形成和发展的情况下,如果仍以计划经济中国有企业所发挥的功能来看待国有企业，那就会使国有企业的改革误入歧途，或者寻找不到正确的途径。"在他看来，在社会市场经济中，某些部门仍将保留或兴办一些国有的或国家控股的企业，但这些企业的功能已经不同于计划体制下国有企业的功能了。它们在市场经济体制下的功能可以从促进社会公平与市场效率的结合上来确定。具体地说，这种功能在于：（1）保证政府对市场的调节更有成效；（2）不以赢利为目的，而以人民提供优良的服务和产品、满足人们的需要为目的；（3）有助于提高市场经济的整体效率，有助于国民经济的协调发展；（4）有助于提高国民经济的长远效率；（5）保证国家和社会安全；（6）为避免损害消费者的利益，对自然垄断部门进行经营。

董辅礽教授认为，"要通过对国有企业的改革使国有企业能够在使社会公平与市场效率的妥善结合中发挥其应有的甚至特有的功能"。他的这些论断对我们有极大的启发性。

三 社会正走向有产阶级化

在有关私营经济发展方面，董辅礽教授同样提出了不少新思想。20世纪90年代以后，他多次到浙江考察，他对私营经济的观点是在实地调查和理论研究的基础上逐步形成的。

为什么要发展私营经济？经济学思有些人论述道，发展私营经济是出于生产力水平还比较低的考虑，或者说，由于中国生产力水平较低，尚处于社会主义初级阶段，所以有必要发展私营经济。董辅礽教授认为，这种说法并没有透彻阐明中国发展私营经济的原因。他问道："如果认为允许私营经济的存在和发展是由于中国的生产力落后，或者说，由于中国现在还处于社会主义初级阶段，那就是说，等到将来生产力提高，等到社会主义过去了，我们就要重新公有化了，逻辑上一定是这样的。"董辅礽教授由此提出了发展私营经济的基本依据——发展市场经济的要求。他论证道：生产力水平越高，社会目标和需求就越来越多样化，计划经济体制适应不了这样的变化，而只有市场经济才能同这样的变化相适应。"而要发展市场经济，就必须发展私营经济，因为没有私营经济就不会有市场经济。"换言之，即使将来中国越过了社会主义初级阶段，生产力水平较高了，那时，"同样要由市场经济来配置资源……我们同样要有私营经济"。

接着，董辅礽教授所探讨的一个与此密切相关的问题是：私营经济向何处去？于是又回到本文一开始就涉及的公有制实现形式多样化这一命题之上。公众所有制，也就是包括公众持股的股份有限公司在内的另一种公有制，将是私营企业的发展前景之一。他指出："公众所有制完全不同于过去的私有制，他是对私有制的一种'扬弃'，扬弃不是全盘否定，它是在否定中有肯定，就是说，它已经不是原来的私有制了，但是同时它又保留着私有制，这就叫扬弃。"

董辅礽教授进而阐明了自己对社会主义市场经济发展前景的看法。他认为越来越多的人们拥有金融资产，以及越来越多的金融资产被公众所拥有，这已经成为生活中的事实。这表明，"整个社会在走向有产阶级化"。

那么，收入差距是不是继续存在呢？董辅礽教授的回答是肯定的。但他认为收入分配问题可以通过政府调节来缓解。社会人口的分布将是两头小、中间大。因此，他的结论是："这个发展是符合社会发展规律的，这样是生产力越来越发展，生产越来越社会化，财产的占有越来越公众化，整个社会不是走向无产阶级化而是走向有产阶级化。"正如今天来回顾25年前董辅礽教授提出"所有制改革"时的论述，我们会感到他那时是多么有远见一样，我们相信，再过若干年（肯定用不了25年），当我们再回顾董辅礽教授关于"社会正走向有产阶级化"的论述时，同样会感到他又一次这么有远见！

董辅礽经济改革理论的内在逻辑

林义相

董辅礽先生走了，但他给我们留下了非常丰富的经济学思考、观点和论述。董先生在经济学的多个领域做出了重要的贡献，其中关于经济改革方面的理论最为重要。我尝试着根据自己的理解，谈谈对于贯穿在董先生经济改革理论中的内在逻辑的认识，供各位参考。

一　董辅礽经济改革理论的起点

董辅礽先生早在 1978 年提出了国家所有制改革，并与所有制改革相联系，提出了"政企分开"和"政社分开"的政策主张。

董辅礽先生并不是因为与国有制过不去而主张改革国有制，也不是为了改革所有制而主张所有制改革。董先生经济体制改革理论的起点是对小生产管理方式的批判。小生产的经营方法和经营思想的基本特征是自给自足，搞"小而全"、"大而全"，不愿意实行生产的专业化和协作，排斥商品生产和商品交换，不尊重价值规律。他认为，小生产的管理方式就意味着浪费时间，浪费时间"就意味着落后，等着挨打"。因此，要实现四个现代化，就必须改变经济管理的方法。正是沿着这样的思路，在经济体制改革初期，很多人认为经济体制改革就是要改革经济管理的方式。但是，董辅礽先生并没有停留在这里，而是进一步指出，经济管理方法固然重要，但毕竟是派生的，当时的一套经济管理方法是由全民所有制采取国家所有制形式决定的，在经济体制改革中只注意经济管理方法的改变，而不进行所有制形式的改变，应该说是舍本逐末。如果没有国家所有制的改革，经济管理方法的改革是不可能成功的。

这样，董辅礽先生就合乎逻辑地提出了改革国家所有制的理论主张。

从这个逻辑过程可以看出，与那些停留在经济管理方法层面的其他人相比，董先生更向前推进了一步，触及了所有制的形式。我们知道，在当时的情况下，这一步需要多大的理论勇气和政治勇气！

我认为，在 20 世纪 70 年代末，董辅礽先生是从民族取向提出国有制改革的。随着改革开放的深化和国民经济的发展，董辅礽先生经济改革理论的民生取向更加明显，他认为："经济改革的目的在于加速经济和社会的发展，提高经济效益，并在此基础上改善人民的生活。"

由此可见，董辅礽先生经济改革理论的起点是为了改变"落后，等着挨打"的局面，是为了"改善人民的生活"。这样的起点反映了董辅礽先生作为一个经济学家的民族责任感和历史责任感，也反映在他的经济理论的民生取向上。

二　所有制改革

董辅礽先生把所有制改革看做是经济体制改革的关键，因为他一再强调，所有制及其具体实现形式决定了经济的管理方式和经济的运行机制。全民所有制采取国家所有制的形式，不可避免的结果是国家政权组织代替经济组织，直接指挥全民所有制的一切经济活动，直接从事日常的业务工作；企业成为中央或地方政权组织的附属物，这种经济体制必然要以行政方法管理经济，并采取指令性计划调节经济活动。

虽然我没有看到董先生直接将国有制与他所批判的小生产管理方式联系起来，但我认为其中的逻辑联系是明确的：国有制必然以行政的方式管理经济，必然以指令性计划调节经济，而行政的指令性计划要得到有效的贯彻，就必须要有一个封闭的、静止的系统，要在系统内实现自给自足，要在系统内按计划进行资源配置。这些不正是小生产的基本特征吗？我们也可以理解，在那个时候是不可能，也没有必要说以小生产方式管理国民经济，董先生当时的说法是，"一些同志"、"有些干部""习惯于用小生产的经营方法和经营思想去组织管理现代化大生产"。

因此，要管理好社会主义的大生产，要实现四个现代化，就必须改变经济的管理方法，就必须改革经济的运行机制，而要改变经济管理方式和经济运行机制，必须以改革公有制所采取的国家所有制形式作为前提。这样，国家所有制的改革就成为了董辅礽先生经济改革理论的前提。

董辅礽先生关于所有制的改革理论也是不断深化的。他最初的主张集中在改革公有制的实现形式上，即改变国有制的形式上。后来他把公有制的实现形式进一步区分为共同所有和公众所有，认为社会公众共同所有也是一种公有制，比如说股份公司，是属于不同的主体共同所有的，也是公有制的一种具体形式。关于中国的所有制结构，董先生以"八宝饭"做了形象的比喻："八宝饭"除了糯米之外，还要有红枣、莲子等，社会主义经济要像"八宝饭"一样，除了公有经济外，也要有非公有经济。最近十多年，我有幸经常得到董先生的指导，我觉得董先生对于公有制、国有制、国有企业和非公有经济的思想还有很重要的发展和深化，只是很少以成文的形式公之于众。

董先生将所有制改革放在了经济体制改革的首要位置，因此，他对于非公有经济的发展寄予厚望，满腔热忱地为民营经济鼓与呼。他对于"温州模式"的充分肯定，就是与他的所有制改革的基本取向相一致的，他对于民营企业的支持和鼓励，也是符合他的经济改革思想的内在逻辑的。至于对民营企业的评价，我相信他更多地是从经济改革的方向来把握的，而不是（也不可能）纠缠于具体企业的日常经营细节。

三 国有企业的改革

董辅礽先生认为，在国家所有制的基础上，国家行政机关利用行政权力直接决定企业的全部生产活动，直接统一调配人力、物力和财力，企业没有自己的利益，也不可能承担责任。国有企业是国家所有制的具体实现形式，是国家指令性计划的实施主体，因此，改革国家所有制的着力点在于改革国有企业。改革国有企业的关键是改变国有企业作为国家政权机构的附属物的地位，使企业成为相对独立的商品生产和商品交换的主体，享有相对独立的商品生产者的地位，具有作为商品生产者所应具有的各种权力，负有作为商品生产者所应负起的各种经济责任和义务。总之，国有企业的改革，要使国有企业成为市场经济的主体和市场调节的受体。

与这样的国有企业改革的基本思路相对应，董辅礽先生认为国有企业改革的核心应该是改革国家和企业的关系，而不是改变中央与地方对于国有企业的管理权限的划分。如果仅仅限于管理权限的划分的改变，而不改变企业作为一个经济组织与行政权力机构（不论是中央的还是地方的）之间的关系，以行政方法管理经济的状况就不可能改变，国有企业的改革是不可能取得成功的。

当国有企业不再是国家行政机构的附属物，而是独立的商品生产和商品交换的主体之后，企业应该怎样运行呢？由此提出了经济运行的机制问题。

四　经济运行机制和市场调节

董辅礽先生认为，当企业成为独立的商品生产者之后，为了使企业经营管理得好，富有效率和效果，就必须使企业成为相对独立的经济核算的主体，并使企业职工真正成为企业的主人，得以自主地管理企业。

如何使独立核算的企业提高效率、讲求效益？这就要发挥经济利益在国民经济发展中的内在动力作用；要使经济利益的动力作用得到充分发挥，就要使企业和职工们具有自身的经济利益。在今天看来，这些都是非常浅显的道理，但是在1979年，说出这样的道理确实是需要很大勇气的。

经济利益的内在动力是如何在经济生活中发挥作用的呢？董辅礽先生认为，要利用各种经济杠杆来调节经济活动中相关主体的经济利益，要让价值规律发挥其调节作用；要使价值规律发挥其调节作用，就要改革当时的计划经济体制，特别是在国家所有制形式基础上形成的计划体制、生产资料管理体制、商业管理体制、价格管理体制、财政信贷管理体制、劳动力管理体制等。也就是说，要改革依赖行政权力的计划经济的管理体制。只有改革了计划经济的行政管理体制，才有可能进行经济运行机制的改革，才有可能发挥价值规律的作用，才有可能引入市场机制。当很多人认为计划经济可以和市场经济结合起来的时候，董辅礽先生明确指出："指令性计划经济体制与市场经济体制是相互排斥、不能兼容、不能结合的。"

董辅礽先生认为，经济运行机制的改革，具体地说，就把市场机制引入社会主义经济，使市场机制成为社会主义经济运行的内在机制。

五　证券市场

最近这些年，董辅礽先生的相当大一部分研究工作是与证券市场有关的。他对证券市场的关注和研究与他的经济改革理论有什么关系呢？

我认为，董辅礽先生对于证券市场的关注和爱护，是与他的整个经济改革理论一脉相承的，是前述所有制改革、国有企业改革和引入市场机制的逻辑延续。因为上市公司的股份制是对原先的国家所有制的否定，上市公司是对传统国有企业的否定，证券市场上的市场机制是对指令性计划的否定。我们的证券市场还有很多的问题，是因为这些否定还不够彻底，改革还没有完全到位，因此，推动证券市场的发展，是同时推进所有制改革、企业改革和经济运行机制改革的最好途径。

董辅礽先生作为一位经济学家，作为积极主张和推动中国经济改革的经济学家，他是从证券市场的发展代表着经济改革深化的方向这样的高度和角度关注和爱护证券市场的。证券市场上出现的问题，对于他来说都应该被视为发展过程中的问题，应该积极加以解决，帮助证券市场渡过难关，而不能因此否定证券市场。同时，他对于股票投资者的盈亏的关注，一方面与他对于证券市场的发展方向的肯定有关，另一方面也体现了他对于关系到广大老百姓的民生问题的关注。

六　董辅礽经济改革理论的内在逻辑

综上所述，根据我的理解，董辅礽经济改革理论的内在逻辑可以分以下几个层面来表述：由于小生产管理方式导致国家落后、等着挨打，因此要改革小生产经营的经济管理方式；由于经济管理方法是派生的，是由所有制决定的，因此，要改变经济管理方法，必须首先改革国家所有制；在国家所有制的基础上，国有企业成为国家行政机构的附属物，因此，要改革国家所有制，必须改革国有企业，使企业成为相对独立、自负盈亏、自主经营的商品生产者；要使独立核算的企业提高效率和效益，就要发挥经济利益的内在动力作用，通过经济杠杆发挥价值规律的作用，在经济中引入市场机制。

董辅礽经济改革理论的基本框架早在20世纪70年代末就已经形成，在经济改革的理论探索方面是破冰之举，对中国的经济改革实践发挥了重要的理论先导作用。我们不能不佩服董辅礽先生敏锐的洞察力、理论的超前性和人格的勇气。在此后的二十多年时间里，董辅礽先生辛勤研究，继续不懈探索，直至生命的最后时日，不断丰富、拓展和深化了他的经济改革理论体系。他在非公有经济、市场经济、证券市场等方面的研究和论述，与他整个经济改革理论体系是一脉相承的，是其最先提出的经济改革理论的逻辑延续和深化。

董辅礽先生走了，但他给我们留下了丰富的经济学财富，值得我们认真整理、学习和研究。以上对于董辅礽经济改革理论内在逻辑的个人理解，不敢藏愚，希望董先生的经济改革理论被更多的人所理解，并得到发展和光大。

股市尚未转轨 大师离我而去

刘纪鹏

惊悉董老的噩耗，悲痛之余，万分后悔。三天前，一位朋友对我说，董老师在美国的情况不好。然而我由于出差在外，尚未及给董老去电慰问，先生就已离我们而去。我再也没有机会亲耳聆听董老的谆谆教诲了。

与董老初次相识是1986年在香港的一次两岸三地关于企业与企业家的研讨会上。董老关于中国企业与企业家的体制性分析的演讲，给我印象极为深刻。董老是中国最早研究国有企业改革并提出了许多独到见解的经济学家，他为中国的国有企业制度创新方面做出了重大贡献。

再识董老是在1989年政治风波之后。那时，我所在的中信国际所遇到了极大的困难。同时，在1989～1992年小平同志南巡之前，中国经济体制的改革与发展的未来走势并不明朗。时任中信公司董事长的荣毅仁同志希望与一些经济学家座谈中国的经济形势。我和皮声浩同志先后安排了董辅礽、蒋一苇、吴敬琏等著名经济学家与荣老板会谈。荣毅仁同志对董老的关于中国经济形势的分析及其对企业改革的看法评价很高。以后，中信公司正式聘请董老出任正处困难时期的中信国际所的所长。董老上任后立即创办了《经济导刊》这一刊物，这在当时是中国大公司所办的关于企业改革与发展问题的正式出版刊物的第一家。这份刊物无论是对中信集团的发展还是对中国微观制度改革方面都起了重大的作用。在这期间，我亲身感受到了董老对青年人无微不至的关怀和在学术上的细心指导。1992年，他安排我去法国学习，林义相博士几乎为此做了全部安排，但由于当时北京STAQ系统法人股市场正在筹备，我正在主持玉柴机器的股改工作，所以最终从工作考虑，我决定放弃这一难得的机会。在向董老做汇报时，董老毫不犹豫的对我说，你做得对，资本市场对中国的企业改革非常重要，出国今后还会有机会。

2000年后，我与董老的接触开始增多，一个共同关注的课题是关于中国资本市场的发展。董老从研究国有企业改革出发，日益认识到产权变革对国企改革的重要性，而产权的清晰化和流动性必须依赖一个健康强大的资本市场。在当时中国股市起步后，特别是在 1998 年之后，这个新兴的市场在具备了一定规模之后，又遭遇到来自两个方面的压力。其一，由于理论上没有充分论证这个市场的功能和作用，政府的主管部门过多地赋予这个市场旧体制的功能。例如，帮助国企脱困，进行一帮一的好坏搭配的捆绑上市，这使得早期的一股独大现象又引发了一股独霸，似乎大股东占用 7000 万股民的资金是在为 13 亿人民服务的观点十分盛行，这使得上市公司的治理结构开始出现较多的问题。其次，由于中国宏观经济形势良好的增长势头，在 1999 年后，中国股市出现了蓬勃向上的势头。但是一些不了解国情的经济学家又过多地批评这个市场的不规范及泡沫，一方面理论界提出要通过国有股按市价减持挤压股市泡沫，另一方面也出现了用行政手段查银行违规资金入市这样一个模糊不清的政策，使得中国新兴的市场遭受了沉重的打击，中国股市并没有随着中国宏观经济的发展而发挥晴雨表的功能。而在国有股减持的问题上，究竟是按市价减持还是按保护股民利益，或是从中国的国情出发按净资产减持，发生了激烈的争论。一些海外回来的经济学家较多地强调台湾股市挤压泡沫的波动规律及按美国股市的监管政策去制定中国的股市规范策略。可问题是美国有一股独大和股权分置吗？美国又有股市要为国企脱困的功能吗？不顾中国股市起步发展的历史背景以及特殊的国情，把像国企脱困这样很高的改革成本都转嫁给股民来承担，同时又用西方的股市规范来挤压股市泡沫，这就违反了中国新兴转轨市场需要渐变稳定发展的规律。

在这个问题上，董老经常进行与证券界交流、座谈和调研，提出应该在尊重国情的基础上，建立中国股市的基本规范。当中国股市长期低迷，遇到巨大的困难时，董老总是能够用正确的改革方法论去引导青年人，去探索和实践。

2001 年后，围绕着国家股是按市价减持还是净资产减持的问题，争论不休导致股市持续低迷，监管部门痛定思痛，也开始反思。周小川主席提出了中国股市还是一个新兴转轨市场，在这一时期要保护投资人利益，要考虑国情的主张。董辅礽教授对这一观点极为赞赏。他也提出，中国的资本市场事实上是一个新兴尚未转轨的市场，在这一时期还有很多重大的历史遗留问题没有解决，例如股权分置问题、股份不能全流通的问题，所以在这一时期必须尊重国情，把保护股民的利益放在首位。

董老的这番话至今仍对中国股市的发展具有重大的现实意义。新兴尚未转轨就表明了我们不能照搬照抄西方的股市监管标准和规范。我们必须在尚未转轨时期，尊重国情，出台一些符合中国股市发展规律的政策。只有这样，中国的股市才能走上健康发展之路。今天我们重温董老新兴尚未转轨的中国股市必须尊重中国国情、探讨股市发展规范的这番话，意义重大。

例如，在监管部门最近提出的以股抵债来解决国有大股东对上市公司的资产占用问题上，我们已经开始研究一些中国股市中特有的现象。但是这一政策如何在具体落实中深入坚持中国股市尚未转轨这一事实，出台符合国情的一些政策至关重要。比如以股抵债试图反思我们的证券市场，进行纠错，但是在纠错过程中，还没有把大股东侵占上市公司资金的行为的惩罚机制建立起来，只是简单地坚持以股抵债的价格不能低于每股净资产，这事实上只体现了纠错，而没有体现惩罚。其次，我们在提出通过独立董事制度体现股民的表决权的同时，又在以股抵债的定价上尚未听取流通股股东的意见就匆忙推出，例如电广传媒，7.15元的以股抵债的定价方案。而在提高或者建立股民的用手投票的表决机制上，应尽快推出类别股股东表决制。其实类别股股东的表决制度，不仅在以股抵债的定价上具有现实意义，而且对未来解决股权分置、实现非流通股可流通时也具有重要的深远意义。但有些同志又盲目地提出国外的表决制度中并没有类别股股东表决制。其实我们探讨这一制度就是抛弃教条主义，因为国外的股市并没有股权分置和非流通股和可流通股的划分，而中国现实中却存在。

因此，我们在解决股权分置、以股抵债等重大历史遗留问题上，采用类别股股东的表决机制无疑是符合规范的正确选择。一旦这些历史问题得到解决，中国股市具备了与国际成熟股市对接的条件，到那时，像类别股股东表决机制则可修改和放弃。但这一过程是非常重要的。所以今天我们在悼念董老的同时，如果能把董老对于股市发展要尊重国情、借鉴规范、把保护股民的利益放在首位这一一贯的思想体现出来，才是对董辅礽先生悼念的最好方式。

2004 年 7 月 31 日 12：00 于深圳五洲宾馆口述

国有经济战略调整的思想先驱

钱　津

1997年7月25日，中国证券报在头版发表了董辅礽先生的一篇重要文章《按照社会主义市场经济的要求改革国企》。在这篇文章中，董辅礽先生提出应按国家的功能需要设立国有企业，国有经济的范围应只限于六个方面：（1）银行与非银行金融机构、国家物资储备企业；（2）公共产业；（3）基础产业与基础设施建设；（4）高科技产业；（5）军工生产；（6）自然垄断部门。

尽管在1984年党的十二届三中全会做出的《中共中央关于经济体制改革的决定》中就讲到要减少指令性计划，要实行多种形式的所有制，在1993年党的十四届三中全会做出的《中共中央关于建立社会主义市场经济体制若干问题的决定》中特别强调要以社会主义市场经济体制为基础改革国有企业，但是，在董辅礽先生发表上述重要文章之前，还没有哪一个人、哪一个部门如此明确地提出过国有经济改革后应限于的范围。所以，董辅礽先生在1997年7月25日《中国证券报》上提出的国有经济要限于六个方面范围的思想具有首创性，走在了全国经济理论界的前面，他的这一提法在当时产生了广泛的影响。

1997年9月12～18日，党的十五次全国代表大会召开。十五大报告指出：国有经济起主导作用，主要体现在控制力上。要从战略上调整国有经济布局。对关系国民经济命脉的重要行业和关键领域，国有经济必须占支配地位。在其他领域，可以通过资产重组和结构调整，以加强重点，提高国有资产的整体质量。只要坚持公有制为主体，国家控制国民经济命脉，国有经济的控制力和竞争力得到增强，在这个前提下，国有经济比重减少一些，不会影响中国的社会主义性质。

1999年9月19～22日，即在十五大召整整两年之后，党的十五届四中全会召开。在这次会议上，做出了《中共中央关于国有企业改革和发展若干重大问题的决定》（以下简称《决定》）。这一《决定》指出：在战略上调整国有经济布局，要同产业结构的优化升级和所有制结构的调整完善结合起来，坚持有进有退，有所为有所不为。目前，国有经济分布过宽，整体素质不高，资源配置不尽合理，必须着力加以解决。国有经济需要控制的行业和领域主要包括：涉及国家安全的行业，自然垄断的行业，提供重要公共产品和服务的行业，以及支柱产业和高新技术产业中的重要骨干企业。其他行业和领域，可以通过资产重组和结构调整，集中力量，加强重点，提高国有经济的整体素质。

根据这一《决定》精神，经济界这时才将国有经济的战略调整范围明确为四个方面：（1）涉及国家安全的行业，包括军工生产、造币工业、国家战略物资储备企业等；（2）自然垄断的行业，包括邮政、电讯、电力、铁路、自来水、煤气等部门；（3）提供重要的公共产品和服务的行业，包括公共交通、港口、机场、水利设施、重点防护林工程等领域；（4）支柱产业和高新技术产业中的重要骨干企业，包括金融、基础设施建设、石油、煤炭、制造业中的重要骨干企业。

我们可以将1999年《决定》明确指出的国有经济战略调整的范围与董辅礽先生在1997年提出的国有经济应限定的范围做个比较。1999年《决定》提出的是四个方面，1997年董辅礽先生提出的是六个方面，应该说，这四个方面与六个方面之间是具有一致性的。其中，《决定》提出的第一方面涵盖董辅礽先生提的第一与第五方面，《决定》提出的第二方面涵盖董辅礽先生提的第六方面，《决定》提出的第三方面涵盖董辅礽先生提的第二方面，《决定》提出的第四方面涵盖董辅礽先生提的第三与第四方面。这也就是说，1999年《决定》明确的国有经济战略调整范围与董辅礽先生在两年前表述的这一思想是高度统一的，我们既可以将此看做是董辅礽先生的经济思想对于中国现实改革政策制定的引导，又可以将此视为中国现实改革的进程实践对于董辅礽先生这一超前探索的肯定。

今天，我们缅怀董辅礽先生，研讨董辅礽先生的学术思想，并不是仅仅为了指出董辅礽先生的关于国有经济战略调整的思想探索早于《决定》的明确有两年多的时间，而是要着重强调在《决定》发表近五年的时间之后，在全国各地的现时改革中，还有许多地方对于国有经济的战略调整精神未能给予准确的把握。一种极端的认识扭曲是无视《决定》明确的国有经济需要主要控制的行业和领域，而专门在《决定》指出的非主要的其他行业和领域坚持和扩大国有企业的设立和经营。这种舍本逐末的认识与董辅礽先生的大胆探索精神相比，实在是相差太远了。从理论界讲，无视国有经济战略调整范围已使改革遇到了思想观念上的重大阻碍。曾几何时，国有经济的有进有退不提了，特别是有退不提了，有相当一部分研究国有企业的人忽略国有经济战略调整的要求，只是从某些集团的利益出发一再强调政府对于战略调整范围以外的行业和领域的投资，并将这种超范围的投资说成是坚持和发展国有经济的需要。由 20 世纪 90 年代中期一再呼吁让国有企业退出竞争性领域，到 21 世纪初不再区分政府投资范围的限制，这种变化实质是一种倒退。从改革的实践讲，无端扩大国有经济范围的做法对于中国规范市场经济建设造成了严峻的现实障碍。例如，有些地方的政府职能部门纷纷办起星级宾馆或培训中心，从事竞争性服务产业经营，就是一种普遍的证明。因此，正本清源，我们现在迫切需要大力宣传董辅礽先生敢为天下先的改革思想，继续坚定地按照《决定》确定的方针推进国有经济的战略调整，以尽快地实现中国经济转轨的目标和中华民族的伟大复兴。

董辅礽先生的不懈探索

宋静存

我是 20 世纪 90 年代初认识董辅礽先生的，曾经一起去外地考察过，并多次在一些学术会上见面，当面听过先生对一些讲话，也拜读过先生的一些著作，获益匪浅。就是在不多的接触中，我深感董辅礽先生是一位有创见的大学者，不愧是"中国现代市场经济理论的主要奠基人之一"。

这里说几件事情，从中可以看出先生的探索精神、治学态度与高尚人格。

（1）董辅礽先生对非公有制经济在中国的地位和作用认识非常深刻，听他讲过几次，尤其是他的"八宝饭"理论，深刻透彻，令人难忘。

党的"十五大"以后不久，先生这样讲过：

"十五大"在所有制问题上有突破，是又一次思想解放。"非公有制经济是我国社会主义市场经济的重要组成部分"，第一次这么提，意义重大，但许多人尚未注意到。

我在 1985 年就讲过这个问题，不赞成说是"有益补充"，一直认为应是"组成部分"。我以"八宝饭"为比喻，它以糯米为主，但是还有红枣、百合等，只有糯米不能成为"八宝饭"，红枣等也是组成部分，没有也不成其为"八宝饭"。不能认为只有公有制才是社会主义，其他只是"补充"。有家报纸发表了我的这篇文章，可是主编被撤，专版也被取消（现在该不会了吧）。

"有益补充"，什么含义？一个人的心脏不好，安一个起搏器，这起搏器可以说是有益补充，因为它并不是心脏的一部分。

非公有制经济是以生产存在为前提的，它与市场经济是天然融合的。过去不认为它是"组成部分"，所以名义上便低人一等，处处受到歧视。现在好了，"十五大"的提法是"以公有制为主体，多种经济成分共同发展"，这在认识上进了一大步。

不过，我不赞成从社会主义初级阶段来论证这个问题，我一直是从市场经济来论证的。如果因为是"初级阶段"才行，那么，以后怎么办呢？发达了，非公有制经济还存在不？（1998年9月20日）

　　对非公有制经济，从"允许存在"到"有益补充"再到"组成部分"，在思想和政策上一步步的推进，这中间有多少像董辅礽先生这样的经济学家在发挥着助推力的作用啊。

　　（2）董辅礽先生肯于当面发表不同意见，听了都是高水平的"争鸣"，特别让人开阔思路。

　　例如，在一次"中国跨世纪发展与城市问题"研讨会上，著名经济学家杜润生在讲到"创新"时特别称赞温州，他说：温州从经济学来讲足个"金矿"。杜老肯定它的"股份合作制"，十分幽默地说：温州是股份合作制的发源地。有人说股份合作制是"杂交"种，就像骡子，没有繁殖能力。不过，骡子也很好。

　　董辅礽生对杜老是十分尊敬的，但还是当面发表了不同看法。他说："现在产权面临很大的变化。一方面，不少国企变成'股份合作制'；另一方面，又有不少'股份合作制'企业'摘帽子'，它过去是把国企当'红帽子'来戴的，如今还原为合伙企业或私人企业。我是不赞成'股份合作制'的。它将引起一系列的麻烦。职工股不让转让，是不开放的。南斯拉夫的试验已经失败了。现在温州已出现一批很好的企业、集团，这是好的苗头。家族企业寿命不长，有的对此已有认识，聘请经理人员，还希望改成股份有限公司。"（1997年11月9日）

　　再例如，在一次"于光远学术思想"研讨会上，同样对于老十分敬重的董辅礽先生，也当面与于老"争鸣"（董辅礽先生在文章中曾称，"我们很尊敬的于光远先生，应该说是中国经济学家的一面旗帜，是改革开放中的一面旗帜"）。董辅礽先生说：这里我要就所有制问题就教于老。于老有篇《于氏简明社会主义所有制结构辞典初稿》，对社会所有制做了很大的发挥。但他提出，在社会主义制度下，"经过很长很长的历史过程之后，私有制将不再存在"，我不同意，与于老商榷。《共产党宣言》是说了："共产党人可以用一句话把自己的理论概括起来：消灭私有制。"这个"消灭"，德文原意是扬弃、保留、提高的意思，译为"消灭"不妥，最好译为"扬弃"。事实上，社会越发展，财产越来越公众化，每个人又是公共财产的特定的所有者。公共财产是不可分割的。这个私有制已不是原来意义上的私有制了。美国半数家庭都有股票和基金，都有财产，很难说谁是无产阶级了（杜润生插话：马克思说过的重建个人所有制，多年来都未搞清）。

有容乃大，这是古话。现在，不仅在党内，连学术研讨会上都很少能听到不同的声音。董辅礽先生与杜老和于老之间这种公开的坦诚"交锋"、"研讨"太宝贵了。

（3）董辅礽先生对城市发展给予极大的关注，满腔热情地支持创新的探索。城市发展，过去较多地考虑旧城改造，又是靠政府运作，结果真正搞好了的并不多。1993年，温州开展新城建设。一批专家学者前去考察，董辅礽先生也去了。4月11日在讨论新城建设方案时，先生对温州政界和企业界人士说：建新城，而且用民间集资的办法，这个方案设想大胆，构思新颖。全国有许多这样的城市，依靠旧城改造又很慢，在旧城附近建新城，这是一种示范效应。温州有发展，但还够不上现代市场经济的档次。现在面临新的形势，如不引入新的机制，温州会衰败的。

温州为什么要建新城？温州情况是民间富、政府穷，而基础落后。专家学者一致认为，温州新城建设，是抓住了一个难得的机遇，选择了一个难得的地方，开创了一个难得的思路。在政府的支持下，企业投入大量资金，靠市场经济配置资源，温州新城渐渐搞起来了。

在十年后的一次小型聚会上，董辅礽先生对温州新城建设的一位主要策划和投资人说，你给大家说说你们的事业搞得怎么样了？那位老总不慌不忙地说：温州新城基本建成，原先跟市里谈好了的都没兑现，我们本可以获利几十亿，结果只拿到小头。不过，走出一条城市建设市场化道路，有几个地方仿照做了。温州新城那里土地和房屋都升值了，出了十几个亿的富翁，数十个千万富翁。接着，董辅礽先生说：温州在搞诚信，首先市政府不讲诚信，这不好。

董辅礽先生曾著文说过："中国足研究经济学的一块非常肥沃的土壤，只要在这块土壤上勤于耕耘，善于耕耘，就一定能结出丰硕的经济学的成果，而且会成长出一批非常优秀的甚至是世界级的经济学家。"这个预言不是正在实现吗？

针对现实问题，发展中国的经济学

王大用

过去1/4世纪，世界上发生了两件历史性大事：一是伴随苏联体系的崩溃，苏式计划经济在全球彻底失败；二是中国在市场化导向和对外开放的渐进改革中，实现了经济持续快速发展。

1978年中共十一届三中全会是中国改革开放的开端，但改革的最终方向在那时还不明确。在其后的十余年里，主导的改革思路仍旧是修补计划经济，表现为所谓的"主辅论"和"板块论"。假如此后依然如此，今日中国的发展成就是不可能实现的。

事实上，20世纪80年代中国的经济体制改革就是指向市场经济方向的，1992年邓小平同志南巡讲话后，这一指向成为官方的明确改革方针。在推动中国经济体制向市场化和全球化方向改革的人中，有一长串经济学家的名字，董辅礽教授和吴敬琏教授、厉以宁教授等一道，是被公认排在这串名字最前面的人。

市场经济是人类社会及其经济活动模式自然演进的过程和结果，计划经济则是依据主观设计组织起来的经济，它依靠政府的行政命令及命令执行体系来运行。计划经济是依据马克思主义的猜想进行的社会试验，而马克思主义的哲学精髓却是要以实践的成败来对理论猜想确定取舍。因此，当计划经济的试验失败后，实行市场导向的经济体制改革，是向人类经济活动模式自然演进过程的回归。董辅礽教授等推动中国经济体制市场化改革的经济学家是及时认识此回归必要性的最杰出的中国学者，是真正坚持唯物史观的学术宗师。

在我们纪念董辅礽教授的时候，作为中国经济学界的成员，作为董老师的学生辈学者，我们应学习他实事求是、谦虚谨慎、勇于探索、不守陈规的科学精神，坚持面对实践、面对问题，大胆扬弃既有思想，积极寻求解决问题的途径和办法。我们绝不应在中国经济已取得的发展成就面前自满自足，而应看到我们面前的大量问题和巨大挑战。

其一是微观经济方面的问题。国有企业的改革和重组还没有真正到位，企业的核心竞争力还不强；金融体系的问题还很严重，国有银行的治理结构、管理体制尚未彻底改革，巨大的金融风险正威胁着国民经济的健康发展，民营企业的治理结构和管理体制也存在着不少问题。

其二是宏观经济管理方面的问题。尽管在20世纪80年代和90年代的几次经济波动中，我们的宏观调控是相对比较成功的，保证了国民经济的持续高速发展，但对宏观调控经验和教训的分析、总结仍然相当薄弱，对适合中国现状的间接宏观经济调控手段的理论结合实际的研究还很不充分。以至于时至今日，当经济波动再度威胁经济健康发展之时，政府仍然要捡起行政手段来实施调控。这些行政手段实质上还是命令经济管理方法的延续，然而时过境迁，行政手段带来的矛盾和冲突已强烈地挑战其有效性。计划经济时代管理命令经济的行政手段，其有效的前提是中央政府对命令执行体系（从中央到地方的行政官僚体系）的高度权威。在党的第一代和第二代领袖们管理国家的时代，他们有自革命战争年代形成的自上而下的很强的权威，有运用命令经济行政手段的基础。到了后代的领导人，这种行政权威的减弱是不可避免的。如果继续迷信行政手段，不能及时掌握运用间接调控的经济政策的能力，就难免变成邯郸学步，旧方法日渐失灵，新方法还不会灵活运用。

其三是战略研究的问题。"三农"问题、食品供应问题、能源问题、城市化问题、环境生态问题、收入差距问题、地区发展差距问题、社会公正问题、国际贸易摩擦问题、资本项目开放问题等，都还缺少全面、科学、务实和仔细的研究，一些研究这些问题的经济学者还习惯于凭借远非充分的信息就发表慷慨激昂的言论，导致国家政策的制定者们在没有充分研究的基础上盲目决策。这些重大战略问题早已超越了单纯经济研究的范畴，它们与国家的政治体制改革、行政管理体制改革等紧密相关，还与国家的国际政治战略、外交战略、国防战略、少数民族地区发展战略等有密切的关系。

面对这么多重大问题，我们作为中国的经济学家，任务十分艰巨，我们所完成的研究还相当少、相当粗浅。而另一方面，这一历史性变革的伟大时代给我们提供了成就伟大经济学家的巨大舞台，只要我们继续学习、坚持董辅礽教授所代表的一代改革派经济学家的求实精神和科学态度，我们就能够在寻求解决这些重大问题的途径和方案的过程中，为经济学的发展做出杰出贡献。

董辅礽最后的担忧

吴晓求

　　董辅礽老师是智者，因为他有一般学者所难以企及的理论洞察力；董辅礽老师是仁者，因为他是那样深切的关注着国家的命运、人民的幸福，冷峻中蕴含着炽热，风骨中透视着仁慈；董辅礽老师是勇者，因为他无所畏惧、临风傲骨、坚持真理。集智者、仁者、勇者于一身者，在当今中国学界寥寥无几，董辅礽老师便是这寥寥无几者中最具有独立人格的学界大师。他的"守身为大"的品格令我敬仰。

　　认识董辅礽老师是在 1986 年 6 月我的硕士论文答辩会上，当时他是我硕士论文答辩委员会主席。那时的我，心比天高，硕士论文写了洋洋 13 万字，题目是《论社会主义经济的调节与控制》，这篇论文竟然得到了董辅礽老师的高度评价。要知道，在我的学生时代，董老师是我们当时一代青年学子心中的丰碑，高山仰止，不可企及，能得到他的充分肯定，比什么奖励都重要。豪迈之情由心底而生，并伴随着我未来的学术旅程。

　　董辅礽老师是中国经济理论改革的先驱，说他是一位里程碑式的经济学家，绝不为过。他早在 1978 年底就系统地、深刻地提出了所有制改革理论，认为中国经济改革的核心是所有制改革。这种观点的提出，不仅需要深刻的理论洞察力和对中国经济改革方向的准确把握，在当时的中国，更需要一种过人的胆略和勇气。中国 20 多年的改革实践，完全证明了董辅礽老师早在 20 世纪 70 年代末期提出的这种理论观点和改革主张，他创造了中国经济理论研究的一个里程碑。

　　20 世纪 90 年代后期，董辅礽老师研究的重心开始从所有制改革和促进民营经济发展的理论研究，转向对资本市场的研究，从而使我有更多的机会了解他的理论思想和学术品格。董辅礽老师对中国资本市场的理论研究和政策研究是他所有制改革理论研究的逻辑延伸。他对中国资本市场的理论研究，有两个著名观点：一是发展论。他认为，发展是中国资本市场面临的最重要的任务，发展是规范的基础，必须坚持发展中规范的基本原则，中国经济20多年的发展经验说明了这一点。二是婴儿论。他认为，由于中国市场经济不发达，资本市场非常弱小，从政策的角度看，需要像对待婴儿一样去爱护它，促其健康成长。与此同时，他也非常鲜明地指出中国资本市场所存在的重大缺陷和问题，需要在实践中不断完善。有人把董辅礽老师以及与他持相同观点的学者的上述看法，说成是为"庄家"说话，为某一利益集团说话，在我看来，这不是不负责任，就是别有用心。

在董辅礽老师去美国治病的前几个月，大约在2003年6、7月间，董老师曾多次跟我讲，需要召开一次大型的理论研讨会，组织专家学者们系统研究中国资本市场发展的一些战略问题，如在中国为什么必须大力发展资本市场、发展资本市场与中国经济持续增长的关系、多层次资本市场、民营经济与资本市场、国有股与全流通等。他说，没有资本市场的发展，中国的经济改革特别是所有制改革就不可能深入下去，从而难以彻底完成中国经济市场化改革的历史使命。在他生命的最后岁月，中国资本市场的现状令他无比担忧，中国资本市场的未来发展则是他思考得最多的问题。他多么希望中国资本市场能够不断地向前发展。他非常清晰地意识到，资本市场的发展是今天中国经济改革持续推进的强大发动机。他之所以如此关注资本市场，源自于他内心深处关注中国的改革，关注中国的发展。

我与董辅礽老师是两代人，我常说，董辅礽老师是我们这一代人共同的导师，他的去世，令我十分伤感。认识和熟悉董辅礽老师，是我一生的幸运。他使我知道什么是经济学家的责任和品格。

中国资本市场现在虽然仍然举步维艰，但我有信心告慰董辅礽老师，中国资本市场一定会发展起来、一定会强大起来，因为21世纪的中国不能没有一个强大的资本市场。我们这一代人，当为此自强不息，奋斗不止。

董辅礽同志的学术品格和学术贡献

晓 亮

我们怀着极其沉痛的心情，悼念董辅礽同志的逝世。

董辅礽同志是中国当代著名经济学家，在学术界，在实际工作者中，有着广泛而深刻的影响，对中国改革开放的发展、市场经济建设，做出了积极而有益的贡献。他生前除担任中国社会科学院经济研究所所长、名誉所长以外，还曾担任过全国人大常委会委员、人大财经委员会副主任、全国政协常委、政协经济委员会副主任。

1984 年，他获得首届孙冶方经济学奖。1987 年，他获得法国政府授予的军官级学术勋章。

董辅礽同志在学术研究中有个鲜明的特点，就是他谦虚谨慎，实事求是，敢于发表和坚持自己的独到见解，从不跟风跑，不让说的可以不说，但绝不轻易改变自认为是正确的观点。他为人正派，耿直宽厚。这是他获得学术界人士尊敬的一个主要原因。

董辅礽同志在学术方面的研究成果和贡献，在改革开放前主要是他的再生产理论，改革开放以来主要是商品经济理论、运行机制理论、所有制理论和企业改革，包括国有企业改革和多种所有制共同发展。

据我的了解和记忆，举其大者如下：

（1）他认为商品是不同所有者之间的分工交换关系，市场机制是人类文明的伟大成果。市场经济就是市场经济，没有什么社会主义与资本主义之分。1980 年他就提出取消指令性计划。认为将来社会主义初级阶段结束以后，市场经济不仅会继续存在，而且会更加发展和完善。

（2）1978 年他提出了改革国家所有制，实行政企分开；改革人民公社体制，实行政社分设。1979 年《经济研究》第一期发表的《关于我国社会主义所有制形式问题》的文章，他不仅认为国有制与全民所有制概念是可以分开的，而且首次提出了公有制与公有制实现形式的区别。他还认为经济体制改革的实质是所有制改革，而不仅仅是运行机制改革。

（3）当20世纪70年代末、80年代初出现家庭承包以后，董辅礽同志不仅给以充分的肯定，而且认为这是所有制的重大变化，在一定程度上恢复了个体经济，而不仅仅是经营形式的变化。他认为存在家庭经营为主的地方，是个体——集体所有制；存在集体经营为丰的地方，是集体——个体所有制。

（4）当20世纪70年代末、80年代初温州出现个体、私营经济热潮的时候，社会上议论纷纷，有人说温州是新资产阶级产生的土壤，董辅礽同志即带领经济所的同志前去考察，回来后即发表肯定和支持的意见。他认为温州非公有经济发展很典型，也很有意义。对温州模式出现的一些问题，他采取了非常宽容的态度，认为是可以往发展中解决的。

（5）董辅礽同志认为，公有制经济并不等于社会主义经济，非公有制经济也是社会主义经济不可分割的组成部分。20世纪80年代中期，他提出了社会主义经济应是以多种公有制为主导的多种所有制结构的"八宝饭"的混合经济理论。他说"八宝饭"以糯米为主要成分，此外还有红枣、莲子等共同组成。他把糯米比做公有制，红枣、莲子等比做非公有制。没有糯米不成为"八宝饭"，只有红枣、莲子也不成为"八宝饭"。只有把它们组合到一起，使其强点更强，弱点更弱，才能成为"八宝饭"，形成社会主义经济。这种混合经济论，完全是以商品经济为立论基础的。

（6）以后，他提出了公有制有共同所有和公众所有的两种公有制概念。共同所有也叫公共所有，指国家、社区、企业、团体等，公众所有指集合财产，产权落实到个人，可大可小，也可以分割，例如合作制、公众持股的股份制等。

（7）董辅礽同志对国有企业改革也是极为关注的。早在20世纪80年代，他就反对把承包制作为目标模式，认为一对一谈判很不规范，他也反对以加强管理代替产权制度改革，而应以市场经济的要求改革国有企业。以后，他又提出了以不同性质领域（如竞争性与非竞争性、基础设施、自然垄断、高科技产业等）的情况，确定不同的改革目标、形式和方法的建议。

（8）董辅礽同志认为，社会主义市场经济＝社会主义＋市场经济＝社会公平＋市场效率。他认为只要市场经济存在，就必须发展私营经济。私营经济可以发展到50%以上。为了解决民营企业的融资难问题，他很早就提出了发展民营银行、开设创业板市场的建议。

（9）在生产力经济学方面，为了发展中西部经济，早在20世纪80年代中期，他就提出了超越"梯度转移"的理论。

（10）在股票市场运作方面，董辅礽同志在 20 世纪末和 21 世纪初就提出，中国的资本市场是一个新兴的尚未转轨的市场，不能照搬外国经验，今后应当在发展中解决股权分置问题，股票不能全流通问题，国有股要减持，要把保护股民的利益放在首位，等等。

董辅礽同志许多见解，是富有启发性的，并带有超前性，是经得起历史检验的。

有是非之辨，无名利之争

萧灼基

董辅礽教授的学术成绩是很大的。改革开放以来，我们经济学家发挥了很大的作用，董辅礽教授是贡献最大的一个。

有一次我跟董辅礽谈到，我写文章就像白开水一样，不太好。他说白开水怎么不好？白酒有人不愿意喝，红酒有人不愿意喝，啤酒有人不愿意喝，咖啡有人不愿意喝，但是白开水没人不愿意喝。这给了我很大的鼓励。他说他自己的文章也是白开水，我说你的文章不一样，你的白开水里面还有佐料。确实，有人在写《董辅礽传》，当向我征求意见时，我就说董老的文章很有味道，有很多生动的比喻。

我举四个例子：

第一个就是爷爷抱孙子的理论，这个大家都知道，当时流行计划经济和市场经济相结合的提法，他说计划经济怎么能和市场经济相结合呢，这是不同层次的问题。

第二个是八宝饭理论，他说如果只有糯米没有红枣栗子这些，那不是八宝饭，是糯米饭，糯米饭不好吃；但是如果只有红枣、栗子，没有糯米，也不是八宝饭。他讲这个比喻，是说在社会主义社会既要有公有制又要有私有制。他对私有制的理论研究得很深，研究得很早。早在20世纪80年代，他在温州就提出私有制理论。他指出，非公有制经济的发展，并不是像某些人所说的是社会主义初级阶段的需要，也不是像有些人所说的是生产力多层次发展的需要，更不是所谓的补资本主义的课；而是应该从更高的层次上看，必须从与市场经济相结合的角度看，如果市场经济中没有非公有制经济存在，就不是市场经济。

第三个是他提出总供给和有效需求是协作的关系。如果说总供给过多了，有效需求不足，我们不能够减少总供给来适应有效需求。如果有效需求不足，就应该是提高有效需求。当时他为了论证消费市场的有效需求不足，提出了协作理论。

第四个就是资本市场的婴儿论。当时是什么情况呢？当时资本市场所存在的问题，很多人都看到了，并不是有些人看到，董辅礽同志看不到。董辅礽同志对资本市场存在的问题是非常了解的，而且也是很深刻地认识到这是应该改正的。但他和一些同志不一样，他并不是把资本市场说得一片漆黑。他认为，资本市场就像婴儿一样要逐渐发育。他说当前要摔跤，这是因为它处在婴儿阶段，所以我们的态度应该是爱护它，而不是否定它、反对它、打垮它或推倒重来。他的理论对整个资本市场是很有作用的，董辅礽同志一直到生病后，对资本市场都非常关心。2003 年年初他就认为，大家对资本市场应该有比较系统的分析，应该对资本市场今后发展的前景做分析。他当时还跟我说，应该考虑这个问题。2004 年 2 月初，国务院出了"九条"以后，他在美国给我打电话，说这"九条"不错，但是关键是要落实。到现在已经半年多过去了，实际上还有很多没有落实，市场这样低迷的状态和中国的经济发展是很不相适应的。董辅礽同志当时的担心是有道理的。

　　董辅礽同志很善于用通俗的语言来说明很深刻的理论，这一点很值得我们学习。董辅礽教授虽然是跟我年龄差不多，但是从学问来说，他是我的老师，他的学问做得好，见地很新颖，而且是与时俱进的。这里我想以董辅礽送给我的一幅条幅做结束："有是非之辨，无名利之争。"有是非之辨，就是坚持真理，无所畏惧；无名利之争，就是淡薄人生，完善自我。

评董辅礽教授的治学态度

杨再平

　　董辅礽教授留给我们的学术遗产是丰厚的。他的许多观点现在看来仍是超前的。这些超前的观点，犹如他20多年前石破天惊地提出的所有制改革论点一样，由于抓住了问题的根本，定然会对今后若干年中国经济改革的实践产生深刻影响。从这一意义讲，他的学术遗产也是国家的宝贵财富。

　　作为一个经济学家，其观点能对实践产生如此大的影响，真可谓此生足已！魏文帝曹丕曾有论："盖文章，经国之大业，不朽之盛事。年寿有时而尽，荣乐止乎其身，二者必至之常期，未若文章之无穷。是以古之作者，寄身于翰墨，见意于篇籍，不假良史之辞，不托飞驰之势，而声名自传于后。"董辅礽教授的文章自然是"经国之大业，不朽之盛事"也！

　　他之所以能取得这样的研究成果，留下"经国之大业"的文章，固然是他几十年辛勤耕耘的可喜收获，但同时也得益于他几十年所坚持的治学态度。

　　作为他的学生，我不揣冒昧地将董辅礽教授的治学态度概括为求实、求真、创新。正是以此态度研究中国现实经济问题，使他得心应手，硕果累累。

一　求　实

　　作为一个经济学家，就要"产出"经济理论，不"产出"经济理论的经济学家是不可思议的。而一个有作为的经济学家对社会的主要贡献和成就更在于他所提出的能准确地反映经济现实并对经济现实产生有益影响的经济理论。他所提出的这种经济理论越多越丰富，其对社会的贡献就越大，其作为就越大，社会也就越会认同他。但要"产出"这样的经济理论又谈何容易？因为这样的经济理论是只能深深地根植于经济现实的土壤之中的。这就需要在纷繁复杂的经济现实中去寻求经济理论的根基。董辅礽教授之所以能在经济研究方面取得这样卓越的成就，其根基也正在于纷繁复杂的经济现实之中。而这样的根基，正是他的求实论所寻求的。

在中国经济体制改革的车轮刚刚启动的 1979 年之初，董辅礽教授曾在《光明日报》发表《经济科学必须在实践中前进》一文，在这篇文章中，他从中国经济科学如何为实现当时提出的新时期的总任务做出贡献的论题出发，首次较系统地阐述了自己的求实论观点。他写道："要使经济科学为实现新时期的总任务做出贡献，必须尊重实践。社会主义经济建设的实践是我们认识社会主义经济规律的源泉，也是检验我们的社会主义经济理论是否具有真理性的惟一标准。我们应该根据近 30 年的实践，勇于坚持被实践证明是正确的理论，不管它们以往是否受到过批判；勇于抛弃被实践证明是错误的理论，不管它们以往是否得到广泛宣扬。同时还要根据实现四个现代化过程的新的实践，勇于去探索新的问题，创造新的理论，不问它们从前是否见诸书本。"这段话是在当时特定的历史背景下，针对极"左"思潮对经济理论的禁锢而写的。极"左"思潮的要害就是严重脱离实际，所以，在其禁锢之下，当时的经济理论研究也是严重脱离经济实际的。正如董辅礽教授后来所指出的，当时的经济研究风气是：研究人员"总要从书本上找根据，不敢进行自由创作，这就造成了教条主义、本本主义……一些常识性的东西也要找马恩书上的一句话，拿他们的话来给自己做注脚"，"研究人员习惯于先找本本，看书上怎样说。而不是从实际出发，依靠大量的材料去论证"，更有甚者，在当时，谁要是从实际出发得出了不同于传统理论的结论，还要被视为异端邪说。这样一种研究风气，当然是不可能产出能准确地反映经济现实并对经济现实产生有益影响的经济理论的。恰相反，中国经济体制改革的车轮刚一启动，就遇到了诸多严重脱离经济实际的传统经济理论的障碍。所以，在当时的历史背景下，有识之士提出了解放思想的口号。而对于经济研究来说，从本本回到现实，就是最基本的解放思想。回到经济现实，就是经济理论解放的开始。

而站在今天的角度来看，董辅礽教授的上述观点对于经济理论研究除了具有当时特定的历史意义之外，还具有更一般的方法论意义，这就是：它实际上已较系统地表述了求实论的基本论点。笔者不妨将董辅礽教授的求实论概括为"源泉论"、"标准论"和"探索论"三论，即：第一，肯定经济实践是我们认识经济规律的源泉，因而经济理论研究必须从经济实践出发，而不应从本本出发；第二，确定经济实践是检验我们的经济理论是否具有真理性的惟一标准，根据这一标准，就应勇于坚持被实践证明是正确的理论，不管它们以往是否受到过批判，勇于抛弃被实践证明是错误的理论，不管它们以往是否得到广泛宣扬；第三，鼓励经济理论工作者根据新的经济实践，勇于去探索新的问题，创造新的理论，不问它们从前是否见诸书本。

在董辅礽教授的思想体系中，求实论既是他所强调和坚持的一种治学方法，也是他所强调和坚持的一种研究方法。我这里还要指出的是，作为一种研究方法，董辅礽教授的求实论，与当代西方经济学中的实证经济学（Positive economics）是很相近的。在当代西方经济学中，有两种最基本的研究方法，一是规范经济学方法，二是实证经济学方法。前者主要回答经济过程"应该怎样"的问题，后者主要回答经济过程"实际怎样"的问题。董辅礽教授的求实论所强调的当然就是要回答经济过程"实际怎样"的问题。

董辅礽教授曾多次对我们说，"中国是研究经济学的最肥沃的土壤，只要勤于耕耘，善于耕耘，就一定会结出丰硕之果，产生世界性的大经济学家和经济学著作。试想，在我们这样一个发展中的大国，有多少复杂而又困难的经济问题需要人话们去研究、去解决。如果谁能透彻地研究了、解决了其中任何一个问题，岂止有中国的意义"？这段至理名言，既是作为导师的他对经济学晚辈们的谆谆教诲，也是作为著名经济学家的他对自己几十年来从事经济研究工作的经验总结。

作为在中国的土壤上成长的著名经济学家，董辅礽教授所关注和研究的始终是中国的现实经济问题。他在自己的研究工作强调求实和创新，最终的归宿仍是中国的现实经济问题。这也就是说，他所求的是中国经济之实，所创的是中国经济理论之新。如果说，求实与创新的方法论原则是董辅礽教授作为经济学家的"耕作工具"，那么中国经济现实就是他的耕耘对象。对于这一耕耘对象，董辅礽教授是"咬定青山不放松"的。这从他几十年尤其是改革开放以来的研究课题及其成果就可以看出来。

作为中国经济学家，董辅礽教授对自己的可为与不可为是很清楚的。例如，在 1995 年的一次座谈会上，他不赞成建立一个严格有别于西方经济学概念体系的所谓中国经济学，但认为中国的经济学家的确应对市场经济的发展和市场经济学的发展做出自己的贡献，更应对本国的经济体制做出贡献和负起责任。他说："我不相信能建立这样一个经济学，因为我们的经济学也是研究市场经济运作的，那么无论我们的市场经济，还是西方的市场经济，前面加什么都是一样的，那么我们又怎么可能建立一个概念体系都与西方不一样的市场经济学呢？"他说："我们遇到的许许多多的经济学的问题，在西方国家是遇不到的……特别是我们正处在由计划经济向市场经济转变这样一个时期……在这种情况下面，我觉得我们可以去发展出一些好的理论，有用的理论。"但"我不认为我们需要创造一个根本区别于西方经济学的经济理论，而应是去进一步充实和发展西方的市场经济学理论中没有很好解决的发展中国家的市场经济学的问题，例如，如何从一个市场很不发达的状态进入发达状态，由计划经济向市场经济转变的一些问题。我觉得，在这方面我们是可以做出我们自己的贡献的"。最后，他认为，中国的经济学家们也应该分专业深入地进行自己的研究，这样我们才能拿出有分量的著作，才能对经济学有所贡献。

以董辅礽教授之见，中国是研究经济学的最肥沃的土壤，但要做一个有成就有作为的中国经济学家，就应以求实和创新的治学和研究方法，在这块土地上勤于耕耘、善于耕耘。这应该就是董辅礽教授经济学方法论的精髓所在。

二　求　真

董辅礽教授的求实论强调尊重经济实践，却并不意味着轻视经济理论。作为一个经济学家，他是非常重视经济理论的。所以，在反对理论脱离实际的同时，他也反对把理论联系实际理解得异常狭隘和简单。这从他1980年发表在《文汇报》的一篇短文《不能狭隘片面地理解理论联系实际》即可见一斑。在这篇短文中，他针对当时存在的另一种不正确的倾向，即把理论联系实际理解得异常狭隘和简单的倾向，意味深长地指出："经济科学是一个庞大的体系……经济理论依它们概括的现象、过程、范围的不同，在抽象的程度上显然存在着不同的层次，各不同层次的经济理论与实际的联系的密切程度和方式显然也是不同的。可以说，科学的理论都这样那样地反映着实际，不可能是同实际完全脱离的。即使经济理论中的最一般的范畴和概念也不例外。经济理论是要用来指导经济工作的实践的，无论抽象程度多高的社会主义经济理论，最终都同我们的经济工作的实践有关。当然，有些理论可以直接用于实践，有些理论则要通过各种环节才能用于实践……所以，在经济理论中，关于一个概念的讨论，似乎是脱离实际，但在大多数情况下不是这样。孙冶方同志主张'抠概念不放'，紧紧抓住他对价值的理解不放，道理也在这里。但是，我们有些同志却不懂这个道理。他们错误地认为研究直接应用的问题才是理论联系实际，研究一些比较抽象的基本理论问题就是脱离实际……我们不能对科学提出这样狭隘的、短视的要求。"

根据董辅礽教授自己的阐述，所谓求真，就是追求理论上的彻底。马克思有一句名言：理论的力量在于说服人，"而理论只要彻底，就能说服人。所谓彻底，就是抓住事物的根本"。作为一个经济学家，董辅礽教授的成功就在于他始终把彻底作为一种追求。正如他在《论孙冶方的社会主义经济理论》一书中所阐述的："理论要有力量，它必须是彻底的。""理论必须彻底，只有彻底才具有力量。"而在他看来，"要使理论具有彻底性，就不能让理论去迁就不能反映事物本质的某些现象，迁就某种主观愿望、需要和考虑"。他深知，要圆满地做到这一点是很难的，但他强调，至少从我们的治学态度、治学精神和治学方法来说，应努力这样做。他在高度评价孙冶方时还这样指出："他的理论首先并且至少能够说服他自己，而在长期受批判中批判者没有能够提出使他信服的理论，反而使他对自己的理论具有坚定的信心。这就是说，理论的彻底性不仅具有说服他人的力量，同时也具有支持一种理论的创造者的力量。哥白尼不向反动的教会势力屈服，他的力量不也是来自于他对自己的理论的信心，来自于他的理论的彻底性吗？"

三　求　新

在董辅礽教授的思想体系中，求新是与其求实、求真密切相关的。正如他于1985年在回答一位记者采访时所指出的："研究工作就是要创新，因为实践在发展。实践中不断有新经验，需要总结、概括成理论。同时，实践又提出新问题，要求理论做出回答。老经验不够了，旧理论不行了。理论追寻实践发展。只有这样，理论才能起到指导实践的作用。"也正如他于1980年所写道的："实践在前进，理论也要前进。实践是常新的，理论也应该是常新的。停顿、僵化，就是科学的生命的终结。经济科学必须在实现四个现代化的伟大实践中沿着辩证唯物论的认识路线不断前进！"

然而，求实本身并等同于创新。董辅礽教授的创新论所强调的就是：作为一个经济理论工作，在求实的同时更应有理论上的创新或学术上的创造性。这也就是说，对于一个经济理论工作者来说，就实证经济研究而言，也是不能简单地就事论事，而是要从理论的高度去回答经济过程"实际怎样"的问题的。正如他在1985年接受一位记者采访时所谈到的："理论工作难在"头脑没有理论武装不行"，社会现象非常复杂，你怎样去辨别真伪，去假存真，去粗取精。没有理论，就无法驾驭复杂的现象。理论工作者的任务在于，要善于从复杂的经济现象中抓出问题来，问题抓不住，就没有办法进行研究。抓住一般问题不行，要把主要问题抓出来，然后进行分析推理。""现在，理论界有些人往往抓不住现实经济生活中的主要问题，也就是本质的、内在的问题。而恰恰是反映事物内在的、本质的联系的东西，经过论证，才能反过来说明最一般的、最大量的、最普遍的经济现象。"董辅礽教授也深知，要从理论的高度去回答经济过程"实际怎样"的问题，并不是一件容易的事情。因为这不仅要求我们的经济理论要与经济现实相符，而且要求我们"自己所主张的各种理论能相互衔接一致，而不是彼此否定"。不过他强调："这虽然也是不易做到的，但我们确实应该这样去努力。"

我观董辅礽教授的创新论的另一层含义的理解是：经济理论要发展，就要敢于突破已被实践证明为错误的传统的经济理论或教条，敢于跳出原来的理论框架，敢闯理论禁区。这一点是说起来容易做起来难。正如董辅礽教授曾于1987年在《光明日报》编辑部召开的一个座谈会上所指出的，中国的经济体制改革从一开始就是障碍重重的，而"其中一个严重的障碍"就是人们的思想障碍。造成思想障碍的一个重要原因是：关于社会主义经济的一些过时的理论，它们根基于我们对社会主义的一些不正确认识，并且构成旧的经济体制的理论依据。经过长时间的宣传，这些过时的经济理论已经深入人们的头脑，使人们误以为它们是不可动摇的、符合马克思主义真谛的。它们禁锢着人们的思想，进而束缚着人们的行动，成为改革的障碍。因此，各个社会主义国家在进行经济体制改革时，无不从破除过时的经济理论入手……实践证明，这些过时的经济理论束缚了生产力，一旦被破除之后，生产力便得到突飞猛进的发展。但是，这些过时的经济理论仍旧会在一段时间里继续盘踞在一些人的头脑里，从而使人们在改革中疑虑重重，一步三回首，一有变动，就怀疑改革的正确性。我们从事经济理论工作的同志对于破除过时的经济理论负有特殊的责任……随着改革的深入，我们还须继续破除一些尚未彻底破除的、基于对社会主义的不正确认识的经济理论。董辅礽教授是这样说的，也是这样做的。改革开放以来，他闯入了一个又一个理论禁区，提出了一个又一个突破传统的经济理论教条的新观点。这都是有文可查的。众所周知，早在1978年下半年，董辅礽教授就率先闯入了一个理论禁区，即有关社会主义所有制的问题。按照当时被奉为天经地义的正统的经济理论观点，"政企合一"的国家所有制是全民所有制当然形式，且是最完善的所有制形式；"政社合一"的人民公社是农村集体所有制的最好形式，且是向全民所有制过渡的最佳形式。董辅礽教授透过大量的事实发现，原有经济体制的弊端大多发端于所有制方面，于是以极大的理论勇气，在全国率先提出了"经济体制改革的实质是改革全民所有制的国家所有制形式"的精辟论点，并大胆地提出了"政企分开"和"政社分开"的政策性建议。熟悉内情的人都知道，董辅礽教授关于国家所有制形式的论点，以及"两个分开"的政策性建议是在党的十一届三中全会前夕，极"左"思潮还有很大市场的情况下发表的，当时确实惊动了不少人，引起了极为强烈的反响。在一个短时期内，董辅礽教授曾受到相当大的压力。然而，实践检验了他的观点和建议。如今，"政企分开"已成为国有企业改革的关键环节；"政社分开"的主张已变为现实，且已写入《宪法》。有趣的是，事情过了七八年，大家都认为要改革所有制了，当时逼董辅礽教授检讨者却当着他的面对外国朋友说："改革所有制问题是他最早提出来的，但是他提得太早了。"现在来看，所谓"提得太早"，不就是理论创新吗？人们总说"第一个吃螃蟹的人是伟大的"，须知，在当代中国，第一个突破某一传统经济理论教条的人，是无异于"第一个吃螃蟹者"的！

科学发展的历史规律表明：一门科学要是没有突破，就不会有创新，就不会有发展。以阐述"科学革命模式"而著称的当代美国科学哲学家库恩说得在理：当一门科学有了系统理论之后，这门科学就进入了常规科学阶段。这时人们用共同的"规范"去解决理论和实验中发现的问题。当原有的科学规范遇到愈来愈多且无法解决的难题时，危机就到来了，直到旧的规范遭到决定性的破坏，新的规范产生了，新的常规科学又沿着新规范指引的方向向前发展。所以他认为在科学的发展中必须"强调新理论抛弃并取代与之不相容的旧理论的革命过程"。自然科学的发展是这样，经济科学的发展也是这样。强调创新实际上就是"强调新理论抛弃并取代与之不相容的旧理论的革命过程"。如果不强调这一革命过程，经济科学同样不可能有发展。

在董辅礽教授的创新论思想中，还有一点值得提及，这就是，创新同时也包括突破自我。他曾在好些场合阐述过以下观点和事实："不能说哪一位经济学家是一贯正确的……谁都不能说自己一贯正确，在一本书里我就写道，我自己就有失误。其中一个特别的失误在于发展股票方面：当时我赞成个人购买股票，但对个人购买股票我曾有过怀疑。但很快我就转过来了，说明我自己也不是一贯正确，要找问题可以找出很多。"这是说得很中肯的。人贵有自知之明。而对于一个经济学家来说，更贵于自我突破。所以，问题不在于一个经济学家有无失误，而在于他是否有勇气承认和纠正自己的失误，从而突破自我。董辅礽教授的观点和经验也启示我们：要在理论上有所创新，有时还需要突破自我。而从某种意义上讲，突破自我比突破别人更难。

一代经济学大师董辅礽教授的理论贡献

叶辅靖

董辅礽教授在半个多世纪的经济研究生涯中，在多个领域有非常重要的建树。特别是在 1978 年以来的 20 多年时间里，他对中国的改革开放、经济发展和市场经济体制的建立立下了不可磨灭的理论功绩。

他在当代中国经济学界有独树一帜的地位：第一，他在多个领域有开拓性贡献。他不仅在中国经济的微观基础方面有引领时代前进的开拓性创见，而且具有把脉宏观经济的精湛"医术"。不仅在中国经济改革的最重大的各个问题上都有前瞻性的、富有远见的独特理论，而且在中国的发展问题上也有许多新的贡献。第二，他的许多重大主张在提出时大都不是那个阶段的主流思想，但多年之后再回头来看，当年的主流大多被实践无情地淘汰，官方文件里的概念和大众的观念却与他多年前的思想相当吻合。所有制改革、经济体制改革的目标模式、混合经济、非公经济的理念、公有制实现形式、国有企业改革思路和市场经济的要件等莫不如此。第三，他的创造力持续时间长。许多经济学家只是在人生的某个阶段有创见，但董辅礽教授自步入经济学殿堂以来，在能够从事正常研究的每个阶段都有贡献。第四，他在影响经济发展的多种渠道上都留有深刻的烙印。他不仅通过发表大量的文章为经济发展献计献策，而且利用在人大和政协的独特地位，发挥积极的作用。第五，他的理论自成体系，以一贯之，没有相互矛盾的地方。他的所有制理论和市场经济理论是其中的灵魂和红线，他的国有企业改革理论、发展理论和证券期货理论在某些方面是前述理论的应用。

他的理论贡献大致可以分为改革和发展两方面。

在改革方面：

1978 年，他在中国第一个提出了所有制改革问题。提出要实行"政企分离"和"政社分离"。

1980 年，他在中国第一次把所有制改革和引入市场机制结合起来。改革一开始，就主张引入市场机制，主张由市场来调节经济的运行。从1980年开始就明确主张取消指令性计划，反对把指令性计划与市场捏在一起的"双重体制"，他最先意识到传统公有制及所有制结构同市场经济不相兼容的问题，明确提出要引入市场机制必须改革公有制。

1985年，他明确提出社会主义经济是以公有制为主导的多种所有制的混合经济。提出非公有制经济是社会主义经济不可分割的组成部分并做了著名的论证。

1987年，他不赞成用生产力的多层次性来论证多种经济成分并存的必然性，认为多种经济成分之所以共存是因为各种经济成分各有强点和弱点，只有共存才能强化强点、弱化弱点。由此认为，发展多种所有制不是初级阶段的权宜之计而是必须长期坚持的方针。

应该说，在20世纪80年代，董辅礽教授对中国经济体制改革目标的认识最清晰、最超前、最彻底，最终确立的经济体制目标与他在80年代的主张最吻合。第一，他不仅彻底否定传统计划经济，而且不赞同当时主流的计划与市场的各种结合模式，旗帜鲜明地主张把市场机制作为经济的主要调节手段、主张建立商品经济。他所说的商品经济是不折不扣的市场经济的代名词，因为他把市场放到了资源配置的基础性地位。而当时多数经济学家都把计划与市场的某种结合作为改革的目标模式。第二，更重要的是，他提出的所有制结构改革和国家所有制改革使市场、经济有了赖以确立的微观基础。这更是市场经济的实质性内容，这是当时许多人没有认识到的问题。即使在今天，他在80年代关于市场经济的微观基础的认识仍然是超前的，因为，他主张的是公有制为主导，而现在的主流观点仍是公有制为主体，虽然对"主体"的解释不断变化，已经接近"主导"的含义，但毕竟没有正式放弃。

20世纪90年代初，他又提出从国有企业的功能出发分别不同类型改革国有企业的观点。

1993年，他提出社会主义市场经济就是社会公平和市场效率的结合。他指出，由指令性计划经济向市场经济转变过程中，会出现调节的真空地带。论述了市场经济的有序与无序问题，指出了市场经济有效运作的条件和不能有效运作的原因。

1995年，他系统提出了"按照社会主义市场经济的要求，从企业功能出发，对国有企业进行分类改革"的主张。即国有企业原则上应该从竞争性领域退出，只在非竞争性领域保留国有企业。

1997年，他进一步提出，要从宏观和微观两个方面改革国有企业。并提出共同所有制和公众所有制理论，认为二者都是公有制的实现形式。

在发展方面：

20世纪50年代，在苏联留学期间，董辅礽教授就曾提出了著名的"董式模型"。

1980年作为发起人之一，他组织了中国最早的经济发展战略研究，提出了经济发展战略转变的若干方面。

1986年，在一片非难声中，他积极捍卫"温州模式"，把农村非公有制的非农产业的发展看成是改变中国二元经济结构的有效途径。他关于传统在发展中的意义、发展的代价、二元经济结构的例外、国家的大小给经济发展带来的差异等问题的论述，发展了发展经济学。

1986年，他主张超越梯度发展理论，提出向西开放，加快西部发展。

1993年，他将所有制理论和市场经济理论运用到证券市场，极力主张让国有股和法人股流通，明确提出培育机构投资者的主张。

1993年，他是中国实施可持续发展战略的最早倡导者之一，对可持续发展的若干方面做出了独特的阐述。

1994年，他作为中国《期货交易法》起草小组组长，认为期货市场是中国社会主义市场经济体制不可分割的组成部分，主张从期货市场的不可替代功能来论证期货市场存在的必要性。

2000年，他提醒在西部大开发中要高度重视利益关系问题，等等。

在宏观经济方面，董辅礽教授的主要贡献不在于另起炉灶提出了新的宏观经济理论，而是表现在他对中国宏观经济运行的把握上。正如有医学知识的人很多，但医术高明的人并不多。1992年以来的实践证明董辅礽教授是中国宏观调控的一个高明的"医生"，在几个关键时期，他的判断完全正确。在上一轮宏观调控中，他在1996年4月的全国人大财经委的经济形势分析会上就指出已经出现了有效需求不足，要增加流动资金，增加基础设施建设投资，防止经济惯性下滑。有人当场批评他，说这是实行罗斯福的"新政"，会使宏观调控前功尽弃。但他坚持自己的判断。到1998年2月，全国人大财经委审查1998年的经济计划、财政预算和货币计划时，当时经济下滑的势头已经相当严重了，但为了防止宏观调控"前功尽弃"，当时的计划、预算和货币政策仍是从紧的取向，计划投资增长10%，财政预算计划减少100亿元的赤字。董辅礽教授明确指出政策取向不对、预算的方向不对。他说应该加大投资的增长率，计划投资增长10%保证不了8%的GDP的增长率，投资起码应增长15%。同时，为了增加有效需求，应实行扩张性的预算，而不应实行紧缩性预算，应增加财政赤字，而不应减少 100 亿元财政赤字。虽然国家计委采纳了他的意见，在向全国人大报告经济计划时加了"以上"两个字，即固定资产投资增长 10% 以上，但他关于预算的意见未被采纳，全国人大通过的预算仍继续实行紧缩的财政政策。结果经济迅速下滑。到了 8 月份不得不修改预算，全年增加了 500 亿元财政赤字，增加发行 1000 亿元的特别国债。但时间已经耽误了。由于经济已经在惯性下滑，要想再把它拉动起来就要费九牛二虎之力，付出的代价很大。这里当然有亚洲金融风暴对出口的影响问题，也有过去重复建设造成的问题，但是这些都是次要的，主要问题是政策上没有及时调整，长期坚持实行紧缩的政策，必定会导致这样的结果。

董辅礽教授不仅在理论上有创新，而且在立法实践上也表现了他的远见。1988～1998 年，他连任两届全国人大财经委员会副主任，参与了大量的经济立法工作，特别是在第八届全国人大期间，他是财经委员会内具体分工负责经济立法工作的副主任委员之一。他是《期货交易法》起草领导小组的组长，在厉以宁教授转任法律委员会副主任后又具体分管《证券法》起草的后续工作。当时，有关部门打算将厉以宁教授主持起草的《证券法》推倒重来，另外提出一个草案，要它从属于《公司法》，只管股票的交易等。董辅礽教授从中国证券市场长远发展需要出发，代表财经委顶住压力，坚持《证券法》原草案。否则，中国《证券法》将不是目前这个样子，无法成为既规范证券发行又规范证券交易的母法。

董辅礽教授是有世界影响的中国经济学家。他的足迹遍布全球 80 多个国家和地区。他在美、英、法、德、日等国的多所著名大学和研究机构及国际组织做过访问教授并从事讲学活动。1988 年，英国剑桥大学"马歇尔讲座"邀请他于 1991 年去讲学。这个讲座两年举办一次，大多是诺贝尔经济学奖的得主主讲。能够主讲"马歇尔讲座"，是世界性的荣誉，中国人还从未踏上过这个讲台。1988 年 5 月，法国政府为表彰董辅礽教授的学术成就和在国际交往中做出的贡献，授予他军官级学术勋章。1991 年 6 月，应孟加拉国政府的要求，董辅礽教授曾向来访的孟加拉国总理齐亚夫人介绍中国的乡镇企业情况。1997 年 5 月，法国总统希拉克访华几次提出会见董辅礽教授，但因在希拉克总统来华前，董辅礽教授到美国访问去了，无法赶回。

董辅礽逝世：私营经济的
护航人就此而去

张 华

我们还在缅怀经济学家杨小凯的时候，董辅礽先生又默无声息的离我们而去。他在 2004 年 7 月 26 日过自己 77 岁生日的时候还吃了长寿面，谁知四日之后，他便乘鹤西去了。

回忆董老的一生，其成就自然是不言而喻的，自 1957 年学成回国，曾先后在武汉大学、北京大学、中科院、社科院等机构任教和任职，并曾任第七届、第八届人大常委，财经委员会副主委及第九届全国政协委员及经济委员会副主任。近半个世纪来，董先生长期进行企业所有制改革方面的研究工作，为中国经济发展与社会进步做出了不可磨灭的贡献。然而正当董老的一些理论、预见及努力开始显现光芒的时候，董老却已远在天国了。

我们不得不再次提及 2004 年私有财产入宪这一激奋人心及使许多人喜极而泣的消息。董老为这一时刻的到来付出了巨大的心血并寄予了极高的期望。他曾说，"没有私有财产就没有私营经济，没有私营经济的快速发展，全面建设小康社会的目标就难以实现"，并于 2002 年在京举办的"全面建设小康社会联合论坛"上发表演讲提出了与私营经济相关的四大焦点问题（重新认识资本和财富、积极培育"中产阶级"、私有财产保护、拓宽民间资本进入市场的领域）及解决路径。论坛之后两年，也就是 2004 年的春天，私有财产不受侵犯终于入宪，"私有财产是一切罪恶的源泉"的荒唐论调终于被推翻。

董老利用各种机会为私营经济在中国的发展推波助澜。他坚持认为，如果首先非公有制经济的市场准入领域仍是那么狭隘，如果不给予私营经济"国民待遇"，那么中国的市场经济则是表象化的。他曾呼吁尽快允许民间资本开办城市商业银行并为非公有制经济的发展营造公平的市场竞争环境，在融资、税收、土地使用、对外贸易等方面对私营经济实行公平政策。

在为私营经济发展披荆斩棘的同时，董老更注重私营经济行为的规范性问题与制度化问题。他曾给上市公司吹风，不要为了短期利益而做出一些愚蠢的事情来，要用战略的眼光看待企业发展。同时他建议企业发展信用体系与建立信用关系。只有这样，市场经济才像那么回事，才能良性发展。

可惜，当董老的努力都将一一实现的时候，他却没有办法亲历。生者依旧烂漫，逝者安息九泉。我只希望，当我们的腰包越来越鼓的时候，当我们的生活越来越好的时候，不要忘记了一位叫董辅礽的老人。

率先倡导和推进市场化改革的超前理论

——董辅礽教授对经济体制改革的卓越贡献

张素芳

中国的经济体制改革，是要从根本上以市场经济体制取代计划经济体制，实现经济的市场化。科学的改革理论是改革实践的先导。董辅礽教授在改革前后的 20 世纪 70 年代末 80 年代初和以后的二十几年里，独自率先提出了一整套倡导和推进市场化改革的超前理论，对中国的经济体制改革做出了卓越的贡献，创建了不可磨灭的功绩。

一 所有制改革理论构建起市场化改革的微观基础

董辅礽教授是中国最早提出所有制改革的经济学家。他构建市场经济的微观基础的思想，首先表现在他最先提出的所有制改革的理论中。

早在 1978 年 9 月，他在中国科学院召开的哲学社会科学规划会上所做的报告中就鲜明地提出，要改革政企不分的国家所有制和政社不分的人民公社所有制。随后他将这一思想写成《关于我国社会主义所有制形式问题》一文，发表于《经济研究》1979 年第 1 期。

在这篇文章中，董辅礽教授开宗明义地指出，过去我们在理论上对生产资料社会主义所有制问题局限于仅仅作为社会主义生产关系的一个方面去考察，而不是从社会主义生产关系的总体上去把握；仅仅把生产资料的门属问题的解决，看做是所有制问题的全部解决，对生产资料的全民所有制形式缺乏从随着生产力的发展变化而变化方面去认识。他对所有制改革的认识，源于他突破了传统的所有制概念而从社会生产关系的总体去把握，使他对所有制改革的见解建立在科学的理论基础之上。

他尖锐地指出，在全民所有制的国家所有制形式里，国家政权的行政组织取代了经济组织，企业成为国家各级行政机构的附属物，缺乏自身的独立性和自主权力；"政社合一"使人民公社成了国家的一级政权，国家通过各级政权组织直接向人民公社下达计划指令，农村集体经济也由国家所支配而丢失了根据自身经济利益独立自主地决定自己的经济活动的集体性质。国家所有制企业和人民公社都由国家政权的行政组织所任命的干部直接指挥它们的经济活动，这些干部只对上级负责，与企业和人民公社的经营状况没有利害关系，不承担经济责任，群众对他们没有任免的权力，容易产生官僚主义、强迫命令、瞎指挥、"按长官意志"办事，违反客观经济规律，违背群众的意愿和利益，成为生产力发展的障碍。他提出，为了加快实现四个现代化，必须改变全民所有制所采取的国家所有制形式和农村集体所有制所采取的"政社合一"的人民公社所有制形式，找出能够促进生产力迅速发展的社会主义全民所有制形式和集体所有制形式。为此，必须使国家政权这一行政组织和企业这一经济组织分开，使农村的基层政权组织同人民公社集体所有制经济组织分开，重新建立乡镇政权，赋予社会经济组织应有的自主权力和经济利益。

在这篇文章中，董辅礽教授在国内第一次提出了经济体制改革必须改革所有制，最早提出了"政企分离"和"政社分离"的正确主张，明确地提出了所有制与所有制的实现形式问题。

所有制关系是社会经济体制的核心内容，国家所有制和农村人民公社所有制是高度集中的计划经济体制的基础和核心。董辅礽教授在经济体制改革前夕一针见血地提出改革国家所有制和农村人民公社所有制，这就从根本上触及旧经济体制的核心和实质，动摇着旧经济体制的基础。

董辅礽教授提出改革国家所有制是从商品经济关系着眼的。1979年他在参加中央组织的研究经济体制改革的一个小组活动中的发言中指出："全民所有制的国家所有制形式本身是排斥商品生产的。在这种所有制形式下生产资料不是商品，而只有商品的外壳……而要使生产资料成为商品，那就要改变生产资料全民所有制的国家所有制形式……所以，我们的经济体制改革，有一个基本的出发点，就是要改革排斥商品生产和价值规律的作用的经济体制。"此后，他继续研究国有企业改革和农村改革，率先提出了倡导和推进市场化改革的微观基础构建的理论。

董辅礽教授提出，国有企业改革的目标是成为自主经营、自负盈亏的市场活动的主体和市场调节的受体。从1987年起，他从国有企业不能进入市场，不能自主经营、自负盈亏的弊端中，逐步形成了根据国有企业的功能，在某些领域保留国有企业，而在其他领域退出来的改革思想。1994年，他最终形成了按照社会主义市场经济的要求，根据国有企业实现国家对社会经济的宏观调控目标功能来改革国有企业的思想。他发表于《改革》杂志 1995 年第 4 期的《从企业功能着眼分类改革国有企业》和《上海证券报》1997 年 3 月 11 日的《从原东德国有企业改革引起的思考》等文章，都集中地阐述了这一思想。他主张按非竞争性企业与竞争性企业分类，前者可继续保留为国家独资或国家控股的企业，并应按其垄断性质和社会公益目标确定其赢利与否，国家通过这类国有企业和其他手段加强对社会经济的宏观调控；而将后者通过各种方式转变为非国有企业，诸如民营企业、合营企业和股份企业等，使国有经济从竞争性行业退出来，逐步建立起社会主义市场经济的微观基础。这一国有企业改革的思想，又是他的独创。他的这一改革国有企业的思想，为把计划经济的所有制关系变革为适应市场经济的所有制关系，奠定了理论基础。

董辅礽教授为了推进国有企业的改革和完善市场经济的企业制度，在 20 世纪 90 年代初期就提出："股份制是现代企业制度的一种基本形式，它是市场经济发展的产物。在现代市场经济中没有股份制是不可思议的。因为它在筹集资金、促进要素流动、优化资源配置、推动竞争、传递市场信息等方面都具有不可替代的优点。在中国实行社会主义市场经济体制，也必须以股份制作为企业制度的一种基本形式来改革中国的企业制度，特别是国有企业制度。"

董辅礽教授构建市场经济微观基础的思想，集中地表现在他著名的"董氏八宝饭理论"中。

1985 年 5 月，董辅礽教授作为英国牛津大学的访问教授，与英籍波兰裔学者布鲁斯讨论什么是社会主义经济的问题。经过整整一个下午的讨论，他们形成了一致的看法，认为社会主义经济是以公有制为主导的多种所有制经济，或者说是以公有制为主导的混合经济。董辅礽教授回国后对经济研究所里的一些同事讲了这一观点。他说，社会主义经济就好像一盆八宝饭，它是以各种公有制经济为主导部分的，但是，单独地说，公有制经济并不就是社会主义经济。同样，其他各种各样的非公有制经济以及各种各样的混合所有制经济，单独地说也不是社会主义经济。只有多种公有制经济、多种非公有制经济以及混合所有制经济组合在一起，并以多种公有制为主导，这样的经济才是社会主义经济。他认为，红枣、莲子不是八宝饭的补充而是不可缺少的组成部分一样，非公有制不是外在于社会主义经济的成分，也不是"社会主义经济的有益补充"，而是"社会主义经济的不可分割的有机组成部分"。董辅礽教授的这一关于社会主义所有制结构的理论，又是超前的，后来被人们称为"董氏八宝饭理论"。

1987 年 6 月，董辅礽教授在发表于《世界经济导报》1987 年 7 月 23

日的《谈以多种公有制为主导的多种所有制结构问题》一文中指出："社会主义经济是一种以多种公有制为主导的多种所有制结构的经济，不仅在初级阶段如此，在初级阶段以后也是如此。"以多种公有制为主导的多种所有制结构可以使它们各自的强点和弱点互相补充，避免单一的公有制以及单一的国家所有制所产生的种种问题；以多种公有制为主导的多种所有制结构所形成的它们之间的互相竞争的关系，能够强化各自的强点，弱化各自的弱点。他说："公有制经济是多种多样的，各种私有制经济也是很不相同的……同时，还有各种混合的所有制经济，例如，国家所有制与私人资本主义所有制（包括外国资本主义）混合的国家资本主义所有制经济，国家所有制与集体所有制混合的所有制经济，集体所有制与个体所有制混合的所有制经济，等等。"他在文章中首次正式最早提出了"混合所有制经济"的概念。

在 20 世纪 90 年代初期，董辅礽教授明确地提出，"非公有制经济的存在和发展，是发展社会主义市场经济的主要条件之一"，"是发展市场经济的必要条件之一，而市场经济的发展又是非公有制经济的存在和发展的必要条件之一，这是因为，非公有制经济同市场经济是完全兼容的"。他提出要为非公有制经济"正名"，他不赞成非公有制经济是社会主义经济的"补充"的说法，再一次鲜明地指出非公有制经济是社会主义经济不可缺少的有机组成部分。

从 1985 年以来，董辅礽教授对于改革实践中特别是温州多种所有制经济的发展进行了大量的调查研究。他指出，没有非公有制经济，就不可能有市场经济；非公有制经济不发展，整个国家的经济"活"不起来。中国需要通过发展市场经济来发展社会生产力；农村需要大力发展非农产业，这对促进农村经济发展具有十分重大的作用；而市场经济和农村非农产业的发展，都必须发展多种经济成分，国家应该允许和鼓励发展非公有制经济。董辅礽教授写了大量的关于温州通过发展非公有制经济促进市场经济和农村非农产业发展的文章，并到大学以及在国内外作报告。他对温州非公有制经济所给予的热情支持和宣传，在社会上引起了强烈的反响，对于中国的多种所有制经济特别是私营经济的发展，起到了有力的促进和推动作用。

中国的市场化经济体制改革，一个十分重要的基本的方面，就是培育和发展壮大市场主体，构建市场经济的微观基础。董辅礽教授在 1978 年 9 月就从提出改革国家所有制和人民公社所有制入手实行政企分离、政社分离，进而提出发展多种所有制经济特别是非公有制经济，这为中国市场化改革中市场主体的培育和微观基础的构建，率先创立起超前的、正确的经济改革理论。

二 经济运行机制改革理论奠定了市场经济的客观调节方式

中国过去高度集中的计划经济体制，是通过严格执行国家行政机构制定的无所不包的计划指令来运转的。中国的经济体制改革到底改什么，改革的目标是什么？对这一问题的不同认定，在改革初期，集中地表现在人们对计划与市场关系的不同认识上。20世纪70年代末80年代初，计划与市场的关系问题，是改革以来争论最为激烈的问题。有人提出"计划调节（指令性计划调节）为主，市场调节为辅"；有人提出"计划调节与市场调节相结合"；有人提出"计划经济与市场调节相结合"，等等。1980年前后，董辅礽教授就主张使市场成为社会主义计划经济的有机组成部分，主张有计划指导下的市场调节。他在《经济体制改革的几个基本问题》一文中明确指出："计划调节本身就应该是有计划地利用各种经济规律，其中包括价值规律对经济进行调节。在社会主义计划经济中发挥价值规律的调节作用，最根本的一点就是有计划地利用各种经济杠杆去调节各方面的经济利益，去调节国民经济各方面的运动，使其保持平衡和协调，并使国民经济沿着集中计划所正确反映的客观经济规律的要求和方向发展，以实现计划所预期的目标。"从这里可以看出，虽然董辅礽教授还沿用了社会主义计划经济的概念，但他实际上已经把计划看做"预期的目标"，而实现这一"预期的目标"的机制和手段是"发挥价值规律的调节作用"，是"利用各种经济杠杆去调节各方面的经济利益，去调节国民经济各方面的运动，使其保持平衡和协调"。由此可见，董辅礽教授在改革一开始就较为明确地提出了市场取向的改革意向。

董辅礽教授在1980年做的一个演讲报告中，鲜明地表示不赞成两个调节，即计划调节与市场调节的结合。他主张一个调节，即计划指导下的市场调节，主张取消指令性计划。他在1981年1月8日所写的《国民经济平衡的几个问题》一文中，揭示了高度集权的计划经济体制由于排斥市场机制，不可能获得充分的、准确的经济信息，缺乏灵敏的反馈机制，不能自动地纠正计划决策的失误，在资源配置上难免人为地造成国民经济发展不平衡的根本缺陷。他的这些见解，已经触及旧体制的根本弊端，较为明确地提出了市场取向的改革方向。

1981 年上半年，中国社会科学院组织少数人开会对《关于建国以来党的若干历史问题的决议》征求意见。董辅礽教授发言明确表示不赞成“必须在公有制基础上实行计划经济，同时发挥市场调节的辅助作用”这一提法，建议把发挥市场调节的辅助作用改为发挥市场的积极作用。他已经看到了市场的作用不只是辅助性的，随着改革的推进，市场将发挥更为积极的作用，将市场的辅助作用改为积极作用，能使党的文献在适应将来改革的变化方面留有余地。

　　1985 年，董辅礽教授在《关于社会主义经济的调节问题》一文中，论述了直接调节与间接调节、事前调节与事后调节、自动调节与被动调节、计划调节与市场调节的关系，并且再一次反对把计划调节等同于指令性计划调节。针对有人认为没有指令性计划就没有社会主义计划经济、就没有社会主义经济的观点，他明确地指出，社会主义经济并不是只能由计划来调节，计划调节更不就是指令性计划调节。他再一次强调指出：“在社会主义经济中必须发挥市场机制在调节资源的配置中的作用。”

　　1989 年的下半年，在官方的提法从“国家调节市场、市场引导企业”倒退到“计划经济与市场调节相结合”的气候下，董辅礽教授在一篇采访记中仍然坚持：“要发展市场经济，即把僵硬的实物经济转变为商品经济，也就是使市场成为经济的调节者。”他在这里明确地提出了发展市场经济，这就是与僵硬的实物经济即计划经济相对立的由市场来调节的商品经济。在 1992 年党的十四大正式提出改革的目标是建立社会主义市场经济体制之前，经济理论界所说的商品经济，是按照马克思《资本论》的用语，实际上就是市场经济的理论表述，与市场经济是同义语。董辅礽教授在这里明确地提出了发展市场经济，也就是与计划经济相对立的商品经济，表明了他对于改革目标的认定就是全面的市场化改革。

　　1986 年，董辅礽教授明确地指出：“经济体制改革的一个重要内容是改革社会主义经济的运行机制，或者说由行政的运行机制转变为市场的运行机制。”他说，商品经济是借助市场机制来运行的，因此，经济体制改革的重要内容之一就是改革经济的运行机制，使市场机制成为社会主义经济的内在的运行机制。他明确地指出：“要形成社会主义内在的市场运行机制必须改革国家所有制。”因为在国家所有制下，企业不能成为自主经营的主体，独立自主地经营。“因此，改革经济体制不仅要改革经济的运行机制，而且必须相应地改革所有制……使企业成为市场活动中的经济利益的主体和自主经营的主体，并为市场机制的作用创造前提条件。”

　　1988 年，董辅礽教授提出建立社会主义商品经济新秩序。指出“商品经济秩序实际上就是市场运行的规则"，其重要内容一是商品经济要求公平竞争，这是一种重要的秩序；二是产权明确和财产权利不可侵犯，合法财产应受到保护，这是建立商品经济秩序的基础之一；三是要建立独立的企业制度，这也是商品经济秩序建设的重要条件；四是要求各种生产要素，例如资金、生产资料、劳动力等自由流动，以实现资源的优化配置，这是市场调节的前提，也是商品经济发展的内在要求；五是信守合同，讲信誉；六是对消费者负责。他所提出的这些商品经济的新秩序，就是市场经济正常运行的条件和所包括的内容，反映了市场经济运行的客观内在联系。这些见解，就是他主张和认定的市场经济的基本框架。

在经济体制改革初期，许多人把经济体制改革理解为改善经济管理的方法，或理解为解决集权与分权的关系，随后有人认为只是改革经济运行的机制，处理好计划与市场的关系。董辅礽教授从改革之初就率先明确地提出经济体制改革包括所有制改革和运行机制改革这两个不可分割的方面。所有制和运行机制这两个方面的改革，可以说是董辅礽教授所倡导和坚持的市场化改革的核心内容。他的改革经济运行机制的理论主张以及建立商品经济新秩序的界定，使他的改革国家所有制，将国有企业分类改革成为市场主体和发展多种所有制经济特别是私营经济所培育起来的各市场主体，各自都在具有独立的经济利益和自主经营的前提下，由商品经济的客观机制及其新秩序所调节进行市场经济活动。由此可见，在20世纪80年代中期以前，董辅礽教授就已经率先创立起较为系统的超前的市场化改革理论。

三　改革政府的理论将市场化改革推向纵深发展

20世纪90年代初期，市场化改革有了较快的发展，具有独立经济利益的自主经营的市场主体不断培育、发展，市场机制对社会经济活动的客观调节作用日益明显。由于高度集中的计划经济体制是以政府作为决定和支配社会的经济活动的主体来运转的，而对政府行为的改革不是仅由经济体制改革就能解决的。此时由党和政府明确规定经济体制改革的目标是建立社会主义市场经济体制，微观层面的改革有所进展，但对旧经济体制关键部位尚未改革，加上政治体制改革严重滞后，政府以行政手段支配社会经济活动与市场机制调节经济活动之间形成了明显的矛盾和对立，改革政府成为经济体制改革的一个十分重要而又迫切的方面。董辅礽教授敏锐地洞悉了这一问题，1994～1995年，他较为集中地研究了政府的改革问题。

他的独到见解，起到了推进市场化改革纵深发展的重大意义和积极作用。

董辅礽教授在发表于香港《华南经济新闻》1994 年 6 月 15 日的《政府管理与自律管理》一文中指出，政府不能沿用管理计划经济的办法来管理市场经济，"否则无助于市场规则的建立和市场经济的正常发展。从近年来的情况看，如果沿用管理计划经济的那套办法来管理市场经济，政府有关部门的管理权就可能变成与金钱交易的'商品'，产生腐败……这样，当然就不会有公平的竞争，而没有公平的竞争，市场优化资源配置的功能就不能发挥"。他的这一认识，与他的关于所有制改革和经济运行机制改革的观点是完全一致的，是在构建市场微观基础和市场调节社会经济运行的社会经济基础之上，进一步推进政府上层建筑改革的理论扩展和深化。

董辅礽教授在发表于香港《华南经济新闻》1994 年 11 月 30 日的《从"大政府，小社会"到"小政府，大社会"》一文中指出，"大政府"是指庞大的政府机构，它具有庞大的职能，各个部门、各个方面、各种问题都得由政府来管理、来解决，从而使社会各方面的职能萎缩成微不足道。"大政府，小社会"是计划经济体制的必然产物，它适应计划经济体制运行的需要。"因为计划经济体制是一种集权式的、命令式的、以行政手段推动经济运行的体制，各种权力集中于政府，由政府来配置资源。由于计划指标必须按部门、按地区来分解和实施，所以，政府也按部门、按地区来设置来管理各种社会经济活动。企业、个人和各种社会组织处于无权地位，事先都得请示政府，由政府来解决。政府管的事情越来越多，政府机构也越来越庞大臃肿，低效率、扯皮、推诿、争权、官僚主义异常严重。""必须按照市场经济的要求建立'小政府，大社会'的框架。"他提出要从四个方面入手：一是原先政府管理经济的许多职能要转移到市场；二是原先由政府直接管理、而在市场经济中属于企业自己管理的事情，应转移给企业；三是在经济生活中，原先在计划经济体制下由政府管理的许多事情应该交由各种社会组织去管理；四是一些应由老百姓自己管的事应由老百姓自己来管。他指出："实现这种转变的条件是市场经济的发展和完善，企业转向自主经营，各种社会组织的建立和自律管理，老百姓的自主自立，还有政府职能的转变。"他的这些见解，正确地指出了市场经济社会中个人、企业、社会组织与政府各自的权益及其事权边界，勾勒出适应市场经济发展的社会内在结构。

董辅礽教授在发表于香港《华南经济新闻》1995 年 8 月 23 日的《市场经济要求政府改革》一文中指出，中国现有的政府机构及其职能是适应计划经济的需要而设立的。在计划经济下，由政府集中地配置资源，因此需要设立众多的、庞大的、多层次的，甚至是层层的政府行政机构。而政府管的事也真多，包罗万象，因此政府官员的权力也够大的，凡事都得官员点头，否则任何事情都办不成。机构多了，官员多了，权力交叉了，扯皮的事自然也多了，官僚主义的疾病就滋长了。现在要实行计划经济了，市场起着配置资源的作用，许多在计划经济中要由政府来办的事，来解决的问题，市场和各市场主体自己就解决了，政府的职能不同了，用不了那么多、那么庞大、那么多层次的政府机构，也用不了那么多的政府官员。所以政府的职能要转变，机构要改革，否则，既会阻碍向市场经济转变，又会阻碍经济的发展。对于政府机构改革，他提出，第一要"拆庙"，第二要"走人"，第三必须以政府职能的转变为前提。政府机构改革如何，"要看政府的职能是否按照市场经济的要求做了相应的改变"。

为了推进和完善市场化改革，董辅礽教授还探索了社会主义市场经济与法的问题。他提出，中国的经济正在由计划经济向市场经济转变，为了实现这个目标，不仅经济体制本身要改革，而且在社会、政治、法律和观念等方面都要改革和转变。"市场经济要求由'人治'走向'法治'。"这就提出了从经济领域到整个社会上层建筑都要适应市场经济的要求进行全面改革的思想。

中国从计划经济变革为市场经济，其实质就是要以具有独立经济利益的市场主体按市场机制的客观调节自主地从事社会经济活动，来取代政府采用行政权力通过计划指令支配社会经济生活，因此改革政府是经济体制改革，进而是政治体制改革的重要而又艰巨的任务。董辅礽教授十年前就剖析了计划体制下政府行为的弊端，正确而较为全面地提出了适应市场经济要求改革政府的见解。这是他率先倡导和推进市场化改革理论的重要组成部分，使他的市场化改革的理论更为系统和完整。

四 董辅礽教授倡导和推进市场化改革理论的现实意义

当前，中国正处于从计划经济向市场经济转型的变革时期。从计划经济变革为市场经济，从根本上来说，就是要使个人和经济组织成为具有独立经济利益和自主经营的市场主体，通过自由交换和平等竞争的市场活动实现经济利益，在此基础上国家采取维护市场正常运行的宏观调控措施以利于社会经济发展。董辅礽教授二十年来不懈探索，率先提出一整套倡导和推进市场化改革的超前理论，正是涵盖了这些方面的内容。由于笔者学力不逮和学习理解不够，对董辅礽教授倡导和推进市场化改革的理论仅是做了一个大体脉络的分析。尽管如此，我认为，董辅礽教授的倡导和推进市场化改革的理论，对于我们当前及以后的市场化改革的理论研究和改革实践，至少具有以下现实意义。

1. 所有制改革的理论研究和改革实践

从改革至今二十几年来，董辅礽教授率先提出的所有制改革特别是关于国家所有制的改革，虽然由当初的不被理解甚至遭到学界和官方的批判，到随着改革的进展已被实践证明是正确的虽然现在反对的意见少了，但是他提出的一些带根本性的问题仍然还没有为人们所真正理解，理论研究和改革实践还需沿着他的思路继续深化。

比如，他提出改革国家所有制，基于不同于传统的所有制概念的理解，他是以唯物史观的科学理论，从整个社会生产关系和生产力的发展变化及国家作为上层建筑的职能来把握所有制关系的。而我们至今对所有制的理论研究，其主流尚未摆脱传统理论的束缚，不是用唯物史观从个人和社会最基本的物质生产活动出发，而是脱离社会经济生活的实际状况从社会整体和抽象的生产资料归属以作为上层建筑的国家行政机构为占有主体来谈论所谓的社会主义所有制。致使对所有制的理论研究长期陷入"形而上学和法学的幻想"，以及对生产者自主经营的所有制形式长期不认同，致使改革的实践中仍然存在对私营经济等的歧视、限制和阻碍，等等。

循着董辅礽教授于1978年提出所有制改革的基础理论，全面深刻理解他所提出所有制改革的立论和论点、论据，继续深入研究中国现实社会适应生产力客观水平的所有制形式，对于推进所有制理论的研究和改革实践的发展，仍然具有重大的现实意义。

2. 在市场经济运行的客观调节机制研究

计划经济时期和20世纪70年代末80年代初，在坚持计划经济占主流的经济理论讨论中，对价值规律具有调节社会经济的作用几乎无人公开完全否定，只不过对价值规律调节的方式和作用的大小认识不同罢了。可是，在明确了改革的目标是建立市场经济体制以后，居然出现了否定马克思的劳动价值理论的思潮。马克思的劳动价值理论与价值规律和市场机制是什么关系？马克思的劳动价值理论是否是对商品经济（市场经济）的客观内在联系和一般规律的揭示？是否适用于中国将要建立的市场经济？否定了马克思的劳动价值理论，商品的价值规律是否还存在？如果马克思的劳动价值理论和商品的价值规律不适合中国的市场经济，市场机制何在？社会经济运行又以何种方式来调节？中国的市场经济应由各市场主体之间平等交换各自的商品所形成的市场价格来客观地分配经济利益和配置生产资源，还是由"统一计算的"各生产要素的"贡献率"进行利益分配和配置资源？我认为，对这些问题的不同认识和相应的改革举措，关系到中国将要建立和完善的市场经济的前途和命运。

董辅礽教授在改革之初就较为明确地提出了发挥价值规律、市场机制的客观作用来调节商品经济的运行。当前和以后我们的理论研究，我认为仍然必须坚持这一基本观点。当前，我们应当继续深化对马克思的劳动价值理论的研究，真正透彻理解其科学性，并进一步探明价值规律在中国的市场经济中应当怎样发挥不以人的意志为转移的客观调节作用，在此基础上继续深化和推进市场化改革。

3. 在政府以及国家上层建筑改革

计划经济和市场经济，是两种完全不同的社会经济活动方式。计划经济以政府的计划指令从上而下派生出社会经济活动，超经济的行政权力是社会经济活动和人民利益分配以及社会资源配置的决定力量。市场经济则是以个人和生产组织以追求自身利益为出发点而自主、自发地分工生产，通过商品的市场交换来获得经济利益和配置生产资源。个人和生产组织是从事市场经济活动的主体，他们只按市场的规则进行经济活动而不受行政权力的直接支配和干预；不仅如此，他们的市场经济活动还自下而上地决定着政府为其服务的职能。计划经济和市场经济，是两种完全不同的经济形态。计划经济的主体是国家行政机构，经济运行的调节机制是自上而下的行政指令。市场经济的主体是直接从事经济活动的个人和生产组织，经济运行的调节机制是客观的价值规律。中国从计划经济变革为市场经济，绝不仅仅是从形式上将产品变为商品，而是经济主体由行政机构向直接经济当事人的换位，是经济运行机制从行政权力支配到由客观规律调节的根本转换，是社会经济关系、权益关系以及全部社会关系的根本性变革。因此，转变政府职能，实行政府改革，是中国的市场化改革必然面临的一大关键性的重要任务和难题。

通过二十几年来的经济体制改革，虽然政府逐渐撤并了不少直接主管经济的行政部门，废除了计划指令，改变了以计划指令直接支配经济活动的方式，企业的产品生产和交换从形式上看都由市场来调节，但是，由于政府尚未适应市场经济的要求从根本上进行职能转换，社会经济活动的主体还未从政府转换为直接从事经济活动的个人和生产组织，社会的经济运行还未从由行政权力支配转变为由市场机制调节，严重地存在政府行为失范和市场主体地位及权益缺失的现象。

当前，政府仍然用各种行政审批权力和国有企业所有者身份以及长官意志支配和干预经济活动，某些方面甚至比过去的计划管理更为直接和无序。因此，董辅礽教授于十年前提出的改革政府的见解，对于当前政府转变职能的改革仍然具有理论和实践的意义。我们应当继续深入研究国家、政府、个人、生产组织以及其他社会机构在市场经济社会各自的作用、地位和权益，以正确的理论界定来进一步推动政府和整个社会上层建筑的改革，以建立和完善市场经济体制，完善社会的内在结构。

4. 在经济学人的治学

第一，经济学人应当学习董辅礽教授求真务实的科学精神和严谨勤奋的治学态度，具备献身科学、献身社会的责任感。

董辅礽教授提出的一整套倡导和推进市场化改革的理论，在中国的经济理论研究领域是最为率先、最为系统、最为超前的，他为中国的市场经济理论大厦增添了宝贵的基石，成为名副其实的中国市场经济理论的主要奠基人和创立者。他的理论为中国在改革的进程中逐步确立起市场经济体制的改革目标，做出了卓越的、不可磨灭的贡献，具有重大的、积极的、深远的影响。

董辅礽教授在经济理论研究中的卓越建树，源于他学识渊博和求真务实、勤于耕耘、善于耕耘、严谨治学的科学精神，而这一切最根本的来自于他作为经济学家的社会责任感。他把"改变国家贫穷落后的状况，把国家建设成为社会主义现代化的强国，使人民过上现代的、富裕文明的生活"作为自己的社会责任。他的这一作为经济学家的社会责任感以及他求真务实、勤奋执著、严谨治学的科学精神，是每一个经济学人都应该学习和努力去具备的。

第二，经济学人应当像董辅礽教授那样不畏压力，勇于探求真理和敢于坚持真理。

董辅礽教授求真务实、勤奋执著、严谨治学，率先提出了一整套系统的倡导和推进市场化改革的超前理论。他第一个最早提出改革所有制，在1978年就提出了公有制的实现形式问题，明确、尖锐地提出改革政企不分的国家所有制和"政社合一"的人民公社所有制，这在当时的社会环境下确实是胆大包天、石破天惊；他在1980年最早提出经济体制改革应当包括所有制改革和经济运行机制改革两方面，经济运行机制的改革必须以所有制的改革为基础，全面正确地概括了经济体制改革的目标；他在改革一开始就主张引入市场机制，由市场调节经济的运行，最早正确地指明了经济体制改革的市场化方向；他最早为非公有制经济"正名"，在著名的"董氏八宝饭理论"中，非公有制经济提前十几年成为"社会主义经济的不可分割的有机组成部分"；他最早提出"按商品经济的要求"、"按市场经济的要求"，对国有企业按竞争性、非竞争性分类和按其功能实行改革，完善了改革国家所有制的具体思路；他最早为在中国建立发展经济学进行了开创性研究，把对中国发展问题的研究与经济体制改革的研究、与发展市场经济结合起来，提出了切合中国经济实际的可持续发展的独到见解；他最早并一直不遗余力地为中国的资本市场、证券市场、期货市场和国有企业的股份制改造摇旗呐喊；他先后任第七届、第八届全国人民代表大会财经委员会副主任和第九届全国政协经济委员会副主任，作为经济学家，他代表人民的利益提出了许多对国家经济发展具有重要意义的建议，做了大量有利于社会经济发展的工作，在有关经济立法和执法检查工作中做出了卓越的贡献，等等。他的这些见解，不仅为学术界所逐步认同，而且被后来的经济体制改革所接受和为经济发展的实践所验证。

像董辅礽教授这样的经济学大师，是中国经济学界的骄傲，理应受到社会的欢迎和尊崇。然而，在过去政治、经济和意识形态大一统的社会环境下，他却一次又一次为自己的见解提得太早了而屡受不公正的对待，吃了不少苦头，付出了不应有的代价。这，不仅是他个人的悲哀，更是中国经济学界和中国社会的悲哀！

面对强大的压力，董辅礽教授坚持真理，从未低头弯腰，表现出大无畏的勇气和精神。一次记者采访问他："你的正确观点是给国家、给社会、给改革带来了好处，而你却是不断地吃苦头、被误解，受到很大损失。那你有没有想过，自己到底图什么？"董辅礽教授说："图什么？我认为不是图什么，不图什么。自己虽然为这些吃了些苦头，我觉得我做了我应该做的事情。我的工作就是从事经济研究，我的使命就是进行经济研究，我就要完成好这个使命，就应该为我们国家的改革开放做出我的努力。也可能我的努力很微不足道，但是我还是应该尽我自己的一份力量。一些经济问题，我看到了，想到了，就应该提出来。至于到底对还是不对，通过实践去检验。因为谁也不敢说自己提出来的观点就是对的。但是如果我不去研究它，或者我看到了不去讲它，甚至于我自己讲的和自己想的正好相反，净讲一些别人爱听的事情，这样也许自己可以得到重任，得到什么好处，这种情况常常有，但是我认为这不值。从我的人格上我就接受不了，从一个经济学家的良知上我就接受不了。我觉得这是经济学家基本的素质，一个很重要的价值观。"这就是董辅礽教授敢于冒天大的风险一次又一次率先提出超前的改革理论的动因，也是他能够对于中国的经济科学做出如此巨大的贡献，成为著名的经济学大师的成功之道！

当今，中国的市场化改革仍未成功，经济学人仍需努力。作为经济学人，我们应当努力像董辅礽教授那样去做人、做事，襟怀坦白、刚直不阿、无私无畏，勤于探求真理，勇于探求真理，敢于坚持真理，将自己的全部精力奉献于科学、人民和社会。我们要继承董辅礽教授的遗志，为彻底完成中国的市场化改革，为从根本上铲除使中国贫穷落后的根子，为建立一个真正民主、自由、平等、公正的社会，为像他那样的经济学大师和每一个普通公民，不再因为提出了超前的学术观点受压力、吃苦头，而更加努力地工作。

陪同董辅礽教授做最后一次讲演

邹东涛

我一直觉得作为我们前辈的董辅礽教授比我身体还棒，怎么这样匆匆就走了，走得那么快，走的有那么遥远——大洋彼岸，连看一眼都不可能。1998年早春2月，春节刚过，我请董老师去江苏泰州春兰集团公司参加由国家体改委体改研究院主办的"国有企业改革与春兰发展研讨会"。在首都机场，寒风飕飕，我穿着加厚毛衣，外加大衣，还觉得寒气袭人，有点发抖。而董老师却只穿了件白衬衣，没有穿毛衣，外面仅穿了件旧的灰色西装上衣。我看了大吃一惊，赶快把大衣脱下请董老师披上，董老师直摆手说："不用，不用，没事儿，没事儿！"我真佩服董老师的身体素质，对董老师说："您这么棒的身体，定能够活百岁以上。"董老师一笑了之。

20世纪80年代初，当我尚在自修经济学的时候，就非常景仰董辅礽教授的学识造诣。但没有见过董老师，只能在拜读他的论著中神交。1992年，我在西北大学带的硕士研究生马险峰有幸考上了董老师的博士生，搭上了我与董老师交谊的桥梁。1993年我到了国家体改委工作，首次到董老师家里拜访。我对董老师说："我把我的学生推荐给您做学生，我也同时给您做学生吧！"董老师高兴地笑了。董老师20世纪90年代的旧居在三里河的一座青砖旧楼上，两套老式宿舍合并在一起，过道的前面装了一个铁门。我先后到董老师家去过五次，每次去董老师总是热情接待。但看到董老师的办公桌上摆着书籍资料和正在写作的文稿，不好意思多打扰，办完事、谈完话就告辞了。

1997年，国家体改委体改研究院在西安召开国有企业建立现代企业制度研讨会，我请董老师参加会议。到了西安，我马上安排董老师在武汉大学的老同学、我在西北大学跟随了十年的导师何炼成教授在一起聚会。两位老同学、老经济学家在一起相聚，非常高兴和动情，又进一步加深和凝结了我与董老师的交谊。

我与董老师的会面大多是在各种会议上。有不少会议是我请董老师参加的，包括研讨会、课题立项、职称评审等，只要他在北京没有其他会议冲突，有请必到。1994年夏，由国家体改委体改研究院与中信研究所和中国人民银行金融研究所联合在山东泰安举办首届全国信托业研讨会，董老师当时兼任着中信研究所所长，由于全国人大常委会有会议不能前去出席，就给会议写了一份书面祝词。董老师对我的事总是如此热情支持，我打心里感激不尽。

董辅礽教授在20世纪80年代曾担任过中国社会科学院研究生院副院长，我于1999年夏调到中国社会科学院研究生院担任常务副院长，有缘再走董老师走过的道路，难免要向董老师请教。在研究生院工作期间，有幸经手把报考董老师的学生招进学校，有幸进行教学管理工作。董老师也向他的学生们交代——"有什么事找邹老师"。这几年，我也没有少请董老师参加博士生学位论文答辩，而且总是请他担任答辩委员会主席，他都认真"履职"。

2002年，西北大学毕业的经济学硕士邢莹莹报考博士生，为了考取保险，同时在北京大学报考董老师名下和社科院研究生院我的名下，由于学习成绩优秀，她两边都考上了。邢莹莹同学给我说这个情况，我毫不犹豫建议她到北京大学跟董老师读。

2003年3月6日，是研究生院新学期开学的第一次"中国经济"大课，董老师很高兴很精神地应邀来到研究生院讲课。董老师来讲课，学术报告厅座无虚席，走廊都站满了学生。董老师仍然穿着白衬衣和灰色旧西装上衣，没有带一纸一笔，侃侃而谈，一上午秩序井然，学生掌声阵阵。我作为讲课主持人，一步没有离开董老师，端茶送水，并从头到尾认真听讲，并做了大量记录。

董老师讲课的题目是《党的十六大之后我国非公有制经济的发展问题》，共分三个部分：

第一个部分"为什么要毫不动摇地发展非公有制经济"。论述了十六大提出的"两个毫不动摇"，特别是"毫不动摇地鼓励、支持和引导非公有制经济的发展"的重要意义。他认为十六大报告提出的全面建设小康社会的任务，依靠国有经济所能起的作用已经非常有限了，因为国有经济在整个国民经济中已呈现出一个逐步退出的趋势，因而必须大力发展各种形式的非公有制经济，充分调动各方面的积极因素。他对理论界关于发展非公有制原因的两种解释进行了剖析校正。第一种解释，是说非公有制的发展是由现阶段中国生产力的多层次性决定的，公有制经济是与现代化的、最先进的生产力相适应的，而非公有制经济是与落后的生产力相适应的；第二种解释，是说发展非公有制经济是由于中国还处于社会主义初级阶段，需要非公有制经济促进经济的发展。董老师指出，这两种解释都没有触及问题的本质。

按照第一种说法，就意味着非公有制经济只能同落后的生产力相适应。那么实际生活中非公有制经济不仅能够容纳非常落后的生产形式，而且可以容纳非常现代化的生产形式，国内有很多高科技企业是私营的，这又如何解释？马克思提出的生产关系一定要适应生产力发展的规律，不是像脚与鞋的关系那样要求严格，而是具有非常大的弹性。以生产力的多层次性来解释发展非公有制的原因显然是很荒谬的。

第二种说法在逻辑上暗含着这样的意思：现在发展非公有制经济是一种不得已的办法，将来中国经济发达了就不要非公有制经济了，或者说社会主义初级阶段结束后非公有制经济就要寿终正寝了。试问将来中国经济发展越过了社会主义初级阶段以后，非公有制经济将如何？是否要重新实行公有化？这种说法对私营企业的老板有很大的影响，他们会因此对党的政策产生疑虑。

董老师说，我们为什么要发展非公有制经济？说到底就是为了发展市场经济。因为市场经济天然就是与非公有制经济联系在一起的，不发展非公有制经济就不能发展市场经济。这里我们碰到一个非常难以回答的大问题，就是什么是社会主义市场经济？对此很多人的回答都是错误的。有一种说法认为社会主义市场经济就是公有制基础上的市场经济。有这种市场经济吗？答案是没有。如果在公有制基础上能够发展出市场经济，我们就不需要改革了。道理很简单，市场经济是建立在市场交换基础上的。马克思讲交换要有两个条件：第一个是社会分工，没有社会分工就没有交换；第二个是必须有私有制，就是交换的双方必须是不同的所有者，因为在同一个所有者主体内部是不存在真正意义上的交换的。市场经济是私营经济发展的结果。中国就是因为改革开放以来私营经济有了很大发展，所以市场经济也随之发展起来了。大家去各地看一看，市场经济发达的地方一定是非公有制经济发达的地方，市场经济不发达的地方一定是国有经济比重很大的地方。

第二个部分讲了"与十六大有关的几个观念和理论问题"。

第一问题是如何看待私有财产问题。如果人民的财产不增加，也就不可能全面实现小康。过去认为私有财产是万恶之源，人们有了私有财产就会有各种犯罪行为和社会丑恶现象。而现实世界已经发生了巨大的变化，自从股份公司出现以后，资本呈现社会化、公众化的趋势，越来越多的公众成为有产者，社会也越来越有产阶级化。如美国有50%以上的家庭拥有股票，有70%以上的家庭拥有基金，将来我们国家也会呈现出这种趋势。所以我们不能简单地把私有财产看做是万恶之源了，关键在于财产的取得与使用必须合法。中国现有三部关于外资企业的法律，其中有两个法律中写道"国家不对外资企业实行国有化"，这对增强外国投资者的信心有决定性的作用。但是法律文件中就没有不对私人投资实行国有化的条文，因此很多私营企业老板的对党的发展私营经济的政策缺乏信心，导致一方面他们把大量的资金转移到国外，另一方面越来越多的老板到加拿大等国家办护照或者拿一个永久居留证，一旦形势不对就跑到国外，这是很多私营企业主的心态。所以这次十六大提出要完善保护私有财产的法律制度是非常及时和重要的。

第二个问题是资本问题。十六大报告中提出"要确立按照劳动、技术、资本、管理等生产要素的贡献参与分配的原则"。对于资本参与财富的分配大家没有什么疑问，但是对于资本是否参与价值的创造则存在很大的分歧，资本在财富的创造和价值的创造中究竟有什么贡献？董老师从五个方面归纳了资本的贡献：一是把潜在的生产要素转化为现实的生产要素；二是把潜在的生产力变成现实的生产力；三是能够提高各种要素的效率；四是使企业的产品或服务得以实现；五是能够承担市场经济的风险。把资本在这五个方面的贡献结合起来看，它不仅参与财富的创造，而且参与价值的创造，因此它就需要得到应有的回报。

第三个问题是关于提高中等收入者的比重的问题。1998年董老师在一篇文章中写道："我们要形成和发展中产阶级，使得我们的社会形成纺锤一样的结构。"中等收入者的增加是同家庭财富的普遍增加相联系的，也是同发展非公有制经济相联系的。那么我们怎么来看待中产阶级或者说中等收入者阶层？中等收入者首先是社会稳定的重要力量。实际上各个国家的情况都是类似的。首先，中产阶级或者说中等收入者的比例越大，其社会就越稳定。其次，中等收入者数量越大，市场就越大，经济就越发达。只有中等收入者大量存在以后，我们才能说我们社会已经进入一个全面的小康社会。

第三部分是"发展非公有制经济的一些政策上的问题"。讲了两个问题：

第一个问题是关于市场准入的问题。中国过去是把非公有制经济定义为"社会主义经济的有益的补充"，这样就把它限制在了非常有限的范围内。十五大虽然把非公有制经定义为"社会主义市场经济的重要组成部分",但是在实际工作中仍然有很多的限制。现在私营企业可以进入的行业越来越多,但还是有很多领域不让私营经济进入,所以十六大提出了扩大私营经济可以进入的市场领域。在十六大期间以及大会结束以后,有些官员提出除了涉及国家安全的领域,都要允许私营经济进入。还有官员认为,凡是外资能够进入的,私营经济也应该能够进入。因为我们要给外资企业以国民待遇,而为什么不能给私营企业以国民待遇?

第二个问题是要为非公有制经济发展创造一个公平的竞争环境。长期以来中国对非公有制经济在很多方面都存在着歧视,因此十六大报告提出要在金融、土地、税收、进出口贸易等方面给他们以公平的待遇。但在十六大之后,私营企业在贷款方面仍受到歧视。如新疆有一家私营公司生产彩色棉花,一位国务院领导亲自批准某银行对该公司提供3亿元人民币授信额度,但该银行还是不贷,结果只好变通,先让一家国有企业来控股这家私营公司下面一个子公司,通过这家国有企业才得到贷款。在土地方面,制造企业要发展就需要土地,但私营制造企业在土地批租方面困难重重;在税收方面也存在歧视,但更主要的还是乱收费;在进出口方面,直到1998年才允许私营企业自主进行进出口贸易,之前都要委托国营进出口企业代理。虽然经过十五大、十六大,已经为私营经济的发展创造了一个相对宽松的环境,但是一涉及具体问题、具体部门,仍然会碰到各种各样的问题。这说明了我们改革的艰难和曲折。不管怎样,十六大改革的大方向已定,中国私营经济大发展的前景是光明的。

大家都知道,在改革开放初期,董辅礽教授是中国国有企业改革的积极倡导者和推动者,他的许多理论观点和政策主张后来逐步被社会认可并成为国家改革政策。近些年来,他积极宣传党的十五大和十六大精神,为促进非公有制经济的发展做出了积极贡献。

董老师精彩的讲演赢得了同学们一阵又一阵掌声,我自己也获益匪浅。但万万没有想到,我这次主持董老师的讲演,竟是与董老师的诀别,不禁悲从心来,呜呼!痛哉!

第七篇

永恒挽歌

七　律

——悼董辅礽先生

曹凤岐

董老驾鹤归西去，

留给学苑民族魂。

挥动笔墨求真谛，

革除旧制促创新。

坚持真理无媚骨，

守身为大见精神。

长歌当哭逝泰斗，

改革更有后来人。

思 念

—— 写给敬爱的董辅礽老师

韩志国

在大洋彼岸您的病榻前，曾萦绕着我们切切的惦念；
在辽阔海天，借高天流云，曾寄去了我们日深的思念！
多少个日夜，我们遥望海天，看着那片阴云，祈祷霞光出现；
可是，海天中传来的竟是那令人心悸的惊雷，
思念和怀念顷刻间化作了滂沱泪雨中那撕人心肺的闪电！
一座凝聚着时代精神的巨星就这样陨落，
从中国经济学的穹隆顶端；
一颗牵挂着万千民众的心脏就这样停跳，
而民族复兴的火种才刚刚点燃！
多少人有着切肤的哀痛，多少人发出仰天的喟叹！
没有了您，谁会再给我们慈祥微笑？
没有了您，谁会再给我们促膝长谈?!
没有了您，谁会再给我们激扬文字?!
没有了您，谁会再给我们指点江山?!
您走了，带着对生活的深深的眷恋；
您去了，带着对后人的无限的期盼！
您轻轻地、轻轻地化作了一缕升腾的云烟，
悠悠地、悠悠地飘向了九霄云天；
然而，您心中的智慧灯塔却将长燃不熄，
一如那奔腾万里的黄河，
一如那万世耸立的泰山！
光，自会照耀人间，
好人，定会一路平安！
接过您高举的民族之魂的火炬，

我们将走向希望，奔向明天！
捧起您挚爱的浸满芳香的泥土，
我们——深深地、深深地把您祭奠；
永远地、永远地把您思念！

七 律

——悼董老

侯　宁

亲戚余悲或无泪，
他人却已放悲歌。
董老死去何所道，
托体山阿亦雄峨！

悼念董辅礽先生

胡乃武

学术造诣博大精深，
一身正气一身锐气，
振兴中华矢志不移。
勤于思考勤于写作，
锐意改革勇于创新，
篇篇宏论著作等身。
"成长模型"海外闻名，①
"国企改革"一鸣惊人，②
"期货立法"功不可没。③
古稀之年笔耕不辍，
分秒必争妙手著文，
为国为民奋斗终生。

---

① 董辅礽先生于20世纪60年代初潜心研究社会再生产和国民收入理论，在《经济研究》杂志上连续发表了一组论文。这些论文拓展了马克思的社会再生产理论，被海外学者誉为"董辅礽经济成长模型"。日本立命馆大学将董辅礽先生的这一组论文收藏在他们的图书馆里，法国科学院也将他的论文作为研究国民经济综合平衡问题的杰作而辑入《平衡问题论文集》珍藏起来。

② 中国改革开放之初，国务院政研室成立了推动经济体制改革的四个研究组，即"理论与方法组"、"经济结构组"、"农业经济组"等。于光远同志任"理论与方法组"的组长，董辅礽任副组长。早在1977年，董辅礽先生以他敏锐的眼光，深邃的洞察力，抓住了中国经济体制改革的中心环节，发表了关于国有企业改革的论文。这篇论文为中国的经济体制改革奠定了基础，一经发表，在国内外引起很大的反响，受到广泛的好评。

③ 董辅礽先生是第七届、第八届全国人大常委、财经委员会副主任。在此期间，他受人大财经委员会的委托，主持《中国期货法》的立法工作。为此，董先生倾注了很大的精力，很好地完成了《中国期货法》的起草工作，功不可没。

老师，我想你

——献给敬爱的导师董辅礽

李　军

春天的花开了，
老师，我想你！
你的恩泽如绵绵雨点，
在我的心海激起阵阵涟漪。

夏天的蝉叫了，
老师，我想你！
你的教诲似凉爽的风，
不断轻拂我的耳际。

秋天的果香了，
老师，我想你！
我看到你慈祥的脸上，
荡漾着金色的笑意。

冬天的雪飘了，
老师，我想你！
我看到一个"守身为大"的灵魂，
静静地融入大地。

穿越人生的悲欢离合，
走过循环往复的四季，
老师，我想你！
你永远活在我的心里。

忆仙姿

——悼董辅礽教授

杨再平

噩耗如雷轰顶，

仙逝已然升天。

慈祥音容在，

高尚敏锐永远。

哀悼，哀悼，

誓让九泉含笑。

七律（二首）

——悼董老师

张素芳

一

只道好人总祥瑞，惊闻染恙怒向谁？
越洋电话深致意，难表寸心涌热泪。
爆竹声中送旧岁，严冬将去春又归。
辞旧迎新惟一愿，殷盼恩师早日回！

二

惊闻噩耗难置信，越洋求证悲更深。
好人本应百年寿，怨天尤人心不平！
眼前尽是音容貌，心中无限哀思情。
挥泪重温教诲谆，进取学术报师恩！

怀念恩师董辅礽先生[①]

程志强

一　怀恩师

横刀自断成帅路,碧血浇灌满庭芳。

但使顽虫能笑傲,敢要释迦化龙汤。

二　忆秦娥

——思恩师有感

萧风咽,

独行又见伤心月。

伤心月,

无边夜色,思亲时节。

世事如昨伤离别,

从此两界音讯绝。

音讯绝,

凄风如诉,残烛如血。

---

① 维甲申季夏之月,秋意初现之日,寂寥伤怀之时,余独行于护城河畔,忽忆昔日师从董
辅礽先生之情景种种,心甚伤焉。及至于家,辗转反侧,竟不能寐,起而为诗词各一,
遥寄先师,兼抒吾怀。

七 律

——悼念董辅礽教授

邹东涛

大洋彼岸飞噩耗，

凄霜悲雨越洋浇；

大师乘鹤归天朝，

莘莘学子恸云霄。

一生治学重创造，

探索改革功尤高；

陪师讲演成绝唱，

思想风范长秉彪。

跋

一代经济学大师董辅礽走了，他走得那么匆忙，那么遥远，使得他的同事、朋友、学生以及许多不认识他的崇拜者，都来不及看他一眼。噩耗从大洋彼岸传来，英灵从蓝天归来，在他的故乡故土、在神州大地引起了强烈震撼。

由于他是一位中国改革开放的积极探索者和推动者，因而，国人缅怀着他对中国改革开放和发展的卓越贡献，一批党和国家领导人及有关部门负责人打电话表示慰问、送花圈或参加了遗体告别仪式。由于他是一位孜孜不倦、造诣深厚、著作等身的学者，因此，学界、特别是经济学界追念着他的创新精神和学术贡献。

由于他是一位诲人不倦的教师，因而，他的学生们、包括他的嫡传弟子和追随他的学生们，深切地追悼和怀念着他们的恩师。

他是一位亲切和充满着爱心的丈夫、父亲、长者，因而，他的至爱亲人们、生前友好、学生、追随者悲痛万分地为他送行。

对逝者的最好追悼和怀念，是对他的学术思想的继承和弘扬。一些研究组织和学术团体，如中国社会科学院经济研究所、董辅礽经济学发展基金会、北京开达经济学家咨询公司、经济科学出版社、中国比较经济学会、中信国际研究所、中国市场经济学会等，积极组织召开了董辅礽学术思想研讨会。董辅礽教授的学界老朋友于光远、万典武、乌家培、厉以宁、冯兰瑞、李成勋、刘鸿儒、江平、杜润生、何伟、何炼成、谷书堂、周叔莲、赵人伟、胡乃武、高尚全、晓亮、唐宗锟、萧灼基等教授，纷纷在大会发言或撰稿。董辅礽教授的亲属和生前好友以及华生、关敬如、陈东生、杨再平、田源、韩志国、王大用、朱善利、刘纪鹏、刘伟、张素芳、樊纲、魏杰等一大批董老师的高足和追随者，满怀深情的举行了烛光追思晚会。

邹东涛教授并不是董老师的嫡传弟子，他从十多年前输送自己的学生到董老师门下读博以来，自己也登门拜师，与董老师结下了不解之缘。在得知董老师去世噩耗的第一时刻，就含泪写了《陪同董辅礽教授做最后一次讲演》一文，赋诗悼念，并与何伟、华生、韩志国等联系，创意并组织编辑出版《追思董辅礽》一书，得到大家一致赞同。

各新闻媒体（包括网络）不约而同地行动起来，报道董老、追思董老，尤其是新浪网和搜狐网开辟了专栏，刊登了大量文稿，搜狐网的记者贾军慧积极参与了搜集整理文稿的工作。董老师在北京大学的博士研究生邢莹莹正在撰写毕业论文，导师突然走了，她强忍悲痛，全力参与到编写《追思董辅礽》一书的工作中。杨云龙也为本书的出版积极献言献策，推动本书的编辑和出版。董老师在中国社会科学院研究生院和武汉大学的学生马险峰、马欣原、刘挺军等，以及中诚信公司的于力杰、李智，也都为本书文稿的收集做了有益的工作。

这里特别提到的是邹东涛、杨再平、关敬如、邢莹莹、周丽和薛铭洁，他们为本书的结构设计、资料收集、图片选择、文字加工等做了大量艰苦、细致和卓有成效的坚苦工作。社会科学文献出版社的领导和各部门都为编辑出版本书给予积极支持和全力配合，特表由衷感谢！

在本书的编辑过程中，许多专家、教授、学生、媒体记者等积极热心地提供稿件，我们在此表示衷心感谢！由于追思、怀念董辅礽教授的文稿多不胜收，肯定还会有所遗漏，我们在此只能深表遗憾和歉意。

书出来了，但这不仅仅是一本书，而是对大师和先哲的缅怀；

书散发着墨香，但不仅仅是墨香，而是董辅礽教授"守身为大"的精神和精深的学术思想的传播与弘扬。董辅礽教授安心地走好吧！

您的亲人和朋友们永远地怀念着您！

您的学生们在茁壮成长并发扬光大着您的事业！

您所关心和长期探索的中国改革开放发展大业正在不断深化！

编　者

2005 年 3 月 16 日

图书在版编目（CIP）数据

追思董辅礽 / 董辅礽经济学发展基金会编. -- 北京
：社会科学文献出版社，2005.5（2023.7重印）
ISBN 978 - 7 - 80190 - 573 - 4

Ⅰ.①追…　Ⅱ.①董…　Ⅲ.①董辅礽 – 生平事迹
Ⅳ.①K825.3

中国版本图书馆 CIP 数据核字（2005）第 021209 号

追思董辅礽

编　　者／董辅礽经济学发展基金会

出 版 人／王利民
责任编辑／薛铭洁
责任印制／王京美

出　　版／社会科学文献出版社 · 城市和绿色发展分社（010）59367143
　　　　　地址：北京市北三环中路甲29号院华龙大厦　邮编：100029
　　　　　网址：www. ssap. com. cn
发　　行／社会科学文献出版社（010）59367028
印　　装／三河市尚艺印装有限公司

规　　格／开　本：787mm × 1092mm　1/16
　　　　　印　张：32.5　字　数：547千字
版　　次／2005 年 5 月第 1 版　2023 年 7 月第 2 次印刷
书　　号／ISBN 978 - 7 - 80190 - 573 - 4
定　　价／98.00 元

读者服务电话：4008918866